公差与技术测量

主　编　黄皞磊
副主编　李亚利　游晓畅
参　编　彭钿忠　屈晓凡

北京理工大学出版社
BEIJING INSTITUTE OF TECHNOLOGY PRESS

版权专有　侵权必究

图书在版编目（CIP）数据

公差与技术测量 / 黄皞磊主编. -- 北京：北京理工大学出版社，2024.1
ISBN 978-7-5763-3635-1

Ⅰ.①公… Ⅱ.①黄… Ⅲ.①公差-高等学校-教材 ②技术测量-高等学校-教材 Ⅳ.①TG801

中国国家版本馆 CIP 数据核字（2024）第 024942 号

责任编辑：赵　岩　　　　**文案编辑**：赵　岩
责任校对：周瑞红　　　　**责任印制**：李志强

出版发行 / 北京理工大学出版社有限责任公司
社　　址 / 北京市丰台区四合庄路 6 号
邮　　编 / 100070
电　　话 / (010) 68914026（教材售后服务热线）
　　　　　　(010) 63726648（课件资源服务热线）
网　　址 / http://www.bitpress.com.cn
版 印 次 / 2024 年 1 月第 1 版第 1 次印刷
印　　刷 / 河北盛世彩捷印刷有限公司
开　　本 / 787 mm×1092 mm　1/16
印　　张 / 16.75
字　　数 / 383 千字
定　　价 / 84.00 元

图书出现印装质量问题，请拨打售后服务热线，负责调换

前 言

本教材吸取了兄弟院校多年的教学经验和成果，采用目前最新的国家标准，讲述现行国家标准的规定及应用，把几何量的误差、公差标准及其应用、测量方法密切地结合起来，力求内容精练、重点突出、深入浅出、学用结合，符合本科及高职高专"重在应用"的教学要求。本教材将重点放在专业课和生产一线的应用上，并注重各公差的标注与通用量具的使用方法。

"公差与技术测量"是高等院校机械类各专业的重要技术基础课，它包含几何量公差与误差测量两大方面的内容，与机械设计、机械制造及其质量控制密切相关。同时，本课程把标准化和计量学两个学科有机地结合在一起，涵盖了机械工程人员和管理人员必须掌握的基本知识和技能。

由于各院校对"公差与技术测量"课程教学内容改革的情况有所不同，本课程还需要通过相关课程的教学和课程设计、毕业设计，以至以后的工作实践来加以巩固，才能更好地掌握公差选用的技能。技术测量有很强的实践性，在学习本课程时，除了课堂教学以外，还应通过实验、现场教学等方法来学习。各院校在使用本教材时可根据具体情况进行取舍。

本教材主要内容包括绪论、光滑圆柱体结合的互换性、长度测量基础、几何公差与检测、表面粗糙度、光滑极限量规、滚动轴承的互换性与检测、圆锥的互换性与检测、平键与花键联结的互换性与检测、普通螺纹结合的互换性与检测、渐开线直齿圆柱齿轮传动的互换性与检测等。参与本教材编写的有：重庆工业职业技术学院黄皞磊（绪论、第一章、第四章、第五章、第六章）、李亚利（第二章、第三章）、彭钿忠（第九章、第十章）、游晓畅（第七章）、屈晓凡（第八章）。本教材由黄皞磊担任主编，李亚利、游晓畅担任副主编，彭钿忠、屈晓凡担任参编。本教材配有电子课件PPT、各章习题答案、电子教案等。本教材编写得到了有关企业人士的大力支持和帮助，在此表示衷心感谢！

由于编者水平有限，书中难免有缺点和错误，敬请广大读者批评指正。

编 者

目 录
CONTENTS

绪论 ··· 001
第一节　课程的研究对象与任务 ··· 001
第二节　互换性、公差标准 ··· 002
第三节　课程特点和学习方法 ··· 005
习题 ··· 006

第一章　光滑圆柱体结合的互换性 ··· 007
第一节　光滑圆柱体结合的互换性基本概念 ··· 007
第二节　公差与配合国家标准简介 ··· 017
第三节　公差与配合的选用 ··· 028
习题一 ··· 041

第二章　长度测量基础 ··· 043
第一节　测量的基本概念 ··· 043
第二节　测量器具与测量方法 ··· 048
第三节　测量误差及数据处理 ··· 055
习题二 ··· 064

第三章　几何公差与检测 ··· 066
第一节　几何公差与标注 ··· 066
第二节　形状公差与误差检测 ··· 073
第三节　方向、位置和跳动公差与误差检测 ··· 085
第四节　公差原则与运用 ··· 101
第五节　几何公差的选择 ··· 110
习题三 ··· 120

第四章　表面粗糙度 ... 123

第一节　概述 ... 123
第二节　表面粗糙度的评定 ... 125
第三节　表面粗糙度的选择 ... 129
第四节　表面粗糙度的标注 ... 134
第五节　表面粗糙度的检测方法 ... 139
习题四 ... 145

第五章　光滑极限量规 ... 147

第一节　光滑极限量规概述 ... 147
第二节　量规尺寸公差带 ... 151
第三节　工作量规设计 ... 153
习题五 ... 156

第六章　滚动轴承的互换性与检测 ... 157

第一节　滚动轴承的公差 ... 157
第二节　滚动轴承配合的选择 ... 160
第三节　滚动轴承的检测 ... 168
习题六 ... 170

第七章　圆锥的互换性与检测 ... 172

第一节　概述 ... 172
第二节　圆锥标注 ... 178
第三节　圆锥的公差与配合 ... 180
第四节　圆锥的检测 ... 188
习题七 ... 192

第八章　平键与花键联结的互换性与检测 ... 193

第一节　平键联结的互换性与检测 ... 193
第二节　花键联结的互换性及检测 ... 199
习题八 ... 209

第九章　普通螺纹结合的互换性与检测 ... 211

第一节　概述 ... 211
第二节　普通螺纹的几何参数误差对互换性的影响 ... 214
第三节　普通螺纹的公差与配合 ... 218
第四节　普通螺纹的测量 ... 225
习题九 ... 227

第十章　渐开线直齿圆柱齿轮传动的互换性与检测 …………………………… 229

第一节　概述 ……………………………………………………………………… 229
第二节　单个齿轮同侧齿面各项偏差的检测及分类 …………………………… 230
第三节　影响齿轮副传动质量的偏差分析 ……………………………………… 237
第四节　圆柱齿轮精度标准及应用 ……………………………………………… 240
习题十 ………………………………………………………………………………… 258

绪　　论

第一节　课程的研究对象与任务

一、课程研究对象

公差与技术测量是机械类、机电类等专业必修的主干专业基础课程，上承机械制图、机械设计基础，下启机械制造技术、制造工艺、夹具等课程，对工程识图、领会产品设计理念、确定零件加工制造方法、保证产品制造质量尤为重要。

任何机器都要经过运动设计—总体设计—结构设计—零件设计的过程，才能完成功能、结构形状、尺寸的设计。为了保证从零件加工到装配的整个过程中，机器都能正常运转，并实现所要求的功能，就需要在对机器的结构、零件进行设计时，对零部件和机器进行精度设计。本课程主要研究零件几何精度设计和几何精度测量，是一门实践性很强的课程。

二、课程任务

本课程的任务是使学生具备企业技术人员、操作人员必备的关于机械零件几何参数公差配合与检测技术方面的业务知识和操作技能。学生开始接触这门课程时会感到困难，摸不到门路，但是随着后续课程的学习和实践知识的丰富，会逐步加深对本课程内容的理解。实际上，这门课程既是从理论到工程技术的过渡课程，也是使工程技术人员形成工程技术思维方式的基础课程。

随着现代制造业对零件互换性要求的日益提高，机械零件的制造误差要求越来越小，精度要求越来越高，这就要求从业人员处理好产品使用要求与制造精度之间的关系，以及公差配合设计及选择与加工误差之间的关系。随着我国在世界经济圈中制造业定位的日趋明显，本课程专业知识的作用将会越来越突出。

本课程要求学生：建立标准化生产与互换性原理的基本理念；掌握零件几何参数公差配合标准的主要内容及相关规定；能正确选用公差配合进行产品或零件几何精度设计；对常用的公差配合能正确标注、解释和查阅相关技术标准；掌握常用测量仪器的使用方法；能对典型零件的几何参数进行综合测量；了解常用量规的设计原理。

第二节　互换性、公差标准

一、互换性

1. 互换性的概念

互换性原理始于兵器，我国早在战国时期生产的兵器便符合互换性要求。18世纪初，美国批量生产的火枪实现了零件互换；同年代，为满足织布机、缝纫机、自行车等新兴机械产品大批量生产的需要，又出现了高精度工具和机床，促进了机械制造业迅速发展。20世纪以后，汽车工业迅速发展，形成了现代化大工业生产模式，由于批量大和零部件品种多，因此要求组织专业化的集中生产和广泛协作，而实现现代化工业产品生产的基本要求就是产品的互换性。在日常生活中，机床、汽车、自行车、电视机等的某个零件损坏后，购买一个相同规格的零件，装配好后就能照常使用。零件或产品的互换性是指在装配零部件时，同一规格的产品能够不需要选择、不经调整、不用修配，就能保证产品使用性能的特性。例如，在实际生产中，装配工人从相同规格的一批零件中任意选出一个装到机器上，机器都能正常工作。

2. 互换性的分类

在机械领域中，互换性可分为广义互换性和狭义互换性。广义互换性是指机器的零件在各种性能方面都达到了使用要求，如性能参数中的精度、强度、刚度、硬度、使用寿命、抗腐蚀性、热变形、导电性等，都能满足机器的功能要求。狭义互换性是指机器的零部件只能满足几何参数方面的要求，如尺寸、形状、位置和表面粗糙度等的要求。本课程只研究几何参数方面的互换性，也就是狭义互换性。

互换性按互换性程度可分为完全互换和不完全互换。完全互换是指对同一规格的零件，不加挑选和修配就能满足使用要求。不完全互换是指装配时需要进行挑选或调整才能满足使用要求。

完全互换多用于大量成批生产的标准零部件，如齿轮、滚动轴承、普通紧固螺纹制件等。这种生产方式效率高，同时也有利于各生产单位和部门之间的协作。

不完全互换多用于生产批量小和装配精度要求高的零部件。当装配精度要求很高时，每个零件的精度要求也势必很高，这样就会给零件的制造带来一定的困难。为了解决这一矛盾，在生产中经常采用分组装配法和调整法，以保证装配精度的要求。随着现代科学技术的发展，制造业的加工发生了翻天覆地的变化，在较多的中小批量生产中，企业采用数控（CNC）机床、加工中心（MC）、柔性制造系统（FMS）及计算机集成制造系统（CIMS）等最新机械加工设备，这类设备调整方便、快速、自动化程度高、精度高、柔性好（即可变性好），因此特别适用于多品种、高精度、高质量机械产品的加工，可满足多品种、中小批量生产的需求。

目前，从传统的相对稳定型市场演变成动态多变型市场，占主导地位的大批量生产已越来越不适应市场的需求，而缩短产品生产周期、多品种小批量生产的比例越来越大，世界各国制造业正面临新的挑战和机遇。

3. 互换性的作用

互换性生产给消费者和制造者都提供了极大的便利。对于消费者而言，产品、零件可以以新换旧，维修方便，产品的使用寿命延长；对于制造者而言，可以按相应标准实现生产规模的扩大，提高劳动生产率，降低成本，使现代化大生产和跨行业、跨地区、跨国生产得以实现。这样消费者在家中就可以购买全世界不同国家、不同企业生产制造和组装的各类产品。互换性生产的实现依赖于零件制造的各种技术标准。

由此可见，标准化是实现互换性的前提条件。一个产品若没有一套完整的、切实可行的标准，想要实现互换性是不可能的，不仅如此，还会大大增加产品的生产成本，给制造和消费都带来极大不便。

二、零件的加工误差与公差

1. 加工误差

零件加工时，任何一种加工方法都不可能把工件制作得绝对准确，也没有必要制作得绝对准确，一批零件的尺寸大小总会有不同程度的差异。由于工艺传统误差和其他因素的影响，即使在相同的条件下也存在尺寸、形状和位置等方面的差异。加工误差是指实际几何参数相对其设计理想值的偏离程度。通常将一批零件的尺寸变动称为尺寸误差。提高制造技术水平，可以减少尺寸误差，但是不能消除尺寸误差。

从满足产品使用性能方面来看，也不要求一批相同规格的零件尺寸完全相同，而是根据使用要求的高低，允许存在一定的误差。

加工误差可分为尺寸误差、形状误差、位置误差、方向误差、跳动误差和表面粗糙度误差。

2. 公差

公差是零件制造的各种技术标准中十分重要的内容，是实现互换性生产的基础。

实际生产中不可避免地会产生加工误差，为了达到预定的互换性要求，就要把零部件的几何参数控制在一定的变动范围内，这个零件几何参数允许的变动范围就称为公差。公差用以限制加工误差，是由设计人员根据产品使用性能要求给定的，它反映了工件的制造精度和经济性的要求，体现了加工的难易程度。公差越小，加工越困难，生产成本就越高。因为误差不可能被消除，所以公差值不能为零。

以减速器为例，减速器由齿轮、轴、轴承和箱体等零件组成，若要满足其使用性能，就必须控制各个零件的尺寸大小、形状、位置、方向和跳动等方面的变动范围。先控制零件的制造质量，再控制零件的装配质量，即可满足机器的使用要求。减速器、减速器装配图和减速器输出轴零件图如图 0-1、图 0-2、图 0-3 所示。

图 0-1 减速器

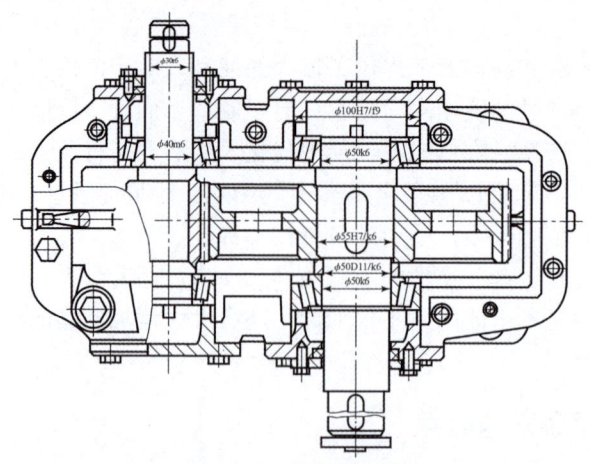

图 0-2 减速器装配图

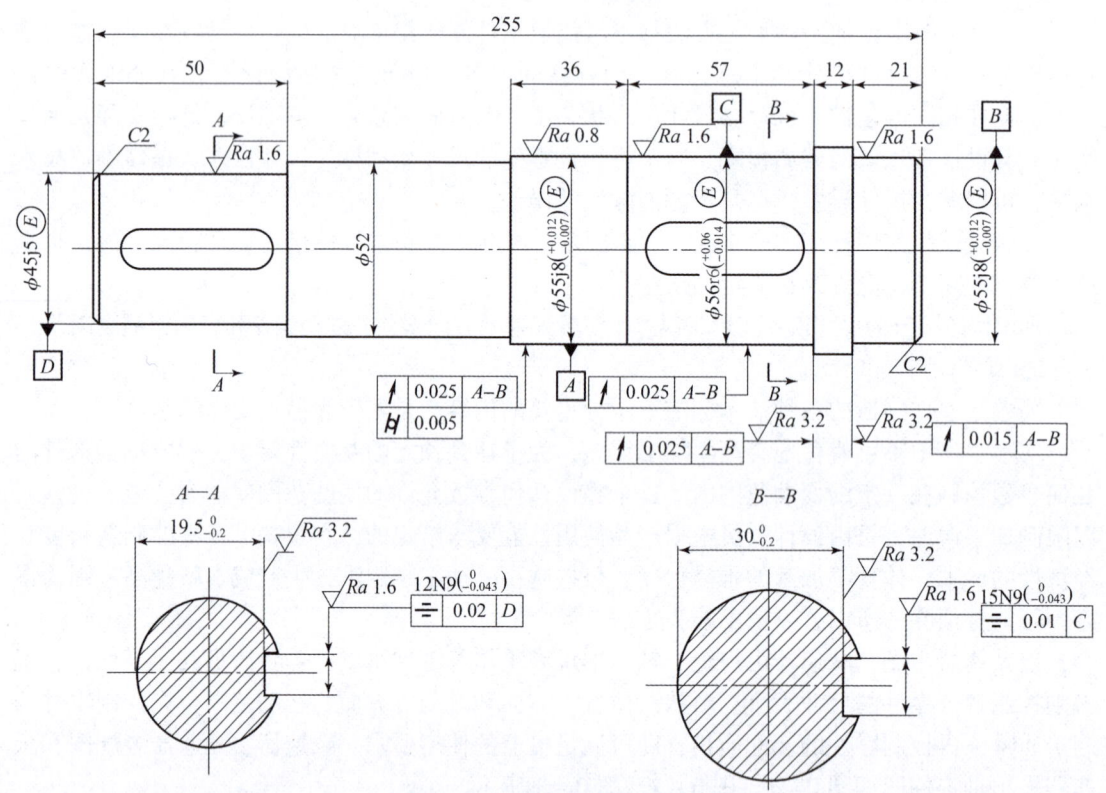

图 0-3 减速器输出轴零件图

随着机械制造业的发展，我国公差标准的建立和发展也在逐步完善。1955 年，第一机械工业部颁布了第一个公差与配合的部标准。1959 年，国家科学技术委员会正式颁布了公差与配合国家标准。1960 年，第一机械工业部颁布了圆柱齿轮公差标准。之后又陆续颁布了表面粗糙度标准、形状和位置公差标准、键与花键公差标准、普通螺纹公差标准、齿轮公差标准等，为了与国际接轨，我国的标准还在不断完善和修订中。

目前，制造业已经能加工出精度极高的产品，但加工误差依然存在，为了实现互换性的生产，就必须对零件的几何要素提出公差要求，只有在公差要求范围内的合格零件才能实现互换。将零件几何参数的允许变化量按不同的精度等级制定出的公差值标准，即公差标准。不同的生产企业，对各种各样的公差要求还必须有统一的术语、协调的数据及合适的标注方式，使从事机械设计或加工的人员具有共同的技术语言和技术依据，并使设计生产过程更为方便、合理和经济。同种零件或产品按公差标准进行设计、制造，就能在全社会范围内实现互换，从而极大地提高社会生产力。

三、标准及标准化

1. 标准

标准是指对重复性事物和概念所作的统一规定。标准一旦通过审批，就不能擅自修改和拒不执行。标准在一定范围内是具有约束力的。国际标准化组织（ISO）关于标准化原理的第一条原则就是简化和统一，简化和统一即删繁就简。

标准分为企业标准、行业标准、国家标准、地区标准和国际标准，第二次世界大战后成立的国际标准化组织，对世界工业的发展起到了积极的推动作用。ISO 标准代表了标准化生产和产品质量的较高水平。

2. 标准化

标准化是制定、贯彻和修改标准的全部过程。在机械制造中，标准化是实现互换性的必要前提。标准化是社会生产的产物，推动了社会生产的发展。从经济学的观点看，工业产品的生产规模越大，产品的单位制造成本就越低，这主要是因为单位固定费用的分摊小。而大批量生产的前提就是零件生产的标准化。标准化是组织现代化大生产的重要手段，是实现专业化协作生产的必要前提，是科学管理的重要组成部分，是使整个社会经济合理化的技术基础，也是发展贸易、提高产品在国际市场上竞争能力的技术保证。搞好标准化，对于高速发展国民经济、提高产品和工程建设质量、提高劳动生产率、改善人民生活等，都有着重要的作用。

四、技术测量

公差标准是针对零件的公差与配合制定的技术标准。在制定和贯彻公差标准时，要相应采用必要的技术测量措施。技术测量是实现互换性的必要条件，只有通过技术测量，才能知道零件的几何参数误差是否在公差要求的范围内，以及零件是否合格、是否满足互换性要求。技术测量的目的不仅在于判断零件是否合格，还要根据技术测量的结果分析产生废品的原因，以便采取改进措施。因此，技术测量是实现互换性的技术保证。

生产和科学技术的发展，对几何参数的检测精度和检测效率提出了越来越高的要求。要进行技术测量，就必须从计量上保证长度计量单位的统一，在全国范围内规定严格的量值传递系统并采用相应的测量方法和测量工具，以保证必要的检测精度。

第三节　课程特点和学习方法

一、本课程特点

本课程讲授公差与技术测量，涉及标准化与计量学两个范畴，并以标准化范畴为主要内容。本课程以零件的加工误差为起点，从保证产品设计质量、实现零件互换性的角度，探讨公差与技术测量的有关问题，对产品质量设计的科学化、标准化进行深入理解并贯穿于零件的设计与制造活动中。

本课程具有定义和术语多、代号和符号多、具体规定多、内容多、经验总结多，而逻辑和推理较少的特点，刚刚接触专业基础课程的学生可能会感到枯燥，因为需要记忆的内容多，记不住就不会用。因此，学生应当要有充分的思想准备以完成从基础到专业这一过程的转变。

二、本课程的学习方法

本课程的主干是国家标准规定的公差标准。公差标准就是技术法规，不可随意更改和不予执行，在进行精度设计时，既要满足标准规定的原则要求，又要根据不同的使用要求灵活选用。机械产品的种类繁多，使用要求各异，因此熟练掌握公差配合的选用并不容易。

在学习过程中，应当了解每个术语、定义的实质，及时归纳总结，掌握其区别和联系，并在此基础上灵活运用。要求认真完成作业和实验，巩固并加深所学内容的理解和记忆，掌握正确的标注方法，熟悉公差与配合的选择原则和方法，树立理论联系实际、严肃认真的科学态度，培养基本操作技能，初步掌握精度设计要领并能正确运用。对学习中遇到的困难应当坚持不懈努力，反复记忆和练习，以达到熟练应用的目的。

习 题

1. 什么是互换性？互换性有哪些种类？互换性有哪些应用场合？
2. 什么是公差、加工误差？二者有哪些区别和联系？如果没有公差标准，能按互换性原则进行生产吗？为什么？
3. 工业生产的标准化有什么作用？
4. 本课程的学习目的是什么？

第一章　光滑圆柱体结合的互换性

> **导读**
>
> **本章学习的主要目的和要求：**
> 1. 理解有关尺寸、偏差、公差与配合的基本概念。
> 2. 掌握标准公差与配合国家标准的组成与特点。
> 3. 掌握光滑圆柱体结合的基准制、配合的特点和类别。
> 4. 掌握尺寸公差带图和配合公差带图的绘制。
> 5. 了解选用尺寸公差等级及其数值的原则和方法。

圆柱体结合的公差与配合是机械工程方面重要的基础标准，不仅适用于圆柱体，也适用于其他结合中由单一尺寸确定的部分。"公差"主要反映机器零件使用要求与制造工艺之间的矛盾；"配合"则反映组成机器的零件之间的关系。国家技术监督局不断发布实施新标准，颁布了公差与配合的国家标准《产品几何技术规范（GPS）线性尺寸公差 ISO 代号体系 第 1 部分：公差、偏差和配合的基础》（GB/T 1800.1—2020）代替旧标准。我国目前已初步建立并形成了与国际标准相适应的基础公差体系，可以基本满足经济发展和对外交流的需要。

第一节　光滑圆柱体结合的互换性基本概念

一、有关尺寸要素、尺寸的术语及定义

1. 尺寸要素

由一定大小的线性尺寸或角度尺寸确定的几何形状称为尺寸要素。

2. 尺寸

以特定单位表示线性尺寸值的数值称为尺寸。尺寸由数字和长度单位两部分组成，用以表示零件几何形状的大小，包括长度、直径、半径、宽度、高度、深度、厚度和中心距等。在机械制造业中一般以毫米（mm）为特定单位，在图样上标注尺寸时，通常不标注单位，只标注数字。

（1）公称尺寸

由图样规范确定的理想形状要素的尺寸称为公称尺寸（旧称"基本尺寸"，本书两种说法均采用）。公称尺寸是在设计时根据零件的强度、刚度、结构和工艺性等要求确定的。设计时应尽量采用公称尺寸，以减少加工所用刀具、量具的规格。孔的公称尺寸用 D 表示，

轴的公称尺寸用 d 表示。

（2）提取组成要素的局部尺寸

提取组成要素的局部尺寸是一切提取组成要素上两对应点之间距离的统称。

如图 1-1 所示，虚线表示提取表面或提取线；粗点画线表示拟合平面或拟合线；实际表面（轮廓）用粗实线表示（图中未绘出）。由虚线所形成的不规则圆中的 8 即为提取圆柱面圆的局部直径。

拟合圆柱面的直径尺寸不等同于公称尺寸。

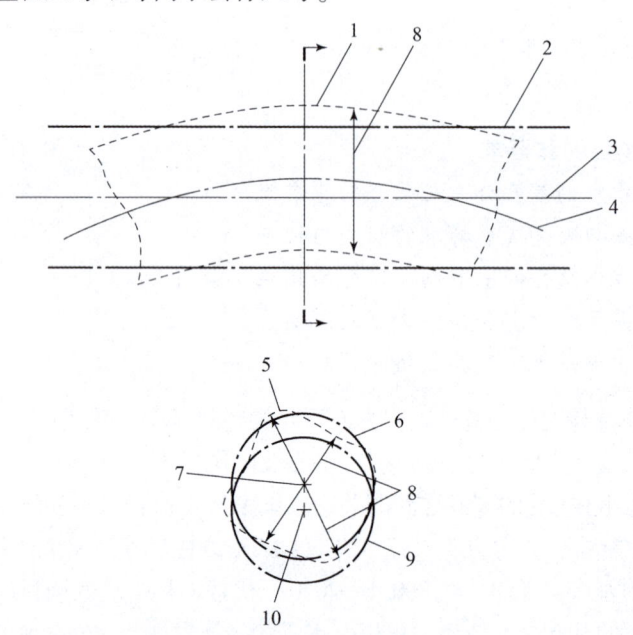

图 1-1　提取圆柱面的局部尺寸

1—提取表面；2—拟合圆柱面；3—拟合圆柱面轴线；4—提取中心线；5—提取线；6—拟合圆；7—拟合圆圆心；
8—提取要素的局部直径；9—拟合圆柱面；10—拟合圆柱面轴线

（3）极限尺寸

尺寸要素的尺寸所允许的极限值称为极限尺寸。提取组成要素的局部尺寸应位于其中，也可达到极限。

尺寸要素允许的最大尺寸称为上极限尺寸（又称最大极限尺寸），尺寸要素允许的最小尺寸称为下极限尺寸（又称最小极限尺寸），如图 1-2 所示。

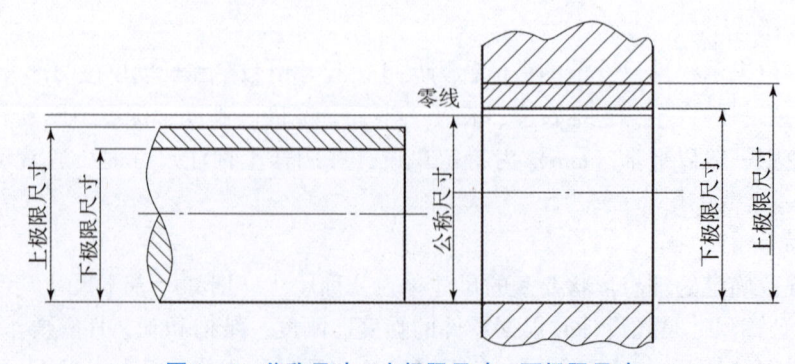

图 1-2　公称尺寸、上极限尺寸、下极限尺寸

极限尺寸可大于、小于或等于公称尺寸。合格零件的局部尺寸应在上下极限尺寸之间。孔的极限尺寸用 D_{max}、D_{min} 表示，轴的极限尺寸用 d_{max}、d_{min} 表示。

合格零件的条件为

$$D_{min} \leqslant D_a \leqslant D_{max}$$
$$d_{min} \leqslant d_a \leqslant d_{max}$$

最大实体状态（MMC）是指孔和轴具有允许的材料量最多时的状态。

最大实体尺寸（MMS）是指在最大实体状态下的极限尺寸，又称最大实体极限，是孔的最小尺寸 D_{min} 和轴的最大尺寸 d_{max} 的统称。

最小实体状态（LMC）是指孔和轴具有允许的材料量最少时的状态。

最小实体尺寸（LMS）是指在最小实体状态下的极限尺寸，又称最小实体极限，是孔的最大尺寸 D_{max} 和轴的最小尺寸 d_{min} 的统称。

二、有关尺寸偏差与公差的术语及定义

1. 偏差

偏差是指某一尺寸减去其公称尺寸所得的代数差。

2. 实际偏差

实际偏差是指实际要素尺寸减去其公称尺寸所得的代数差，依据定义表示如下。

孔的实际偏差 $\qquad E_a = D_a - D$

轴的实际偏差 $\qquad e_a = d_a - d$

3. 极限偏差

极限偏差是指极限尺寸减去其公称尺寸所得的代数差。其中，上极限尺寸减去其公称尺寸所得的代数差称为上极限偏差，又称上偏差（ES，用于内尺寸要素；es，用于外尺寸要素），下极限尺寸减其公称尺寸所得的代数差称为下极限偏差，又称下偏差（EI，用于内尺寸要素；ei，用于外尺寸要素），如图 1-3 所示。

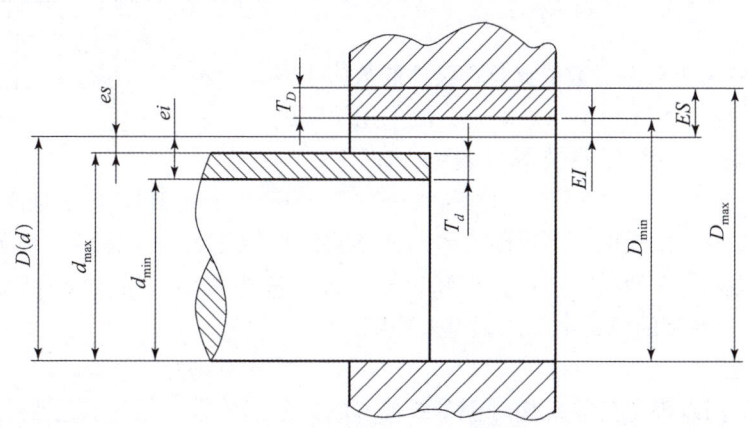

图 1-3 极限和配合示意图

上、下极限偏差统称为极限偏差。依据定义，孔、轴极限偏差表示如下。

孔的上极限偏差 $\qquad ES = D_{max} - D$

孔的下极限偏差 $\quad EI = D_{\min} - D$

轴的上极限偏差 $\quad es = d_{\max} - d$

轴的下极限偏差 $\quad ei = d_{\min} - d$

应该注意，偏差为代数值，可能为正值、负值或零。极限偏差用于控制实际偏差。完工后零件尺寸的合格条件常用偏差关系式表示，即

孔合格的条件 $\quad EI \leqslant E_a \leqslant ES$

轴合格的条件 $\quad ei \leqslant e_a \leqslant es$

4. 尺寸公差

尺寸公差（简称公差）是指允许尺寸的变动量，是上极限尺寸与下极限尺寸之差的绝对值，或上极限偏差与下极限偏差之差的绝对值。如图1-3所示，其关系式表示如下。

孔的公差 $\quad T_D = |D_{\max} - D_{\min}| = |ES - EI|$

轴的公差 $\quad T_d = |d_{\max} - d_{\min}| = |es - ei|$

公差与极限偏差之间的区别和联系。

1) 公差与极限偏差是两种不同的概念。

2) 公差大小决定了允许尺寸变动范围的大小。若公差值大，则允许尺寸变动的范围大，因而要求加工精度低；若公差值小，则允许尺寸变动的范围小，因而要求加工精度高。

3) 极限偏差表示每个零件尺寸允许变动的极限值，是判断零件尺寸是否合格的依据。

4) 从作用上看，公差影响配合的精度；极限偏差用于控制实际偏差，影响配合的松紧程度。

5. 零线

在极限与配合图解中，表示公称尺寸的一条直线称为零线。通常零线表示公称尺寸。在公差带图中，通常零线沿水平方向绘制，正偏差位于零线的上方，负偏差位于零线的下方，如图1-4所示。

6. 公差带

从图1-3中可见公差的数值比公称尺寸的数值小得多，不能用同一比例画在一张示意图上，故采用简明的极限与配合图解（简称公差带图）表示，如图1-4所示。

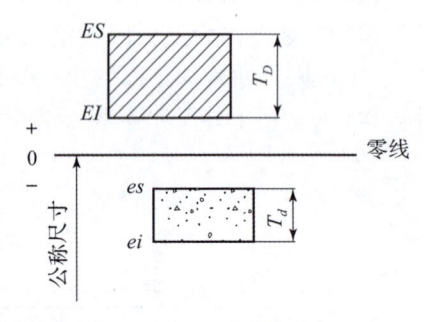

图1-4 孔轴公差带图

在公差带图中，代表上、下极限偏差的两条直线所限定的一个区域，称为尺寸公差带，简称公差带。公差带有两项特征：大小和位置。公差带的大小由尺寸公差确定（此值由标准公差确定）；公差带的位置由基本偏差来确定。

7. 基本偏差

基本偏差是用以确定公差带相对于零线位置的极限偏差，一般为靠近零线或位于零线的极限偏差，如图1-5所示。当整个公差带位于零线上方时，基本偏差为下极限偏差；反之，则为上极限偏差。公差带图实际上是公差与配合图的简化表示法。

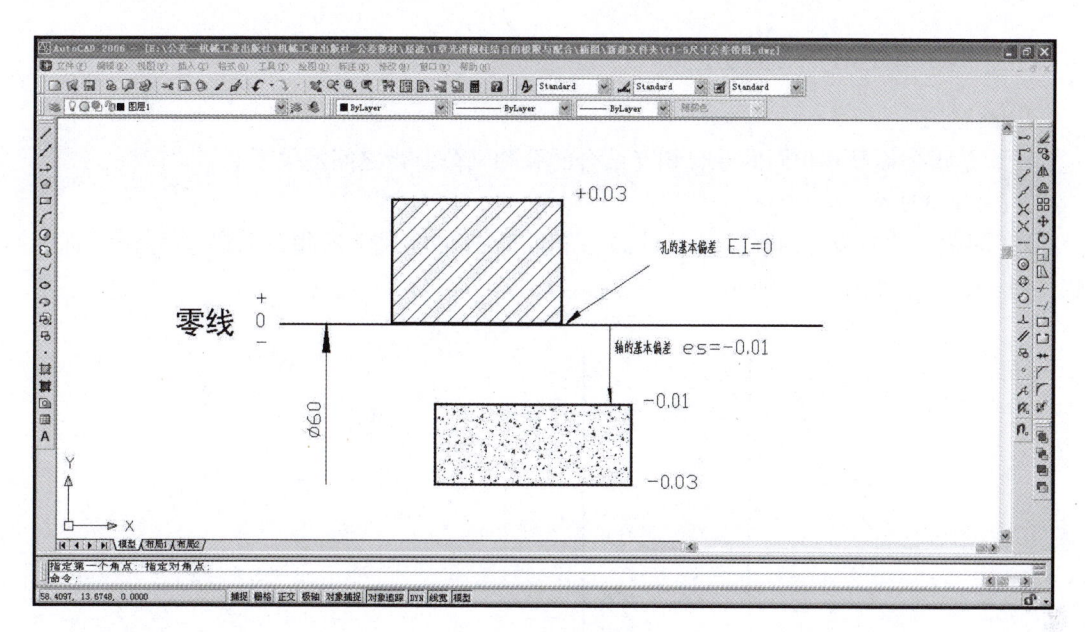

图 1-5 基本偏差

例 1-1 已知轴径为 $\phi 60_{-0.03}^{-0.01}$ mm，孔径为 $\phi 60_{0}^{+0.03}$ mm，求孔、轴的极限尺寸和公差。

解：a. 图解法。

根据已知条件画出孔轴公差带图，如图 1-6 所示。

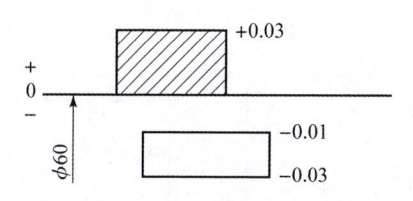

图 1-6 公差带图解法

孔的极限尺寸　　　　$D_{max} = 60.03$ mm　　$D_{min} = 60$ mm

轴的极限尺寸　　　　$d_{max} = 59.99$ mm　　$d_{min} = 59.97$ mm

孔、轴的公差为

$$T_D = ES - EI = (0.03 - 0) \text{ mm} = 0.03 \text{ mm}$$

$$T_d = es - ei = [-0.01 - (-0.03)] \text{ mm} = 0.02 \text{ mm}$$

b. 公式法。

$$D_{max} = D + ES = (60 + 0.03) \text{ mm} = 60.03 \text{ mm}$$

$$D_{min} = D + EI = (60 + 0) \text{ mm} = 60 \text{ mm}$$

$$d_{max} = d + es = [60 + (-0.01)] \text{ mm} = 59.99 \text{ mm}$$

$$d_{min} = d + ei = [60 + (-0.03)] \text{ mm} = 59.97 \text{ mm}$$

$$T_D = D_{max} - D_{min} = (60.03 - 60) \text{ mm} = 0.03 \text{ mm}$$

$$T_d = d_{max} - d_{min} = (59.99 - 59.97) \text{ mm} = 0.02 \text{ mm}$$

三、有关配合的术语和定义

1. 配合

配合是指公称尺寸相同的并且相互结合的孔和轴公差带之间的关系。

2. 间隙与过盈

1) 间隙：孔轴配合时，孔的尺寸减去相配合的轴的尺寸所得的代数差为正时称为间隙，用 X 表示，如图 1-7 所示。

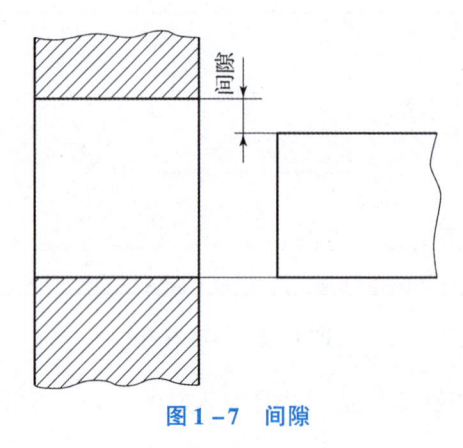

图 1-7 间隙

2) 过盈：孔轴配合时，孔的尺寸减去相配合的轴的尺寸所得的代数差为负时称为过盈，用 Y 表示，如图 1-8 所示。

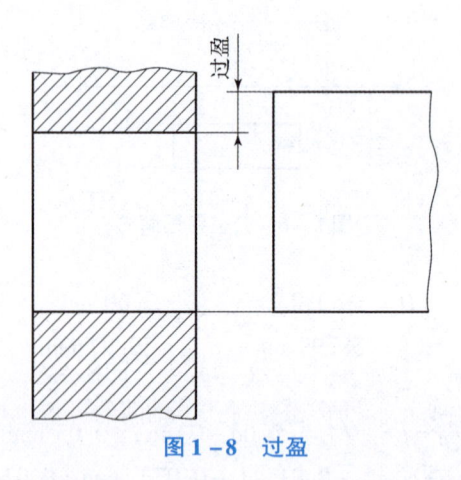

图 1-8 过盈

3. 间隙配合

间隙配合是指具有间隙（包括最小间隙等于零）的配合。此时，孔的公差带在轴的公差带之上。因为孔与轴的尺寸都有公差，所以配合后的间隙也会在一定范围内变动，即存在着配合公差，如图 1-9 所示。

由于孔和轴的实际尺寸在各自的公差带内变动，因此装配后各对孔、轴间的间隙也是变动的，如图 1-10 所示。当孔为上极限尺寸，轴为下极限尺寸时，装配后得到最大间隙（$X_{\max}$）；反之，得到最小间隙（$X_{\min}$），即

$$X_{\max} = D_{\max} - d_{\min} = ES - ei$$
$$X_{\min} = D_{\min} - d_{\max} = EI - es$$

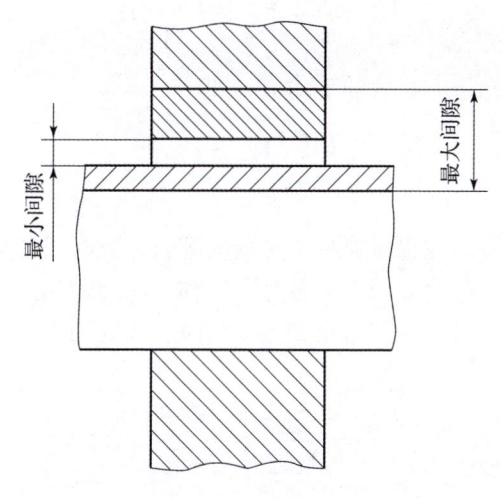

图 1-9　间隙配合

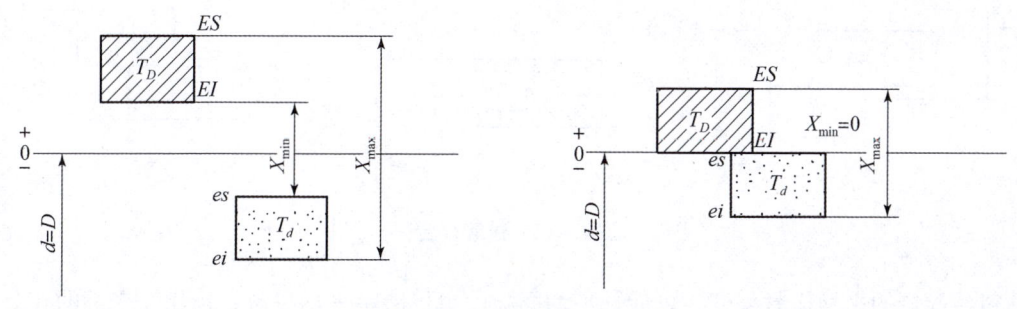

图 1-10　间隙配合的极限间隙

间隙配合的平均松紧程度用平均间隙描述，它是最大间隙与最小间隙的平均值，即

$$X_c = \frac{1}{2}(X_{\max} + X_{\min})$$

4．过盈配合

过盈配合是指具有过盈（包括最小过盈等于零）的配合。此时，孔的公差带完全在轴的公差带之下，如图 1-11 所示。同样，各对孔、轴间的过盈也是变化的。

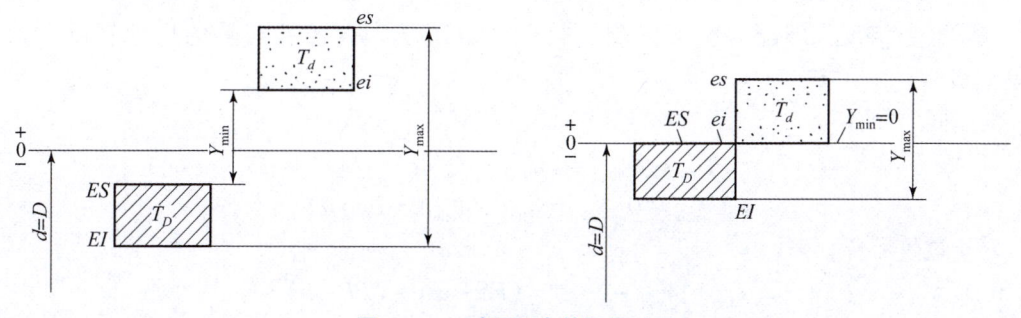

图 1-11　过盈配合的极限过盈

当孔为上极限尺寸、轴为下极限尺寸时，装配后得到最小过盈（Y_{min}）；当孔为下极限尺寸、轴为上极限尺寸时，装配后得到最大过盈（Y_{max}），即

$$Y_{min} = D_{max} - d_{min} = ES - ei$$
$$Y_{max} = D_{min} - d_{max} = EI - es$$

平均过盈为最大过盈和最小过盈的平均值，即

$$Y_c = \frac{1}{2}(Y_{max} + Y_{min})$$

5. 过渡配合

过渡配合是指可能具有间隙也可能具有过盈的配合。此时，孔的公差带与轴的公差带相互交叠，如图 1-12 所示。过渡配合中，各对孔、轴间的间隙或过盈也是变化的。当孔为上极限尺寸、轴为下极限尺寸时，装配后得到最大间隙；当孔为下极限尺寸、轴为上极限尺寸时，装配后得到最大过盈，即

$$X_{max} = D_{max} - d_{min} = ES - ei$$
$$Y_{max} = D_{min} - d_{max} = EI - es$$

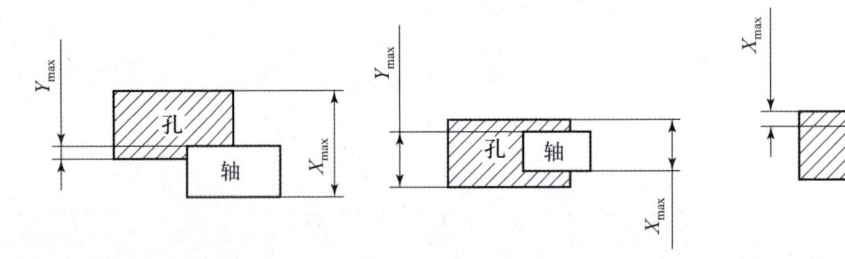

图 1-12 过渡配合

过渡配合的平均松紧程度，可能是平均间隙，也可能是平均过盈。当相互交叠的孔公差带高于轴公差带时，为平均间隙；当相互交叠的孔公差带低于轴公差带时，为平均过盈。在过渡配合中，平均间隙或平均过盈为最大间隙与最大过盈的平均值，所得值为正时，则为平均间隙，为负时则为平均过盈。即

$$X_c(Y_c) = \frac{1}{2}(X_{max} + Y_{max})$$

6. 配合公差

允许间隙或过盈的变动量称为配合公差，以 T_f 表示。配合公差反映配合的松紧变化程度，表示配合精度，即配合精度（配合公差）取决于配合的孔与轴的尺寸精度（尺寸公差）。

对于间隙配合

$$T_f = |X_{max} - X_{min}| = (D_{max} - d_{min}) - (D_{min} - d_{max})$$
$$= (D_{max} - D_{min}) + (d_{max} - d_{min}) = T_D + T_d$$

对于过盈配合

$$T_f = |Y_{min} - Y_{max}| = (ES - ei) - (EI - es)$$
$$= (ES - EI) + (es - ei) = T_D + T_d$$

对于过渡配合
$$T_f = |X_{max} - Y_{max}| = T_D + T_d$$
各类配合的配合公差均为孔公差与轴公差之和，即
$$T_f = T_D + T_d$$

这一结论说明配合件的装配精度与零件的加工精度有关。若要提高装配精度，使配合后间隙或过盈的变化范围减小，则应减小零件的公差，即需要提高零件的加工精度。

配合公差的特性也可用图 1 – 13 所示的配合公差带图来表示。在图 1 – 13 中，零线以上的纵坐标为正值，代表间隙；零线以下的纵坐标为负值，代表过盈；符号"Ⅱ"代表配合公差带。配合公差带完全处在零线以上为间隙配合；完全处在零线以下为过盈配合；跨在零线上、下两侧为过渡配合。

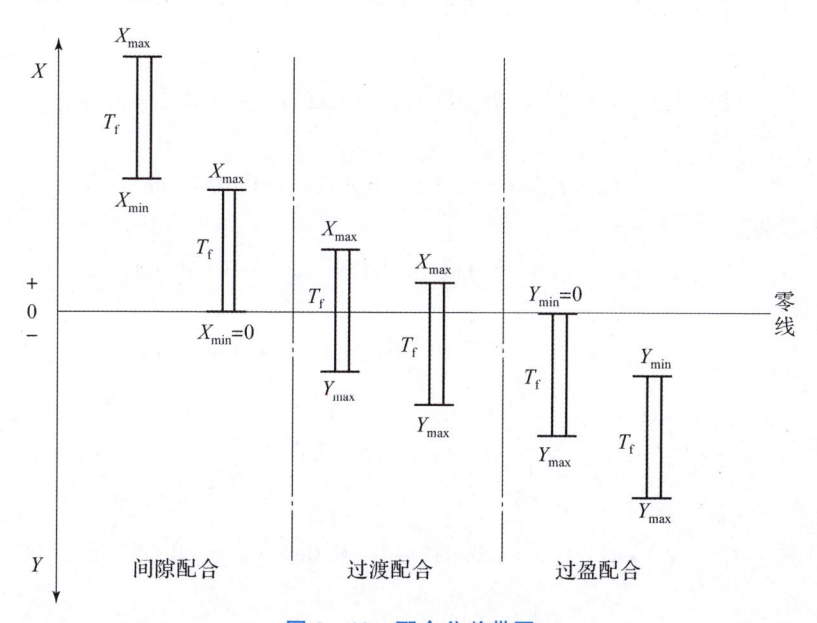

图 1 – 13 配合公差带图

配合公差带的大小取决于配合公差的大小，配合公差带相对于零线的位置取决于极限间隙或极限过盈的大小。前者表示配合精度，后者表示配合的松紧程度。

例 1 – 2 计算下列三种孔、轴配合的极限间隙或过盈、配合公差，并绘制公差带图与配合公差带图。

a. 孔 $\phi 30^{+0.033}_{0}$ mm 与轴 $\phi 30^{-0.020}_{-0.041}$ mm 配合。

b. 孔 $\phi 30^{+0.033}_{0}$ mm 与轴 $\phi 30^{+0.023}_{+0.002}$ mm 配合。

c. 孔 $\phi 30^{+0.033}_{0}$ mm 与轴 $\phi 30^{+0.069}_{+0.048}$ mm 配合。

解： a. 最大间隙。
$$X_{max} = ES - ei = [0.033 - (-0.041)] \text{ mm} = +0.074 \text{ mm}$$
最小间隙
$$X_{min} = EI - es = [0 - (-0.020)] \text{ mm} = +0.020 \text{ mm}$$
平均间隙
$$X_c = \frac{1}{2}(X_{max} + X_{min}) = \left[\frac{1}{2} \times (0.074 + 0.020)\right] \text{mm} = 0.047 \text{ mm}$$

配合公差
$$T_f = |X_{max} - X_{min}| = |0.074 - 0.020|\,mm = 0.054\,mm$$
或
$$T_f = T_D + T_d = (0.033 + 0.021)\,mm = 0.054\,mm$$

b. 最大间隙。
$$X_{max} = ES - ei = [0.033 - (+0.002)]\,mm = +0.031\,mm$$

最大过盈
$$Y_{max} = EI - es = [0 - (+0.023)]\,mm = -0.023\,mm$$

平均间隙
$$X_c = \frac{1}{2}(X_{max} + Y_{max}) = \left\{\frac{1}{2} \times [0.031 + (-0.023)]\right\}mm = 0.004\,mm$$

配合公差
$$T_f = |X_{max} - Y_{max}| = |0.031 - (-0.023)|\,mm = 0.054\,mm$$
或
$$T_f = T_D + T_d = (0.033 + 0.021)\,mm = 0.054\,mm$$

c. 最小过盈。
$$Y_{min} = ES - ei = (0.033 - 0.048)\,mm = -0.015\,mm$$

最大过盈
$$Y_{max} = EI - es = (0 - 0.069)\,mm = -0.069\,mm$$

平均过盈
$$Y_c = \frac{1}{2}(Y_{min} + Y_{max}) = \left[\frac{1}{2} \times (-0.015 - 0.069)\right]mm = -0.042\,mm$$

配合公差
$$T_f = |Y_{min} - Y_{max}| = |-0.015 - (-0.069)|\,mm = 0.054\,mm$$
或
$$T_f = T_D + T_d = 0.033 + 0.021 = 0.054\,mm$$

公差带图如图1-14所示，配合公差带图如图1-15所示。

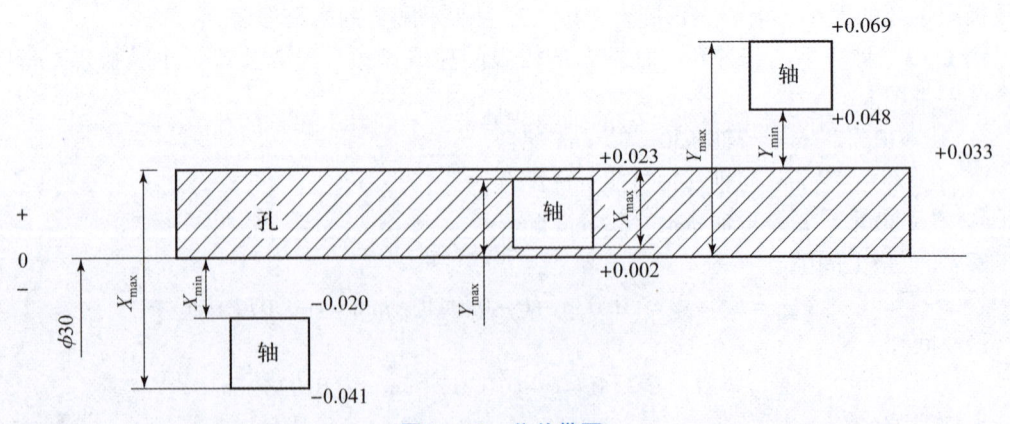

图1-14 公差带图

图 1-15　配合公差带图

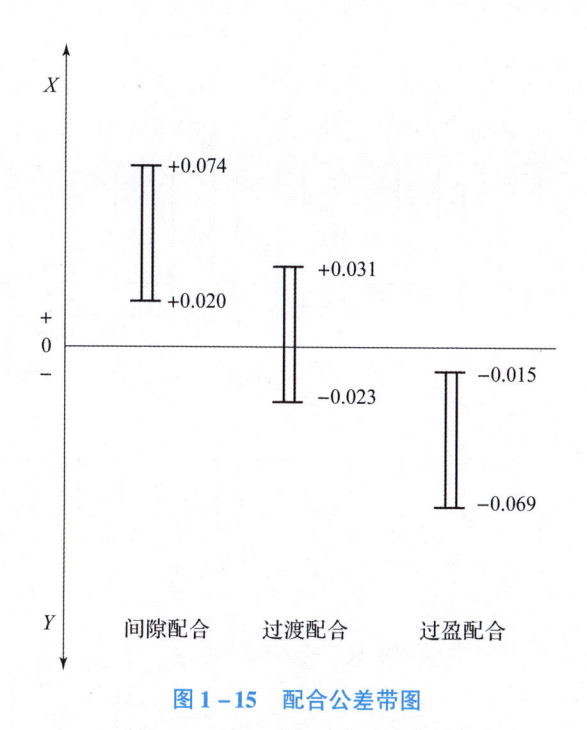

第二节　公差与配合国家标准简介

一、配合制

在生产实践中，存在各种不同性质的配合，即使配合公差确定后，也可通过变更孔、轴公差带位置，组成不同性质、不同松紧程度的配合。为了简化起见，无须将孔、轴公差带同时变动，只需要固定一个，变更另一个，便可满足不同使用性能要求的配合，进而减少定值刀具、量具的规格数量，并获得良好的技术经济效益。因此，国家标准针对孔与轴公差带之间的相互位置关系，规定了统一孔与轴公差带的配合制度，即基轴制配合和基孔制配合两种配合制。

1. 基轴制配合

基轴制配合是指基本偏差为一定的轴的公差带与不同基本偏差的孔的公差带，即基准轴 h 与非基准件孔（A~ZC）形成各种配合的一种制度。基轴制的轴为基准轴，其代号为 h，基本偏差为上极限偏差，数值为零，下极限偏差为负值，即基准轴的公差带在零线下侧，如图 1-16（a）所示。

基准轴 h 与孔 A~H 形成间隙配合，标注为 A~H/h；与孔 J~N 一般形成过渡配合，配合的标注为 J~N/h；与孔 P~ZC 通常形成过盈配合，其标注形式为 P~ZC/h。

2. 基孔制配合

基孔制配合是指基本偏差为一定的孔的公差带与不同基本偏差的轴的公差带，即基准孔 H 与非基准件轴（a~zc）形成各种配合的一种制度。基孔制的孔为基准孔，其代号为 H，基本偏差为下极限偏差，数值为零，上极限偏差为正值，即基准孔的公差带在零线上侧，如

图 1-16（b）所示。

基准孔 H 与轴 a~h 形成间隙配合，标注为 H/a~h；与轴 j~n 一般形成过渡配合，配合的标注为 H/j~n；与轴 p~zc 通常形成过盈配合，其标注形式为 H/p~zc。

（a）

（b）

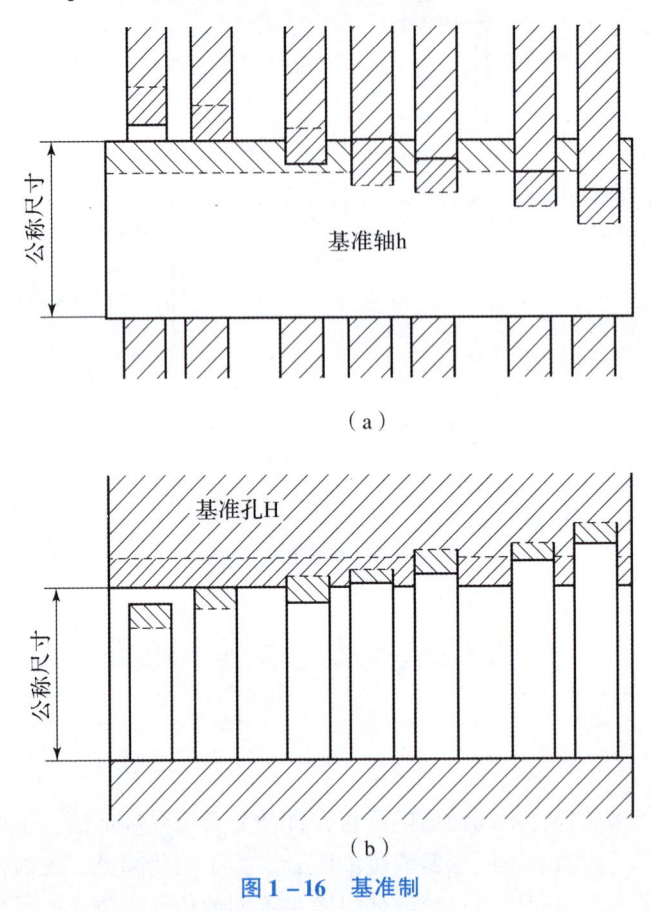

图 1-16 基准制
（a）基轴制；（b）基孔制

注：水平实线代表孔或轴的基本偏差。虚线代表另一个极限，表示孔与轴之间可能的不同组合与它们的公差等级有关。

二、标准公差系列

在公差与配合国家标准 GB/T 1800.1—2020 中，用以确定公差带大小的任一公差，称为标准公差，用 IT（international tolerance）表示，它是依据公差等级和基本尺寸来确定的。

1. 标准公差等级

公差等级用于确定尺寸精确程度。为了将公差数值标准化，以减少量具和刀具的规格，同时又能满足各种机器所需的不同精度的要求，GB/T 1800.1—2020 将标准公差分为 20 个公差等级，用 IT 和阿拉伯数字组成的代号表示，按顺序为 IT01、IT0、IT1~IT18，等级依次降低，标准公差数值依次增大，如图 1-17 所示。常用的公差等级为 IT5~IT18。

由于零件的制造误差与加工精度、公称尺寸有关，尺寸大的其误差也大，因此不能仅从公差的大小来判断工件尺寸精度的高低。例如，公称尺寸为 $\phi 90$ mm、公差为 54 μm 和公称尺寸为 $\phi 9$ mm、公差为 22 μm 的两个零件，不能立即判断两者精度的高低。

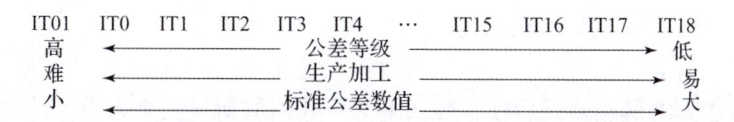

```
IT01   IT0   IT1   IT2   IT3   IT4  ···  IT15   IT16   IT17   IT18
高    ←─────────────── 公差等级 ───────────────→   低
难    ←─────────────── 生产加工 ───────────────→   易
小    ←─────────────── 标准公差数值 ─────────────→   大
```

图 1-17　公差等级的高低、生产加工的难易和标准公差数值的大小示意

由此可知，在同一尺寸分段内、同一公差等级中，各公称尺寸的标准公差数值是相同的。同一公差等级对所有公称尺寸的一组公差也被认为具有同等精度要求，故标准公差数值只与公差等级和公称尺寸有关，而与配合性质无关。

2. 标准公差数值的计算

标准公差数值的大小与公差等级及公称尺寸有关。而由生产实践得知，对于公称尺寸相同的零件，可按标准公差数值的大小评定其尺寸制造精度的高低；相反，对于公称尺寸不同的工件，就不能只按标准公差数值的大小评定其制造精度。因此，评定零件公差等级（或精度等级）的高低，合理规定公差数值就需要建立公差单位。

标准公差因子（i，I）是用于确定标准公差的基本单位，是制订标准公差数值的基础。标准公差因子是公称尺寸 D 的函数，其单位是微米（μm）。

（1）IT5~IT18 的标准公差数值

1）当公称尺寸≤500 mm 时，标准公差数值的计算公式为

$$IT = \alpha i$$

式中　IT——标准公差数值；
　　　α——公差等级系数；
　　　i——标准公差因子。

标准公差因子 i 与加工误差和测量误差有关，而加工误差与公称尺寸近似呈立方根关系，测量误差（主要是由温度变化引起的）与公称尺寸近似呈线性关系，因此标准公差因子 i 计算公式为

$$i = 0.45\sqrt[3]{D} + 0.001D$$

式中　D——公称尺寸分段的计算尺寸，为几何平均值，mm。

前项是主要影响因素，反映了加工误差的影响；后项用于补偿由温度不稳定和量规变形等引起的测量误差。

公差等级系数 α：在公称尺寸一定的情况下，公差等级系数 α 的大小反映了加工的难易程度。为了使公差数值标准化，除了 IT5 的公差等级系数 $\alpha=7$ 以外，IT6~IT18 公差等级系数 α 采用了 R5 优先数系，即按公比 $q_5 = \sqrt[5]{10} \approx 1.6$ 的等比数列递增，从 IT6 开始每增加 5 个等级，公差数值增加至 10 倍。

2）当公称尺寸为 500~3 150 mm 时，标准公差数值的计算公式为

$$IT = \alpha I$$

式中　IT——标准公差数值；
　　　α——公差等级系数；
　　　I——标准公差因子。

由于公称尺寸的增大,测量误差成为主要影响,而测量误差与公称尺寸近似呈线性关系,因此标准公差因子 I 的计算公式为

$$I = 0.004D + 2.1$$

前项 $0.004D$ 为测量误差;后项常数 2.1 为尺寸间的衔接关系常数。

(2) IT01~IT1 的标准公差数值

IT01、IT0、IT1 的标准公差数值比较小,主要考虑测量误差的影响,其标准公差计算采用线性关系式

$$IT = A + BD$$

式中　D——公称尺寸;

　　　常数 A、系数 B——采用 R5 优先数系。

(3) IT2~IT4 的标准公差数值

IT2~IT4 的标准公差数值是在 IT1 与 IT5 之间按等比级数插入,即

$$IT2 = IT1 \times q, \quad IT3 = IT1 \times q^2, \quad \cdots$$

式中　q——公比,$q = \left(\dfrac{IT5}{IT1}\right)^{\frac{1}{4}}$。

公称尺寸≤500 mm 的标准公差计算公式见表 1-1。

表 1-1　公称尺寸≤500 mm 的标准公差计算公式(GB/T 1800.1—2020)

标准公差等级	标准公差计算公式/μm	标准公差等级	标准公差计算公式/μm	标准公差等级	标准公差计算公式/μm
IT01	$0.3 + 0.008D$	IT6	$10i$	IT13	$250i$
IT0	$0.5 + 0.012D$	IT7	$16i$	IT14	$400i$
IT1	$0.8 + 0.020D$	IT8	$25i$	IT15	$640i$
IT2	$IT1(IT5/IT1)^{1/4}$	IT9	$40i$	IT16	$1\,000i$
IT3	$IT1(IT5/IT1)^{2/4}$	IT10	$64i$	IT17	$1\,600i$
IT4	$IT1(IT5/IT1)^{3/4}$	IT11	$100i$	IT18	$2\,500i$
IT5	$7i$	IT12	$160i$		

3. 公称尺寸分段

公称尺寸分段是有利于生产的。根据标准公差的计算公式,一个公称尺寸就应该有一个相应的公差数值。由于生产实践中的公称尺寸很多,这样就会形成一个庞大的公差数值表,给设计和生产带来很大的麻烦。生产实践证明,公差等级相同而公称尺寸相近的公差数值差别不大。因此,为简化公差数值表格以便使用,国家标准对公称尺寸进行了分段。尺寸分段后,对同一尺寸分段内的所有公称尺寸,在公差等级相同情况下,规定相同的标准公差(见表 1-2)。

表 1-2　公称尺寸分段（GB/T 1800.1—2020）　　　　　　mm

主段落		中间段落		主段落		中间段落		主段落		中间段落	
大于	至	大于	至	大于	至	大于	至	大于	至	大于	至
—	3	—	—	30	50	30	40	180	250	180	200
3	6	—	—			40	50			200	225
										225	250
6	10	—	—	50	80	50	65	250	315	250	280
10	18	10	14			65	80			280	315
		14	18	80	120	80	100	315	400	315	355
						100	120			355	400
18	30	18	24	120	180	120	140	400	500	400	450
		24	30			140	160			450	500
						160	180				

国家标准将≤500 mm 的公称尺寸分成 13 个尺寸段，称为主段落。某些配合对尺寸变化很敏感，因此在一个主段落中又分为 2~3 段中间段落，以便确定基本偏差时使用。

在标准公差及以后的基本偏差计算公式中，公称尺寸 D 一律以所属尺寸分段（$>D_1$~D_2）内的首尾两个尺寸的几何平均值 $D[D=(D_1D_2)^{1/2}]$ 进行计算。

例 1-3　公称尺寸为 $\phi25$ mm，计算确定其 IT7 标准公差数值。

解：由于 $\phi25$ mm 属于 >18~30 mm 尺寸分段，因此，其几何平均值为

$$D = \sqrt{18 \times 30} \text{ mm} \approx 23.24 \text{ mm}$$

$$i = 0.45\sqrt[3]{D} + 0.001D = (0.45 \times \sqrt[3]{23.24} + 0.001 \times 23.24)\text{μm} \approx 1.31 \text{ μm}$$

查表 1-1 得　　IT7 = $16i$ = 16×1.31 μm = 20.96 μm ≈ 21 μm

按国家标准规定的标准公差计算公式计算并经过圆整，编制出相应的标准公差数值表，公称尺寸至 500 mm 的标准公差数值见表 1-3。

表 1-3　公称尺寸至 500 mm 的标准公差数值（GB/T 1800.1—2020）

公称尺寸/mm		标准公差等级																	
		IT01	IT0	IT1	IT2	IT3	IT4	IT5	IT6	IT7	IT8	IT9	IT10	IT11	IT12	IT13	IT14	IT15	IT16	IT17	IT18
大于	至	标准公差数值																		
		μm												mm						
—	3	0.3	0.5	0.8	1.2	2	3	4	6	10	14	25	40	60	0.1	0.14	0.25	0.4	0.6	1	1.4
3	6	0.4	0.6	1	1.5	2.5	4	5	8	12	18	30	48	75	0.12	0.18	0.3	0.48	0.75	1.2	1.8

续表

公称尺寸/mm		IT01	IT0	IT1	IT2	IT3	IT4	IT5	IT6	IT7	IT8	IT9	IT10	IT11	IT12	IT13	IT14	IT15	IT16	IT17	IT18
大于	至	标准公差数值																			
		μm													mm						
6	10	0.4	0.6	1	1.5	2.5	4	6	9	15	22	36	58	90	0.15	0.22	0.36	0.58	0.9	1.5	2.2
10	18	0.5	0.8	1.2	2	3	5	8	11	18	27	43	70	110	0.18	0.27	0.43	0.7	1.1	1.8	2.7
18	30	0.6	1	1.5	2.5	4	6	9	13	21	33	52	84	130	0.21	0.33	0.52	0.84	1.3	2.1	3.3
30	50	0.6	1	1.5	2.5	4	7	11	16	25	39	62	100	160	0.25	0.39	0.62	1	1.6	2.5	3
50	80	0.8	1.2	2	3	5	8	13	19	30	46	74	120	190	0.3	0.46	0.74	1.2	1.9	3	4.6
80	120	1	1.5	2.5	4	6	10	15	22	35	54	87	140	220	0.35	0.54	0.87	1.4	2.2	3.5	5.4
120	180	1.2	2	3.5	5	8	12	18	25	40	63	100	460	250	0.4	0.63	1	1.6	2.5	4	6.3
180	250	2	3	4.5	7	10	14	20	29	46	72	115	485	290	0.46	0.72	1.15	1.85	2.9	4.6	7.2
250	315	2.5	4	6	8	12	16	23	32	52	81	130	210	320	0.52	0.81	1.3	2.1	3.2	5.2	8.1
315	400	3	5	7	9	13	18	25	36	57	89	140	230	360	0.57	9.89	1.4	2.3	3.6	5.7	8.9
400	500	4	6	8	10	15	20	27	40	63	97	155	250	400	0.63	0.97	1.55	2.5	4	6.3	9.7

从表 1-3 可以看出，公称尺寸越大，同一公差等级的公差数值也越大。生产实践表明，相同工艺条件，尺寸大的零件，其加工误差也大。误差是指一批零件上某尺寸的实际变动量，由公差来控制。因此，制定的标准公差数值应反映误差规律，根据统计规律分析，加工误差与公称尺寸关系如图 1-18 所示。

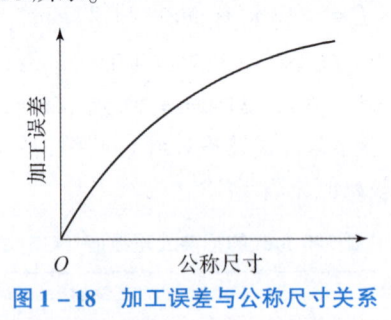

图 1-18 加工误差与公称尺寸关系

三、极限与配合在图样上的标注

1. 公差带代号与配合代号

（1）公差带代号

公差带由基本偏差和公差等级组合而成，故零件的公差带代号由基本偏差代号和公差等级数字组成。孔、轴的公差带代号如图 1-19 所示。

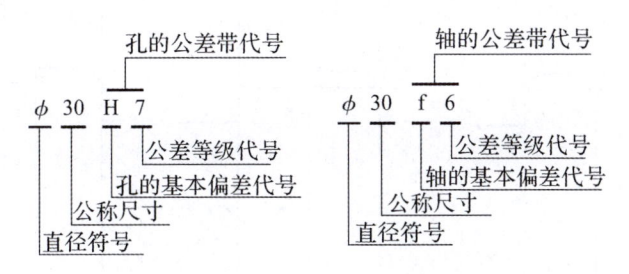

图 1-19 孔、轴的公差带代号

例如，孔的公差带代号：$\phi30H7$ 或 $\phi30^{+0.021}_{0}$ 或 $\phi30H7\left(^{+0.021}_{0}\right)$，$\phi25F8$ 或 $\phi25^{+0.053}_{+0.020}$ 或 $\phi25F8\left(^{+0.053}_{+0.020}\right)$；轴的公差带代号：$\phi45h6$ 或 $\phi45^{\ 0}_{-0.016}$ 或 $\phi45h6\left(^{\ 0}_{-0.016}\right)$，$\phi56m6$ 或 $\phi56^{+0.060}_{+0.041}$ 或 $\phi56m6\left(^{+0.060}_{+0.041}\right)$。

（2）配合代号

配合代号是指用孔、轴公差带代号的组合表示的公差带代号，以分数形式表示，其中分子为孔的公差带代号，分母为轴的公差带代号。

例如，$\phi25\dfrac{H7}{r6}$ 或 $\phi25H7/r6$，$\phi45\dfrac{F9}{h9}$ 或 $\phi45F9/h9$。

2. 零件图中尺寸公差带的三种标注形式

1）标注公称尺寸和公差带代号：此种标注适用于大批量生产的产品零件图，如图 1-20（a）所示。

2）标注公称尺寸和极限偏差值：此种标注适用于单件或小批量生产的产品零件图，如图 1-20（b）所示。

3）标注公称尺寸、公差带代号和极限偏差值：此种标注适用于中小批量生产的产品零件图，如图 1-20（c）所示。

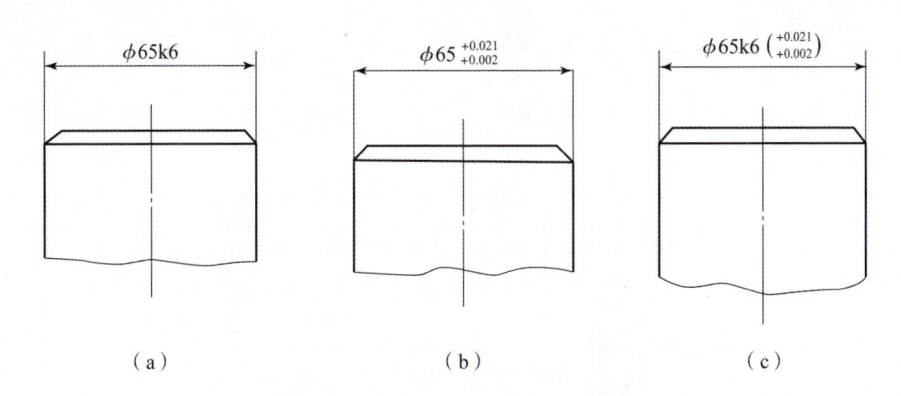

图 1-20 尺寸公差带的标注形式

3. 装配图中配合的三种标注方法

装配图中配合的标注方法如图 1-21 所示，其中图 1-21（b）所示标注方法应用最广泛。

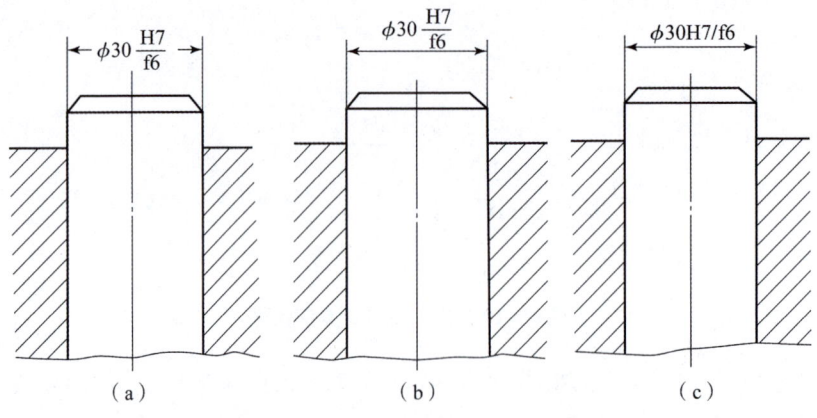

图 1-21 装配图中配合的标注方法

四、常用和优先的公差带与配合

国家标准 GB/T 1800.1—2020 中规定了 20 个公差等级的标准公差与 28 种基本偏差。但由于在这 28 个基本偏差中，J(j) 比较特殊，孔仅与 3 个公差等级组合成为 J6、J7、J8，而轴也仅与 4 个公差等级组合成为 j5、j6、j7、j8，这 7 种公差带会逐渐被 JS（js）代替，因此孔的公差带为 20 × 27 + 3 = 543 种，轴的公差带为 20 × 27 + 4 = 544 种，由不同的孔与轴公差带又可组成很多种配合。为了减少定值刀具、量具的规格，结合我国生产实际并参考其他国家标准，国家标准 GB/T 1800.1—2020 对公称尺寸在 500 mm 内的公差带和配合选用加以限制。

根据生产实际情况，国家标准 GB/T 1800.1—2020 对常用尺寸段推荐了孔、轴的一般、常用、优先公差带。图 1-22 所示为孔的一般、常用、优先公差带。孔有 105 种一般公差带，其中方框中为 44 种常用公差带，带圈的为 13 种优先公差带。图 1-23 所示为轴的一般、常用、优先公差带。轴有 116 种一般公差带，其中方框中为 59 种常用公差带，带圈的为 13 种优先公差带。

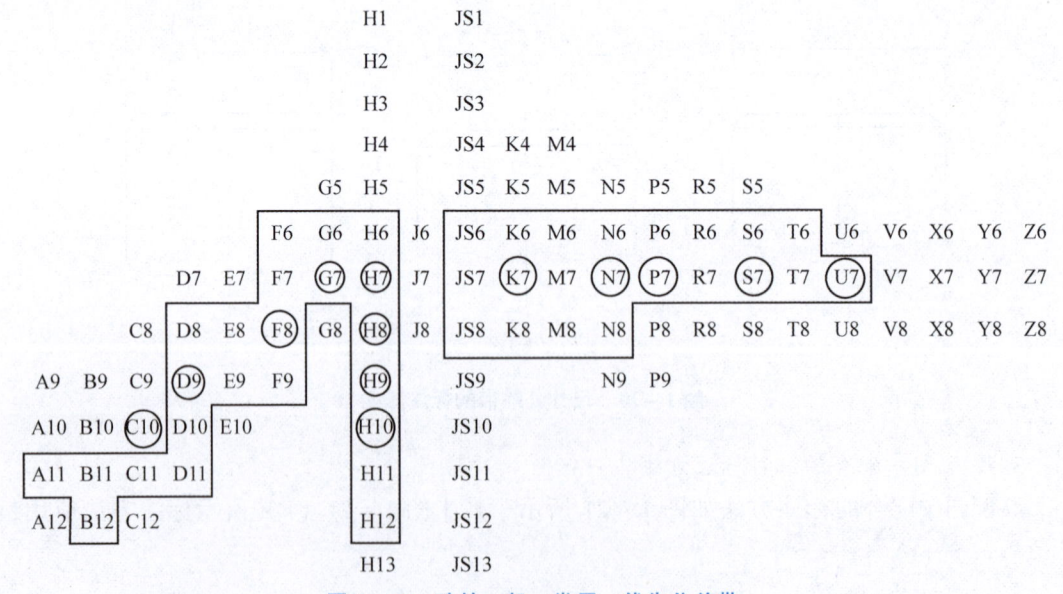

图 1-22 孔的一般、常用、优先公差带

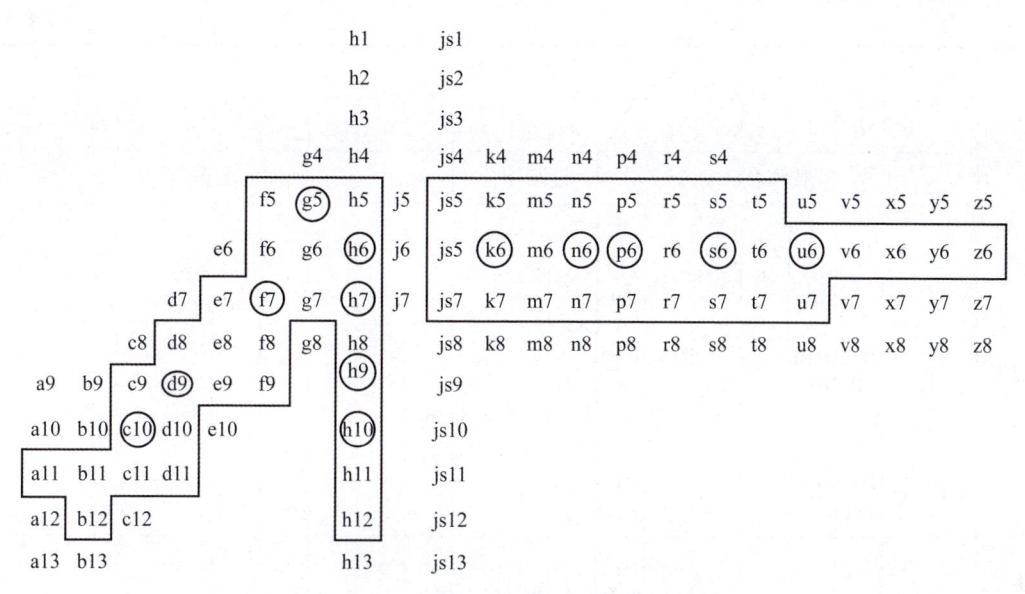

```
                                    h1    js1
                                    h2    js2
                                    h3    js3
                              g4    h4    js4  k4  m4  n4  p4  r4  s4
                         f5   g5    h5    j5   js5 k5  m5  n5  p5  r5  s5  t5  u5  v5  x5  y5  z5
                    e6   f6   g6    h6    j6   js5 k6  m6  n6  p6  r6  s6  t6  u6  v6  x6  y6  z6
                    e7   f7   g7    h7    j7   js7 k7  m7  n7  p7  r7  s7  t7  u7  v7  x7  y7  z7
               c8   d8   e8   f8    g8    h8        k8  m8  n8  p8  r8  s8  t8  u8  v8  x8  y8  z8
          a9   b9   c9   d9   e9    f9    h9        js9
          a10  b10  c10  d10  e10         h10       js10
          a11  b11  c11  d11              h11       js11
          a12  b12  c12                   h12       js12
          a13  b13                        h13       js13
```

图 1-23 轴的一般、常用、优先公差带

选用公差带时，应按优先、常用、一般公差带的顺序选用，特别是优先和常用公差带，在长期生产实践中积累了较丰富的经验，应尽量选用。

五、常用尺寸段孔、轴公差配合

表 1-4 所示的基孔制中有 59 种常用配合，13 种优先配合。表 1-5 所示的基轴制中有 47 种常用配合，13 种优先配合。选择时应优先选用优先配合公差带，其次选用常用配合公差带。

表 1-4 基孔制优先、常用配合

基准孔	轴																			
	a	b	c	d	e	f	g	h	js	k	m	n	p	r	s	t	u	v	x	y	z
	间隙配合								过渡配合				过盈配合								
H6						$\frac{H6}{f5}$	$\frac{H6}{g5}$	$\frac{H6}{h5}$	$\frac{H6}{js5}$	$\frac{H6}{k5}$	$\frac{H6}{m5}$	$\frac{H6}{n5}$	$\frac{H6}{p5}$	$\frac{H6}{r5}$	$\frac{H6}{s5}$	$\frac{H6}{t5}$					
H7						$\frac{H7}{f6}$	▼$\frac{H7}{g6}$	▼$\frac{H7}{h6}$	$\frac{H7}{js6}$	▼$\frac{H7}{k6}$	$\frac{H7}{m6}$	▼$\frac{H7}{n6}$	▼$\frac{H7}{p6}$	$\frac{H7}{r6}$	▼$\frac{H7}{s6}$	$\frac{H7}{t6}$	▼$\frac{H7}{u6}$	$\frac{H7}{v6}$	$\frac{H7}{x6}$	$\frac{H7}{y6}$	$\frac{H7}{z6}$
H8				$\frac{H8}{e7}$	▼$\frac{H8}{f7}$	▼$\frac{H8}{g7}$	▼$\frac{H8}{h7}$	$\frac{H8}{js7}$	$\frac{H8}{k7}$	$\frac{H8}{m7}$	$\frac{H8}{n7}$	$\frac{H8}{p7}$	$\frac{H8}{r7}$	$\frac{H8}{s7}$	$\frac{H8}{t7}$	$\frac{H8}{u7}$					
H8			$\frac{H8}{d8}$	$\frac{H8}{e8}$	$\frac{H8}{f8}$		$\frac{H8}{h8}$														

续表

基准孔	轴																				
	a	b	c	d	e	f	g	h	js	k	m	n	p	r	s	t	u	v	x	y	z
	间隙配合								过渡配合				过盈配合								
H9			▼$\frac{H9}{c9}$	$\frac{H9}{d9}$	▼$\frac{H9}{e9}$	$\frac{H9}{f9}$		▼$\frac{H9}{h9}$													
H10			$\frac{H10}{c10}$	$\frac{H10}{d10}$				$\frac{H10}{h10}$													
H11	$\frac{H11}{a11}$	$\frac{H11}{b11}$	▼$\frac{H11}{c11}$	$\frac{H11}{d11}$				▼$\frac{H11}{h11}$													
H12		$\frac{H12}{b12}$						$\frac{H12}{h12}$													

注：①H6/n5、H7/p6 在公称尺寸小于或等于 3 mm 和 H8/r7 在小于或等于 100 mm 时，为过渡配合。
②标注▼号的配合为优先配合。

表 1–5　基轴制优先、常用配合

基准孔	轴																				
	A	B	C	D	E	F	G	H	JS	K	M	N	P	R	S	T	U	V	X	Y	Z
	间隙配合								过渡配合				过盈配合								
h6						$\frac{F6}{h5}$	$\frac{G6}{h5}$	$\frac{H6}{h5}$	$\frac{JS6}{h5}$	$\frac{K6}{h5}$	$\frac{M6}{h5}$	$\frac{N6}{h5}$	$\frac{P6}{h5}$	$\frac{R6}{h5}$	$\frac{S6}{h5}$	$\frac{T6}{h5}$					
h7						▼$\frac{F7}{h6}$	$\frac{G7}{h6}$	▼$\frac{H7}{h6}$	$\frac{JS7}{h6}$	▼$\frac{K7}{h6}$	$\frac{M7}{h6}$	▼$\frac{N7}{h6}$	▼$\frac{P7}{h6}$	$\frac{R7}{h6}$	▼$\frac{S7}{h6}$	$\frac{T7}{h6}$	▼$\frac{U7}{h6}$				
h8					$\frac{E8}{h7}$	▼$\frac{F8}{h7}$		▼$\frac{H8}{h7}$	$\frac{JS8}{h7}$	$\frac{K8}{h7}$	$\frac{M8}{h7}$	$\frac{N8}{h7}$									
				$\frac{D8}{h8}$	$\frac{E8}{h8}$	$\frac{F8}{h8}$		$\frac{H8}{h8}$													
h9				▼$\frac{D9}{h9}$	$\frac{E9}{h9}$	$\frac{F9}{h9}$		▼$\frac{H9}{h9}$													
H10				$\frac{D10}{h10}$				$\frac{H10}{h10}$													

续表

基准孔	轴																			
	A	B	C	D	E	F	G	H	JS	K	M	N	P	R	S	T	U	V	X	Y	Z
	间隙配合								过渡配合				过盈配合								
H11	$\frac{A11}{h11}$	$\frac{B11}{h11}$	▼$\frac{C11}{h11}$	$\frac{D11}{h11}$				▼$\frac{H11}{h11}$													
H12		$\frac{B12}{h12}$						$\frac{H12}{h12}$													

注：标注▼号的配合为优先配合。

六、线性尺寸的未注公差——一般公差

线性尺寸的一般公差又称线性尺寸的未注公差，是指在车间一般工艺条件下可保证的公差，是机床设备以一般加工能力在正常维护和操作情况下能达到的经济加工精度，主要用于低精度的非配合尺寸。采用未注公差的尺寸不用标注极限偏差或其他代号。

国家标准《一般公差 未注公差的线性和角度尺寸的公差》（GB/T 1804—2000）对线性尺寸的一般公差规定了 4 个公差等级，即 f（精密级）、m（中等级）、c（粗糙级）和 v（最粗级）。国家标准对孔、轴与长度的极限偏差规定均采用与国际标准 ISO 2768-1：1989 一致的双向对称分布偏差。线性尺寸的未注极限偏差数值见表 1-6。

表 1-6 线性尺寸的未注极限偏差数值   mm

公差等级	尺寸分段							
	0.5~3	>3~6	>6~30	>30~120	>120~400	>400~1 000	>1 000~2 000	>2 000~4 000
f（精密级）	±0.05	±0.05	±0.1	±0.15	±0.2	±0.3	±0.5	—
m（中等级）	±0.1	±0.1	±0.2	±0.3	±0.5	±0.8	±1.2	±2
c（粗糙级）	±0.2	±0.3	±0.5	±0.8	±1.2	±2	±3	±4
v（最粗级）	—	±0.5	±1	±1.5	±2.5	±4	±6	±8

采用未注公差的尺寸，在图样上只注公称尺寸，不注极限偏差，在图样或技术文件上用国家标准号和公差等级代号表示，并在两者之间用短横线隔开。例如，选用 m（中等级）时，则表示为 GB/T 1804—m。这表明图样上凡未注公差的线性尺寸（包含倒圆半径与倒角高度）均按 m（中等级）加工和检验。

采用未注公差的尺寸在车间正常生产能保证的条件下，主要由工艺装备和加工人员自行控制，一般不检验。应用未注公差可简化制图、节省图样设计时间、使图面清晰，更加突出重要的或有配合要求的尺寸。

国家标准 GB/T 1804—2000 同时也规定了倒圆半径与倒角高度尺寸的极限偏差数值，见表 1 – 7。

表 1 – 7　倒圆半径与倒角高度尺寸的未注极限偏差数值　　　　　　　　　　mm

公差等级	尺寸分段			
	0.5 ~ 3	>3 ~ 6	>6 ~ 30	>30
f（精密级）	±0.2	±0.5	±1	±2
m（中等级）				
c（粗糙级）	±0.4	±1	±2	±4
v（最粗级）				

第三节　公差与配合的选用

机械设计与制造中的一个重要环节就是公差与配合的选用。公差与配合的选用是否恰当，对产品的性能、质量、互换性及经济性有着重要的影响，其内容包括配合制的选用、公差等级的选用和配合的选用三大方面。选用的原则是在满足使用要求的前提下能获得最佳的经济效益，即公差与配合的选用是在公称尺寸已经确定的情况下进行的尺寸精度设计。

一、配合制的选用

配合制的选用与使用要求无关，主要考虑结构、工艺、装配、经济等方面。

1. 优先选用基孔制配合

从加工工艺方面考虑，中等尺寸、精度较高的孔的加工和检验常采用钻头、铰刀、量规等定值刀具和量具，孔的公差带位置固定，可减少刀具、量具的规格，有利于生产和降低成本；而测量轴类零件方便容易。故一般情况下，应优先采用基孔制配合。

2. 特殊场合选用基轴制配合

1）直接使用冷拉棒料做轴时，冷拉棒料按基准轴的公差带制造，有一定公差等级（IT8 ~ IT11）而不再进行机械加工。当需要各种不同的配合时，可选择不同的孔公差带位置来实现。这种情况常见于农业、纺织、建筑机械领域。

2）在仪表制造、钟表生产、无线电工程中，常使用经过光轧成型的钢丝直接做轴，该类轴为加工尺寸 <1 mm 的精密轴，这时采用基轴制配合比较经济。

3）有些零件根据结构上的需要，会在同一基本尺寸的轴上装配不同配合要求的几个孔件，此时应采用基轴制配合，不仅有利于加工，也便于装配。如图 1 – 24（a）所示，柴油机的活塞销同时与连杆孔和支承孔相配合，连杆要转动，故采用间隙配合；而与支承的配合可紧一些，故采用过渡配合。如果采用基孔制，则如图 1 – 24（b）所示，活塞销须做成中间小、两头大的形状，不仅对加工不利，同时装配也有困难，易拉毛连杆孔。改用基轴制，如图 1 – 24（c）所示，活塞销尺寸可以不变，而连杆孔、支承孔分别按不同要求加工，较经济合理且便于安装。

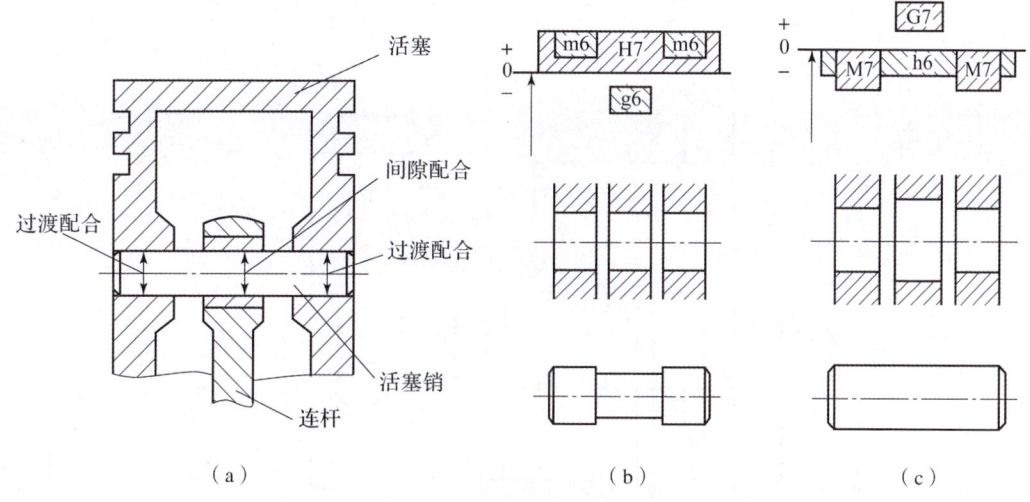

图 1-24　活塞连杆机构

3. 与标准件配合时，必须按标准件选择配合制

例如，滚动轴承的外圈与外壳孔的配合必须采用基轴制，而滚动轴承的内圈与轴颈的配合则必须采用基孔制。

4. 非配合制的配合

非配合制的配合是指相配合的两零件为了满足配合的特殊要求，既无基准孔 H 又无基准轴 h，允许采用任一孔、轴公差带所组成的配合。如图 1-25 所示，轴承端盖与孔的配合为 $\phi110F9/j7$，挡环孔与轴的配合为 $\phi50F8/k6$，两处都为非配合制的配合。$\phi110F9/j7$ 和 $\phi50F8/k6$ 的定心精度要求低，为了装配方便应该选用间隙配合，而选用基轴制配合的孔是不能满足上述要求的。

二、公差等级的选用

合理地选用公差等级，就是为了更好地协调机械零部件使用要求与制造工艺及成本之间的矛盾。选择公差等级的基本原则是：在满足使用要求的前提下，尽量选取较低的公差等级。

通常采用类比法选择公差等级，也就是参考从生产实践中总结出来的经验资料，进行比较选择。

在采用类比法选择公差等级时，应掌握各个公差等级的应用范围和各种加工方法所能达到的公差等级，以便有所依据。选用时应考虑如下几点：

1) 工艺等价性。公称尺寸 ≤500 mm 时，对于较高精度等级的配合，孔比同级轴的加工困难，加工成本也要高一些，其工艺是不等价的。为了使相互配合的孔轴工艺等价，当公差等级 < IT8 时，孔比轴低一级（如 H7/n6、P6/h5）；当公差等级为 IT8 时，孔与轴同级或孔比轴低一级（如 H8/f8、F8/h7）；当公差等级 > IT8 时，孔、轴为同级（如 H9/e9、F8/h8）。

2) 零部件精度的匹配性。例如，与滚动轴承相配合的外壳孔、轴颈的公差等级和相配合的滚动轴承公差等级有关；齿轮的基准孔与轴的配合，其孔与轴的公差等级由相关齿轮的精度等级确定。

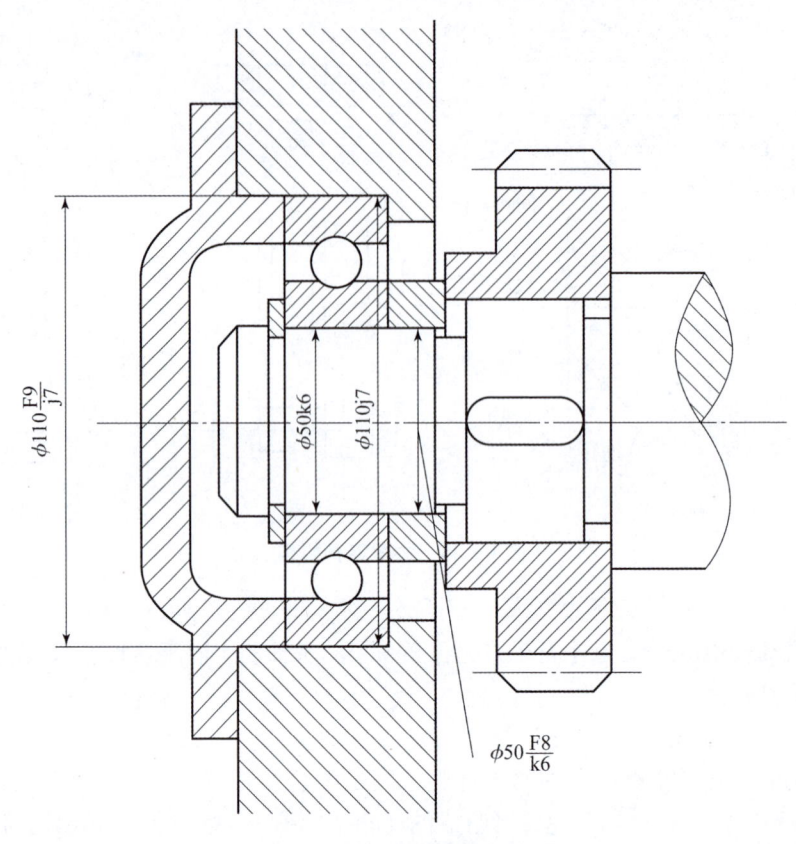

图 1-25 非基准制的配合

3）常用加工方法所能达到的公差等级见表 1-8，常用公差等级的应用范围见表 1-9，常用公差等级的应用见表 1-10，选择时可供参考。

表 1-8 常用加工方法所能达到的公差等级

加工方法	公差等级 IT																			
	01	0	1	2	3	4	5	6	7	8	9	10	11	12	13	14	15	16	17	18
研磨	■	■	■	■	■	■	■													
珩						■	■	■	■											
圆磨							■	■	■	■										
平磨							■	■	■	■										
金刚石镗							■	■	■											
拉削							■	■	■	■										
铰孔								■	■	■	■	■								
车									■	■	■	■	■	■	■					
镗									■	■	■	■	■	■	■					

续表

加工方法	公差等级 IT																		
	01	0	1	2	3	4	5	6	7	8	9	10	11	12	13	14	15	16	17	18
铣										───	───	───								
刨、插										───	───	───								
钻孔										───	───	───	───							
液压、挤压										───	───									
冲压											───	───	───	───	───					
压铸												───	───	───						
粉末冶金成型								───	───	───										
粉末冶金烧结								───	───	───	───									
砂型铸造、气割																	───	───		
锻造																	───			

表 1-9 常用公差等级的应用范围

加工方法	公差等级 IT																		
	01	0	1	2	3	4	5	6	7	8	9	10	11	12	13	14	15	16	17	18
量块	───	───	───																	
量规			───	───	───	───	───	───												
配合尺寸							───	───	───	───	───	───	───							
特别精密零件				───	───	───	───													
非配合尺寸														───	───	───	───	───		
原材料公差										───	───	───	───	───	───	───				

表 1-10 常用公差等级的应用

公差等级	应用举例
IT01~IT1	用于精密的尺寸传递基准、高精密测量工具、极个别特别重要的精密配合尺寸、个别特别重要的精密机械零件尺寸公差，如量规或其他精密尺寸标准块公差、校对 IT6~IT7 轴用量规的校对量规尺寸公差
IT2~IT7	用于检测 IT6~IT16 工件用的量规的尺寸公差及形状公差，或相应尺寸标准量块的公差

续表

公差等级	应用举例
IT3～IT5 （孔的IT6）	用于精度要求很高的重要配合，如精密机床主轴颈与高精度滚动轴承的配合、车床尾座体孔与顶尖套筒的配合、活塞销与活塞销孔的配合、发动机活塞销与连杆孔的配合。配合公差小，对加工要求很高，应用较少
IT6 （孔的IT7）	用于机床、发电机和仪表中的重要配合，如机床中一般传动轴与轴承的配合，齿轮、带轮与轴的配合，曲轴与轴承、气门孔与导套等的配合，精密仪器、光学仪器中精密轴的孔，电子计算机中外围设备中的重要尺寸，手表、缝纫机重要的轴。配合公差较小，一般精密加工能够实现，在精密机械制造中应用广泛
IT7～IT8	用于精度要求中等的次要配合处，如一般机械中速度不高的带轮；也用于重型机械、农业机械、纺织机械、机车车辆等的重要配合处，如机床上操纵杆的支承配合、发动机中活塞环与活塞槽的配合、农业机械中齿轮与轴的配合等；还可用于精密仪器、光学仪器精密配合的孔、手表中离合杆压簧、缝纫机重要配合的孔等。属于中等精度，加工易于实现，在一般机械中应用广泛
IT9～IT10	用于要求一般或长度精度要求较高的配合，或某些非配合尺寸的特殊要求，如飞机机身的外壳尺寸，由于重量限制，要求达到IT9或IT10
IT11～IT12	用于不重要配合处，多用于各种没有严格要求，只要求便于连接的配合，如螺栓和螺孔、铆钉和孔等的配合
IT13～IT18	用于未注公差的尺寸和粗加工的工序尺寸、非配合尺寸及不重要的粗糙连接的尺寸公差，如手柄的直径、壳体的外形、壁厚尺寸、端面之间的距离等

4）加工成本。图1－26所示为公差等级与生产成本的关系。可以看出，在标准公差较小时，随着公差等级提高，其相对成本迅速增加，因此在选用高公差等级时要特别慎重；但在低精度时，随着公差等级提高，相对成本变化不大。考虑到在满足使用要求的前提下降低加工成本，不重要的配合件的公差等级可以低二三级。例如，图1－25所示的减速器中箱体孔与端盖定位圆柱面的配合为$\phi 110F9/j7$，轴套与轴颈的配合为$\phi 50F8/k6$。

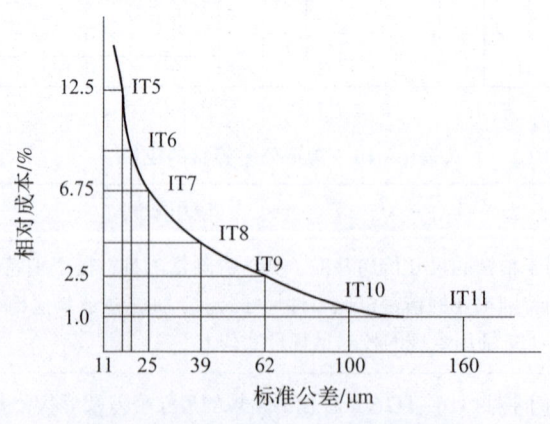

图1－26 公差等级与生产成本的关系

三、配合的选用

配合的选用是在配合制及公差等级确定后,对基准孔或基准轴公差带位置,以及相应非基准件基本偏差进行选用。正确选用配合,对保证机器正常工作,延长机器使用寿命和降低造价,都起着非常重要的作用。

配合的选用可以分为配合类别的选用和非基准件基本偏差的选用两部分。

1. 配合类别的选用

根据孔、轴配合的使用要求,配合类别分为间隙配合、过盈配合和过渡配合三种情况。

1) 装配后有相对运动要求的,应选用间隙配合。

小间隙的配合主要用于精确定心又便于拆卸的静连接或结合件间只有缓慢移动或转动的动连接。例如,结合件要传递力矩,需加键、销等紧固件。较大间隙配合主要用于结合件间有转动、移动或复合运动的动连接。

2) 装配后需要靠过盈传递载荷的,应选用过盈配合。

过盈配合主要用于结合件间无相对运动、不可拆卸的静连接。过盈量较小时,只作精确定心用,若需传递力矩,则加键、销等紧固件;过盈量较大时,可直接用于传递力矩。

3) 装配后有定位精度要求或需要拆卸的,应选用过渡配合或小间隙、小过盈的配合。

过渡配合可能具有间隙,也可能具有过盈,但无论是间隙量还是过盈量都很小,主要用于精确定心、结合件间无相对运动、可拆卸的静连接。如结合件要传递力矩,则需加键、销等紧固件。

确定配合类别后,应尽可能选用优先配合,其次是常用配合,再次是一般配合。如果仍不能满足要求,则按孔、轴公差带组成相应的配合。

2. 非基准件基本偏差的选用

非基准件基本偏差的选用有三种方法:计算法、试验法和类比法。

1) 计算法是根据零件的材料和结构,按照一定的理论公式计算出满足使用要求的间隙或过盈的大小来选择配合。当用计算法选择配合时,由于影响间隙和过盈的因素很多,理论计算也是近似的,因此在实际应用中还需通过试验确定。一般情况下,很少使用计算法。

2) 试验法是通过模拟试验和分析的方法确定满足产品工作性能要求的间隙或过盈范围。按试验法选取配合最为可靠,但成本较高,一般只用于特别重要的、关键性的配合的选取,应用比较少。

3) 类比法是参照同类型机器或机构中,经过实践验证的配合实际情况,通过分析对比来确定配合的方法。在实际工作中,大多采用类比法选择配合,该方法应用最广。

3. 用类比法选择配合

在用类比法选择配合时,应首先掌握和熟悉各个基本偏差在配合方面的特征和应用,尽量采用国家标准规定的优先和常用配合。表 1-11 所示为尺寸至 500 mm 基孔制常用和优先配合的特征及应用场合,表 1-12 所示为各种基本偏差应用实例,可供类比时参考。

表 1–11　尺寸至 500 mm 基孔制常用和优先配合的特征及应用场合

配合类别	配合特征	配合代号	应用场合
间隙配合	特大间隙	$\dfrac{H11}{a11}$	用于高温或工作时要求大间隙的配合
间隙配合	很大间隙	$\left(\dfrac{H11}{c11}\right)$　$\dfrac{H11}{d11}$	用于工作条件较差、受力变形或为了便于装配而需要大间隙的配合和高温工作的配合
间隙配合	较大间隙	$\dfrac{H9}{c9}$　$\dfrac{H10}{c10}$　$\dfrac{H8}{d8}$　$\left(\dfrac{H9}{d9}\right)$　$\dfrac{H10}{d10}$　$\dfrac{H8}{e7}$　$\dfrac{H8}{e8}$　$\dfrac{H9}{e9}$	用于高速重型的滑动轴承或大直径的滑动轴承,也可以用于大跨距或多支点支承的配合
间隙配合	一般间隙	$\dfrac{H6}{f5}$　$\dfrac{H7}{f6}$　$\left(\dfrac{H8}{f7}\right)$　$\dfrac{H8}{f8}$　$\dfrac{H9}{f9}$	用于一般转速的配合。当温度影响不大时,广泛应用于普通润滑油润滑的支承处
间隙配合	较小间隙	$\left(\dfrac{H7}{g6}\right)$　$\dfrac{H8}{g7}$	用于精密滑动零件或缓慢间隙回转零件的配合部位
间隙配合	很小间隙和零间隙	$\dfrac{H6}{g5}$　$\dfrac{H6}{h5}$　$\left(\dfrac{H7}{h6}\right)$　$\left(\dfrac{H8}{h7}\right)$　$\dfrac{H8}{h8}$　$\left(\dfrac{H9}{h9}\right)$　$\dfrac{H10}{h10}$　$\left(\dfrac{H11}{h11}\right)$　$\dfrac{H12}{h12}$	用于不同精度要求的一般定位件的配合、缓慢移动和摆动零件的配合
过渡配合	绝大部分有微小间隙	$\dfrac{H6}{js5}$　$\dfrac{H7}{js6}$　$\dfrac{H8}{js7}$	用于易于装拆的定位配合或加紧固件后可传递一定静载荷的配合
过渡配合	大部分有微小间隙	$\dfrac{H6}{k5}$　$\left(\dfrac{H7}{k6}\right)$　$\dfrac{H8}{k7}$	用于稍有振动的定位配合,加紧固件可传递一定载荷,装拆方便,可用木锤敲入
过渡配合	大部分有微小过盈	$\dfrac{H6}{m5}$　$\dfrac{H7}{m6}$　$\dfrac{H8}{m7}$	用于定位精度较高并且能够抗振的定位配合,加键可传递较大载荷,可用铜锤敲入或用小压力压入
过渡配合	绝大部分有微小过盈	$\left(\dfrac{H7}{n6}\right)$　$\dfrac{H8}{n7}$	用于精确定位或紧密组合件的配合,加键能传递大力矩或冲击性载荷,只在大修时拆卸
过渡配合	绝大部分有较小过盈	$\dfrac{H8}{p7}$	用于加键后能传递很大力矩,且能承受振动或冲击的配合,装配后不再拆卸

续表

配合类别	配合特征	配合代号	应用场合
过盈配合	轻型	$\frac{H6}{n5}$ $\frac{H6}{p5}$ $\left(\frac{H7}{p6}\right)$ $\frac{H6}{r5}$ $\frac{H7}{r6}$ $\frac{H8}{r7}$	用于精确的定位配合，一般不能靠过盈传递力矩，要传递力矩需要加紧固件
	中型	$\frac{H6}{s5}$ $\left(\frac{H7}{s6}\right)$ $\frac{H8}{s7}$ $\frac{H6}{t5}$ $\frac{H7}{t6}$ $\frac{H8}{t7}$	用于不需要加紧固件就能传递较小力矩和轴向力的配合，加紧固件后能承受较大静载荷和动载荷
	重型	$\left(\frac{H7}{u6}\right)$ $\frac{H8}{u7}$ $\frac{H7}{v6}$	用于不需要加紧固件就可传递和承受大的力矩和动载荷的配合，要求零件材料具有高强的承受能力
	特重型	$\frac{H7}{x6}$ $\frac{H7}{y6}$ $\frac{H7}{z6}$	用于能传递和承受很大力矩和动载荷的配合，需要通过试验才可应用

注：①括号内的配合为优先配合。
②国家标准规定的44种基轴制配合的应用与本表中的同名配合相同。

表1-12　各种基本偏差应用实例

配合	基本偏差	特性及应用
间隙配合	a（A）、b（B）	可得到特别大的间隙，应用很少。主要用于工作时温度高、热变形大的零件的配合，如发动机中活塞与缸套的配合为H9/a9
	c（C）	可得到很大的间隙，一般用于缓慢、松弛的动配合。用于工作条件较差（如农业机械）、受力变形或为了便于装配而必须保证有较大间隙的配合。推荐配合为H11/c11，其较高等级的H8/c7配合，适用于轴在高温工作的紧密动配合，如内燃机排气阀和导管
	d（D）	一般用于IT7～IT11，适用于松的转动配合，如密封盖、滑轮、空转皮带轮等与轴的配合。也适用于大直径滑动轴承的配合，如涡轮机、球磨机、轧滚成型机和重型弯曲机及其他重型机械中的一些滑动轴承，活塞环与活塞槽的配合可用H9/d9
	e（E）	多用于IT6～IT9，用于具有明显间隙的配合、大跨距及多支点的转轴与轴承的配合，以及高速重载的大尺寸轴与轴承的配合，如大型电机、内燃机的主要轴承处的配合为H8/e7
	f（F）	多用于IT6、IT7、IT8级的一般转动配合。当温度影响不大时，广泛用于普通润滑油（或润滑脂）润滑的支承，如齿轮箱、小电动机、泵等的转轴与滑动轴承的配合为H7/f6

续表

配合	基本偏差	特性及应用
间隙配合	g（G）	配合间隙很小，制造成本高，除很小载荷的精密装置外，不推荐用于转动配合。多用于 IT5、IT6、IT7，最适合不回转的精密滑动配合，也用于插销等定位配合，如精密连杆轴承、活塞及滑阀、连杆销等处的配合，另外，钻套孔也多用 G 级
	h（H）	多用于 IT4~IT11。广泛用于无相对转动的配合、一般的定位配合。若没有温度、变形的影响，也用于精密滑动轴承，如车床尾座孔与滑动套筒的配合为 H6/h5
过渡配合	js（JS）	多用于 IT4~IT7、偏差完全对称（±IT/2）、具有平均间隙的过渡配合，如联轴器、齿圈与钢制轮毂的配合。滚动轴承外圈与外壳孔的配合多用 JS7，一般可用手或木锤装配
	k（K）	适用于 IT4~IT7、平均间隙接近于零的配合，也用于定位配合，如滚动轴承的内外圈分别与轴颈、外壳孔的配合，一般用木锤装配
	m（M）	适用于 IT4~IT7、平均过盈较小的配合，也用于精密定位的配合，如蜗轮的青铜轮缘与轮毂的配合为 H7/m6。一般可用木锤装配，但在最大过盈时，要求相当大的压入力
	n（N）	适用于 IT4~IT7，平均过盈稍大，很少得到间隙。用于加键传递较大转矩的配合，如冲床上齿轮与轴的配合，用锤或压入机装配，通常推荐用于紧密的组件配合。H6/n5 配合时为过盈配合
过盈配合	p（P）	用于小过盈配合。与 H6 或 H7 配合时是过盈配合，与 H8 孔配合时则为过渡配合。用于碳钢和铸铁制零件形成的配合时，为标准压入配合，如绞车的绳轮与齿圈的配合为 H7/p6。合金钢制零件的配合需要小过盈时可用 p（或 P）级
	r（R）	用于传递大转矩或冲击载荷而需要加键的配合，对铁类零件为中等打入配合，对非铁类零件为轻打入配合，需要时可以拆卸，如蜗轮与轴的配合为 H7/r6、H8/r8 配合。与 H8 孔的配合，直径在 100 mm 以上时为过盈配合，直径小时为过渡配合
	s（S）	用于钢和铁制零件的永久性和半永久性装配，可产生相当大的结合力。当用于弹性材料，如轻合金时，配合性质与铁类零件的 p 级轴相当。例如，套环压装在轴上、阀座上时用 H7/s6 的配合。尺寸较大时，为了避免损伤配合表面，需要用热胀或冷缩法装配
	t（T）	用于过盈较大的配合。钢和铸铁零件适于作永久性结合，不用键可传递力矩，需要用热胀或冷缩法装配，如联轴器与轴的配合为 H7/t6
	u（U）	用于大过盈配合，一般应验算在最大过盈时，工件材料是否损坏，需要用热胀或冷缩法装配，如火车轮毂和轴的配合为 H6/u5
	v（V）、x（X）、y（Y）、z（Z）	用于特大过盈配合，目前使用的经验和资料还很少，须经试验后才可应用，一般不推荐

此外，还要考虑以下因素：承受载荷情况、工作时结合件间的相对运动、温度变化、润滑条件、装配变形、装拆情况、生产类型，以及材料的物理、化学、力学性能等对间隙或过盈的影响。根据不同的工作条件，结合件配合的间隙量或过盈量必须相应改变，表 1-13 和表 1-14 分别给出了不同工作情况对间隙配合和过盈配合的要求，可供类比时参考。

表 1-13 不同工作情况对间隙配合的要求

具体情况		间隙量	具体情况		间隙量
工作温度	孔高于轴时	减少	生产类型	单件小批生产时	增大
	轴高于孔时	增大		大批大量生产时	减少
表面粗糙度值较大时		减少	两支承距离较大或多支承时		增大
润滑油黏度较大时		增大	支承间同轴度误差较大时		增大
定心精度较低时		增大			

表 1-14 不同工作情况对过盈配合的要求

具体情况		过盈量	具体情况	过盈量
工作温度	孔高于轴时	增大	转速很高时	增大
	轴高于孔时	减少	表面粗糙度值较大时	增大
材料强度小时		减少	配合长度较大时	减少
经常拆卸时		减少	配合面几何误差较大时	减少
有冲击载荷时		增大	装配可能歪斜时	减少

四、极限与配合选择综合示例

例 1-4 某配合的基本尺寸为 $\phi 45$ mm，要求间隙在 $0.022 \sim 0.066$ mm 之间，试确定孔和轴的公差等级和配合种类。

解： a. 选择配合制。

因为没有特殊要求，所以选用基孔制配合，基孔制配合孔的下极限偏差 $EI = 0$。

b. 选择孔、轴公差等级。

根据题意得 $T_f = T_D + T_d = |X_{max} - X_{min}|$。

根据使用要求，配合公差 $T'_f = |X'_{max} - X'_{min}| = |0.066 - 0.022|$ mm $= 0.044$ mm $= 44$ μm，即所选孔、轴公差之和 $T_D + T_d$ 应最接近而不大于 T'_f。

查表 1-3 得孔和轴的公差等级介于 IT6 和 IT7 之间。

因为 IT6 和 IT7 属于高的公差等级，所以，一般取孔比轴大一级，故选孔为 IT7，$T_D = 25$ μm；轴为 IT6，$T_d = 16$ μm。

则配合公差 $T_f = T_D + T_d =$（25 + 16）μm $= 41$ μm，小于且最接近 T'_f，因此满足使用要求。

c. 确定孔、轴公差带。

因为是基孔制配合,且孔的标准公差为 IT7,所以孔的公差带为 $\phi 45H7\ (^{+0.025}_{0})$。又因为是间隙配合,所以 $X_{\min} = EI - es = 0 - es = -es$。

由已知条件得 $X'_{\min} = +22\ \mu m$,所以轴的基本偏差 es 应最接近于 $-22\ \mu m$。

查表 1-4,取轴的基本偏差代号为 f,则 $es = -25\ \mu m$,因此 $ei = es - IT6 = (-25 - 16)\ \mu m = -41\ \mu m$,所以,轴的公差带为 $\phi 45f6\ (^{-0.025}_{-0.041})$。

d. 验算设计结果。

以上所选孔、轴公差带组成的配合为 $\phi 45H7/f6$。

其最大间隙　　　$X_{\max} = [+25 - (-41)]\ \mu m = +66\ \mu m = +0.066\ mm = X'_{\max}$

最小间隙　　　　$X_{\min} = [0 - (-25)]\ \mu m = +25\ \mu m = +0.025\ mm > X'_{\min}$

因此,间隙在 0.025~0.066 mm 之间,设计结果满足使用要求。

根据以上分析,所选配合 $\phi 45H7/f6$ 是适宜的,其公差带图如图 1-27 所示。

例 1-5　如图 1-28 所示,活塞(铝合金)与气缸内壁(钢制)工作时做高速往复运动,要求间隙在 0.1~0.2 mm 范围内,若活塞与气缸的直径为 $\phi 135$ mm,气缸工作温度 $t_H = 110\ ℃$,活塞工作温度 $t_s = 180\ ℃$,气缸与活塞材料的线膨胀系数分别为 $\alpha_H = 12 \times 10^{-6}\ K^{-1}$,$\alpha_s = 24 \times 10^{-6}\ K^{-1}$,试确定活塞与气缸孔的尺寸偏差。

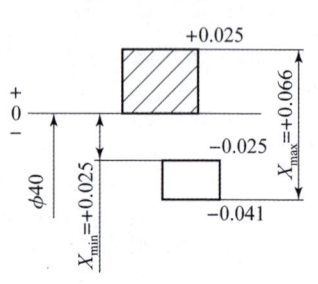

图 1-27　例 1-4 公差带图

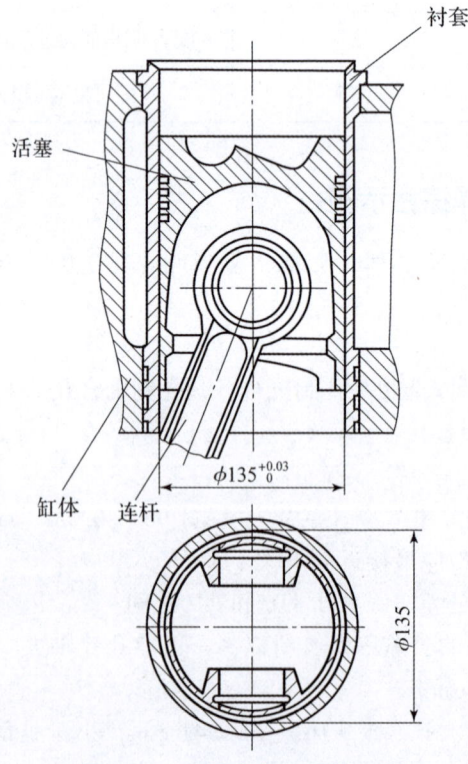

图 1-28　活塞与气缸孔的配合

解： a. 配合制的确定。

根据题意为一般配合，可选用基孔制配合。

b. 孔、轴公差等级的确定。

因为 $T_f = |X_{max} - X_{min}| = |0.2 - 0.1|\text{ mm} = 100\text{ μm}$

又因为 $T_f = T_D + T_d = 100\text{ μm}$

查表 1-3 得，与计算结果相近似的值为

孔 IT8　　　　　　　　　　$T_D = 63\text{ μm}$

轴 IT7　　　　　　　　　　$T_d = 40\text{ μm}$

则　　　　　　　　　　$T_D = 63\text{ μm}, T_d = 40\text{ μm}$

因为题意要求间隙范围是 0.1~0.2 mm，故 $T_D + T_d$ 稍大于 100 μm 是允许的。

故基准孔　　　　　　　$ES = +63\text{ μm}, EI = 0\text{ μm}$

c. 热变形所引起的间隙变化量的计算。

$$\Delta X = 135 \times [12 \times 10^{-6} \times (110 - 20) - 24 \times 10^{-6} \times (180 - 20)]\text{ mm}$$
$$= -0.37\text{ mm} = -370\text{ μm}$$

以上计算结果为负值，说明活塞热膨胀系数大于气缸的热膨胀系数，会使工作时的间隙减小 0.37 mm。为了保证使用要求（即要求工作间隙为 0.1~0.2 mm），应该在确定轴的极限偏差时考虑热变形的补偿值。

d. 非基准件轴的极限偏差的确定。

因为基孔制　　　　　$ES = +63\text{ μm}\quad EI = 0\text{ μm}$

$$X_{min} = EI - es = 100\text{ μm}$$
$$es = -X_{min} = -100\text{ μm}$$
$$ei = es - T_d = (-100 - 40)\text{ μm} = -140\text{ μm}$$

所以为了补偿热变形，在计算轴的上、下极限偏差中加入补偿值 ΔX，即

$$es' = es + \Delta X = (-100 - 370)\text{ μm} = -470\text{ μm}$$
$$ei' = ei + \Delta X = (-140 - 370)\text{ μm} = -510\text{ μm}$$

因此气缸孔的尺寸偏差应为 $\phi 135^{+0.063}_{0}$，活塞的尺寸偏差应为 $\phi 135^{-0.47}_{-0.51}$。

例 1-6 图 1-29 所示为钻模的一部分。钻模板 4 上有衬套 2，快换钻套 1 在工作中要求能迅速更换。当快换钻套 1 以其铣成的缺边对正钻套螺钉 3 后，可以直接装入衬套 2 的孔中，再顺时针旋转一个角度，钻套螺钉 3 的下端就盖住快换钻套 1 的另一缺口面（可参考图 1-29 俯视图）。这样钻削时，快换钻套 1 便不会因为切屑排出产生的摩擦力而使其退出衬套 2 的孔外。在钻孔后更换快换钻套 1 时，可将快换钻套 1 逆时针旋转一个角度后直接取下，换上另一个孔径不同的快换钻套，而不必将钻套螺钉 3 取下。如果钻模现在需要加工工件上的 $\phi 12$ mm 孔，试选择衬套 2 与钻模板 4 的公差配合、钻孔时快换钻套 1 与衬套 2 及内孔与钻头的公差配合，公称尺寸如图 1-29 所示。

解： a. 配合制的确定。

对于衬套 2 与钻模板 4 的配合及快换钻套 1 与衬套 2 的配合，因结构无特殊要求，按国家标准规定，应优先选用基孔制配合。

对于钻头与快换钻套 1 内孔的配合，因钻头属标准刀具，可视为标准件，故与快换钻套 1 的内孔配合应采用基轴制配合。

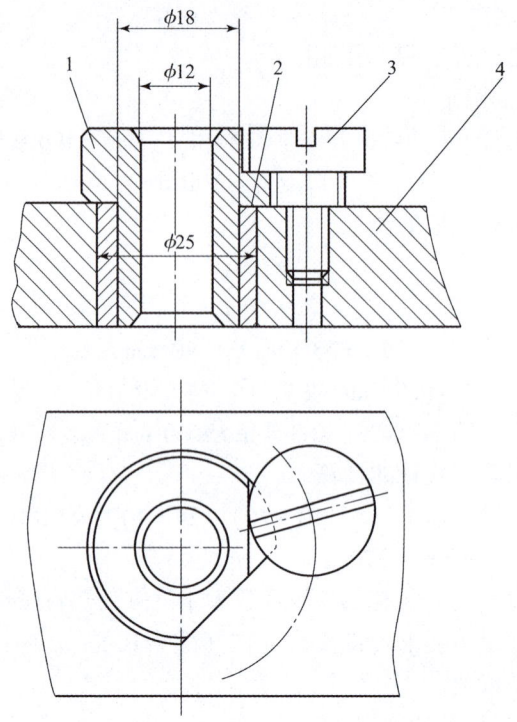

图 1-29 钻模上的钻模板、衬套快换钻套与钻套螺钉
1—快换钻套；2—衬套；3—钻套螺钉；4—钻模板

b. 公差等级的确定。

根据表 1-9，钻模夹具各元件的连接，可选择用于配合尺寸的 IT5~IT8。根据表 1-10，对重要的配合尺寸，轴可选 IT6，孔可选 IT7。本例中钻模板 4 的孔、衬套 2 的孔、快换钻套 1 的孔统一选择 IT7，而衬套 2 的外圆、快换钻套 1 的外圆则选择 IT6。

c. 配合种类的确定。

衬套 2 与钻模板 4 的配合，要求连接可靠，在轻微冲击和载荷下不用连接件也不会发生松动，即使衬套内孔磨损了，需要更换时拆卸的次数也不多。因此，根据表 1-11，可选用平均过盈大的过渡配合，本例配合选择 $\phi 25 \dfrac{H7}{n6}$。

快换钻套 1 与衬套 2 的配合，因要求经常性用手更换钻套，故需一定间隙以保证更换迅速。但是因为又要求有准确的定心，所以间隙不能过大，根据表 1-11，可选精密手动移动的配合。本例配合选择 $\phi 18 \dfrac{H7}{g6}$。

至于钻头与快换钻套 1 内孔的配合，因钻套要引导旋转着的刀具进给，既要保证一定的导向精度，又要防止间隙过小而被卡住，且钻孔切削速度多为中速，故根据表 1-11 应选择中速转动的配合。本例配合选择 $\phi 12 \dfrac{F7}{h6}$。

必须指出，对与快换钻套 1 配合的衬套 2 的内孔，根据上面分析本应选 $\phi 18 \dfrac{H7}{g6}$，但是考虑到机械行业标准《机床夹具零件及部件 钻套用衬套》（JB/T 8045.4—1999）为统一钻套内孔与衬套内孔的公差带，规定了统一选用 F7 以利于制造，因此，在衬套 2 内孔公差带为 F7 的前提下，选用相当于 H7/g6 类配合的 F7/k6 的非基准制的配合，具体对比如图 1-30 所示，两者的极限间隙基本相同。

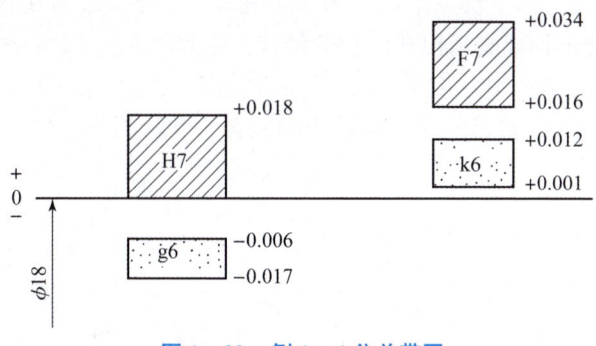

图 1-30　例 1-6 公差带图

习题一

1. 什么是公差带？公差带由哪两个基本要素组成？
2. 尺寸误差与尺寸公差有什么区别？零件是否尺寸偏差越大精度越低？举例说明。
3. 国家标准规定了几种配合？
4. 查相关资料确定下列公差带的极限偏差。
   (1) $\phi30JS7$；(2) $\phi70T5$；(3) $\phi50P6$；(4) $\phi30S6$；(5) $\phi50js5$；(6) $\phi40U7$。
5. 根据表 1-15 中提供的数据，计算并填写该表空格处的数值。

表 1-15　题 5 表　　　　　　　　　　　　　　　　　　　　mm

公称尺寸	最大极限尺寸	最小极限尺寸	上极限偏差	下极限偏差	公差
孔 $\phi8$	8.040	8.025			
轴 $\phi60$			−0.060		0.046
孔 $\phi30$		30.020			0.130
轴 $\phi50$			−0.050	−0.112	

6. 根据表 1-16 中提供的数据，计算并填写该表空格处的数值。

表 1-16　题 6 表　　　　　　　　　　　　　　　　　　　　mm

公称尺寸	孔			轴			最大间隙或最小过盈	最小间隙或最大过盈	平均间隙或平均过盈	配合公差	配合性质
	上极限偏差	下极限偏差	公差	上极限偏差	下极限偏差	公差					
$\phi25$		0				0.021	+0.074		+0.053		
$\phi14$		0				0.010		−0.012	+0.0025		
$\phi45$			0.025	0				−0.050	−0.0295		

7. 设有一配合，孔、轴的基本尺寸为 $\phi 40$ mm，要求配合间隙为 +0.025 ~ +0.066 mm。试确定公差等级并选取适当的配合。

8. 有一对配合的孔、轴，设基本尺寸为 $\phi 60$ mm，配合公差为 0.049 mm，最大间隙为 0.01 mm，按国家标准选择规则求出孔、轴的最佳公差带。

9. 设有一配合，基本尺寸为 $\phi 25$ mm，按设计要求，配合过盈为 -0.048 ~ -0.014 mm，试确定孔、轴的公差等级，按基孔制选定适当的配合，并绘制公差带图。

项目实践：

假设一基本尺寸为 $\phi 60$ mm 的配合，经计算，为保证连接可靠，其最小过盈的绝对值不得小于 20 μm，为保证装配后，孔不发生塑性变形，其最大过盈的绝对值不得大于 55 μm。若已经决定采用基轴制配合，试确定此配合的孔、轴公差带代号和配合代号。

计算中可能用到的标准数据：公称尺寸为 $\phi 60$ mm 时，IT8 = 46 mm，IT7 = 30 mm，IT6 = 19 mm，IT5 = 13 mm。计算中可能用到的基本偏差值见表 1 – 17。

表 1 – 17 计算中可能用到的基本偏差值

公称尺寸/mm		上极限偏差 ES/μm				Δ/μm			
大于	至	P	R	S	T	IT5	IT6	IT7	IT8
50	65	-32	-41	-53	-66	5	6	11	16
65	80		-43	-59	-75				

注：P、R、S、T 上极限偏差的值在公差等级 >7 级时是表中给定的值，当公差等级 ≤7 级时，应在表中的数值上加一个 Δ 值。

解：配合公差 $T_f = (55 - 20)$ μm $= 35$ μm

取孔公差等级 IT6，轴的公差等级 IT5，则有

$$T_D = 0.019 \text{ mm} \quad T_d = 0.013 \text{ mm}$$

由于采用基轴制配合，则轴为基准轴，轴的公差带代号为 h5，因此 $es = 0$ mm, $ei = -0.013$ mm，则有

$$ES - ei \leq -0.020 \text{ mm} \quad ES \leq -0.035 \text{ mm}$$
$$EI - es \geq -0.055 \text{ mm} \quad EI \geq -0.055 \text{ mm}$$

若取孔的基本偏差代号为 R，则孔的上极限偏差 $ES = (-0.041 + 0.006)$ mm $= -0.035$ mm，孔的下极限偏差 $EI = (-0.035 - 0.019)$ mm $= -0.05$ mm，符合要求。

因此孔、轴的配合代号为 $\phi 60$R6/h5。

第二章 长度测量基础

导读

本章学习的主要目的和要求：
1. 理解测量的基本概念及组成四要素。
2. 了解量值传递的概念，掌握量值传递中的重要媒介之一——量块的基本知识。
3. 了解测量器具的分类方法及常用的度量指标。
4. 了解测量方法的分类及特点。
5. 理解测量误差的概念，了解测量误差的来源、分类及随机误差的处理。

本章不涉及具体的测量方法，只是介绍有关测量技术的基本知识，为后面章节中的具体测量做准备。对于各类测量误差的深入分析和测量数据的处理，由于要用到概率论的知识，且多用于精密测量中，因此可作为选学内容。

第一节 测量的基本概念

一、测量的基本概念

测量就是为确定量值进行的一组操作。在测量中，假定 L 为被测量，E 为所选用的计量单位，那么它们的比值为

$$q = \frac{L}{E} \tag{2-1}$$

式（2-1）的物理意义为在被测量 L 一定的情况下，比值 q 的大小完全取决于所采用的测量单位 E。测量单位就是为定量或表示同种量大小而约定的定义和采用的特定量。测量单位的选择取决于被测量所要求的精确程度，其测量结果为

$$L = qE \tag{2-2}$$

式（2-2）称为基本测量方程式。

由此可知，任何一个测量过程必须有被测对象和所采用的计量单位，还包括二者进行比较的方法及比较后的精确程度，即测量方法和测量精度。因此测量过程包括测量对象、计量单位、测量方法和测量精度四个要素。

1. 测量对象

由于本课程研究长度计量，因此，这里的被测对象是几何量，即零件的几何参数，如零件的长度、角度、形状、相对位置、表面粗糙度，以及螺纹、齿轮等的几何参数。

2. 计量单位

计量单位采用我国法定计量单位。长度的计量单位为米（m），角度单位为弧度（rad）和度（°）、分（′）、秒（″）。

在机械制造中，常用的长度计量单位是毫米（mm），精密测量中常用微米（μm），超精密测量中用纳米（nm）；常用的角度计量单位是弧度（rad），精密测量中用微弧度（μrad）。

3. 测量方法

测量方法是测量时所采用的原理、测量器具和测量条件的总和。

4. 测量精度

测量精度用来表示测量结果与被测量真值相一致的程度。在生产实际中，常常使用"检验"和"检定"等术语。"检验"是确定测量结果是否达到预期要求所进行的操作。"检定"是查明和确定测量器具是否符合法定要求所进行的程序，包括检查、标记和出具检定书。

对测量技术提出的基本要求：保证计量单位的统一和量值的准确；控制测量误差，保证测量精确度；正确、经济合理地选择测量器具和测量方法，保证一定的测量条件。

测量技术的先进性和测量精度的高低是衡量制造业水平的重要依据。

二、长度基准与长度量值传递

1. 长度基准

按 1983 年第十七届国际计量大会的决议，规定米的定义为米是光在真空中 1/299 792 458 s 的时间间隔内所经路径的长度。

2. 长度量值传递系统

以光波波长作为长度基准，显然不便于生产中直接应用。既要保证量值的准确一致，又要保证将量值准确地传递到生产中应用的测量器具和工件上，因此，必须建立一个量值传递系统。为此，在技术上，从基准谱线开始，长度量值通过两个平行的系统向下传递，如图 2-1 所示，其中一个是端面量具（量块）系统，另一个是刻线量具（线纹尺）系统。

三、量块

量块是没有刻度、截面为矩形的平面平行端面量具。作为长度量值传递的实物基准，量块广泛应用于测量器具的校准和检定，以及精密设备的调整、精密划线和精密工件的测量等。

量块用特殊合金钢材料制成，形状通常为正六面体，有 2 个相互平行的测量面和 4 个非测量面，如图 2-2 所示。2 个测量面的表面非常光滑平整且测量面间具有精确的尺寸，其余 4 个非测量面，可作为标记面。

量块 2 个测量面任意点间的垂直距离，称为量块长度 l_i；量块 2 个测量面中心点之间的垂直距离，称为量块中心长度 l_c；量块上标出的尺寸，称为量块的标称长度 l_n；量块测量面上最大与最小长度之差，称为量块长度变动量 V。

图 2-1　长度量值传递系统

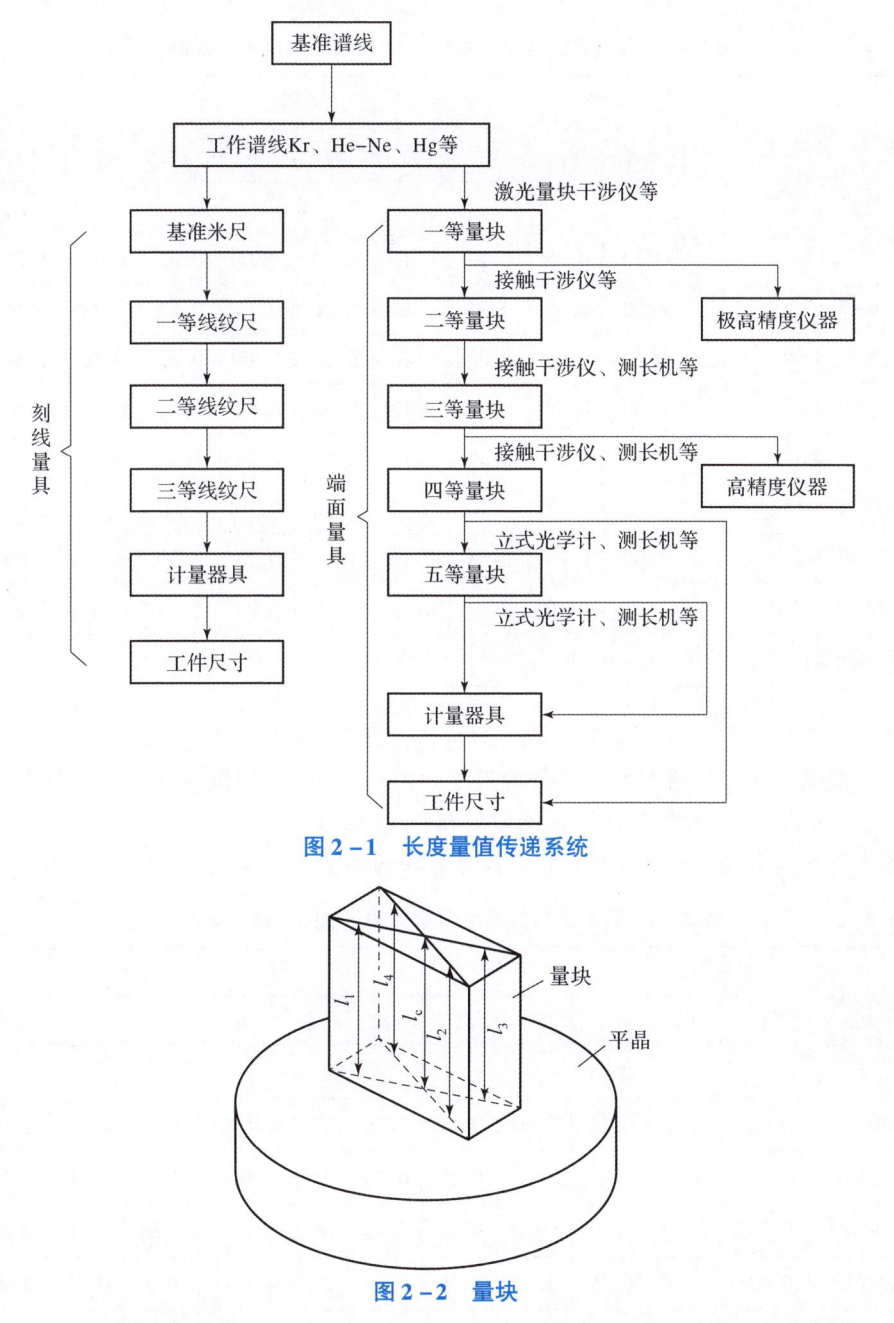

图 2-2　量块

为了满足不同的使用需要，国家标准对量块规定了若干"级"和若干"等"。

量块的"级"主要是根据量块长度极限偏差 $\pm t_e$ 和量块长度变动量的最大允许值 t_V 来划分的。量块长度极限偏差 $\pm t_e$ 是量块测量面上任意点长度相对于标称长度的极限偏差，即允许量块加工时的尺寸误差。量块长度变动量的最大允许值 t_V 即允许量块在加工时的平行度误差。$\pm t_e$ 和 t_V 值是量块图样上标注或技术要求中的规定值，表征了量块的"级"。量块在国家标准《几何量技术规范（GPS）　长度标准　量块》（GB/T 6093—2001）中规定了 5 个"级"，即 0、1、2、3 和 K 级。其中 0 级精度最高，3 级精度最低，K 级为校准级。各级量块的精度指标见表 2-1。

表 2–1　各级量块的精度指标（摘自 GB/T 6093—2001）

量块标称长度 l_n/mm	K 级		0 级		1 级		2 级		3 级	
	$\pm t_e$	t_V	$\pm t_e$	t_V	$\pm t_e$	t_V	$\pm t_e$	t_V	$\pm t_e$	t_V
	μm									
$l_n \leq 10$	0.20	0.05	0.12	0.10	0.20	0.16	0.45	0.30	1.00	0.50
$10 < l_n \leq 25$	0.30	0.05	0.14	0.10	0.30	0.16	0.60	0.30	1.20	0.50
$25 < l_n \leq 50$	0.40	0.06	0.20	0.10	0.40	0.18	0.80	0.30	1.60	0.55
$50 < l_n \leq 75$	0.50	0.06	0.25	0.12	0.50	0.18	1.00	0.35	2.00	0.55
$75 < l_n \leq 100$	0.60	0.07	0.30	0.12	0.60	0.20	1.20	0.35	2.50	0.60
$100 < l_n \leq 150$	0.80	0.08	0.40	0.14	0.80	0.20	1.60	0.40	3.00	0.65
$150 < l_n \leq 200$	1.00	0.09	0.50	0.16	1.00	0.25	2.00	0.40	4.00	0.70
$200 < l_n \leq 250$	1.20	0.10	0.60	0.16	1.20	0.25	2.40	0.45	5.00	0.75

注：距离测量面边缘 0.8 mm 范围内不计。

量块的"等"是指量块制造完成后，对符合"级"要求（符合设计要求）的量块进行实际测量，根据实际测得值的大小划分为若干"等"。实际测得值中包含了测量的不确定度和量块长度变动量。量块的"等"在国家标准中规定为 6 个，分别是 1、2、3、4、5 和 6 等，其中 1 等精度最高，6 等精度最低。各等量块的精度指标见表 2–2。

表 2–2　各等量块的精度指标（摘自 JJG 146—2011）

量块标称长度 l_n/mm	1		2		3		4		5		6	
	①	②	①	②	①	②	①	②	①	②	①	②
	最大允许值/μm											
$l_n \leq 10$	0.022	0.05	0.06	0.10	0.11	0.16	0.22	0.30	0.60	0.50	2.10	0.50
$10 < l_n \leq 25$	0.025	0.05	0.07	0.10	0.12	0.16	0.25	0.30	0.60	0.50	2.30	0.50
$25 < l_n \leq 50$	0.030	0.06	0.08	0.10	0.15	0.18	0.30	0.30	0.80	0.55	2.60	0.66
$50 < l_n \leq 75$	0.035	0.06	0.09	0.12	0.18	0.18	0.35	0.35	0.9	0.55	2.90	0.55
$75 < l_n \leq 100$	0.040	0.07	0.10	0.12	0.20	0.20	0.40	0.35	0.10	0.60	3.20	0.60
$100 < l_n \leq 150$	0.050	0.08	0.12	0.14	0.25	0.20	0.50	0.40	1.2	0.65	2.80	0.65
$150 < l_n \leq 200$	0.060	0.09	0.15	0.16	0.30	0.25	0.60	0.40	1.50	0.70	4.40	0.70
$200 < l_n \leq 250$	0.070	0.10	0.18	0.16	0.35	0.25	0.70	0.45	1.80	0.75	5.00	0.75

注：距离测量面边缘 0.8 mm 范围内不计。
①测量不确定度。
②长度变动量。

量块按"级"使用时（或常规使用），以量块的标称长度作为工作尺寸。标称长度包含了量块的制造误差，即在使用量块"级"进行测量时，在测量结果中包含有量块的制造误差，使测量结果不准确。但是量块在按"级"使用时，由于不需要对标称尺寸进行修正，因此使用较为方便。

量块按"等"使用时，以量块检定书列出的实测中心长度作为工作尺寸。该尺寸排除了量块的制造误差，只包含检定时极小的测量误差。

由此可见，量块按"级"使用方便，但测量精度不高；量块按"等"使用不方便，但测量精度高。

由于量块有很好的研合性，因此，将量块顺其测量面加压推合，就能研合在一起，组合成不同尺寸的量块组，以供使用。量块往往是成套配制使用的。根据国家标准 GB/T 6093—2001 规定，生产的成套量块有 91 块组、83 块组、46 块组、38 块组等 17 种套别。表 2-3 列出了 91、83、46 块组量块的尺寸系列。

表 2-3 91、83、46 块组量块的尺寸系列（摘自 GB/T 6093—2001）

套别	总块数	级别	尺寸系列/mm	间隔/mm	块数
1	91	0、1	0.5	—	1
			1	—	1
			1.001、1.002、…、1.009	0.001	9
			1.01、1.02、…、1.49	0.01	49
			1.5、1.6、…、1.9	0.1	5
			2.0、2.5、…、9.5	0.5	16
			10、20、…、100	10	10
2	83	0、1、2	0.5	—	1
			1	—	1
			1.005	—	1
			1.01、1.02、…、1.49	0.01	49
			1.5、1.6、…、1.9	0.1	5
			2.0、2.5、…、9.5	0.5	16
			10、20、…、100	10	10
3	46	0、1、2	1	—	1
			1.001、1.002、…、1.009	0.001	9
			1.01、1.02、…、1.09	0.01	9
			1.1、1.2、…、1.9	0.1	9
			2、3、…、9	1	8
			10、20、…、100	10	10

量块组合的原则是尽量减少量块的组合块数，以减少量块的组合误差。量块在组合时，根据所需尺寸的最后一位数字选第一块量块，每选一块量块，应至少减去尺寸的一位数。组合时的块数一般不超过 4 块。

例如，从 91 块一套的组量块中选取量块组成尺寸 65.438 mm，选择各量块尺寸的步骤如下。

    65.438 …………… 所需尺寸
    -1.008 …………… 第一量块的尺寸
    64.430
    -1.430 …………… 第二量块的尺寸
    63.00
    -3.00 …………… 第三量块的尺寸
    60 …………… 第四量块的尺寸

即 64.438 mm =（1.008 + 1.430 + 3.00 + 60）mm。

第二节 测量器具与测量方法

一、测量器具分类及基本计量参数

（一）测量器具的分类

测量器具是单独或连同辅助装置一起用以确定几何量值的器具，通常又称计量器具。测量器具按用途和特点分为标准量具、极限量规、检验夹具和测量仪器四大类。

1. 标准量具

标准量具是指以固定形式复现量值的测量器具。它只有一个固定尺寸，通常用于核对和调整其他测量器具或作为标准用来与被测工件进行比较，如量块、直角尺、各种曲线样板及标准量规等。

2. 极限量规

极限量规是指没有刻线的专用测量器具，用来检验工件实际尺寸和形位误差的综合结果，如光滑极限量规、螺纹量规等。量规只能判断工件是否合格，不能获得被测量的具体数值。量规一般在大量成批生产中使用。

3. 检验夹具

检验夹具也是一种专用的检验工具，在配合各种比较仪时，能用来检验更多和更复杂的参数。连杆、滚动轴承等零件，可用检验夹具来测量。

4. 测量仪器

测量仪器是指单独或连同辅助装置一起用于测量的器具。根据测量仪器本身的结构特点，测量仪器可分为以下几种。

（1）机械式量仪

机械式量仪是指用机械方法实现原始信号转换的量仪，如百分表、杠杆比较仪等。这类量仪具有结构简单、性能稳定、使用方便等特点。

（2）光学式量仪

光学式量仪是指用光学方法实现原始信号转换的量仪，如光学比较仪、测长仪、工具显微镜、光学分度头、干涉仪等。这类量仪具有精度高、性能稳定等特点。

（3）电动式量仪

电动式量仪是指将原始信号转换为电量形式信息的量仪，如电感比较仪、测长仪、电容比较仪、电动轮廓仪、圆度仪等。这类量仪具有精度高、易于实现数据处理和显示的特点，还可实现计算机辅助测量和自动化。

（4）气动式量仪

气动式量仪是指以压缩空气为介质，通过气动系统流量或压力的变化实现原始信号转换的量仪，如水柱式气动量仪、浮式气动量仪等。这类量仪结构简单，可以进行远距离测量，也可以对难以用其他转换原理测量的部位（如深孔部位）进行测量，但其示值范围小，且针对不同的被测参数需要使用不同的测头。

（二）测量器具的基本计量参数

1. 标尺长度

对于给定的标尺，标尺长度是指始末两标尺标记之间且通过全部最短标尺标记中点的光滑连线的长度。该线可以是真实的或虚构的，也可以是弯曲的或直的。

2. 标尺分度

标尺分度是指任意两相邻标尺标记之间的部分。

3. 标尺间距

标尺间距是指沿着标尺长度的同一条线测得的两相邻标尺标记之间的距离。

4. 分度值

分度值又称标尺间隔，是指对应两相邻标尺标记的两个值之差。在几何量测量中，常用的分度值有 0.1 mm、0.05 mm、0.02 mm、0.01 mm、0.002 mm 和 0.001 mm 等几种。一般来说，测量器具的分度值越小，该测量器具的精度就越高。

5. 示值范围

示值范围是测量器具极限示值界限内的一组值（或起始值到终止值）。例如，某机械比较仪所能指示的最低值为 $-60~\mu m$，最高值为 $60~\mu m$，因此，该机械比较仪的示值范围为 $-60 \sim +60~\mu m$。

6. 测量范围

测量范围又称工作范围，是测量器具的误差在规定极限内的一组被测量的值。

7. 灵敏度

灵敏度是指测量器具对被测量变化的反应能力。

8. 零值误差

零值误差是指被测量为零值的基值误差。

9. 固有误差

固有误差是指在参考条件下确定的测量仪器的误差。

10. 修正值

修正值是指用代数方法与未修正测量结果相加，以补偿其系统误差的值。

11. 允许误差极限

对于测量器具，技术规范、规程等允许的误差极限值称为允许误差极限。

12. 不确定度

不确定度是指由于测量器具的误差而对被测量的真实值不能肯定的程度，它反映了测量器具精度的高低。不确定度是一个综合指标，包括示值误差、回程误差等。例如，分度值为 0.01 mm 的外径千分尺，在车间条件下测量一个尺寸小于 50 mm 的零件时，其不确定度为 0.004 mm。

二、测量方法

测量方法可以按各种不同的形式进行分类，如直接测量与间接测量、绝对测量与相对测量、接触测量与非接触测量、单项测量与综合测量、在线测量与离线测量、静态测量与动态测量、等精度测量与不等精度测量等。

1. 直接测量与间接测量

（1）直接测量

直接测量是指不必测量与被测量有函数关系的其他量，而能直接得到被测量的测量方法，例如，用刻度尺测量长度，用等臂天平测量质量。

（2）间接测量

间接测量是指通过测量与被测量有函数关系的其他量，来得到被测量的测量方法。例如，测量大圆柱形零件的直径 D 时，可先测出圆周长，然后通过函数关系式 $D = L/\pi$ 算出零件的直径。

2. 绝对测量与相对测量

（1）绝对测量

绝对测量是指能从测量器具读数装置上读出被测量的整个量值的测量方法，如用游标尺、千分尺测量轴径等。

（2）相对测量

相对测量是指测量器具的示值仅表示被测量相对于已知标准量的偏差，而被测量的量值为测量器具的示值与标准量的代数和的一种测量方法。例如，用比较仪测量轴径，先用量块调整比较仪的示值至零位，然后对被测量进行测量，比较仪的示值与量块尺寸的代数和就是轴径的尺寸大小。

一般而言，相对测量比绝对测量的测量精度要高。

3. 接触测量与非接触测量

按测量时测量器具的测头与被测表面之间是否有测量力，测量方法可分为接触测量和非接触测量。

（1）接触测量

接触测量是指测量器具在测量时，其测头与零件被测表面直接接触，并存在机械作用测量力的一种测量方法，如游标卡尺、千分尺测量工件等。

接触测量有一定的测量力，会引起被测表面和测量器具有关部分产生弹性变形，从而影响测量精度。

（2）非接触测量

非接触测量是指测量时测量器具的测头与被测表面不接触的一种测量方法，如用光切法显微镜测量表面粗糙度和用气动式量仪测量孔径等。

4. 单项测量与综合测量

按同时测量被测量的多少，测量方法可分为单项测量和综合测量。

（1）单项测量

单项测量是指同时只能测量工件上的一个单项参数，如分别测量螺纹的螺距、中径和牙形半角等。

（2）综合测量

综合测量是指同时测量工件上的几个几何参数，综合判断工件是否合格的一种测量方法，如用花键塞规检验花键孔、用齿轮单啮仪检验齿轮的切向综合误差等。

单项测量便于进行工艺性分析，综合测量效率比单项测量高且其反映的结果比较符合工件的实际工作情况。

5. 在线测量与离线测量

按被测量是否在加工过程中，测量方法可分为在线测量和离线测量。

（1）在线测量

在线测量是指在加工过程中对工件进行测量，又称主动测量，测量的结果直接用来控制工件的加工过程，以及决定是否还需要进行加工或调整机床。在线测量主要用于自动化生产线，是目前测量技术发展的方向。

（2）离线测量

离线测量是指在加工后对工件进行测量的一种方法，测量的结果仅用于发现和剔除废品。

6. 静态测量与动态测量

按被测量在测量过程中的状态，测量方法可分为静态测量和动态测量。

（1）静态测量

静态测量是指测量时，被测表面与测量器具的测头之间处于相对静止状态的一种测量方法，如用千分尺测量工件的直径等。

（2）动态测量

动态测量是指测量时，被测表面与测量器具的测头之间处于相对运动状态的一种测量方法，如用激光检测仪测量丝杆等。

7. 等精度测量与不等精度测量

按决定测量结果的全部因素或条件是否改变，测量方法可分为等精度测量和不等精度测量。

（1）等精度测量

等精度测量是指在测量过程中决定测量结果的全部因素或条件不变的一种测量方法。例如，由同一个人在测量器具、测量环境、测量方法都相同的条件下，多次进行测量，可认为是等精度测量。大多数情况下都是采用等精度测量。

（2）不等精度测量

不等精度测量是指在测量过程中，决定测量结果的因素或条件全部或部分改变的一种测量方法。例如，用不同的测量方法、不同的测量器具、在不同的测量条件下，由不同的测量人员对同一被测表面进行多次测量，其测量结果的可靠性和精度各不相等。由于不等精度测量数据处理比较麻烦，因此，一般用于重要的高精度测量。

以上对测量方法的分类是从不同的角度考虑的，但对于一个具体的测量过程，可能同时具有几种测量方法。例如，用三坐标测量机对工件的轮廓进行测量，同时属于直接测量、接触测量、在线测量、动态测量等。因此，选择测量方法时应综合考虑被测对象的结构特点、精度要求、生产批量、技术条件和经济性等。

测量技术的发展方向是动态测量和在线测量，因为只有将加工过程与测量紧密结合起来的测量方式才能提高生产率和产品质量。

三、测量器具的选择

在选择测量器具时，主要应该遵循既保证测量精度，又要符合经济性的原则。在综合考虑这两方面的同时，还需要满足以下几点要求。

1）应使被测工件的尺寸大小在所选择量具、量仪的测量范围内。
2）要严格控制被测工件的实际尺寸在极限尺寸范围内。
3）扣除测量误差外，尽可能留有较大的用于加工的生产公差。
4）尽可能减少测量器具和检验工作的成本。

在机械制造中，一般可按测量器具极限误差 δ 与被测工件的公差 IT 之间的比值 K 来选择测量器具，即

$$K = \frac{\delta}{IT} \tag{2-3}$$

式中　K——测量精度系数。

工件的公差等级不同，相应的测量精度系数不同。表 2-4 列出了部分工件公差等级所对应的测量精度系数。常用测量器具允许的极限误差见表 2-5。

表 2-4　部分工件公差等级所对应的测量精度系数

工件公差等级 IT		5	6	7	8~9	10	11	12~16
	轴	5	6	7	8~9	10	11	12~16
	孔	6	7	8				
测量精度系数 K/%		32.5	30	27.5	25	20	15	10

在生产实际中，也可以通过经验法估算所需测量器具的极限误差，即测量器具的极限误差约为被测工件公差的 1/10~1/3。高精度测量中取较大的测量精度系数；低精度测量中取较小的测量精度系数。这样既考虑了测量精度的要求，又符合经济性的要求。

例 2-1　现需测量 ϕ45h7，试选择合适的测量器具。

查表得 ϕ45IT7 标准公差 IT = 25 μm。按表 2-4，可选择测量精度系数 K = 27.5%，故测量器具极限误差 δ 为

$$\delta = IT \cdot K = 25 \text{ μm} \times 27.5\% = 6.88 \text{ μm}$$

由表 2-5 查得，计算结果与 1 级千分尺的极限误差 8 μm 相接近，故可选用测量范围为 25~50 μm 的 1 级千分尺。

表 2-5 常用测量器具允许的极限误差

序号	测量器具名称	所用量块 等别	所用量块 级别	尺寸范围/mm 1~10	10~50	50~80	80~120	120~180	180~260	260~360	360~500
				测量极限误差/±μm							
1	立式和卧式光学计测长机	3 4 5	0 1 2	0.35 0.4 0.7	0.5 0.6 1.0	0.6 0.8 1.3	0.8 1.0 1.6	0.9 1.2 1.8	1.2 1.8 2.5	1.4 2.5 3.5	1.8 3.0 4.5
2	测长机（绝对测量法）			1.0	1.3	1.6	2.0	2.5	4.0	5.0	6.0
3	刻度值为 0.001 mm 的千分尺	3 4 5	0 1 2 3	0.5 0.6 0.7 1.0	0.7 0.8 1.0 1.5	0.8 1.0 1.4 2.0	0.9 1.2 1.8 2.5	1.0 1.4 2.0 3.0	1.2 2.0 2.5 4.5	1.5 2.5 3.5 6	1.8 3.0 4.5 8
4	刻度值为 0.002 mm 的千分尺	4 5	1 2 3	1.0 1.2 1.4	1.2 1.5 1.8	1.4 1.8 2.5	1.5 2.0 3.0	1.6 2.8 3.5	2.2 3.0 5	3.0 4.0 6.5	3.5 5 8
5	刻度值为 0.005 mm 的千分尺	5	2 3	2.0 2.2	2.2 2.5	2.5 3.0	2.5 3.5	3.0 4.0	3.5 5.0	4.0 6.5	5 8.5
6	一级内径百分表	5	3	16	16	17	17	18	19	19	20
7	一级内径百分表	5	3	22	22	26	26	28	28	32	36
8	刻度值为 0.002 mm 的杠杆卡规	5	2	3	3	3.5	3.5	—	—	—	—
9	刻度值为 0.005 mm 的各式比较仪	5	3	2.2	2.5	3.0	3.5	4.0	5.0	6.5	8.5
10	0 级百分尺	绝对测量法		4.5	5.5	6	7	8	10	12	15
11	1 级测深百分尺	绝对测量法		14	16	18	22	—	—	—	—
12	1 级内径百分尺	绝对测量法		—	—	18	20	22	25	30	35
13	1 级百分尺	绝对测量法		7	8	9	10	12	15	20	25
14	2 级百分尺	绝对测量法		12	13	14	15	18	20	25	30

续表

序号	测量器具名称	所用量块		尺寸范围/mm							
		等别	级别	1~10	10~50	50~80	80~120	120~180	180~260	260~360	360~500
				测量极限误差/±μm							
15	游标卡尺测外尺寸,刻度值为 0.02 mm	绝对测量法		40	40	45	45	45	50	60	70
	0.05 mm			80	80	90	100	100	100	110	110
	0.1 mm			150	150	160	170	190	200	210	230
16	游标卡尺测内尺寸,刻度值为 0.02 mm	绝对测量法			50	60	60	65	70	80	90
	0.05 mm			—	100	130	230	150	150	150	150
	0.1 mm				200	230	260	280	300	300	300
17	游标深度尺、高度尺,刻度值为 0.02 mm	绝对测量法		60	60	60	60	60	60	70	80
	0.05 mm			100	100	150	150	150	150	150	150
	0.1 mm			200	250	300	300	300	300	300	300
18	机械式测微计 0.002 mm	4	1	1	1.2	1.4	1.5	1.6	2.2	3.0	3.5
		5	2	1.2	1.5	1.8	2.0	2.8	3.0	4.0	5.0
		6	3	1.4	1.8	2.5	3.0	3.5	5.0	6.5	8.0
	机械式测微计 0.001 mm	3	0	0.5	0.7	0.8	0.9	1.0	1.2	1.5	1.8
		4	1	0.6	0.8	1.0	1.2	1.4	2.0	2.5	3.0
		5	2	0.7	1.0	1.4	1.8	2.0	2.5	3.5	4.5
19	万能工具显微镜 0.001 mm	绝对测量法		1.5	2	2.5	2.5	3	3.5	—	—
20	大型工具显微镜 0.01 mm	绝对测量法		5	5	—	—	—	—	—	—
		5	2	2.5	3.5	—	—	—	—	—	—

第三节　测量误差及数据处理

一、测量误差的概念

测量值与被测量的真值之差称为测量误差。任何测量过程，无论采用如何精密的测量方法，其测量值都不可能为被测几何量的真实值，即使在测量条件相同的情况下，对同一被测几何量连续进行多次测量，其测量值也不一定完全相同，只能与其真值相近似。

1. 相对误差

测量误差除以被测量的真值的值称为相对误差。

2. 随机误差

测量结果与在重复条件下对同一被测量进行无限多次测量所得结果的平均值之差。

3. 系统误差

在重复条件下，对同一被测量进行无限多次测量所得结果的平均值与被测量的真值之差。系统误差等于测量误差减去随机误差。

二、测量误差的来源

测量误差的产生主要来自以下几个方面。

1. 测量器具误差

测量器具误差是指测量器具本身在设计、制造和使用过程中造成的各种误差，会综合反映到测量结果中。测量器具误差可用测量器具的示值精度或不确定度来表示。不同种类、不同规格测量器具的不确定度是不一样的。

2. 标准件误差

标准件误差是指作为标准的标准件本身的制造和检定误差。例如，用量块作为标准件调整测量器具零位时，量块的误差会直接影响测得值。因此，为了保证测量精度，必须选择一定精度的量块。

3. 测量方法误差

测量方法误差是指测量方法不完善所引起的误差，如接触式测量中的测量力引起的测量器具和零件表面变形误差，间接测量中计算公式的不精确，测量过程中工件安装定位的不合理等。

4. 测量环境误差

测量环境误差是指测量时，环境条件不符合规定要求所引起的误差。测量环境包括温度、湿度、气压、振动及灰尘等，其中温度对测量结果影响最大。在图样标出的各种尺寸、公差和极限偏差都是以标准温度 20 ℃ 为依据的。在测量时，当实际温度偏离标准温度 20 ℃ 时，温度变化引起的测量误差为

$$\Delta L = L[\alpha_2(t_2 - 20\ ℃) - \alpha_1(t_1 - 20\ ℃)] \tag{2-4}$$

式中　ΔL——测量误差；

　　　L——被测量；

t_1、t_2——测量器具和被测工件的温度,℃;

$α_1$、$α_2$——测量器具和被测工件的线膨胀系数,℃$^{-1}$。

5. 人员误差

人员误差是指由测量人员的主观因素引起的测量误差,如测量人员技术不熟练、估读错误,以及视觉偏差等引起的误差。

总之,测量时产生误差的原因很多,有些误差是可以避免的,有些是不可避免的。因此,测量人员应对可能产生测量误差的原因进行分析,掌握其影响规律,设法消除或减小测量误差对测量结果的影响,保证测量精度。

三、测量误差的分类

为了提高测量精确度就必须减少测量误差。因此进一步了解误差的性质及其规律就成为测量技术的重要问题之一。

(一) 测量误差的分类

根据误差出现的规律,可以将测量误差分为系统误差、粗大误差和随机误差。

1. 系统误差

系统误差是指在相同条件下多次重复测量同一个量时,大小和符号保持不变或按一定规律变化的误差。前者称为定值系统误差,后者称为变值系统误差。变值系统误差又有线性变化、周期性变化和复杂变化几种类型。

系统误差主要由测量器具不完善、测量方法不完善、测量人员对仪器使用不当、环境条件变化等几方面产生。例如,测量器具刻度盘分度不准确,就会产生读数偏大或偏小的误差,从而产生系统定值误差;系统变值误差主要是在测量时,由环境温度、气压等环境条件改变引起。

系统误差的大小表明测量结果的准确度。系统误差越小,说明测量结果的准确度就越高。系统误差对测量结果影响较大,要尽量减小或消除系统误差,提高测量精度。

系统误差可用计算或实验对比的方法确定,用修正值从测量结果中予以消除。

(1) 发现系统误差的方法

通常采用实验对比法和残差观察法发现系统误差。

1) 实验对比法。

为了发现是否存在定值系统误差,可采用实验对比法,即通过改变测量条件来发现误差。例如,在千分比较仪上对一个被测量按"级"使用量块进行多次测量后,可使用级别更高的量块再次测量,通过对比判断是否存在定值系统误差。

2) 残差观察法。

为了发现是否存在变值系统误差,可采用残差观察法判断,如图 2-3 所示。若各残差大体正负相同,又没有明显的变化〔见图 2-3 (a)〕,则不存在变值系统误差;若各残差按近似的线性规律递增或递减〔见图 2-3 (b)〕,则可判断存在线性变值系统误差;若各残差的大小和符号有规律地呈现周期性变化〔见图 2-3 (c)〕,则表示存在周期性变值系统误差,这种观察法要求有足够的连续测量次数,否则规律不明显,会降低判断的可靠性。

(2) 消除系统误差的方法

消除系统误差的方法分为辩证分析法和修正法两种。

1）辩证分析法。

辩证分析法即从产生系统误差的根源上着手进行消除，这就要求在测量前对采用的测量原理、方法、测量器具、标准器及定位方式、计算方法、环境条件等进行分析检查，排除可能引起系统误差的因素。

2）修正法。

修正法是指将测量值或测得值的算术平均值加上相应的修正值，以得到不含系统误差的测得值。

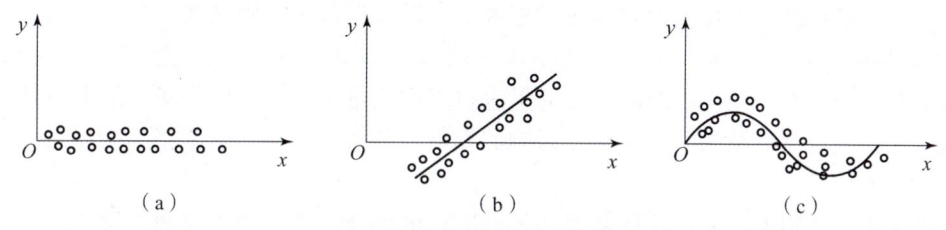

图 2-3　利用残差观察法发现变值系统误差
(a) 定值系统误差；(b) 线性变值系统误差；(c) 周期性变值系统误差

某些带有方向性的定值系统误差，可采用相消法加以修正。例如，系统误差出现一次为正，另一次为负时，可采用取两次测得值的算术平均值的方法进行处理。

总的来讲，从理论上，系统误差可以完全消除，但由于种种因素的影响，系统误差实际上只能减小到一定程度。

2. 粗大误差

粗大误差是指超出规定条件下预计的测量误差，即明显干扰测量结果的误差。引起粗大误差的原因很多，如错误读取数据、使用有缺陷的测量器具、测量器具使用不正确或环境的干扰等。一个正确的测量，不应包含粗大误差。如果已产生粗大误差，则应根据判断粗大误差的准则予以剔除，通常采用拉依达准则（3σ 准则）判断。

3. 随机误差

随机误差是指在对同一个被测量进行多次重复测量过程中，误差大小和符号以不可预见的方式变化的误差。随机误差是测量过程中许多独立的、微小的、随机的因素引起的综合结果，如测量器具中机构的间隙、运动部件间的摩擦力变化、测量力的不恒定和测量温度、湿度的波动等引起的测量误差都属于随机误差。随机误差既不能用实验方法消除，也不能修正。

系统误差与随机误差也不是绝对的，它们在一定条件下是可以互相转化的。例如，线纹尺的刻线误差，对线纹尺制造厂来说是随机误差，但如果以某一线纹尺为基准成批测量工件时，线纹尺的刻线误差就成为被测工件的系统误差。

（二）测量精度的分类

测量精度是指几何量的测得值与其真值的接近程度，它与测量误差是相对应的两个概念，是从两个不同角度说明同一概念的术语。测量误差越大，测量精度就越低；反之，测量误差越小，测量精度越高。为了反映系统误差与随机误差的区别及其对测量结果的影响，以打靶为例进行说明。如图 2-4 所示，圆心表示靶心，黑点表示弹孔。图 2-4 (a) 表现为弹孔密集但偏离靶心，说明随机误差小而系统误差大；图 2-4 (b) 表现为弹孔较为分散，但基本围绕靶心分布，说明随机误差大而系统误差小；图2-4（c）表现为弹孔密集并且围绕靶心分布，说明随机误差和系统误差都小；图2-4（d）表现为弹孔既分散又偏离靶心，说明随机误差和系统误差都大。

根据以上分析，为了准确描述测量精度的具体情况，可将其进一步分类为精密度、正确度和准确度。

1. 精密度

精密度是指在同一条件下对同一几何量进行多次测量时，该几何量各次测量结果的一致程度。它表示测量结果受随机误差影响的程度。若随机误差小，则精密度高。

2. 正确度

正确度是指在同一条件下对同一几何量进行多次测量时，该几何量测量结果与其真值的符合程度。它表示测量结果受系统误差影响的程度。若系统误差小，则正确度高。

3. 准确度

准确度又称精确度，是测量的精密和正确程度的综合反映，用于说明测量结果与真值的一致程度。若系统误差和随机误差都小，则准确度高。

一般而言，精密度高而正确度不一定高，但准确度高，则精密度和正确度都高。仍以打靶为例进行说明。如图2-4所示，图2-4（a）表示系统误差大而随机误差小，即正确度低而精密度高；图2-4（b）表示系统误差小而随机误差大，即正确度高而精密度低；图2-4（c）表示系统误差和随机误差都小，即准确度高；图2-4（d）表示精密度和正确度都低，准确度相应也低。

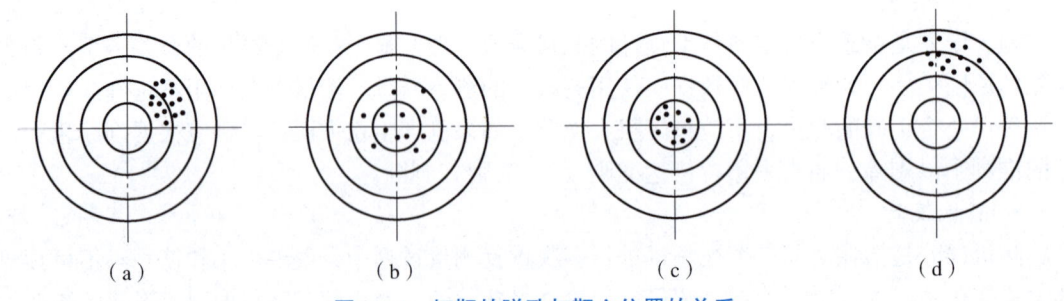

（a）　　　　　　（b）　　　　　　（c）　　　　　　（d）

图2-4　打靶的弹孔与靶心位置的关系

四、随机误差的处理

就某一次具体的测量而言，随机误差的大小和符号是没有规律的，但在对同一被测量进行多次连续测量而得到一系列测得值时，它们的随机误差总体上存在一定的规律性。大量的实验证明，随机误差通常服从正态分布规律。因此，可以用概率论和数理统计的一些方法来获取和掌握随机误差的分布规律及特性，估算误差范围，并对测量结果进行处理。

（一）随机误差的分布规律及特性

设在一定测量条件下，对一个工件某一部位用同一方法进行150次重复测量，测得150个不同的读数（这一系列的测得值，常称为测量列），然后将测得值分组，7.131~7.141 mm每间隔0.001 mm分为一组，共11组，每组的测得值范围、每组出现的次数、相对出现的频率等见表2-6。

表 2-6　随机误差的分布规律及特性

测得值范围/mm	测量中间值 x_i/mm	出现的次数 n_i	相对出现的频率 n_i/N
7.130 5 ~ 7.131 5	7.131	1	0.007
7.131 5 ~ 7.132 5	7.132	3	0.020
7.132 5 ~ 7.133 5	7.133	8	0.054
7.133 5 ~ 7.134 5	7.134	18	0.12
7.134 5 ~ 7.135 5	7.135	28	0.187
7.135 5 ~ 7.136 5	7.136	34	0.227
7.136 5 ~ 7.137 5	7.137	29	0.193
7.137 5 ~ 7.138 5	7.138	17	0.113
7.138 5 ~ 7.139 5	7.139	9	0.060
7.139 5 ~ 7.140 5	7.140	2	0.013
7.140 5 ~ 7.141 5	7.141	1	0.007

注：N 表示总的测量次数。
x_i 表示每一测量列中的测量中间值。
n_i 表示在测量列中，测得值出现的次数。
n_i/N 表示测量列中，测得值出现的次数与总的测量次数之比，即相对出现的频率。

根据表中数据以测量中间值 x_i 为横坐标，以相对出现的频率 n_i/N 为纵坐标，可得到图 2-5（a）所示的图形，称为频率直方图。连接每个小方图的上部中点，得到一条折线，称为实际分布曲线。显然，如果将上述总的测量次数 N 无限增大（$N \to \infty$），而间隔 Δx 取得很小（$\Delta x \to 0$），则可得图 2-5（b）所示的光滑曲线，即随机误差的正态分布曲线。此曲线说明了随机误差的分布具有以下四个特性。

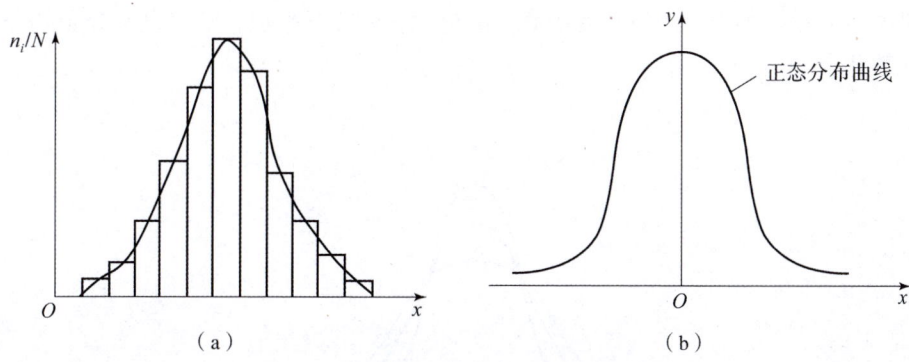

图 2-5　频率直方图和正态分布曲线
（a）频率直方图；（b）正态分布曲线

(1) 对称性

对称性是指绝对值相等的正误差和负误差，出现的次数大致相等。

(2) 单峰性

单峰性是指绝对值小的误差比绝对值大的误差出现的次数多。

(3) 有界性

有界性是指在一定条件下，误差的绝对值不会超过一定的限度。

(4) 抵偿性

抵偿性是指对同一被测量在同一条件下进行重复测量，其随机误差的算术平均值，随测量次数的增加而趋近于零。

(二) 随机误差的评定指标

根据概率论，正态分布曲线可用式 (2-5) 表示，即

$$y = \frac{1}{\sigma\sqrt{2\pi}} \cdot e^{\left(\frac{\delta^2}{2\sigma^2}\right)} \tag{2-5}$$

式中 y——随机误差的概率密度；

σ——标准偏差；

e——自然对数的底，$e = 2.71828$；

δ——随机误差，是指在没有系统误差的条件下，测量中间值 x_i 与真值 x_0 之差（$\delta_i = x_i - x_0$）。

根据误差理论，随机误差的标准偏差 σ 的数学表达式为

$$\sigma = \sqrt{\frac{\delta_1^2 + \delta_2^2 + \cdots + \delta_n^2}{n}} = \sqrt{\frac{\sum_{i=1}^{n}\delta_i^2}{n}} \tag{2-6}$$

式中 δ_n——测量列中各个测得值相应的随机误差；

n——测量次数。

从式 (2-5) 可以看出，概率密度 y 与随机误差 δ 及标准偏差 σ 有关。当 $\delta = 0$ 时，概率密度最大，$y_{max} = \frac{1}{\sigma\sqrt{2\pi}}$，概率密度最大值随标准偏差的变化而变化。图 2-6 所示的三条正态分布曲线 1、2 和 3 中，$\sigma_1 < \sigma_2 < \sigma_3$，则 $y_{1max} > y_{2max} > y_{3max}$。由此可见，$\sigma$ 越小，曲线越陡，随机误差分布越集中，测量精度越高；σ 越大，曲线越平坦，随机误差分布越分散，测量精度就越低。

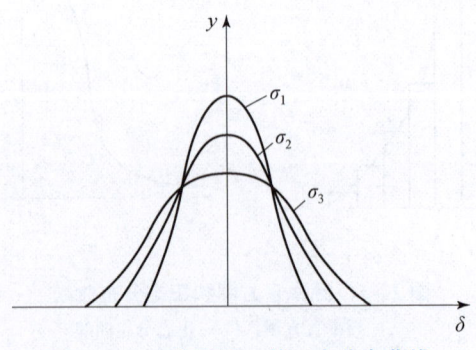

图 2-6 三种不同 σ 的正态分布曲线

(三) 随机误差的极限值

随机误差的极限值就是指测量的极限值误差。由正态分布图可知：正态分布曲线和横坐标轴间所包含的面积等于所有随机误差出现的概率总和。由于正态分布曲线的两端与横坐标轴相交于 $-\infty \sim +\infty$，因此在生产中，常取 δ 范围为 $-3\sigma \sim +3\sigma$，将 $\delta = \pm 3\sigma$ 称为随机误差的极限偏差，即

$$\pm \delta_{\lim} = \pm 3\sigma \tag{2-7}$$

随机误差在 $\pm t\sigma$ 范围内出现的概率称为置信概率（又称置信度），随机误差在 $\pm 3\sigma$ 范围内的置信度为 99.73%。例如，某次测量的测得值为 50.003 mm，若已知标准偏差 σ = 0.000 7 mm，置信度取 99.73%，则该测得值的测量极限误差为 $\pm (3 \times 0.000\ 7)$ mm = $\pm 0.002\ 1$ mm。测量结果为

$$50.003 \text{ mm} \pm (3 \times 0.000\ 7) \text{ mm} = 50.003 \text{ mm} \pm 0.002\ 1 \text{ mm}$$

上述结果说明，该测得值的真值有 99.73% 的可能性在 50.000 9 ~ 50.005 1 mm 之间，可写作 $(50.003 \pm 0.002\ 1)$ mm。

因此，单次测量的测量结果为

$$x = x_i \pm \delta_{\lim} = x_i \pm 3\sigma \tag{2-8}$$

式中　x_i——某次测得值。

(四) 测量列中随机误差的处理

随机误差的出现是不可避免和无法消除的。为了减小随机误差对测量结果的影响，可以用概率与数理统计的方法来估算随机误差的范围和分布规律，并对测量结果进行处理。随机误差处理的目的：一是多次测量同一工件同一被测量，通过数据处理判断测量的精确度；二是多次测量相同的各个工件的同一被测量，通过数据处理判断并调整加工机床。随机误差数据处理的具体步骤如下。

1) 计算测量列的算术平均值 $\bar{x}$。在同一条件下，对同一个被测量进行多次（n 次）重复测量，得到一系列测得值 x_1，x_2，…，x_n。这是一组等精度测量数据，这些测得值的算术平均值为

$$\bar{x} = \frac{x_1 + x_2 + \cdots + x_n}{n} = \frac{\sum_{i=1}^{n} x_i}{n} \tag{2-9}$$

式中　n——测量次数。

在进行有限次测量时，算术平均值最接近真值 x_0，因此，当测量列中没有系统误差和粗大误差时，一般取全部测得值的算术平均值 $\bar{x}$ 作为测量结果。

2) 计算残差 v_i。残差 v_i 是指各个测得值 x_i 与算术平均值 $\bar{x}$ 之差，即

$$v_i = x_i - \bar{x} \tag{2-10}$$

在测量时，真值是未知的，因此，在生产实际中以算术平均值 $\bar{x}$ 代替真值 x_0，以残差 v_i 代替 δ_i。

3) 计算测量列中单次测得值的标准偏差 σ。标准偏差是表征同一个被测量所得值分散程度的参数。由于随机误差 δ_i 是未知量，实际测量时常用残差 v_i 代替 δ_i，因此，不能用

$$\sigma = \sqrt{\frac{\delta_1^2 + \delta_2^2 + \cdots + \delta_n^2}{n}} = \sqrt{\frac{\sum_{i=1}^{n} \delta_i^2}{n}}$$ 来直接计算求出 σ 值，而要用贝塞尔公式求出 σ 的估算值，即

$$\sigma = \sqrt{\frac{\sum_{i=1}^{n} v_i^2}{n-1}} = \sqrt{\frac{\sum_{i=1}^{n}(x_i - \bar{x})^2}{n-1}} \tag{2-11}$$

4) 计算测量列算术平均值的标准偏差 $\sigma_{\bar{x}}$。在等精度条件下，如果对同一个被测量进行 m 组（每组 n 次）重复测量，得到 m 个算术平均值为 $\bar{x}_1, \bar{x}_2, \cdots, \bar{x}_m$，每组 n 次测量结果的算术平均值 $\bar{x}_i$ 也不会完全相同，即 $\bar{x}_i$ 本身也是一个随机变量。它们分布在真值 x_0 附近，$\bar{x}_i$ 的分布范围比单次测量值 x_i 的分布范围要小得多。为了评定 m 组测量的算术平均值的分布特性，同样可用算术平均值的标准偏差 $\sigma_{\bar{x}}$ 作为评定指标。误差理论证明，测量列算术平均值 $\bar{x}_i$ 的标准偏差 $\sigma_{\bar{x}}$ 与测量列单次测量值 x_i 的标准偏差 σ 有以下关系

$$\sigma_{\bar{x}} = \frac{\sigma}{\sqrt{n}} = \sqrt{\frac{\sum_{i=1}^{n} v_i^2}{n(n-1)}} \tag{2-12}$$

5) 计算测量列算术平均值的极限误差 $\delta_{\lim(\bar{x})}$。测量列算术平均值的极限误差为

$$\delta_{\lim(\bar{x})} = \pm 3\sigma_{\bar{x}} \tag{2-13}$$

测量结果可表示为

$$\bar{x} \pm \delta_{\lim(\bar{x})} = \bar{x} \pm 3\sigma_{\bar{x}} = \bar{x} \pm 3\frac{\sigma}{\sqrt{n}} \tag{2-14}$$

由式（2-14）可知，增加重复测量次数 n，可提高测量的精度。但由于 σ 与 $\sigma_{\bar{x}}$ 的比值与测量次数 n 的开方成正比，σ 一定时，当 $n > 20$ 以后，再增加重复测量次数，$\sigma_{\bar{x}}$ 减小已很缓慢，对提高测量精度效果不大，因此，一般取 $n = 10 \sim 15$。

例 2-2 对某一轴径进行 15 次等精度测量，测得值列于表 2-7，设数据中无系统误差，试求测量结果。

表 2-7 测量数据计算结果

测量序号	测得值 x_i/mm	剔除粗大误差前		剔除粗大误差后	
		残差 v_i/mm	残差的平方 v_i^2/mm²	残差 v_i'/mm	残差的平方 $v_i'^2$/mm²
1	30.42	+0.016	0.000 256	+0.009	0.000 081
2	30.43	+0.026	0.000 676	+0.019	0.000 361
3	30.40	-0.004	0.000 016	-0.011	0.000 121
4	30.43	+0.026	0.000 676	+0.019	0.000 361
5	30.42	+0.016	0.000 256	+0.009	0.000 081
6	30.43	+0.026	0.000 676	+0.019	0.000 361

续表

测量序号	测得值 x_i/mm	剔除粗大误差前		剔除粗大误差后	
		残差 v_i/mm	残差的平方 v_i^2/mm²	残差 v_i'/mm	残差的平方 $v_i'^2$/mm²
7	30.39	-0.014	0.000 196	-0.021	0.000 441
8	30.30	-0.104	0.010 816	—	—
9	30.40	-0.004	0.000 016	-0.011	0.000 121
10	30.43	+0.026	0.000 676	+0.019	0.000 361
11	30.42	+0.016	0.000 256	+0.009	0.000 081
12	30.41	+0.006	0.000 036	-0.001	0.000 001
13	30.39	-0.014	0.000 196	-0.021	0.000 441
14	30.39	-0.014	0.000 196	-0.021	0.000 441
15	30.40	-0.004	0.000 016	-0.011	0.000 121
	$\bar{x}=30.404$	$\sum_{i=1}^{15} v_i = 0$	$\sum_{i=1}^{15} v_i^2 = 0.014\ 96$		$\sum_{i=1}^{14} v_i'^2 = 0.003\ 374$

解：a. 计算测量列的算术平均值 $\bar{x}$。

根据公式

$$\bar{x} = \frac{x_1 + x_2 + \cdots + x_n}{n} = \frac{\sum_{i=1}^{n} x_i}{n}$$

得

$$\bar{x} = \frac{1}{15}\sum_{i=1}^{15} x_i = 30.404 \text{ mm}$$

b. 计算残差 v_i。

根据公式 $v_i = x_i - \bar{x}$，分别计算出 v_i、v_i^2 和 $\sum_{i=1}^{15} v_i^2$ 的值，见表 2-7。

c. 计算测量列中单次测得值的标准偏差 σ。

根据公式

$$\sigma = \sqrt{\frac{\sum_{i=1}^{n} v_i^2}{n-1}} = \sqrt{\frac{\sum_{i=1}^{n}(x_i - \bar{x})^2}{n-1}}$$

得

$$\sigma = \sqrt{\frac{\sum_{i=1}^{15} v_i^2}{15-1}} = \sqrt{\frac{0.014\ 96}{14}} \text{ mm} = 0.033 \text{ mm}$$

d. 判断粗大误差。

根据 3σ 准则

$$3\sigma = 3 \times 0.033 \text{ mm} = 0.099 \text{ mm}$$

第 8 个测得值的残差 $|v_8| = 0.104 > 0.099$，故 x_8 中含有粗大误差，应剔除。

e. 计算剔除粗大误差后的算术平均值 $\bar{x}'$。

$$\bar{x}' = \frac{\sum_{i=1}^{15-1} x_i}{15-1} = \frac{1}{14}\sum_{i=1}^{14} x_i = 30.411 \text{ mm}$$

f. 计算剔除粗大误差后的残差。

根据公式 $v'_i = x_i - \bar{x}'$，分别计算出 v'_i、v'^2_i 和 $\sum_{i=1}^{14} v'^2_i$ 的值，见表 2-7。

g. 计算剔除粗大误差后的标准偏差 σ'。

$$\sigma' = \sqrt{\frac{\sum_{i=1}^{14} v'^2_i}{n'-1}} \sqrt{\frac{0.003\,374}{14-1}} \text{ mm} = 0.016 \text{ mm}$$

h. 计算测量列中算术平均值的标准偏差 $\sigma_{\bar{x}}$。

$$\sigma_{\bar{x}} = \frac{\sigma'}{\sqrt{n'}} = \frac{0.016}{\sqrt{14}} \text{ mm} = 0.004\,3 \text{ mm}$$

i. 计算测量列单次测量的极限误差 $\delta_{\lim}$。

$$\delta_{\lim} = \pm 3\sigma' = \pm 3 \times 0.016 \text{ mm} = 0.048 \text{ mm}$$

j. 计算测量列算术平均值的极限误差 $\delta_{\lim(\bar{x})}$。

$$\delta_{\lim(\bar{x})} = \pm 3\sigma_{\bar{x}} = \pm 3 \times 0.004\,3 \text{ mm} = \pm 0.012\,9 \text{ mm}$$

k. 测量结果。

根据公式得

$$x = \bar{x} \pm \delta_{\lim(\bar{x})} = \bar{x}' \pm 3\sigma_{\bar{x}} = (30.411 \pm 0.012\,9) \text{ mm}$$

习题二

1. 测量的实质是什么？一个测量过程包括哪些要素？
2. 量块的"等"和"级"有什么区别？举例说明如何按"等"和"级"使用量块。
3. 试从 83 块组的量块中，组合下列尺寸：58.78 mm、108.17 mm、11.05 mm。
4. 什么是系统误差、随机误差和粗大误差？三者有何区别？如何进行误差处理？
5. 对某一零件进行 10 次测量，测得值分别为 48.45 mm、48.45 mm、48.30 mm、48.15 mm、48.80 mm、48.55 mm、48.20 mm、48.40 mm、48.60 mm、48.70 mm，系统误差已消除，求测量结果。

项目实践：

问大家一个问题，机械式百分表的示值误差是如何确定的呢？

其实，机械式百分表的示值误差，无论在整个工作行程范围内，还是任意 1 mm 和任意 0.1 mm 范围内，均按正反行程时所得各点的误差中最大值与最小值的差值确定。对于任意 0.1 mm 的示值误差，是以任意相邻两受检点四个误差中最大值与最小值的差值确定。对于任意 1 mm 的示值误差，则分别以 0~1 mm、0~2 mm、2~3 mm 等范围内各点误差中最大值与最小值的差值确定。

第三章　几何公差与检测

导读

本章学习的主要目的和要求：

1. 熟记19个几何公差特征项目名称及其对应的14个符号。
2. 掌握典型常用的几何公差特征项目及符号的含义、运用及检测方法等。
3. 在图样上正确标注几何公差，特别注意一些特殊标注的含义和一些容易出错的标注。
4. 理解公差原则中的基本概念，以及独立原则、相关要求在零件图上的标注、含义，检测手段和运用场合。
5. 掌握几何公差的选用方法，包括特征项目、公差数值及公差原则的选择。

几何公差是机械精度设计的重要内容，是本书的重点和难点。

第一节　几何公差与标注

一、几何公差

（一）几何误差的概念

零件在机械加工过程中不仅会产生尺寸误差，还会产生形状、方向、位置和跳动误差，零件在形状和位置上产生的误差，称为几何误差。几何误差不仅会影响机械产品的质量（如工作精度、连接强度、运动平稳性、密封性、耐磨性、噪声和使用寿命等），还会影响零件的互换性。

几何公差在设计时给出，用于控制加工产生的几何误差。

（二）几何公差研究的对象

零件的几何要素是指构成零件的点、线、面的简称。这些要素可以是实际存在的轮廓，也可以是由实际要素取得的点、线或中心平面。图3-1所示为零件的几何要素（球面、圆锥面、圆柱面、端面、轴线和球心等）。

几何公差研究的对象是零件的几何要素在加工后因其误差产生的大小、形状、方向和位置等方面的变化。

几何要素的分类有以下四种分类方法。

1. 按结构特征分类

按结构特征分类，几何要素分为组成要素和导出要素两种。

(1) 组成要素

组成要素是指构成零件外形的点、线、面，如图 3-1 所示的球面、圆锥面、圆柱面、端面及圆锥面和圆柱面的素线。

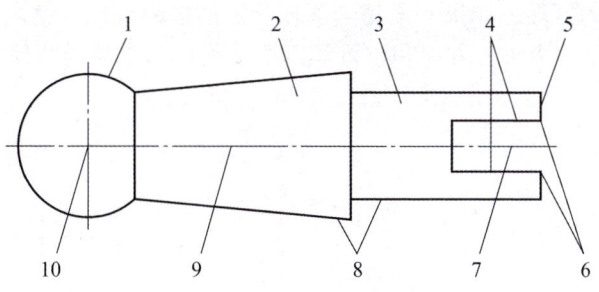

图 3-1　零件的几何要素
1—球面；2—圆锥面；3—圆柱面；4—两平行平面；5—端面；
6—棱线；7—中心平面；8—素线；9—轴线；10—球心

(2) 导出要素

导出要素是指构成零件轮廓对称中心的点、线、面各要素，这些要素在零件上看不见摸不着，但又是客观存在的，如图 3-1 所示的轴线和球心。

2. 按存在状态分类

按存在状态分类，几何要素分为实际要素和理想要素两种。

(1) 实际要素

实际要素是指零件加工后实际存在的要素，通常用测量来提取实际要素。由于存在测量误差，因此提取得到的实际要素并非该实际要素的真实情况。实际要素既可能是组成要素，也可能是导出要素。

(2) 理想要素

理想要素是指几何学意义上的要素，该类要素是由设计图样给出的，因此不存在任何误差。

3. 按所处地位分类

按所处地位分类，几何要素分为被测要素和基准要素两种。

(1) 被测要素

被测要素是指图样上给出的形状、方向、位置或（和）跳动公差要求的要素，是被检测的对象。

(2) 基准要素

基准要素是指用来确定被测要素方向、位置或（和）跳动公差要求的要素。基准要素同时又是理想要素，简称基准。

4. 按功能关系分类

按功能关系分类，几何要素分为单一要素和关联要素两种。

(1) 单一要素

单一要素是指仅对要素自身提出功能要求而给出形状公差要求的要素。

(2) 关联要素

关联要素是指相对于基准要素有功能要求而给出方向、位置或（和）跳动公差要求的要素。

单一要素和关联要素都是针对被测要素而言的。

（三）几何公差的公差带

几何公差带由一个或几个理想的几何线或面所限定，由线性公差值表示其大小区域。它是用来限制要素变动的区域，如果要素完全落在给定的公差带内，就表示该要素符合设计要求。几何公差带由形状、大小、方向和位置等四要素构成。常见的几何公差带形状如图3-2所示。

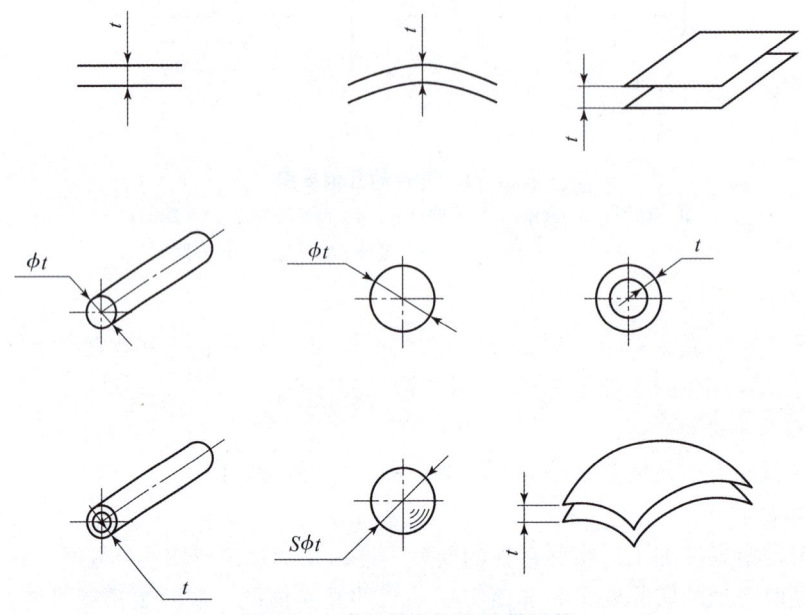

图3-2 常见的几何公差带形状

二、几何公差特征项目及符号

根据国家标准《产品几何技术规范（GPS）几何公差 形状、方向、位置和跳动公差标注》（GB/T 1182—2018）的规定，几何公差特征项目有形状公差6种、方向公差5种、位置公差6种和跳动公差2种，共计19种，分别用14种符号表示，见表3-1。

表3-1 几何特征符号（摘自 GB/T 1182—2018）

公差类型	几何特征	符号	有无基准
形状公差	直线度	—	无
	平面度	▱	无
	圆度	○	无
	圆柱度	⌭	无
	线轮廓度	⌒	无
	面轮廓度	⌓	无

续表

公差类型	几何特征	符号	有无基准
方向公差	平行度	∥	有
	垂直度	⊥	有
	倾斜度	∠	有
	线轮廓度	⌒	有
	面轮廓度	⌒	有
位置公差	位置度	⊕	有或无
	同心度	◎	有
	同轴度	◎	有
	对称度	≡	有
	线轮廓度	⌒	有
	面轮廓度	⌒	有
跳动公差	圆跳动	↗	有
	全跳动	↗↗	有

三、几何公差标注

国家标准 GB/T 1182—2018 规定，在图样上，几何公差一般采用代号标注，无法采用代号标注时，允许在技术要求中用文字加以说明。

几何公差的标注结构为公差框格、指引线和基准代号。公差框格里的内容包括几何特征项目符号、公差值、代表基准的字母及相关要求符号等，如图 3-3 所示。

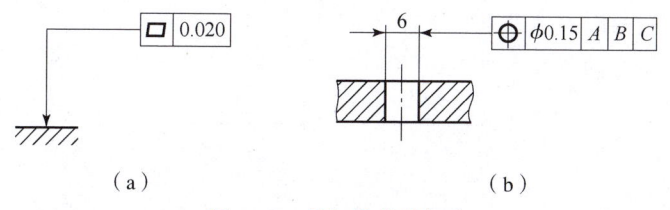

图 3-3 几何公差的标注

1. 公差框格

公差框格由两格或多格组成，两格一般用于形状公差，多格一般用于方向、位置或跳动公差。公差框格一般水平放置，其线型为细实线。框格中的内容从左到右顺序填写特征项目符号、公差值（mm）和有关符号、基准字母和有关符号等内容，如图 3-4 所示。

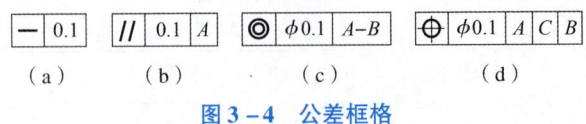

$$\boxed{- \,|\, 0.1} \qquad \boxed{\,/\!/\,|\,0.1\,|\,A\,} \qquad \boxed{\odot\,|\,\phi 0.1\,|\,A\text{-}B\,} \qquad \boxed{\oplus\,|\,\phi 0.1\,|\,A\,|\,C\,|\,B\,}$$

(a)　　　　　　(b)　　　　　　　(c)　　　　　　　　(d)

图 3-4　公差框格

国家标准 GB/T 1182—2018 规定中，对公差框格还作了如下要求。

1) 当某项公差应用于几个相同要素时，应在公差框格的上方被测要素的尺寸前注明要素的个数，并在两者之间加上符号"×"，如图 3-5 (a) 所示。

2) 如果需要限制被测要素在公差带内的形状，应在公差框格的下方注明。如图 3-5 (b) 所示，NC 表示被测表面不凸起。

3) 如果需要就某个要素给出几种几何特征的公差，可将一个公差框格放在另一个的下面，如图 3-5 (c) 所示。

$$\begin{array}{c} 6\times\phi 12 \pm 0.02 \\ \boxed{\oplus\,|\,\phi 0.1\,} \end{array} \qquad \begin{array}{c} \boxed{\Box\,|\,0.1\,} \\ \text{NC} \end{array} \qquad \begin{array}{c} \boxed{-\,|\,0.01\,} \\ \boxed{\,/\!/\,|\,0.06\,|\,B\,} \end{array}$$

(a)　　　　　　　(b)　　　　　　(c)

图 3-5　公差框格其他要求

2. 指引线

指引线由细实线和箭头组成，用来连接公差框格和被测要素。它从公差框格的一端引出，并与公差框格端线保持垂直，箭头指向相关被测要素。当被测要素为组成要素时，指引线的箭头应置于要素的轮廓线或其延长线上，并与尺寸线明显错开，如图 3-6 (a) 所示；当被测要素为导出要素时，指引线的箭头应与该要素的尺寸线对齐，如图 3-6 (b) 所示。

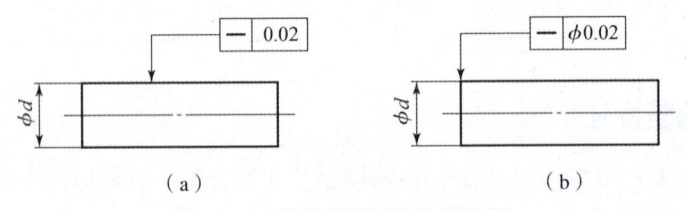

(a)　　　　　　　　　　　　　(b)

图 3-6　指引线箭头指向的位置

3. 基准符号

与被测要素相关的基准用一个大写英文字母表示。字母标注在标准方框内，与一个涂黑的或空白的三角形相连以表示基准，如图 3-7 所示。

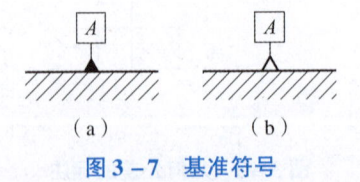

(a)　　　　(b)

图 3-7　基准符号

在生产实践中，为不引起误解，代表基准的字母一般不采用大写英文字母 E、I、J、M、O、P、L、R、F。

单一基准用一个字母表示，如图 3-4 (b) 所示；基准体系由两个或三个字母表示，如图 3-4 (c)、图 3-4 (d) 所示，按基准的先后次序从左到右排列，分别为第一基准、第二基准和第三基准。

4. 基准标注

1) 当基准要素为组成要素时,基准符号应置于要素的轮廓线或其延长线上,并与尺寸线明显错开,如图3-8所示。

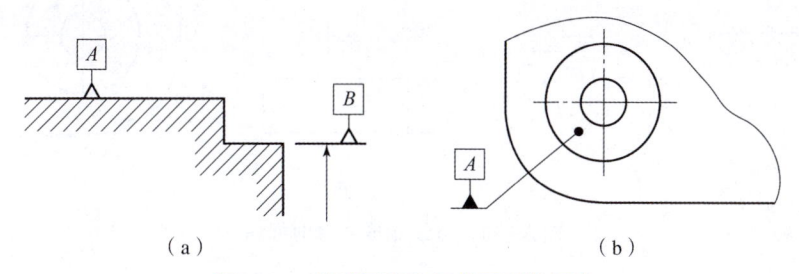

图3-8 基准要素为组成要素的标注

2) 当基准要素为导出要素时,基准符号应与该要素的尺寸线对齐,如图3-9(a)所示。如果没有足够的位置标注基准要素尺寸的两个尺寸箭头,则其中一个箭头可用基准三角形代替,如图3-9(b)和图3-9(c)所示。

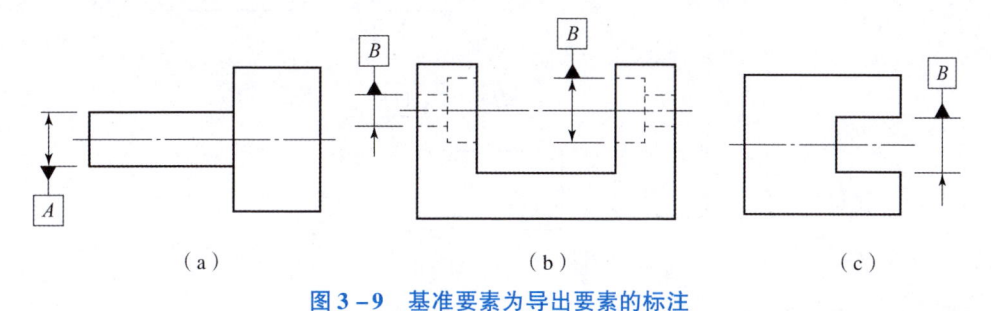

图3-9 基准要素为导出要素的标注

3) 当基准要素为局部要素时,应以粗点画线表示出该部分并加注尺寸,如图3-10所示。

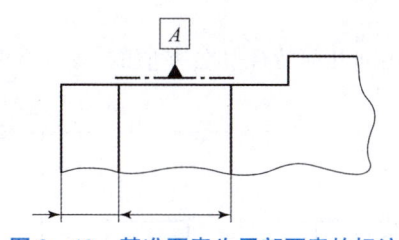

图3-10 基准要素为局部要素的标注

5. 被测要素标注

1) 当公差涉及组成要素(如轮廓线或轮廓面)时,箭头指向该要素的轮廓线或其延长线,与尺寸线要明显错开,如图3-11(a)、图3-11(b)所示,箭头也可指向引出线的水平线,引出线引自被测表面,如图3-11(c)所示。

2) 当公差涉及导出要素(如中心线、中心面或中心点)时,箭头应位于相应尺寸线的延长线上,如图3-12(a)、图3-12(b)、图3-12(c)所示,当需要指明被测要素的形式是线而不是面时,应在公差框格注明,如图3-12(d)所示,公差框格下方的 LE 表示线素。

(a)　　　　　　　　　(b)　　　　　　　　　(c)

图 3-11　涉及组成要素时标注

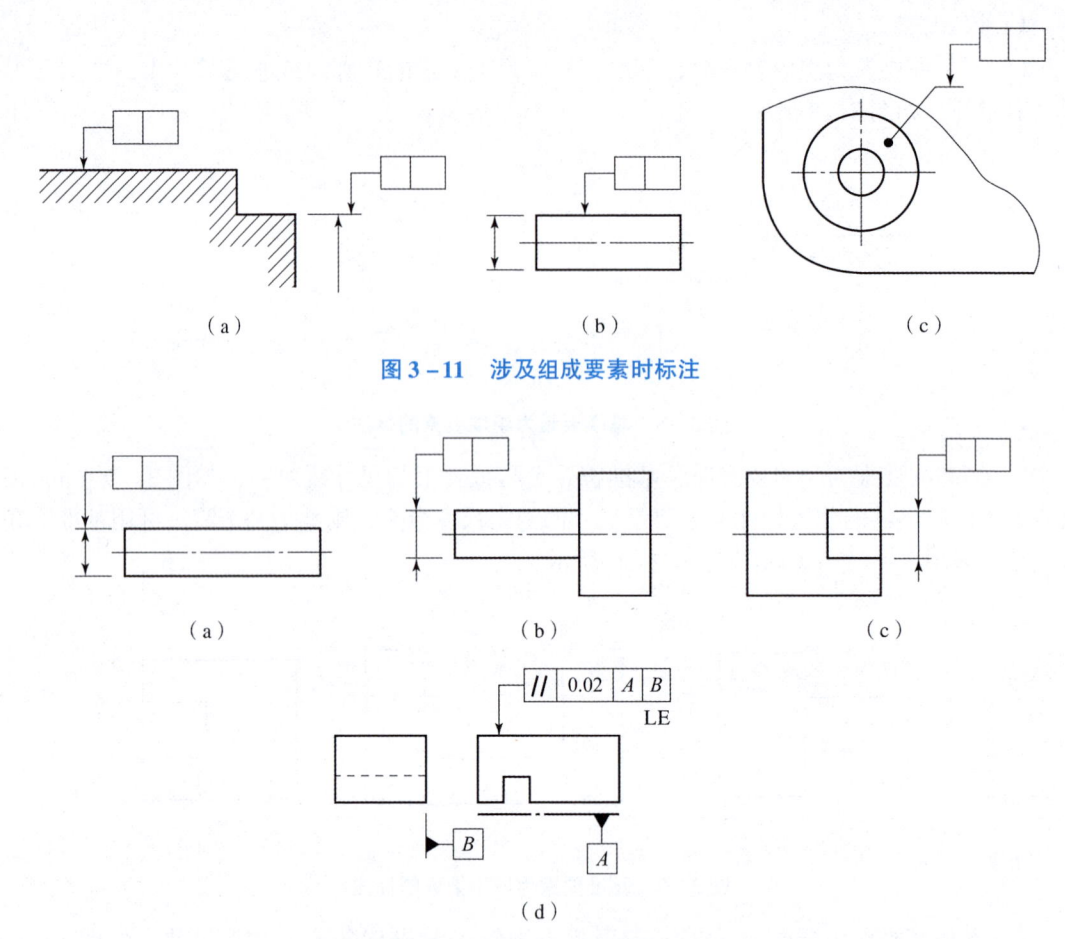

(a)　　　　　　　　　(b)　　　　　　　　　(c)

(d)

图 3-12　涉及导出要素时标注

6. 特殊表面的标注

1) 若干个分离要素具有相同几何特征和公差值的标注，如图 3-13 所示。

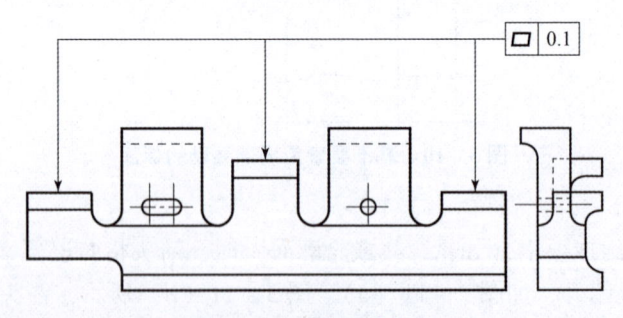

图 3-13　分离要素标注

2) 螺纹、花键和齿轮的标注也有不同的规定，图 3-14 所示为螺纹标注。

3) 全周符号标注如图 3-15 所示。其中图 3-15（a）所示被测要素为整个外轮廓面或线；图 3-15（b）所示为所有的平面或曲面的要求。

(a)　　　　　　　　　　　　　(b)

图 3-14　螺纹标注

(a)　　　　　　　　　　　　　(b)

图 3-15　全周符号标注

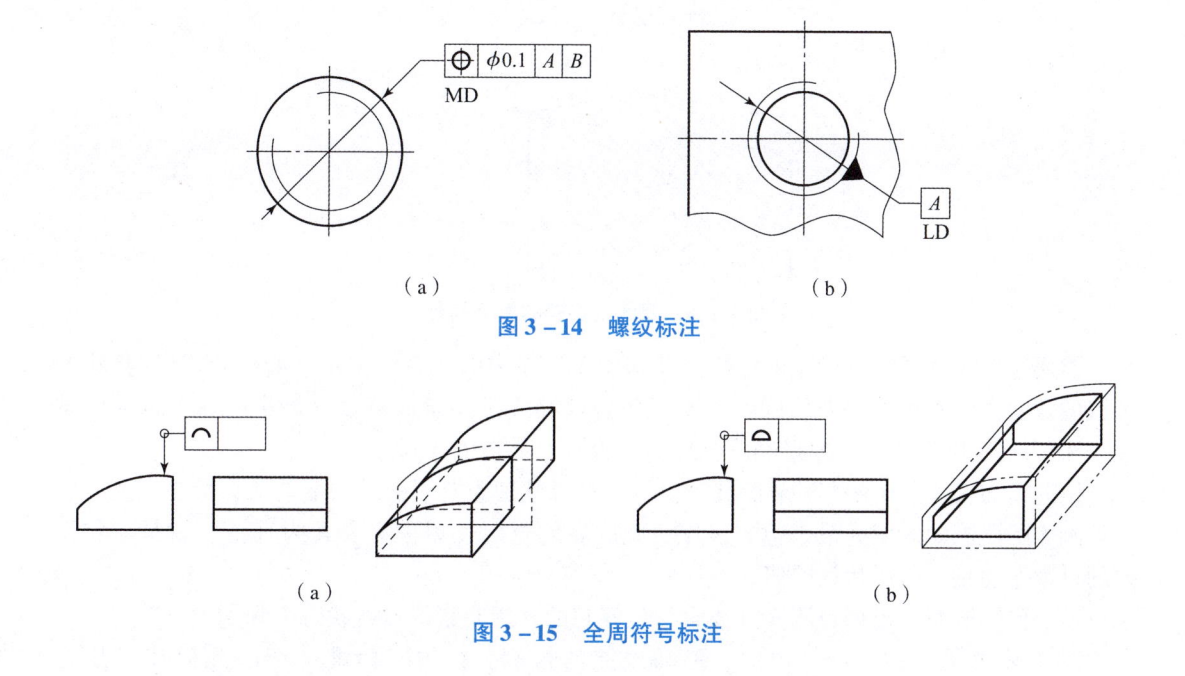

第二节　形状公差与误差检测

一、形状公差与公差带

形状公差用于限制单一实际要素的形状误差，包括直线度、平面度、圆度、圆柱度四个项目。此外，无基准要求的轮廓度也属于形状公差项目。

形状公差带是限制实际被测要素变动的一个区域，其特点是不涉及基准，不与其他要素发生关系。形状公差带本身没有方向和位置的要求，但它可根据被测要素的实际方向和位置进行平移或转动，只要被测要素位于其中，即合格。

对于线轮廓度和面轮廓度，当其无基准要求时属形状公差，其公差带的形状由其理论正确尺寸确定。

二、形状误差的评定准则

形状误差是被测实际要素的形状对其理想要素的变动量。形状误差值小于或等于相应的给定公差值，则认为合格。然而，理想要素的方向不同，所评定形状误差的大小也不同。为了使评定结果唯一，同时使工件最大限度地合格通过，规定评定形状误差的基本原则是"最小条件"。

如图 3-16 所示，要确定其直线度误差，被测要素的理想要素为直线，而实际要素是一条曲线，因此评定它的误差可用两条平行直线去包容实际要素，将两条平行直线间的距离作为形状误差值。

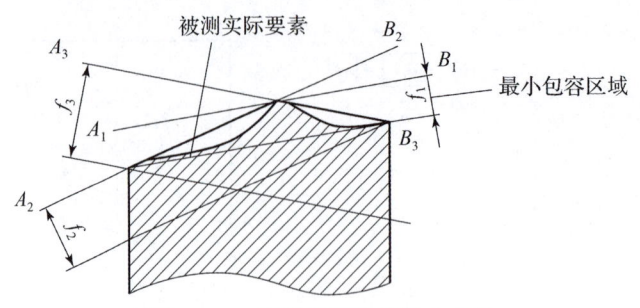

图 3-16 直线度误差的最小包容

然而，这样的区域可以作出无数个（如图 3-16 中的 A_1B_1、A_2B_2、A_3B_3），到底将哪个区域的宽度作为直线度误差值呢？将既能包容被测实际要素而宽度又最小的那个宽度区域（f_1）作为直线度误差值，才是经济合理的，否则，易产生误判。

由此可知，"最小条件"是指被测实际要素对其理想要素的最大变动量为最小，此时包容被测实际要素的区域为最小包容区域，此区域的宽度（以中心要素为直径）就是形状误差的最大变动量，即形状误差值。

最小包容区域可根据被测实际要素与包容它的理想要素的接触状态来判别。

对于形状误差和方向、位置、跳动误差的检测，在国家标准《产品几何技术规范（GPS）几何公差 检测与验证》（GB/T 1958—2017）中列出了 100 多种检测方案，就其检测原理，可归纳为五大类，分别是与理想要素比较的原则、测量坐标值的原则、测量特征参数的原则、测量跳动的原则和控制实效边界的原则。这五大原则，将在后续相应内容分别予以讲解。

三、直线度和平面度的公差与误差检测

（一）直线度公差及误差检测

直线度公差是被测实际线对其理想直线允许变动量。

1. 直线度公差带

直线度公差带用来控制圆柱体的素线、轴线、平面与平面的交线误差，主要有以下几种情况。

1) 直线度公差带为在给定平面内和给定方向上，间距等于公差值 t 的两平行直线所限定的区域。如图 3-17 所示，在任一平行于图示投影面的平面内，上平面的提取（实际）线应限定在间距等于 0.1 mm 的两平行直线之间。

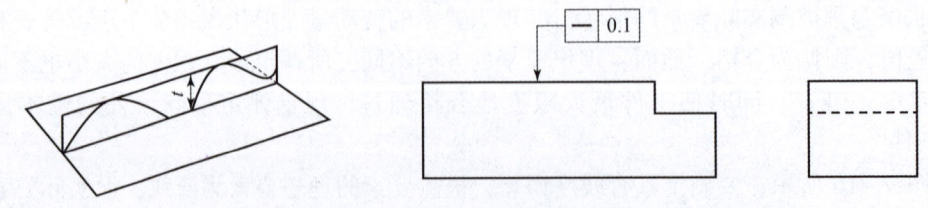

图 3-17 给定平面、给定方向上直线度公差带及公差标注

2) 在给定方向上，直线度公差带为间距等于公差值 t 的两平行平面所限定的区域。如图 3-18 所示，提取（实际）的线素应限定在间距等于 0.1 mm 的两平行平面之间。

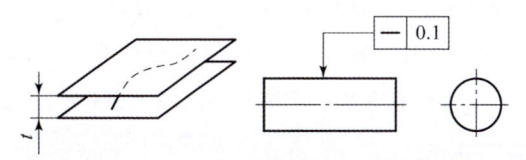

图 3-18 给定方向上直线度公差带及公差标注

3）在任意方向上的直线度——公差值前加注 ϕ 的直线度，其对应的直线度公差带是直径为 t 的圆柱面所限定的区域。如图 3-19 所示，外圆面的提取（实际）中心线应限定在直径为公差值 0.1 mm 的圆柱面内。

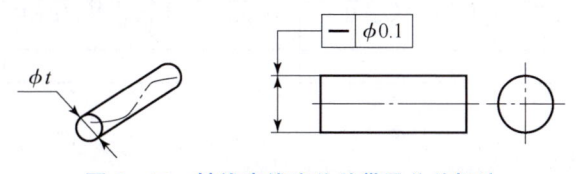

图 3-19 轴线直线度公差带及公差标注

2. 直线度误差的评定、检测与数据处理方法

(1) 直线度误差的评定方法

直线度误差的评定方法是最小区域法，又称最小包容区域法。在给定平面内，由两条平行直线包容被测要素轮廓线时，实际轮廓线应至少有"高—低—高"（或"低—高—低"）三点与两包容直线接触，这个包容区域就是最小包容区域，其宽度即为直线度误差，此方法与直线度定义一致，如图 3-20 所示。

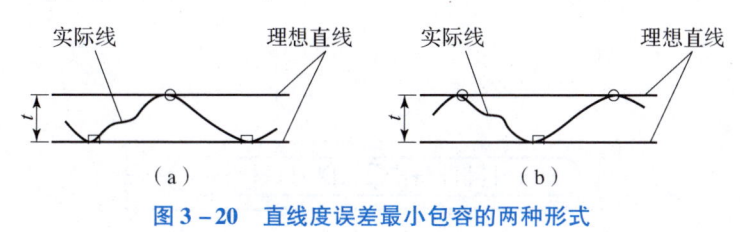

图 3-20 直线度误差最小包容的两种形式
(a) 低—高—低；(b) 高—低—高

(2) 直线度误差的检测方法

直线度误差的检测一般采用与理想要素比较的原则，有以下几种检测方法。

1）理想要素用模拟方法来体现，也就是将被测要素与理想要素相比较，用直接或间接测量法测得几何误差值。理想要素用模拟方法获得，如以平板、光线扫描平面等作为理想平面，或以光线束、拉紧的钢丝或刀口尺等作为理想直线。根据该原则所测结果与规定的误差定义一致，这是一条基本原则，大多数几何误差的检测都应用这个原则。图 3-21 所示为用刀口尺的刃口作为理想直线，将被测零件表面与刀口尺比较，根据光隙的大小或厚薄规（塞尺）来判断直线度误差的大小。

2）理想要素用水平线（或水平面）来体现。图 3-22 (a) 所示的导轨直线度误差的检测中，理想要素就是用水平面来体现的。水平仪是一种测量小角度变化量的常用量具，主要工作部分

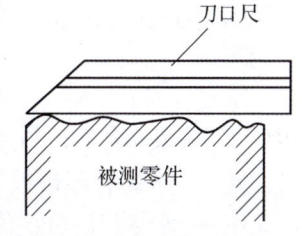

图 3-21 用刀口尺测量直线度误差

是水准器。当水准器处于水平时,水准器内的气泡处于玻璃管刻度的正中间;若水准器倾斜一个角度 α,气泡要偏离中间位置,移过的格数与倾斜的角度 α 成正比,如图 3-22(b)所示,因此可以通过测量气泡偏离中间位置的大小来测量其倾斜程度。

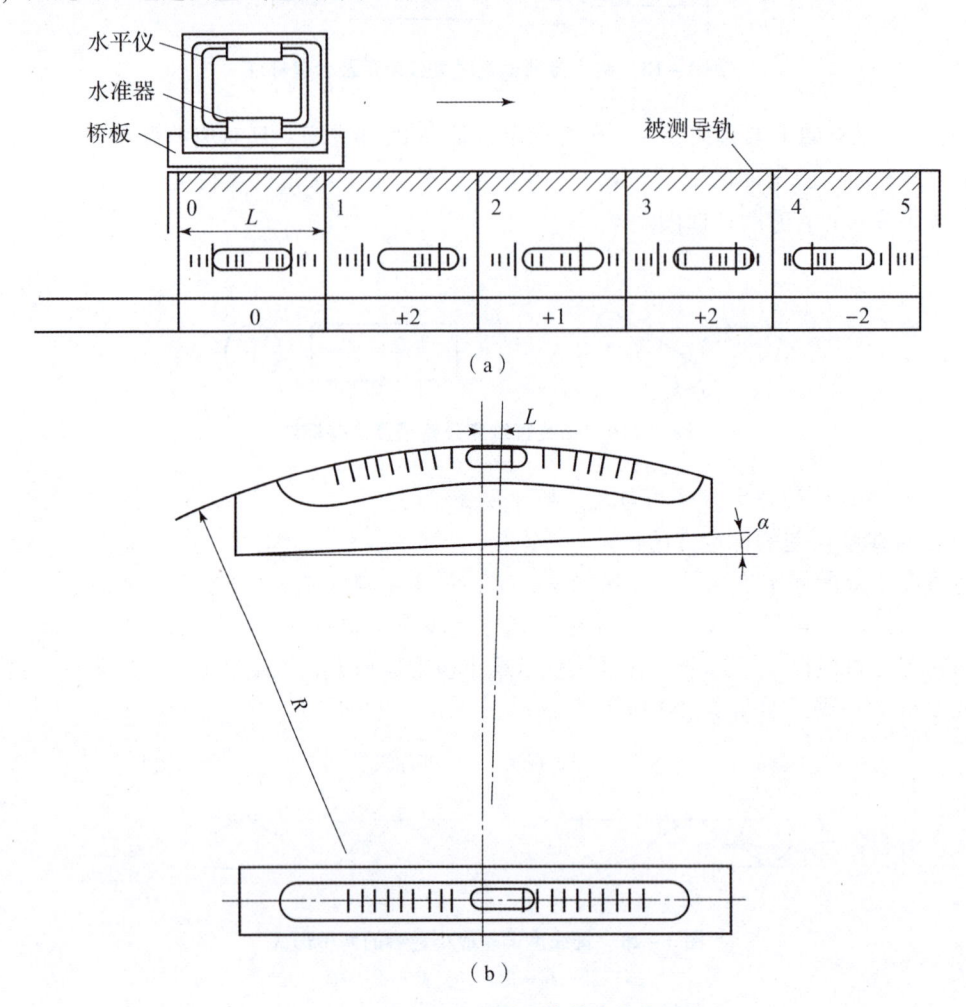

图 3-22 用水平仪测量导轨的直线度误差

若水平仪的分度值为 0.02 mm/m,则气泡每移动一格,表示在 1 m 长度内两端高度差为 0.02 mm,或倾斜角 α 为 4″。用节距为 L 的水平仪测量时,将被测导轨等距离分段,依次将桥板和水平仪放在各段导轨上,读出各段气泡的格数,用图解法作出误差曲线图或用计算法,可求得直线度误差为

$$直线度误差 = \frac{1}{1\,000} fLi \qquad (3-1)$$

式中 f——最小包容区域沿纵坐标方向的宽度,格;
　　　L——节距,即桥板两支点间距离,mm;
　　　i——水平仪的分度值,mm/m。

(3)直线度误差的数据处理方法

直线度误差的数据处理方法有图解法和计算法。

1) 图解法。在用图解法求直线度误差时，在已作出的误差曲线上，采用最小区域法和两端点连线法获得最小包容区域沿纵坐标方向的宽度 f。

①最小区域法，就是按最小区域法的原则，用两条平行线将画出的误差曲线紧紧包容，然后沿纵坐标方向量取宽度 f，最后根据式（3-1）计算出直线度误差值。

例 3-1 用 $i=0.002$ mm/m，节距为 300 mm 的水平仪测量某一导轨的直线度误差。测得导轨各段对应的水平仪气泡格数见表 3-2，试用最小区域法，计算该导轨的直线度误差。

表 3-2 水平仪测量导轨直线度误差数据

测量点序	0	1	2	3	4	5
水平仪读数/格	0	0	+2	+1	+2	-2
累积值/格	0	0	+2	+3	+5	+3

解：a. 画出误差曲线。

依次将相邻两导轨段的气泡读数累计相加，得到表 3-2 中对应段的累计值，根据累计值，在坐标图上画出图 3-23（a）所示的误差曲线。

b. 按最小区域法画包容线。

通过误差曲线中的两低点画直线 A_1A_1，然后过误差曲线的高点作已画线 A_1A_1 的平行线 A_2A_2，得到 A_1A_1 与 A_2A_2 两平行线之间的最小包容区域。

c. 确定 f 值。

沿纵坐标测量两平行线的距离，$f_1 = 2.8$ 格。

d. 计算导轨直线度误差。

$$直线度误差 = \frac{1}{1\,000} f_1 Li = (2.8 \times 300 \times 0.002/1\,000)\,\text{mm} = 0.001\,68\,\text{mm}$$

②两端点连线法。在已作好的误差曲线上，首尾相连成直线，再通过高点和低点分别作直线平行于首尾相连的直线，通过高点和低点两条平行线间的区域即包容区域。

例 3-2 在与例 3-1 相同条件下，采用两端点连线法求导轨直线度误差。

解：根据两端点连线法，将误差曲线首尾相连成直线 B_0B_0，然后分别过曲线低点和高点作 B_0B_0 的平行线 B_1B_1 和 B_2B_2。B_1B_1 和 B_2B_2 之间的区域就是误差曲线的包容区域，如图 3-23（b）所示。

沿纵坐标测量两平行线的距离，$f_2 = 3.2$ 格。采用两端点法计算导轨直线度误差为

$$直线度误差 = \frac{1}{1\,000} f_1 Li = (3.2 \times 300 \times 0.002/1\,000)\,\text{mm} = 0.001\,92\,\text{mm}$$

通过例 3-1、例 3-2 分析可知，采用最小区域法求得的误差值最小。若用两端点连线法求得的误差值合格，则用最小区域法求得的误差一定合格。

2) 计算法。用计算法处理测量数据的过程是列出数据、计算算术平均值、计算各段相对值、计算各段累计值，最后计算出测量结果。

在用计算法处理数据时，最后得到的累计值必须为零，否则应检查或重新测量；累计值同号时取最大值，不同号时，将不同号的两个最大绝对值之和作为测量结果。

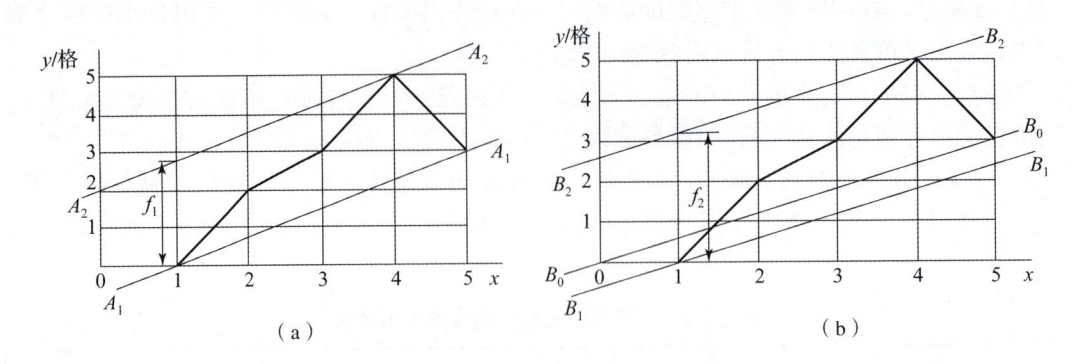

图 3-23 用图解法求直线度误差

（a）最小区域法；（b）两端点连线法

例 3-3 在与例 3-1 相同条件下，用计算法求导轨直线度误差。

解： 计算过程及计算结果见表 3-3。

表 3-3 计算法求导轨直线度误差

测量点序	水平仪读数/格	算术平均值/格	各段相对值/格	各段累计值/格	结果
0	0		−0.5	−0.5	
1	0		−0.5	−1	$(\|-1\|+\|+2.5\|)$格 = 3.5 格
2	+2	$(+5-2)/6 = 0.5$	+1.5	+0.5	直线度误差 = $\dfrac{1}{1\,000}fLi$ =
3	+1		+0.5	+1	$(3.5 \times 300 \times 0.002/1\,000)$ mm =
4	+2		+1.5	+2.5	0.002 1 mm
5	−2		−2.5	0	

通过对上述三个实例分析可知，采用计算法最简单，但计算结果存在误差。根据"宁可误判，不可误收"的原则，在采用计算法时，若直线度不合格，则采用最小区域法进行仲裁性判断。

（二）平面度公差及误差检测

1. 平面度公差

平面度公差是指被测实际表面对理想平面的允许变动全量，其公差带为间距等于公差值 t 的两平行平面所限定的区域，用来控制被测实际表面的形状误差。如图 3-24 所示，提取（实际）表面应限定在间距等于 0.05 mm 的两个平行平面之间。

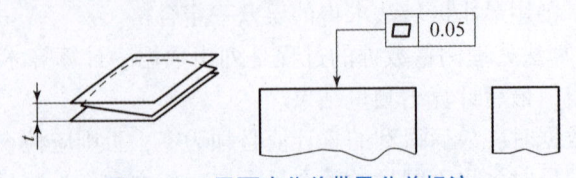

图 3-24 平面度公差带及公差标注

2. 平面度误差的评定及检测方法

(1) 平面度误差的评定方法

平面度误差的评定方法采用最小区域法。最小区域法的最小包容区域为两个平行平面间的区域，被测平面轮廓至少有三点或四点分别与两个平行平面接触，且满足下列三个条件之一，包容区域为最小包容区域。此时的两平行平面间的距离即平面度误差值。

1) 三角形准则：至少有三点与一平面接触，有一点与另一平面接触，且该点的投影能落在由上述三点连成的三角形区域内，如图 3-25（a）所示。

2) 交叉准则：至少各有两点分别与两平行平面接触，且与同一平面接触的两点连成的直线与另一平面接触的两点连成的直线在空间呈交叉状态，如图 3-25（b）所示。

3) 直线准则：有两个最高（低）点和一个最低（高）点分别与两理想平面接触，且最低（高）点在另一平面上的投影位于两个最高（低）点的连线上，如图 3-25（c）所示。

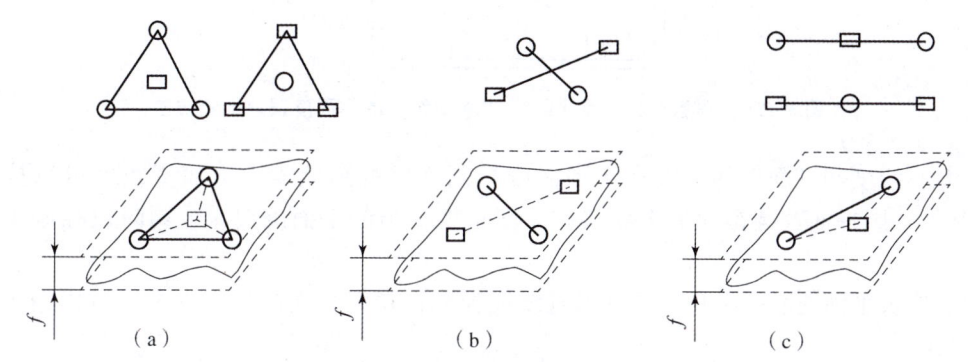

图 3-25 平面度误差评定的最小区域法
(a) 三角形准则；(b) 交叉准则；(c) 直线准则

(2) 平面度误差的检测方法

平面度误差的检测，一般也采用与理想要素比较的原则，有以下几种检测方法。

1) 理想平面用模拟方法来体现的检测方法。当理想平面用平板的工作面来模拟时，一种方法是将被测表面均匀涂上显色剂（红丹粉或蓝油），再将平板的工作面与被测表面贴合对研，然后取下平板，测量被测表面的研点数。研点数越多越均匀，说明平面度误差越小；反之，平面度误差就越大。另一种方法是在将被测表面与平板的工作平面贴合时，不需要涂上显示剂，而采用厚薄规测量平面度误差的大小，但这种方法只适用于被测表面较小的场合。

2) 理想要素用水平线（或水平面）来体现的检测方法。在图 3-26 所示的平面度误差检测中，将被测表面调水平，用水平仪按一定的布点和方向逐点测量被测表面，同时记录读数，并换算成线值。根据各线值用计算法（或图解法）按最小条件（也可按对角线法）来计算平面度误差。

(三) 直线度与平面度应用说明

1) 圆柱体素线直线度与圆柱体轴线直线度，两者之间既有联系又有区别。圆柱面产生鼓形或鞍形误差，素线就不直，但轴线不一定不直；圆柱面发生弯曲，素线和轴线都不会直。因此，素线直线度公差可以包括和控制轴线直线度误差，而轴线直线度公差不能完全控制素线直线度误差。轴线直线度公差只控制弯曲，用于长径比较大的圆柱体零件。

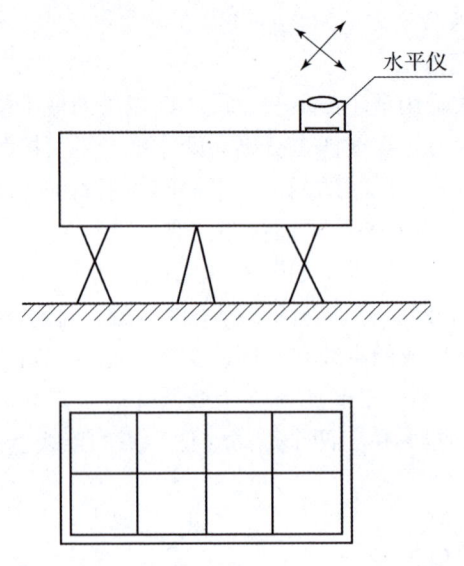

图 3-26　理想要素的水平线（或水平面）的平面度误差检测方法

2) 直线度与平面度的区别在于平面度控制平面的形状误差，而直线度可以控制直线、平面、圆柱面及圆锥面的形状误差。图样上提出的平面度要求，同时也控制了直线度误差。

3) 窄长平面的形状误差，可以用直线度控制；宽大平面的形状误差，可以用平面度控制。

4) 直线度公差带和平面度公差带，只控制直线或平面本身，与其他要素无关，因此，两者的公差带都可以有所浮动。

四、圆度和圆柱度的公差与误差检测

(一) 圆度公差及误差检测

1. 圆度公差

圆度公差是指被测实际圆对理想圆的允许变动全量，用来控制回转体表面（如圆柱面、圆锥面、球面等）正截面轮廓的形状误差。圆度公差带是在同一正截面上，半径差值为公差值 t 的两同心圆之间的区域。如图 3-27 所示，被测圆柱体任一正截面的圆周必须位于半径差为公差值 0.03 mm 的两同心圆之间。如图 3-28 所示，被测圆锥体任一正截面上的圆周必须位于半径差为公差值 0.05 mm 的两同心圆之间。

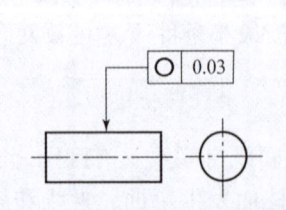

图 3-27　圆柱体圆度公差标注 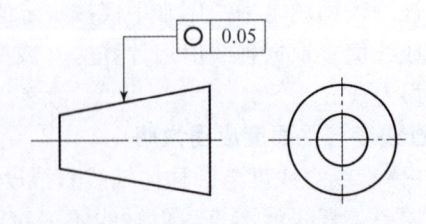　　图 3-28　圆锥体圆度公差标注

2. 圆度误差的评定及检测方法

（1）圆度误差的评定方法

圆度误差的评定方法用最小区域法。最小区域法是由两同心圆包容实际被测轮廓，实际圆轮廓至少有内外交替的四点与两包容圆接触，这个包容区域就是最小包容区域，两同心圆的半径差值 f 即圆度误差值，如图 3-29 所示。

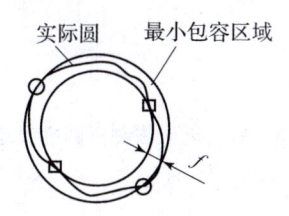

图 3-29 圆度误差评定的最小区域法

（2）圆度误差的检测方法

圆度误差有以下几种检测方法。

1）用与理想要素比较原则进行检测。图 3-30 所示为用圆度仪测量圆度误差，是以精密回转轴上的一个点（测头）在回转中形成的轨迹（产生一个理想圆）为理想要素，将被测圆与之比较求得圆度误差。在图 3-30 中，（a）为圆度测量仪，（b）为被测截面轮廓，（c）为等距同心圆透明板，（d）为被测截面轮廓与等距同心圆透明板的叠合，（e）为最小区域法求解示意。

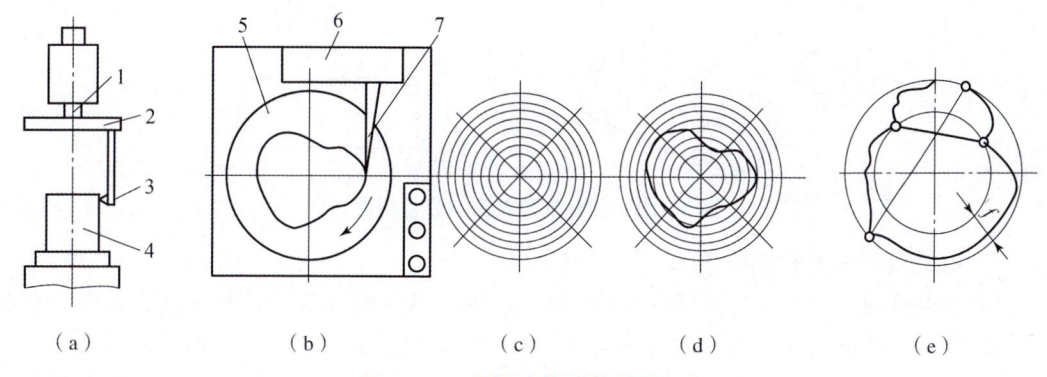

图 3-30 用圆度仪测量圆度误差

（a）圆度测量仪；（b）被测截面轮廓；（c）等距同心圆透明板；
（d）被测截面轮廓与等距同心圆透明板的叠合；（e）最小区域法求解示意
1—圆度仪回转轴；2—传感器；3—测头；4—被测零件；5—转盘；6—放大器；7—记录笔

2）用测量特征参数原则进行检测，即测量被测要素上具有代表性的参数（即特征参数）来表示几何误差值。在生产实际中，通常用两点法和三远点法测量圆柱面的圆度误差，具体方法：在一个横截面内的几个方向上测量直径，取最大与最小直径差值的一半，作为该截面内的圆度误差值。图 3-31（a）所示为两点法检测，图 3-31（b）所示为三远点法检测，这两种测量方法不符合圆度误差的定义，测量得到的数值也是一个近似，但由于其测量方便，因此在生产实际中运用较广泛。

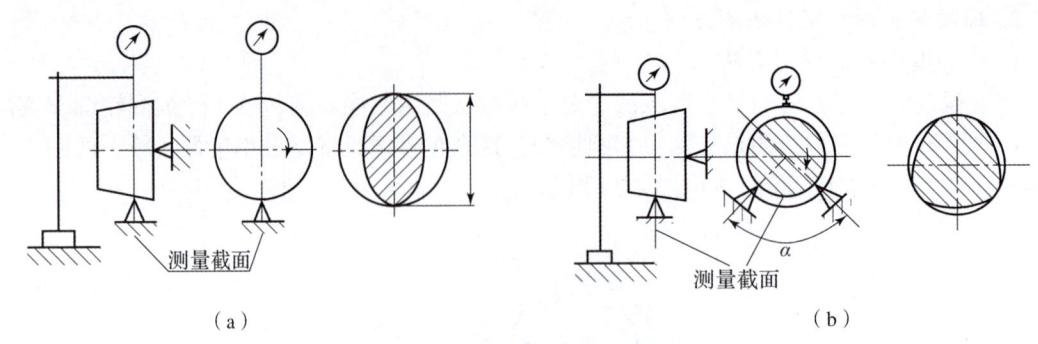

图 3-31　近似法测量圆度误差
(a) 两点法检测；(b) 三远点法检测

(二) 圆柱度公差及误差检测

1. 圆柱度公差

圆柱度公差是指被测实际圆柱面对理想圆柱面所允许的变动量，用来控制实际圆柱面的形状误差。圆柱度公差带是半径差为公差值 t 的两同轴圆柱面之间的区域。如图 3-32 所示，被测实际圆柱面必须位于半径差为公差值 0.03 mm 的两同轴圆柱面之间。

2. 圆柱度误差的评定及检测方法

(1) 圆柱度误差的评定方法

圆柱度误差的评定方法采用最小区域法，如图 3-32 所示，两同轴的理想圆柱面紧密包络实际轮廓，两同轴圆柱半径差值 t 为圆柱度误差。

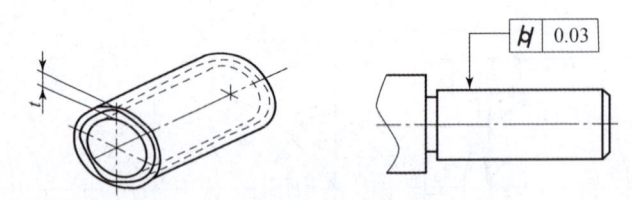

图 3-32　圆柱度公差带及公差标注

(2) 圆柱度误差的检测方法

圆柱度误差的检测方法与圆度误差检测方法类似，不同的是在检测圆柱度误差时，在被测实际圆柱面上测量若干个正截面得到的一组数据，需要按最小条件求出圆柱度误差值。

在生产实际中，有时采用近似法测量圆柱度误差，即用两点法和三远点法检测圆柱度误差，图 3-33 (a) 所示为两点法检测，图 3-33 (b) 所示为三远点法检测。在圆柱面的不同横截面内测量直径，将最大与最小直径差值的一半作为该圆柱面的圆柱度误差值。这样评定的圆柱度误差值不符合最小包容区域的定义，只是一个近似值。但应用该方法，往往可以简化测量过程和设备，也不需要复杂的数据处理，经济实用。因此在生产现场运用较多。

(三) 圆度与圆柱度应用说明

1) 圆度和圆柱度都是用半径差来表示的，符合生产实际，因为圆柱面的旋转过程及结果是半径误差在起作用。两者不同之处在于圆度公差控制横截面误差，而圆柱度公差控制横截面和轴截面的综合误差。

2) 圆度和圆柱度公差带不受半径和圆心限定，因此，两者的公差带不受直径大小和位置的约束，可以有所浮动。

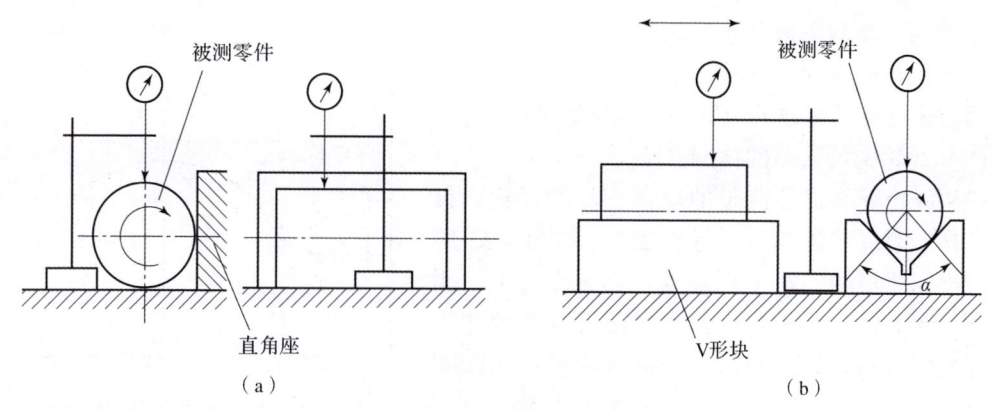

图 3-33　近似法测量圆柱度

（a）两点法检测；（b）三远点法检测

五、线轮廓度和面轮廓度公差与误差检测

（一）线轮廓度公差及误差检测

1. 线轮廓度公差

线轮廓度公差是指被测实际轮廓线相对于理想轮廓线允许的变动量，用来控制平面曲线（或曲面截面轮廓）的形状或位置误差。线轮廓度公差带是包络一系列直径为公差值 t 的圆的两包络线之间的区域，各圆的圆心位于具有理论正确几何形状的线上。线轮廓度公差分为有基准要求和无基准要求两种情况。

理论正确尺寸（角度）是指确定被测要素的理想形状、理想方向或理想位置的尺寸（角度）。该尺寸不带公差，标注在方框中。图 3-34（a）所示为无基准要求的线轮廓度公差带及公差标注，在平行于图样所示投影面的任一截面上，被测轮廓线必须位于包络一系列直径为公差值 0.05 mm 且圆心位于具有理论正确几何形状的线上的两包络线之间。图 3-34（b）所示为有基准要求的线轮廓度公差标注。

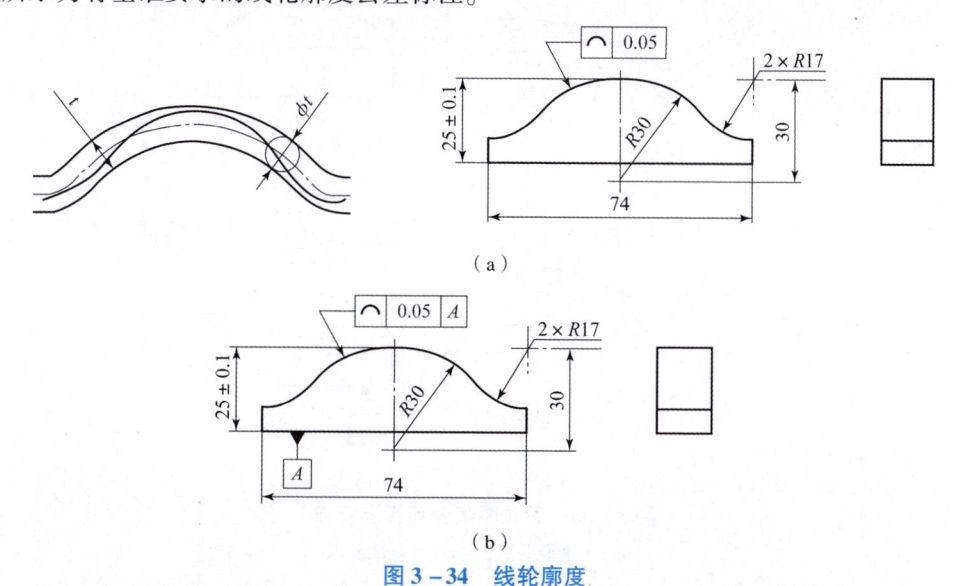

图 3-34　线轮廓度

（a）无基准要求的线轮廓度公差带及公差标注；（b）有基准要求的线轮廓度公差标注

2. 线轮廓度误差的评定及检测方法

(1) 线轮廓度误差的评定方法

运用测量特征参数的原则评定线轮廓度误差。

(2) 线轮廓度误差的检测方法

检测线轮廓度误差测量的仪器有轮廓样板、投影仪、仿形测量装置和三坐标测量机。图 3-35 所示为三坐标测量机，将工件放置在其工作台上，测量被测轮廓上各点的坐标值，同时记录其读数并绘出实际轮廓图形。用等距的线轮廓区域包容实际轮廓，将包容宽度作为该零件的线轮廓度误差，也可以用计算法计算出误差值。

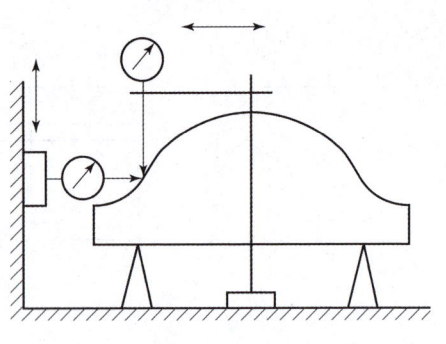

图 3-35 线轮廓度误差的检测方法

(二) 面轮廓度公差及误差检测

1. 面轮廓度公差

面轮廓度公差是指被测实际轮廓面相对于理想轮廓面所允许的变动量，用来控制空间曲面的形状或位置误差。面轮廓度是一项综合公差，既可以控制面轮廓度误差，又可以控制曲面上任一截面轮廓的线轮廓度误差。

面轮廓度公差带是包络一系列直径为公差值 t 的球的两包络面之间的区域，各球的球心应位于具有理论正确几何形状的面上。在面轮廓度公差未注基准要求时，属于形状公差，如图 3-36（a）所示。被测要素轮廓必须位于包络一系列直径为公差值 t 的球（$S\phi 0.03$ mm 且球心位于具有理论正确几何形状面上）的两包络面之间，理想的轮廓面由 SR 确定。

面轮廓度公差标出基准要求如图 3-36（b）所示。理想轮廓面由 SR 确定，而其位置由基准和理论正确尺寸确定。

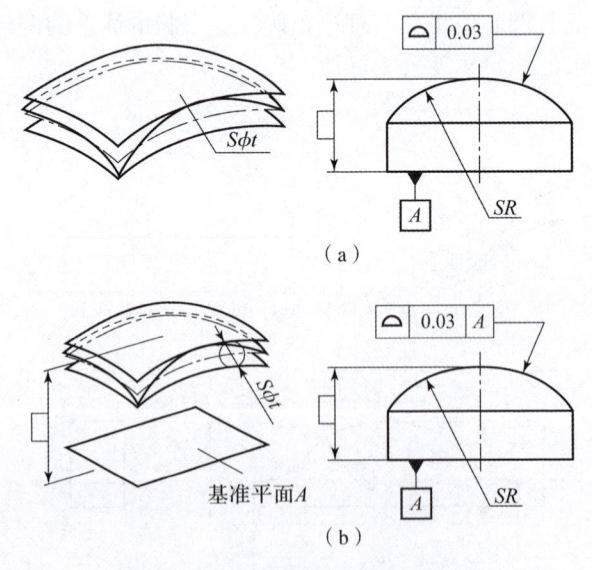

(a)

(b)

图 3-36 面轮廓度公差带及标准
(a) 无基准要求；(b) 有基准要求

2. 面轮廓度误差的评定及检测方法

（1）面轮廓度误差的评定方法

运用测量特征参数原则评定面轮廓度误差。

（2）面轮廓度误差的检测方法

面轮廓度误差的检测可以用仿形测量装置、三坐标测量机、截面样板和光学跟踪轮廓测量仪。如图 3-37 所示，先将被测零件放置在仪器工作台上，并进行正确定位；再测出若干个点的坐标值，并将测得的坐标值与理论轮廓的坐标值进行比较，将其中差值最大的绝对值的两倍作为该零件的面轮廓度误差。

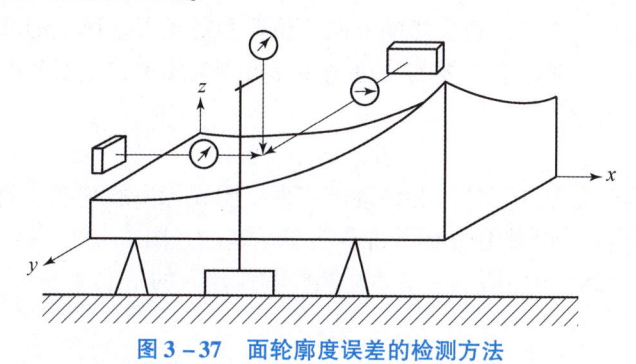

图 3-37　面轮廓度误差的检测方法

（三）线轮廓度和面轮廓度应用说明

1）线轮廓度是控制一个平面的轮廓线，而面轮廓度是控制一个空间的轮廓面。

2）线轮廓度有时也可以代替面轮廓度控制曲面形状，就像用直线度代替平面度控制平面度误差一样。

3）某些曲线和曲面不仅有形状要求，而且还有位置要求，这种情况就会出现带基准的线、面轮廓度的公差控制。

第三节　方向、位置和跳动公差与误差检测

一、方向、位置和跳动公差与公差带

方向、位置和跳动公差是限制两个或两个以上要素在方向、位置和跳动关系上的误差。方向公差控制方向误差；位置公差控制位置误差；跳动公差则具有一定的综合控制几何误差的作用。三类公差的共同特点是以基准来确定被测量要素的理想方向、位置和回转轴线。

方向、位置和跳动公差的公差带由形状、方向、大小和位置等要素构成。

二、方向、位置和跳动误差的评定准则

判定方向、位置和跳动误差的大小，常采用定向或定位最小包容区域包容被测要素，但这个最小包容区域与形状误差的最小包容区域概念不同，区别在于它必须在与基准保持给定几何关系的前提下，使包容区域的宽度或直径最小。

下面举例说明定向或定位最小包容区域。

如图 3-38（a）所示，面对面的垂直度误差是包容被测实际平面包得最紧，且与基准

平面保持垂直的两平行平面之间的距离,这个包容区域称为定向最小包容区域。图 3-38（b）所示的台阶轴,被测轴线的同轴度误差是包容被测实际轴线包得最紧,且与基准轴线同轴的圆柱面的直径,这个包容区域称为定位最小包容区域。

方向、位置和跳动误差的最小包容区域的形状与其对应的方向、位置和跳动公差带的形状是完全相同的。最小包容区域的宽度（或直径）由被测实际要素本身决定,当它小于或等于方向、位置和跳动公差带的宽度（或直径）时,被测要素才是合格的。

上面讲到评定方向、位置和跳动误差时,被测要素用最小包容区域包容,且这个区域与基准保持特定的几何关系,如平行、垂直、同轴或倾斜等。但实际完工后的零件,基准并不是理想的,即基准也存在误差,也会影响方向、位置和跳动误差评定的准确性,因此,对基准的种类及体现进行分析是很有必要的,也是实际检测工作中首先要考虑的。

1. 基准的种类及体现

(1) 基准的种类

基准是确定被测要素方向、位置和跳动的依据。图样标出的基准,通常分为以下三种。

1) 单一基准。由一个要素建立的基准称为单一基准。图 3-38（a）所示为由一个平面 B 建立的基准,图 3-38（b）所示为由 ϕd_1 圆柱轴线建立的基准 A。

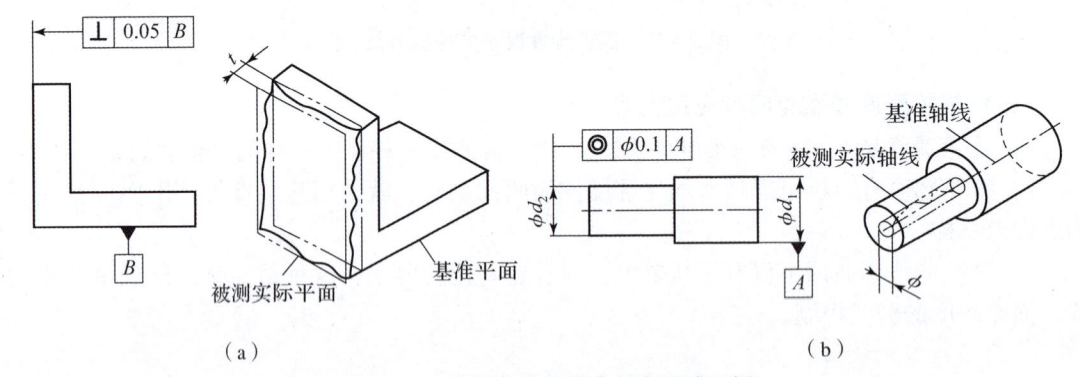

图 3-38 定向和定位最小包容区域示例

2) 组合基准（公共基准）。由两个或两个以上的要素建立的一个独立基准,称为组合基准,又称公共基准。如图 3-39 所示,以左段轴线为基准 A 和右段轴线为基准 B,共同建立一个独立的组合基准 $A-B$。

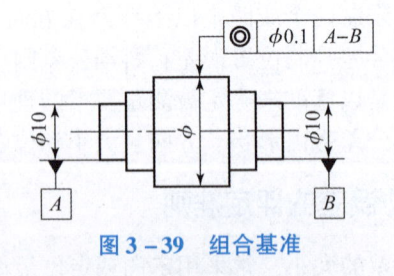

图 3-39 组合基准

3) 基准体系（三基面体系）。由三个相互垂直的平面所构成的基准体系,称为三基面体系,如图 3-40 所示。在基准应用三基面体系时,基准标注的顺序为：首先选择最重要的或最大的平面作为第一基准 A,其次选择次要或较长的平面作为第二基准 B,最后选择不重要的平面作为第三基准。

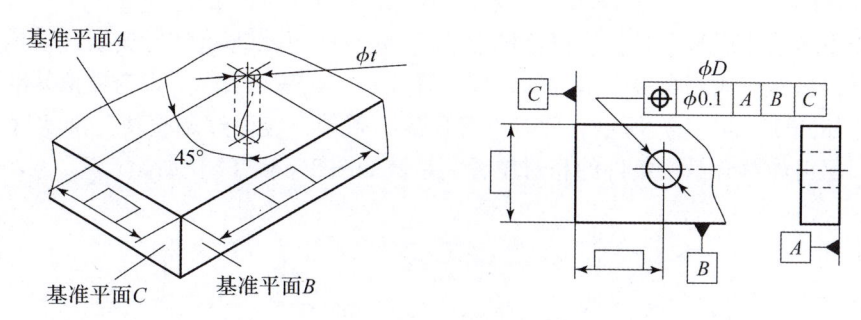

图 3－40　三基面体系

（2）基准的建立和体现

评定位置误差的基准应是理想要素。但基准要素本身也是加工出来的，因此也存在形状误差。用基准实际要素来建立理想要素，此时的基准实际要素的形状应符合最小条件，即基准实际要素对其理想要素的最大变动量最小。在实际检测中，基准的体现方法有基准模拟法、基准直接法、基准分析法和基准目标法 4 种，其中运用最广泛的是基准模拟法。

1）基准模拟法：用形状足够精确的表面模拟基准，如用平板模拟基准面（见图 3－41）、用芯轴模拟基准孔轴线（见图 3－42）、用 V 形架模拟基准轴线（见图 3－43）等。

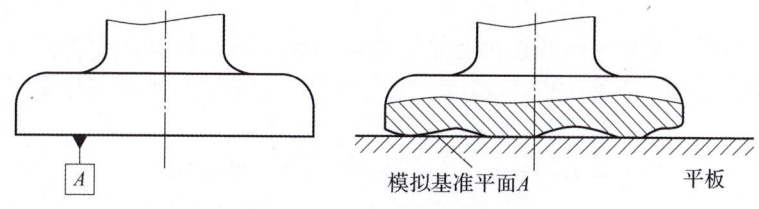

图 3－41　用平板模拟基准面

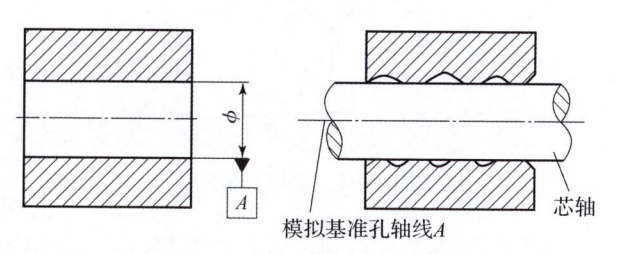

图 3－42　用芯轴模拟基准孔轴线

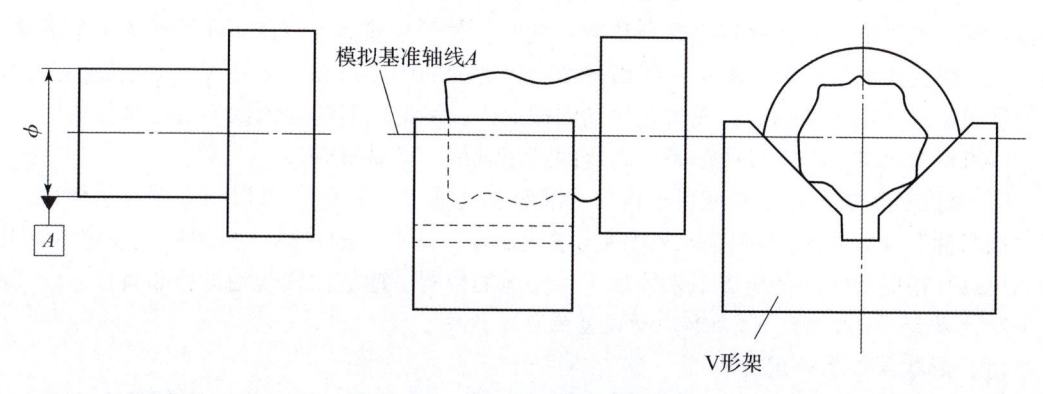

图 3－43　用 V 形架模拟基准轴线

用基准模拟法体现基准时,应符合最小条件。一般来说,基准实际要素与模拟基准之间稳定接触时,自然形成符合最小条件的相应位置关系。在基准实际要素与模拟基准之间不稳定接触时,如图3-44(a)所示,此时不符合最小条件,应通过调整使基准实际要素与模拟基准之间尽可能符合最小条件的相对位置关系,如图3-44(b)所示。

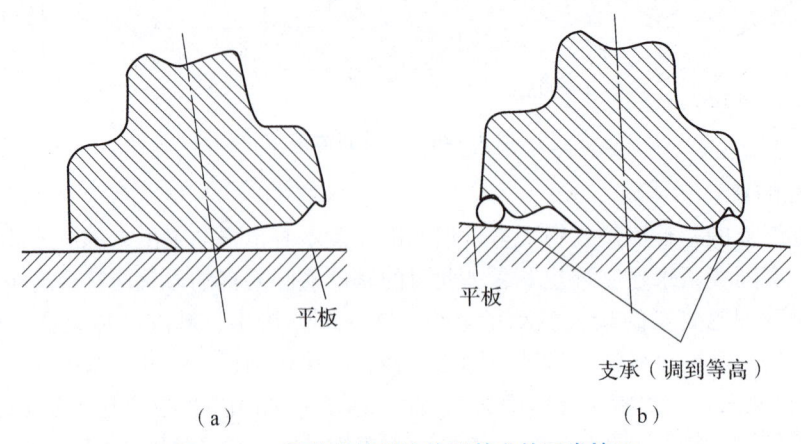

图 3-44 用基准模拟法体现基准的两类情况

2)基准直接法。基准实际要素具有足够的形状精度时,可直接作为基准。如图3-45所示,基准实际要素具有足够的形状精度,因此可以作为基准对被测实际要素进行检测。

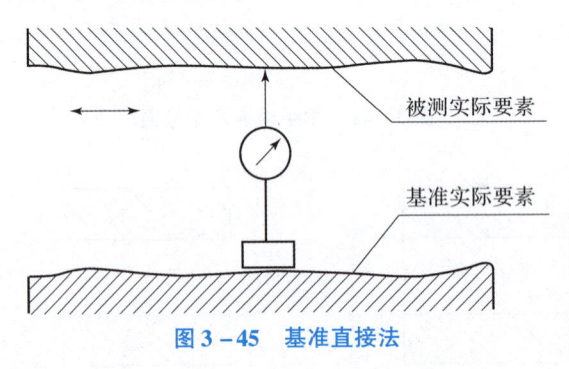

图 3-45 基准直接法

3)基准分析法。对基准实际要素进行测量后,根据测得数据用图解法或计算法确定基准位置。对于组成要素,由测得数据确定基准,如图3-46所示。对于导出要素,应先根据测得数据求出基准实际要素后再确定基准。例如,对于基准轴线,在实际回转体若干横截面内测量组成要素的坐标值,求出这些横截面测得轮廓的中心点和实际轴线后,按最小条件确定的理想轴线,即基准轴线;或者在其轴向截面内,测取两对应要素的各对应坐标值的平均值,以求得实际轴线,再按最小条件确定的理想轴线,即基准轴线。

4)基准目标法。在以基准目标建立基准时,基准"点目标"可以用球端支承体现;基准"线目标"可以用刃口状支承或由圆棒素线体现;基准"面目标"按图样上规定的形状,可以用具有相应形状的平面支承来体现。各支承的位置,应按图样规定进行布置。

2. 形状误差与方向、位置和跳动误差的评定说明

(1) 形状误差的评定说明

形状误差的评定准则为"最小条件",即被测实际要素对其理想要素的最大变动量最

小。不同的形状误差项目有不同的最小条件判断准则；形状误差值由最小包容区域的宽度或直径确定。

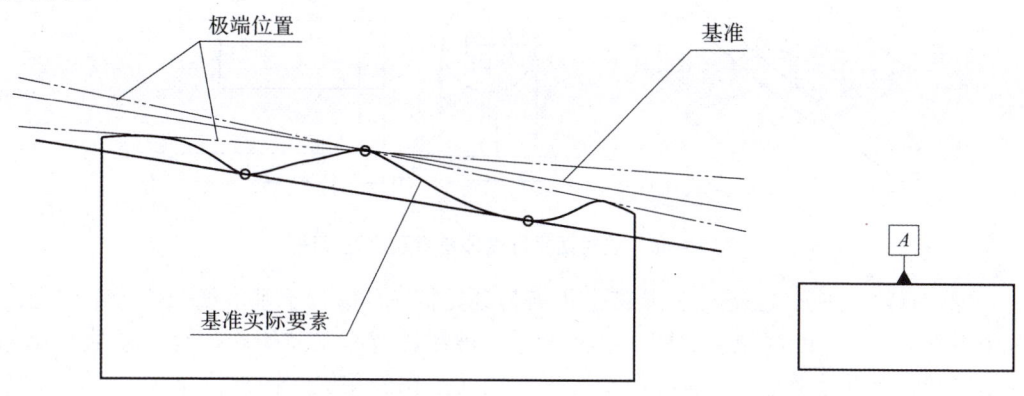

图 3-46 基准分析法

（2）方向、位置和跳动误差的评定说明

方向、位置和跳动误差评定准则为"最小包容区域"，即以最小包容区域紧密包容被测实际要素且该区域与理想基准要素保持特定的几何关系。理想基准要素由实际基准要素体现，而实际基准要素要符合"最小条件"。不同的方向、位置和跳动误差项目有不同的最小包容区域形状，其误差值大小由最小包容区域的宽度或直径确定。

三、方向公差与误差检测

方向公差是被测要素相对于基准在方向上允许的变动量。方向公差包括平行度、垂直度和倾斜度等，它们都有面对面、线对面、线对线和面对线等几种情况。

1. 平行度公差与误差检测

（1）平行度公差

平行度公差用来控制面对面、线对面、线对线、面对线等几种情况下的平行度误差。

1) 面对面的平行度公差。公差带是距离为公差值 t 且平行于基准面的两个平行平面之间的区域。如图 3-47 所示，实际平面必须位于间距为公差值 0.03 mm 且平行于基准面 A 的两平行平面之间的区域内。

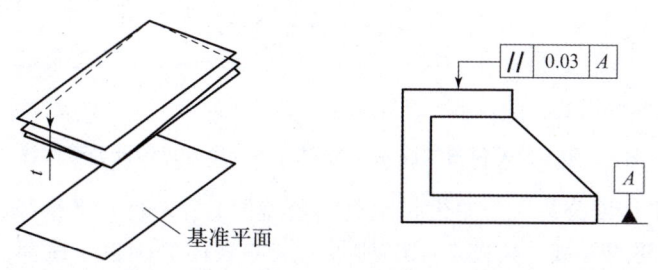

图 3-47 面对面平行度公差带及公差标注

2) 线对面的平行度公差。公差带是距离为公差值 t 且平行于基准面的两个平行平面之间的区域。如图 3-48 所示，被测轴线必须位于距离为公差值 0.05 mm 且平行于基准面 A 的两平行平面之间。

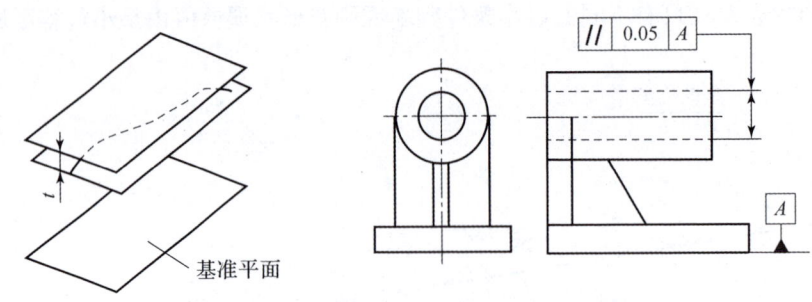

图 3-48　线对面平行度公差带及公差标注

3）线对线的平行度公差。公差带是距离为公差值 t 且平行于基准线、位于给定方向上的两个平行平面之间的区域。如图 3-49 所示，被测轴线必须位于距离为公差值 0.05 mm 且在给定方向上平行于基准轴线的两平行平面之间。在公差值前面加注 ϕ 时，公差带是距离公差值 t 且平行于基准线的圆柱面内的区域，如图 3-50 所示。

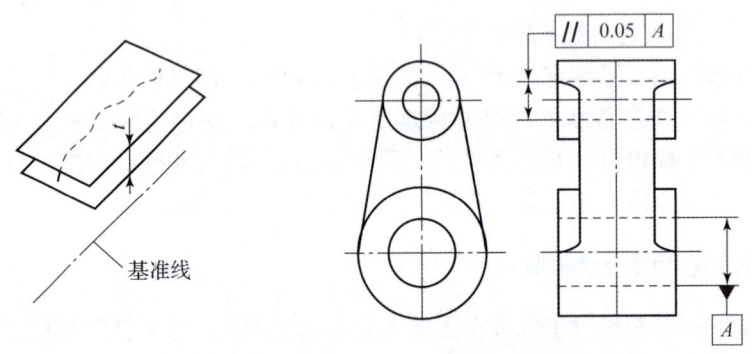

图 3-49　线对线平行度公差带及公差标注

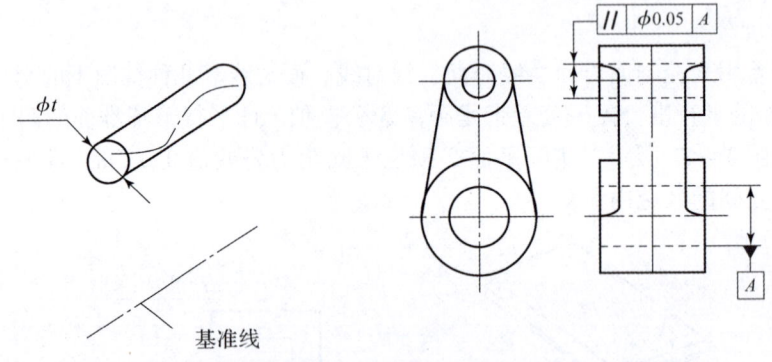

图 3-50　公差值前加注 ϕ 时线对线平行度公差带及公差标注

4）面对线的平行度公差。公差带是距离为公差值 t 且平行于基准线、位于给定方向上的两个平行平面之间的区域。如图 3-51 所示，被测表面必须位于距离为公差值 0.05 mm 且在给定方向上平行于基准轴线的两平行平面之间。

（2）平行度误差的检测方法

平行度误差的检测，通常是用平板、芯轴或 V 形架模拟平面、孔或轴来作为基准。将被测轴线、面上各点到基准的距离之差，以最大相对差值作为平行度误差。如图 3-52 所示,测量零件上平面对孔轴线的平行度误差,基准轴线用芯轴模拟,先将被测零件放在等高支承上,调整该零件使 $L_3 = L_4$,然后测量整个被测表面并记录读数,将整个测量过程中指示表的最大与最小读数之差作为该零件的平行度误差。

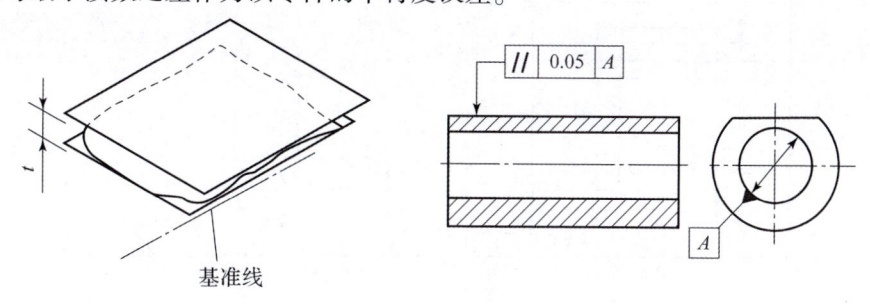

图 3-51　面对线平行度公差带及公差标注

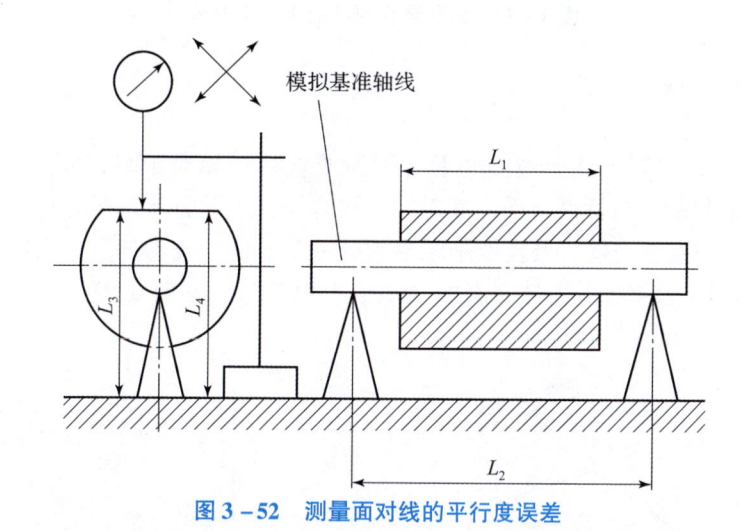

图 3-52　测量面对线的平行度误差

如图 3-53 所示,测量连杆两孔的平行度误差,基准轴线和被测轴线由芯轴模拟,将被测零件放在等高支承上,在测量距离为 L_2 的两个位置上测量读数分别为 M_1、M_2,故平行度误差值为

$$f = \frac{L_1}{L_2} |M_1 - M_2| \tag{3-2}$$

在 0°~180°范围内按上述方法测量若干个不同方向位置的读数,取 f 对应的最大值。也可以在相互垂直的两个方向进行测量,此时的平行度误差为

$$f = \frac{L_1}{L_2} \sqrt{(M_{1V} - M_{2V})^2 + (M_{1H} - M_{2H})^2} \tag{3-3}$$

式中　V,H——相互垂直的测量符号。

(3)平行度误差检测的运用说明

1)当被测要素的形状误差相对于平行度误差很小时,测量可直接在被测表面上进行,不必排除被测要素形状误差的影响。若必须排除,需要在相关公差框格下加注文字说明。

2)当被测点偶然出现一个超差的凸点或凹点时,这一特殊点是否作为平行度误差,应根据零件的使用要求来确定。

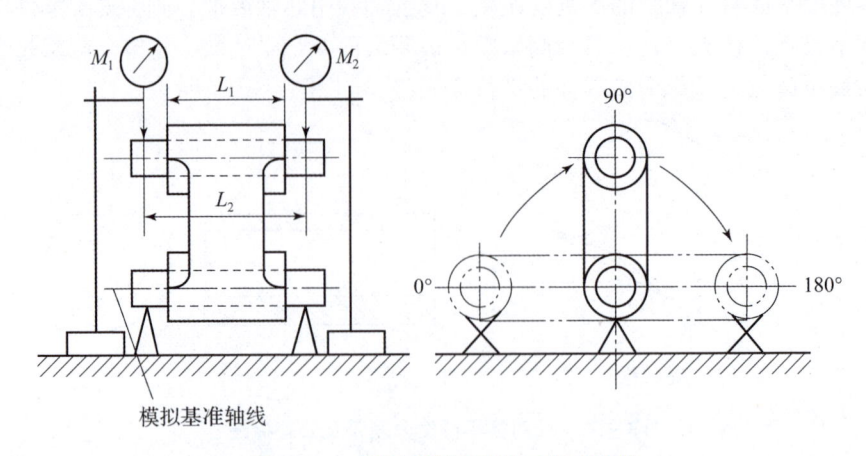

图 3-53 测量连杆两孔的平行度误差

2. 垂直度公差与误差检测

(1) 垂直度公差

垂直度公差用来控制零件上被测要素（平面或直线）相对于基准要素（平面或直线）的方向偏离90°的程度，包括面对面、面对线、线对面、线对面等几种情况。

1) 面对面的垂直度公差。公差带是距离为公差值 t 且垂直于基准平面的两个平行平面之间的区域。如图 3-54 所示，被测表面必须位于距离为公差值 0.05 mm 且垂直于基准平面 A 的两平行平面之间。

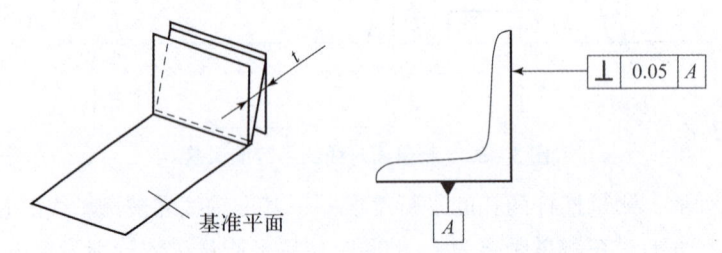

图 3-54 面对面的垂直度公差带及公差标注

2) 面对线的垂直度公差。公差带是距离为公差值 t 且垂直于基准线的两个平行平面之间的区域，如图 3-55 所示。线对面的垂直度公差与线对线的垂直度公差类似，不再赘述。

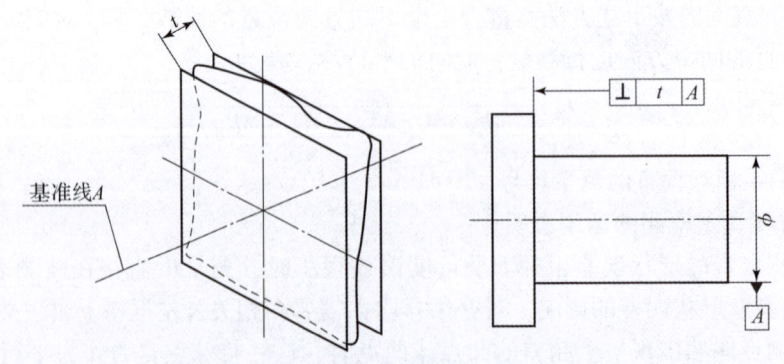

图 3-55 面对线的垂直度公差带及公差标注

在任意方向上，若公差带是直径为公差值 t 且垂直于基准平面的圆柱面内的区域，则在公差值前加注 ϕ。如图 3-56 所示，被测轴线必须位于直径为公差值 0.05 mm 且垂直于基准平面 A 的圆柱面内。

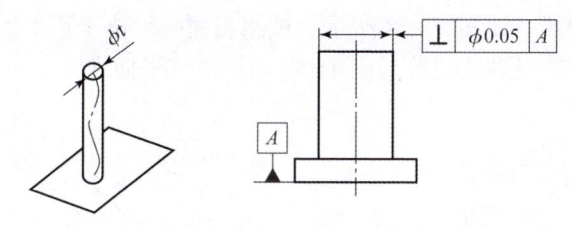

图 3-56 在公差值前加注 ϕ 的垂直度公差带及公差标注

（2）垂直度误差的检测方法

垂直度误差的检测常采用将垂直度误差转换成平行度误差的检测方法。例如，测量图 3-57 所示的零件，水平孔是基准孔，竖直孔的轴线相对于基准的轴线有垂直度要求。基准轴线用一根相当于标准直角尺的芯轴模拟，被测轴线同样用芯轴模拟。转动基准芯轴，在测量距离为 L_2 的两个位置上测得的数值分别为 M_1 和 M_2，则测得的垂直度误差为

$$f = \frac{L_1}{L_2} |M_1 - M_2| \tag{3-4}$$

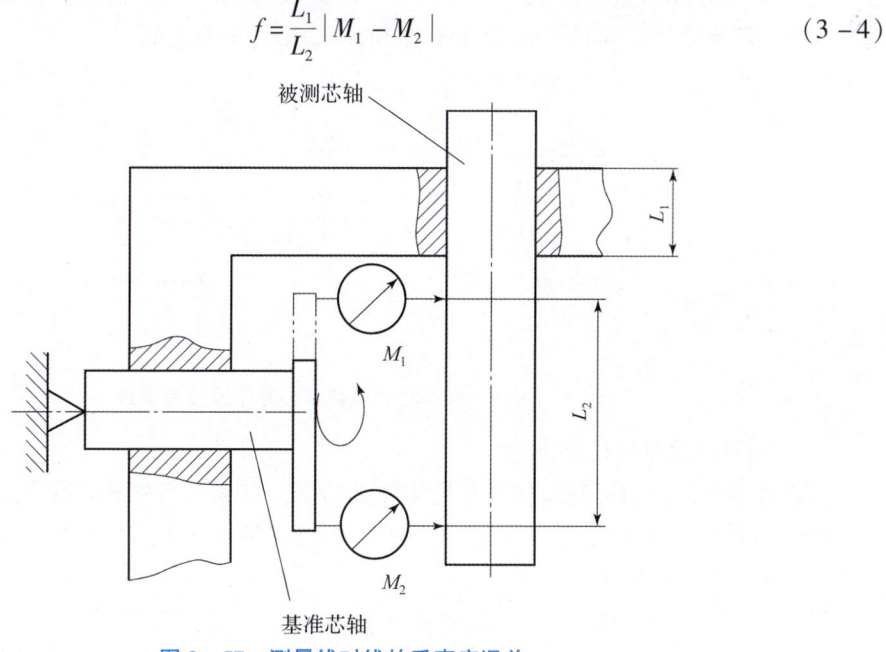

图 3-57 测量线对线的垂直度误差

（3）垂直度误差检测的运用说明

1）轴线对轴线的垂直度，如果没有标注出给定长度，则按被测孔的实际长度进行测量。

2）当直接用 90°角尺测量平面对平面或轴线对平面的垂直度时，由于没有排除基准表面的形状误差，因此测得的误差值受基准表面形状误差的影响。

3. 倾斜度公差与误差检测

（1）倾斜度公差

倾斜度公差是用来控制零件上被测要素（平面或直线）相对于基准要素（平面或直线）

方向偏离某一给定角度（0°~90°）的程度，包括面对面、面对线、线对线等几种情况。图样上标注时，应将角度用理论正确角度标出。

1) 面对面的倾斜度公差。公差带是距离为公差值 t，且与基准平面呈一个给定角度的两个平行平面之间的区域。如图 3-58 所示，被测表面必须位于距离为公差值 0.05 mm，且与基准面 A（基准平面）呈理论正确角度 45°的两个平行平面之间。

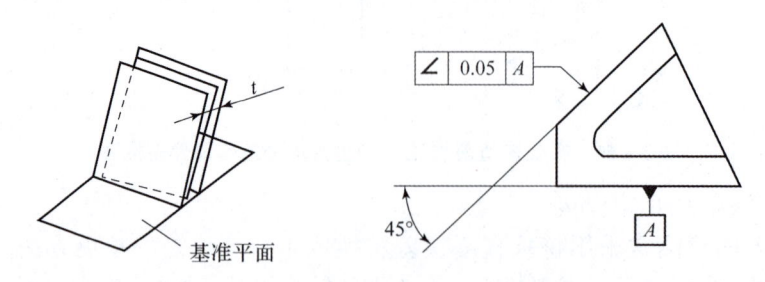

图 3-58　面对面的倾斜度公差带及公差标注

2) 面对线的倾斜度公差。公差带是距离为公差值 t，且与基准线呈一个给定角度的两个平行平面之间的区域。如图 3-59 所示，被测表面必须位于距离为公差值 0.05 mm，且与基准线 A（基准轴线）呈理论正确角度 75°的两个平行平面之间。

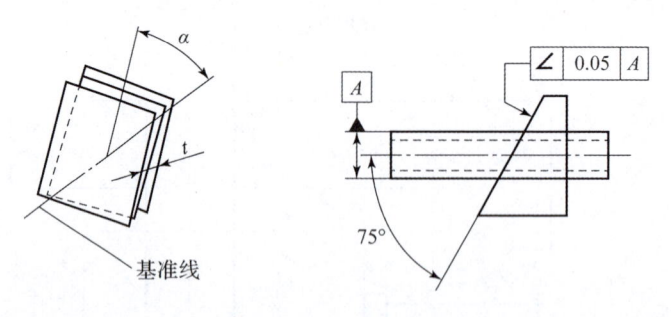

图 3-59　面对线的倾斜度公差带及公差标注

(2) 倾斜度误差的检测方法

倾斜度误差的检测可转换成平行度误差的检测。其实平行度和垂直度是倾斜度的两种特殊情况。倾斜度误差检测可以用定角座或正弦规检测，方法与检测平行度误差相同，如图 3-60 和图 3-61 所示。

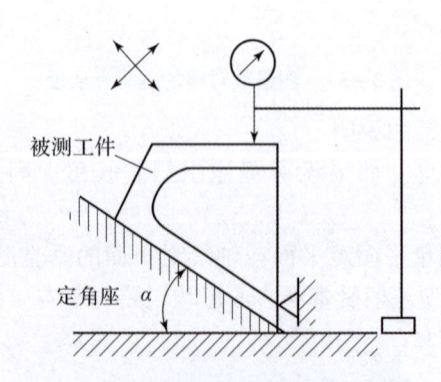

图 3-60　测量面对面的倾斜度误差

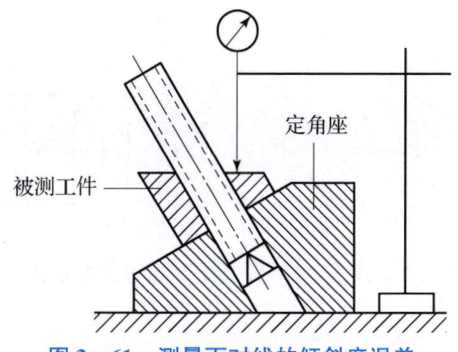

图 3-61 测量面对线的倾斜度误差

(3) 方向公差的特点

1) 方向公差带相对基准有确定的方向,且其位置是可浮动的。

2) 方向公差可同时控制被测要素的方向和形状。因此,被测要素给出方向公差后,就不再给出形状公差。在功能需要对形状精度有进一步要求时,可同时给出形状公差,且形状公差值小于方向公差值。

四、位置公差与误差检测

位置公差是被测要素相对于基准在位置上允许的变动量。位置公差包含同轴度、对称度和位置度等公差项目。

在位置公差项目中,同轴度涉及点、线;对称度涉及的要素有中心线、轴线和中心平面;位置度涉及的要素包括点、线、面。

1. 同轴度公差与误差检测

(1) 同轴度公差

同轴度包括点的同心度和线的同轴度,下面分别介绍它们的公差及公差带。

1) 点的同心度公差带是直径为公差值 t,且与基准圆心同心的圆内的区域。如图 3-62 所示,外圆的圆心必须位于直径为公差值 0.01 mm 且与基准圆同心的圆内。

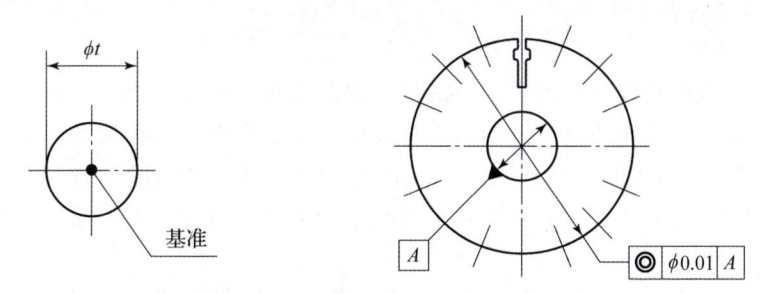

图 3-62 点的同心度公差带及公差标注

2) 线的同轴度公差带是直径为公差值 t 的圆柱面内的区域,该圆柱面的轴线与基准轴线同轴。如图 3-63 所示,大圆的轴线必须位于直径为公差值 0.1 mm,且与公共基准轴线 $A-B$ 同轴的圆柱面内。

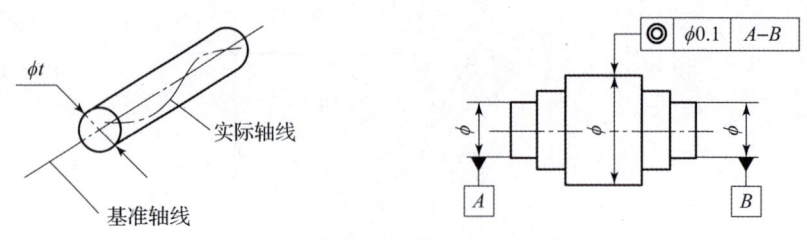

图 3-63　线的同心度公差带及公差标注

(2) 同轴度误差的检测方法

同轴度误差的检测是要找出被测轴线离开基准轴线的最大距离，通常运用测量特征参数原则来进行测量，如图 3-64 所示。以两个基准圆柱面中部的中心点连线作为公共基准轴线，即将零件放置在两个等高的刀口状 V 形架上，并调整公共基准轴线等高，沿被测圆柱的轴剖面移动两指示表，测量各对应点的读数。测若干个正截面，将正截面读数差值最大的作为同轴度误差值。

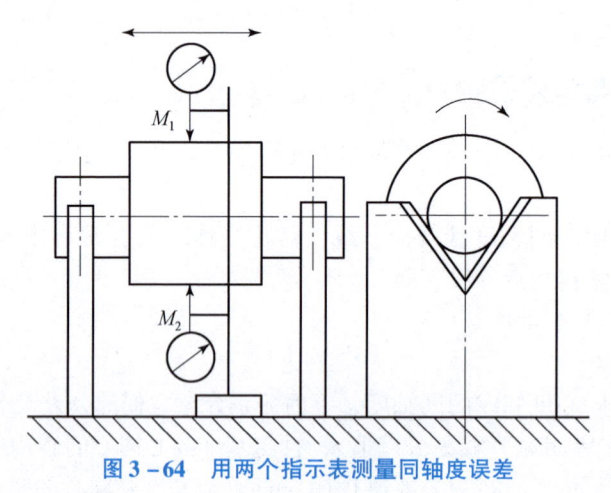

图 3-64　用两个指示表测量同轴度误差

2. 对称度公差与误差检测

(1) 对称度公差

对称度公差一般控制理论上要求共面的被测提取要素（中心平面、中心线或轴线）与基准要素（中心平面、中心线或轴线）的不重合程度。中心平面的对称度公差带是距离为公差值 t 且相对基准中心平面对称配置的两个平行平面之间的区域。如图 3-65 所示，被测中心平面必须位于距离为公差值 0.1 mm 且相对于基准中心平面 A 对称配置的两个平行平面之间。

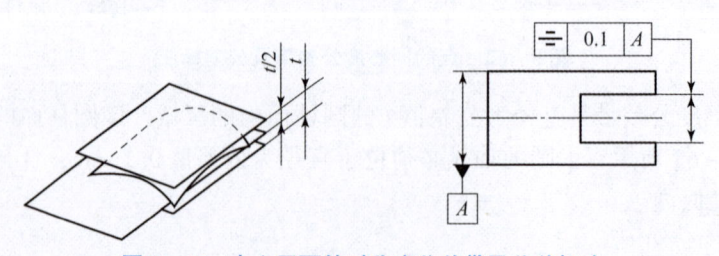

图 3-65　中心平面的对称度公差带及公差标注

（2）对称度误差的检测方法

对称度误差的检测是要找出被测中心要素离开基准中心要素的最大距离，常采用测长量仪测量对称的两个平面或圆柱面的两条边素线，各自到基准平面或圆柱面的两条边素线的距离之差。测量时用定位模块模拟基准滑块或槽面的中心平面。图3-66所示为测量面对面的对称度误差，先将被测工件放置在平板上，测量被测表面与平板之间的距离。然后将工件翻转，测量另一被测表面与平板之间的距离，将测量截面内对应两点的最大差值作为对称度误差。

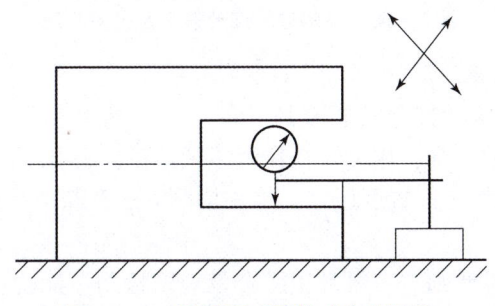

图3-66 测量面对面的对称度误差

3. 位置度公差与误差检测

（1）位置度公差

位置度公差用来控制被测提取（实际）要素相对于理想位置的变动量，其理想位置由基准和理论正确尺寸确定。常见的位置度公差有点的位置度公差和线的位置度公差。

1）点的位置度公差。点的位置度公差用于控制球心或圆心的位置误差。如在公差值前加注 $S\phi$，公差带是直径为公差值 t 的球内的区域，球公差带中心点的位置由相对于基准 A 和 B 的理论正确尺寸确定。如图3-67所示，被测球面的球心必须位于直径为公差值 0.1 mm 的球内，该球的球心位于相对于基准 A 和 B 所确定的理想位置上。

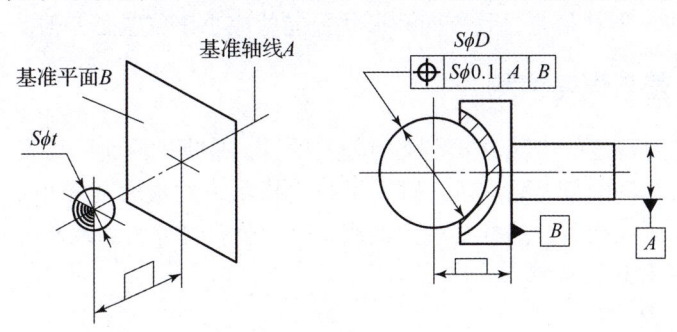

图3-67 点的位置度公差带及公差标注

2）线的位置度公差。线的位置度公差多用于控制工件上孔的位置误差，而孔的位置有孔位、孔间和复合三种位置度。线的位置度公差带有圆柱或四棱柱面内区域，如在公差值前加注 ϕ，则公差带是直径为公差值 t 的圆柱面内的区域，公差带轴线的位置由相对于三基面体系的理论正确尺寸确定。如图3-68所示，被测轴线必须位于直径为公差值 0.1 mm 且以相对于基准平面 A、B、C 所确定的理想位置为轴线的圆柱面内。

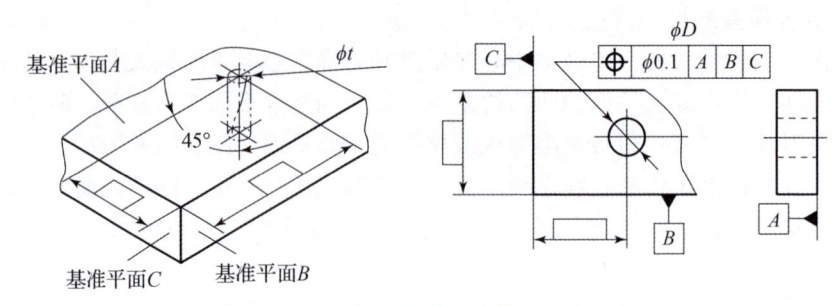

图 3-68　线的位置度公差带及公差标注

(2) 位置度误差的检测方法

位置度误差的检测方法通常有以下两类。

1) 运用测量特征参数原则：用测长量仪测量要素的实际位置尺寸，与理论正确尺寸比较，以两者最大差的两倍作为位置度误差。这种检测方法在新产品试制、精密零件和工装量具的生产中运用较多。

2) 运用控制实效边界原则。一般是用综合量规来检测，检验被测要素是否超过实效边界，以判断是否合格。这种方法速度快，在大批大量生产中运用较多，用于按最大实体要求规定的几何公差，即在图样上标注 M 的场合。

(3) 位置公差的特点

1) 位置公差带相对于基准具有确定的位置，是固定的。其中位置度的公差带位置由理论正确尺寸确定，而同轴度和对称度的理论正确尺寸为零，图上可省略不注。

2) 位置公差具有综合控制被测要素位置、方向和形状的功能。例如，平面的位置度公差，可以同时控制该平面的平面度误差和相对于基准的方向误差；同轴度公差可同时控制被测轴线的直线度误差和相对于基准轴线的平行度误差。因此，给出被测要素的位置公差后，通常对该要素不再给出方向公差和形状公差。在功能需要对方向和形状有进一步要求时，才另给出方向或（和）形状公差，且方向和形状公差值应小于位置公差值。

五、跳动公差与误差检测

跳动公差是针对特定的检测方式定义的公差项目，是指被测实际要素绕基准轴线回转一周或连续回转时所允许的最大跳动量。跳动量可由指示表的最大与最小示值之差反映出来。被测要素为回转表面或端面，基准要素为轴线。跳动公差可分为圆跳动公差和全跳动公差。

1. 圆跳动公差与误差检测

(1) 圆跳动公差

圆跳动公差是被测提取（实际）要素某一固定参考点围绕基准轴线作无轴向移动时，在回转一周过程中，由位置固定的指示表在给定方向上测得的最大与最小读数之差。它是形状、方向和位置误差的综合（同轴度、圆度），因此圆跳动是一项综合性的公差。圆跳动公差包括径向圆跳动、轴向圆跳动和斜向圆跳动公差三个项目。

1) 径向圆跳动公差带是在垂直于基准轴线的任一测量面内半径差为公差值 t 且圆心在基准轴线上的两同心圆之间的区域。如图 3-69 所示，在被测要素围绕公共基准线 $A-B$（公共基准轴线）旋转一周时，任一测量平面内的径向圆跳动量均不得大于 0.1 mm。

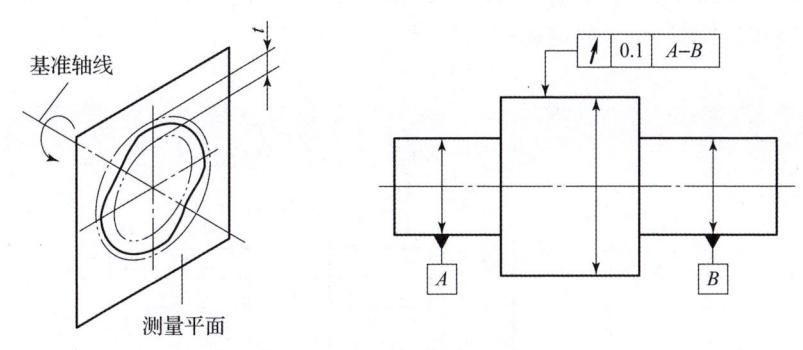

图 3-69　径向圆跳动公差带及公差标注

2）轴向圆跳动公差带是在与基准同轴的任一半径位置的测量圆柱面上距离为公差值 t 的两圆之间的圆柱面区域。图 3-70 所示为零件的右端面对基准轴线的轴向圆跳动，在被测表面围绕基准线 A（基准轴线）旋转一周时，任一测量平面内的轴向跳动量均不得大于 0.1 mm。

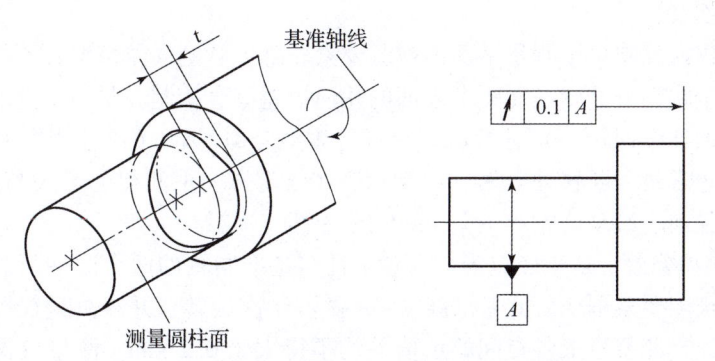

图 3-70　轴向圆跳动公差带及公差标注

3）斜向圆跳动公差带是在与基准同轴的任一测量圆锥面上距离为公差值 t 的两圆之间的区域，除另有规定外，其测量方向应与被测表面垂直。如图 3-71 所示，在被测表面围绕基准线 A（基准轴线）旋转一周时，任一测量圆锥面上的跳动量均不得大于 0.1 mm。

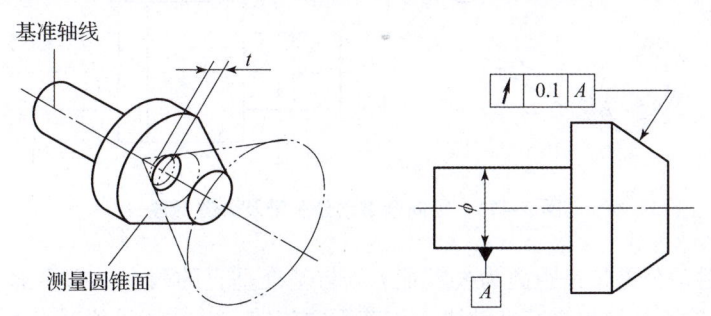

图 3-71　斜向圆跳动公差带及公差标注

（2）圆跳动误差检测

径向圆跳动误差的检测采用测量跳动原则。如图 3-72 所示，被测零件放在 V 形架上，并在轴向定位，转动零件一周，读出指示表最大差值。用同样的方法在若干个截面进行测量,取各截面上测得的跳动量中的最大差值,作为该零件的径向跳动误差。轴向圆跳动的检测和斜向圆跳动的检测与径向圆跳动检测类似。

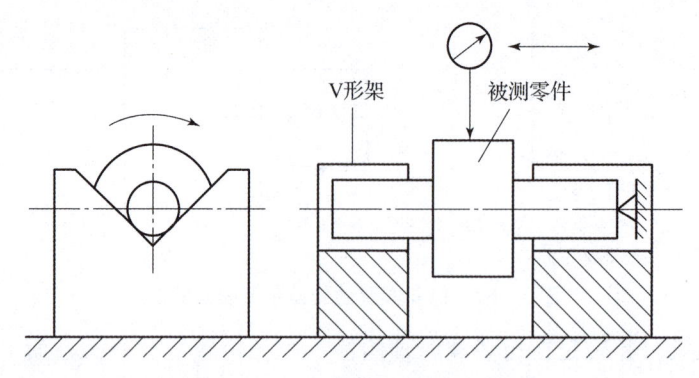

图 3-72　径向圆跳动误差的检测

2. 全跳动公差与误差检测

(1) 全跳动公差

圆跳动公差仅能反映单个测量平面内被测要素轮廓形状的误差情况,不能反映整个被测表面上的误差;全跳动公差则是对整个表面的几何误差综合控制,是被测提取要素绕基准轴线作无轴向移动的连续回转,同时指示表沿理想素线连续移动(或被测提取要素每回转一周,指示表沿理想素线间断移动)时,由指示表在给定方向上测得的最大与最小读数之差。全跳动公差包括径向全跳动公差和轴向全跳动公差两个项目。

1) 径向全跳动公差带是半径差为公差值 t 且与基准同轴的两个圆柱面之间的区域。如图 3-73 所示,被测要素围绕公共基准线 $A-B$ 做若干次旋转,并在测量仪器与工件间同时做轴向相对移动,被测要素上各点间的示值差均不得大于 0.1 mm。测量仪器或工件必须沿着基准轴线方向并相对于公共基准轴线 $A-B$ 移动。

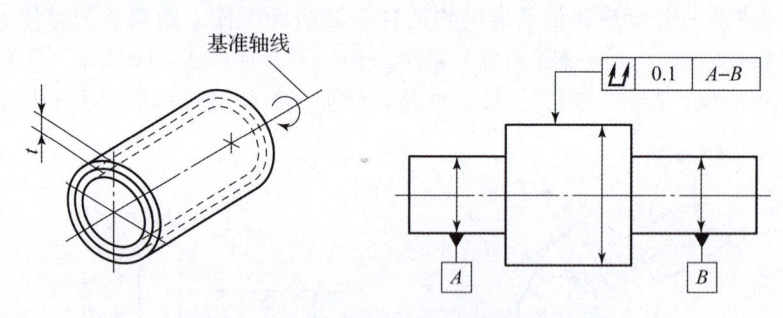

图 3-73　径向全跳动公差带及公差标注

2) 轴向全跳动公差带是距离为公差值 t 且与基准垂直的两个平行平面之间的区域。如图 3-74 所示,被测要素围绕基准轴线 A 作若干次旋转,并在测量仪器与工件间做径向相对移动,被测要素上各点间的示值差均不得大于 0.1 mm。测量仪器或工件必须沿着具有理想正确形状的轮廓线和相对于基准轴线 A 的正确方向移动。

(2) 全跳动误差的检测方法

径向全跳动误差的检测如图 3-75 所示,零件轴向定位,测量时做转动,指示表同时沿零件轴向移动，在整个测量过程中，指示表的最大读数差值为径向全跳动误差值。轴向全跳动误差的检测与径向全跳动误差的检测类似，只是指示表测头指向的被测表面是端面，而不是外径。

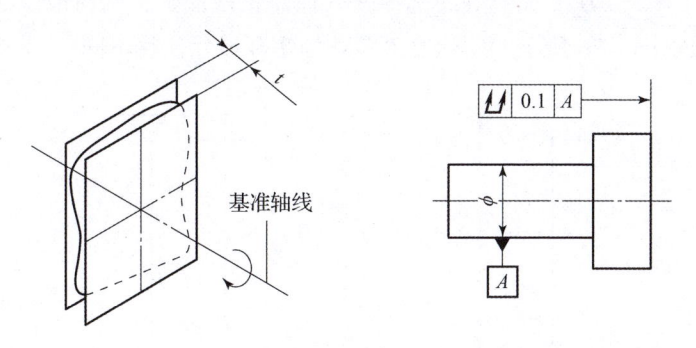

图 3-74　轴向全跳动公差带及公差标注

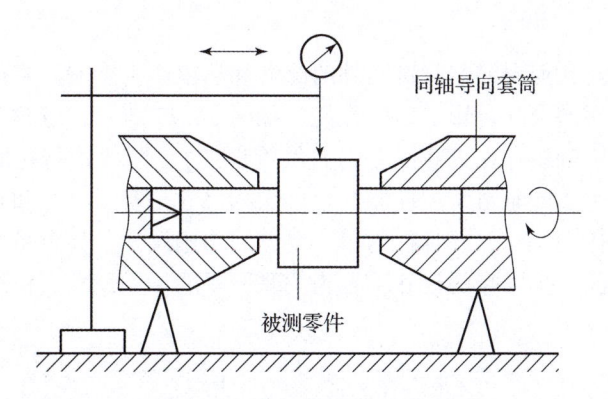

图 3-75　径向全跳动误差的检测

(3) 跳动公差的特点

1) 跳动公差带的位置具有固定和浮动的双重特点。一方面，公差带的中心（或轴线）始终与基准轴线同轴；另一方面，公差带的半径又随实际要素的变动而变动。

2) 跳动公差具有综合控制被测要素位置、方向和形状的作用。例如，轴向全跳动公差可同时控制端面对基准轴线的垂直度及其平面度误差；径向全跳动公差可控制同轴度、圆柱度误差。

第四节　公差原则与运用

零件的尺寸误差和几何误差总是同时存在的，并且同时对零件的装配性能和使用性能产生影响，而尺寸公差和几何公差又是相互联系和影响的。因此，必须明确尺寸公差和几何公差之间的内在联系和相互关系，以便准确地表达设计要求和正确判断零件是否合格。确定尺寸公差与几何公差之间相互关系的原则称为公差原则，分为独立原则和相关要求两大类。

一、有关公差原则的基本概念

1. 局部实际尺寸

局部实际尺寸（d_a、D_a）是指在实际要素的任意正截面上，两对应点之间测得的距离，简称实际尺寸，如图 3-76 所示。实际要素各处的实际尺寸往往不同。

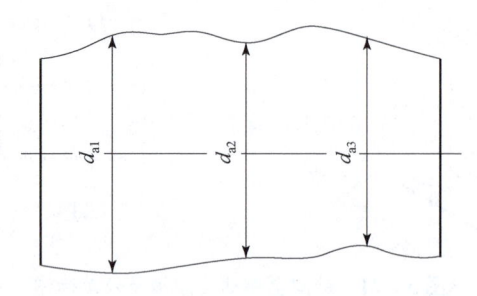

图 3-76 实际尺寸

2. 作用尺寸

零件的实际尺寸与几何误差共同对零件的配合和功能产生影响。零件在加工以后，所产生的尺寸误差和几何误差会综合影响装配性能。如图 3-77 所示，虽然轴的实际尺寸处处都符合公差要求，但由于轴线存在形状误差（直线度误差），因此轴与孔的配合不能满足间隙的要求，甚至无法装配。此时对装配性能产生影响的尺寸是实际尺寸和几何误差综合作用的结果，这一尺寸称为作用尺寸，并且称为单一要素的作用尺寸。如果是几何误差的方向、位置和跳动等对装配性能产生影响的尺寸，称为关联要素的作用尺寸。作用尺寸又分为体外作用尺寸和体内作用尺寸。

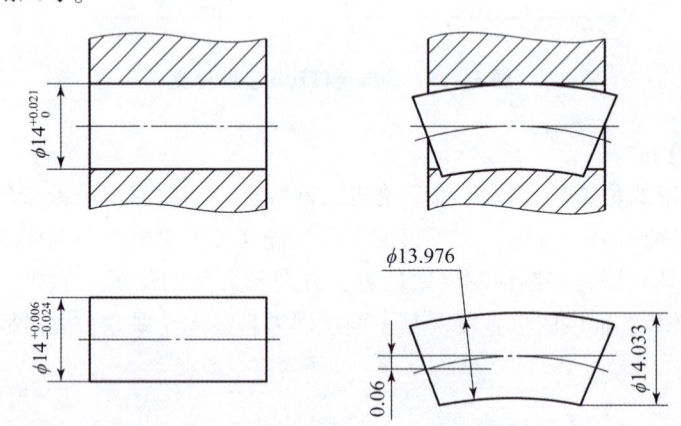

图 3-77 形状误差对配合性能的影响

（1）体外作用尺寸

体外作用尺寸是在被测要素的给定长度上，与实际外表面体外相接的最小理想面或与实际内表面体外相接的最大理想面的直径或宽度，如图 3-78 所示的 d_{fe}、D_{fe}。对于关联要素的体外作用尺寸，其理想面的轴线或中心平面必须与基准保持图样给定的几何关系。

（2）体内作用尺寸

体内作用尺寸是在被测要素的给定长度上，与实际外表面体内相接的最大理想面或与实际内表面体内相接的最小理想面的直径或宽度，如图 3 – 78 所示的 d_{fi}、D_{fi}。对于关联要素的体内作用尺寸，其理想面的轴线或中心平面必须与基准保持图样给定的几何关系。

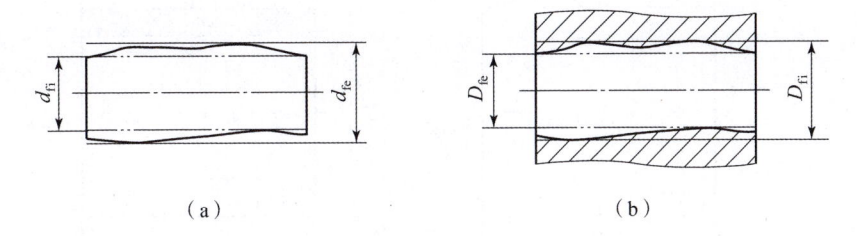

图 3 – 78 作用尺寸
(a) 轴的作用尺寸；(b) 孔的作用尺寸

必须注意，作用尺寸是由实际尺寸和几何误差综合形成的，对于每个零件来说不尽相同。

3. 最大实体状态、尺寸、边界

实际要素在给定长度上处处位于尺寸极限之内并具有实体最大（即材料最多）时的状态称为最大实体状态。

最大实体状态下的尺寸称为最大实体尺寸。对于外表面为最大极限尺寸，用 d_M 表示；对于内表面为最小极限尺寸，用 D_M 表示，即

$$d_M = d_{max} \qquad D_M = D_{min}$$

边界是设计时根据零件的功能和经济性要求给定的具有理想形状的极限包容面，用于控制实际要素作用尺寸的极限边界。边界的尺寸为极限包容面的直径或距离。

最大实体尺寸的边界称为最大实体边界，用 MMB 表示。

最大实体边界分单一要素的最大实体边界和关联要素的最大实体边界。

例如，图 3 – 79 所示的圆柱面外形表面，其最大实体尺寸 $d_M = \phi 30$ mm，其最大实体边界为直径等于 $\phi 30$ mm 的理想圆柱面。

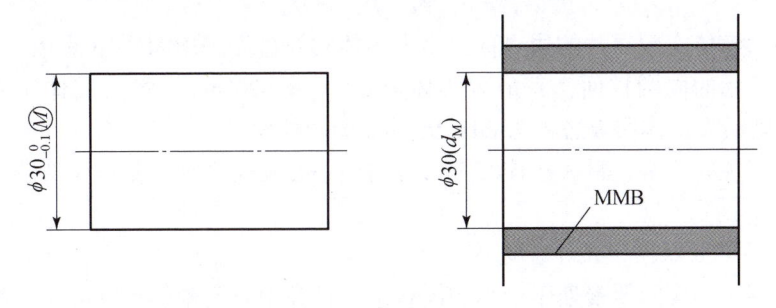

图 3 – 79 单一要素的最大实体尺寸与边界

关联要素的最大实体边界的中心要素还必须与基准保持图样上给定的几何关系，如图 3 – 80 所示的内圆柱面，其最大实体尺寸 $D_M = \phi 20$ mm，其最大实体边界为直径等于 $\phi 20$ mm 的理想圆柱面。

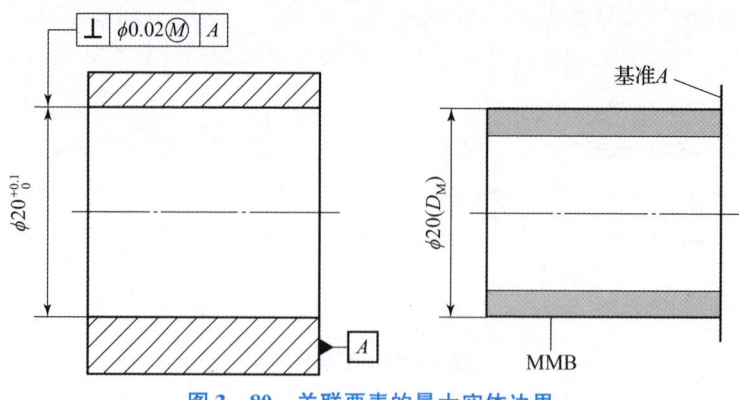

图 3-80 关联要素的最大实体边界

4. 最小实体状态、尺寸、边界

实际要素在给定长度上处处位于尺寸极限之内并具有实体最小时的状态称为最小实体状态。

最小实体状态下的尺寸称为最小实体尺寸。对于外表面为最小极限尺寸,用 d_L 表示;对于内表面为最大极限尺寸,用 D_L 表示,即

$$d_L = d_{\min} \qquad D_L = D_{\max}$$

最小实体尺寸的边界称为最小实体边界,用 LMB 表示。

同样,最小实体边界分单一要素的最小实体边界和关联要素的最小实体边界。关联要素的最小实体边界的中心要素还必须与基准保持图样上给定的几何关系。

5. 最大实体实效状态、尺寸、边界

在给定长度上,实际要素处于最大实体状态,且其中心要素的形状或位置误差等于给出公差值时的综合极限状态称为最大实体实效状态。

最大实体实效状态下的体外作用尺寸称为最大实体实效尺寸。对于外表面,它等于最大实体尺寸加几何公差值 t,用 d_{MV} 表示;对于内表面,它等于最大实体尺寸减几何公差值 t,用 D_{MV} 表示,如图 3-81 所示,即

$$d_{MV} = d_M + t \qquad D_{MV} = D_M - t$$

尺寸为最大实体实效尺寸的边界称为最大实体实效边界,用 MMVB 表示。

图 3-80 所示的内圆柱面,其最大实体尺寸 $D_M = \phi 20$ mm,最大实体实效尺寸 $D_{MV} = \phi 19.98$ mm,则最大实体实效边界为 $\phi 19.98$ mm 的圆柱面。

同样,对于关联要素,最大实体实效边界的中心要素还必须与基准保持图样上给定的几何关系。

6. 最小实体实效状态、尺寸、边界

在给定长度上,实际要素处于最小实体状态,且其中心要素的形状或位置误差等于给出公差值时的综合极限状态称为最小实体实效状态。

最小实体实效状态下的体内作用尺寸称为最小实体实效尺寸。对于外表面,它等于最小实体尺寸减几何公差值 t,用 d_{LV} 表示;对于内表面,它等于最小实体尺寸加几何公差值 t,用 D_{LV} 表示,如图 3-81 所示,即

$$d_{LV} = d_L - t \qquad D_{LV} = D_L + t$$

尺寸为最小实体实效尺寸的边界称为最小实体实效边界,用 LMVB 表示。

(a)　　　　　　　　　　　　(b)

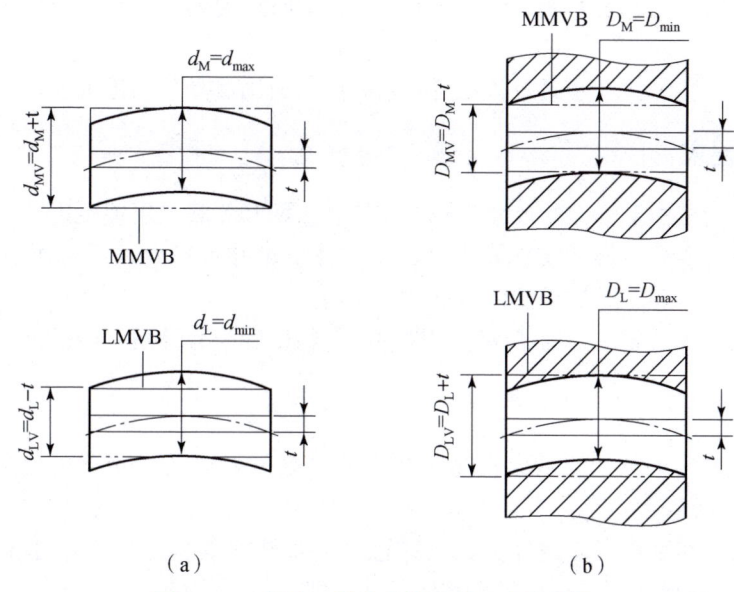

图 3-81　最大、最小实体实效尺寸及边界
(a) 外表面；(b) 内表面

二、独立原则

被测要素在图样上给出的尺寸公差与几何公差各自独立，分别满足要求的公差原则称为独立原则。独立原则是标注几何公差和尺寸公差相互关系的基本原则。按独立原则标注时，对尺寸公差和几何公差分别标注，不附加任何表示它们之间相互关系的符号。

图 3-82 所示为独立原则的标注示例，其中轴的实际尺寸应在 $\phi29.979 \sim \phi30$ mm 之间，不管实际尺寸为何值，轴线的直线度误差都不允许大于 $\phi0.12$ mm。

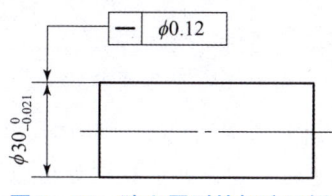

图 3-82　独立原则的标注示例

独立原则主要用于以下场合。

1）尺寸精度和几何精度要求都较严，且需要分别满足要求时。例如，齿轮箱体孔，为保证与轴承的配合性质和齿轮的正确啮合，要分别保证孔的尺寸精度和孔中心线的平行度要求。

2）尺寸精度与几何精度要求相差较大时。例如，印刷机的滚筒、轧钢机的轧辊等零件，尺寸精度要求低、圆柱度要求较高；平板尺寸精度要求低、平面度要求高，应分别提出要求。

3）为保证运动精度、密封性等特殊要求，通常单独提出与尺寸精度无关的几何公差要求。例如，机床导轨，为保证运动精度，直线度要求严格，尺寸精度要求则为次要；气缸套内孔，为保证与活塞环在直径方向的密封性，圆度或圆柱度公差要求严格，需要单独保证。

4）对于非配合要素或未注尺寸公差的要素，尺寸与几何公差应遵守独立原则，如倒角、倒圆、退刀槽、轴肩等。其他尺寸公差与几何公差无联系的零件，也可以采用独立原则。

采用独立原则的目的是保证零件的功能要求,这时几何公差的确定按专业标准或按尺寸链计算获得。

在采用独立原则时,尺寸误差和几何误差需要用通用量具分别检测。

三、相关要求

相关要求是指图样上给定的尺寸公差与几何公差相互关联,用理想边界控制实际要素作用尺寸,分为包容要求、最大实体要求、最小实体要求和可逆要求。可逆要求不能单独采用,只能与最大实体要求或最小实体要求一起应用。

在图样上采用相关要求是为了保证零件的配合精度和配合性质,同时也可以使零件在制造时更加经济。

1. 包容要求

包容要求主要用于单一要素,标注时在尺寸极限偏差或公差带代号之后加注符号 Ⓔ,如图 3-83(a)所示。

包容要求表示实际要素应遵守最大实体边界(即要素的体外作用尺寸不得超越其最大实体尺寸),其实际尺寸不得超出最小实体尺寸,即

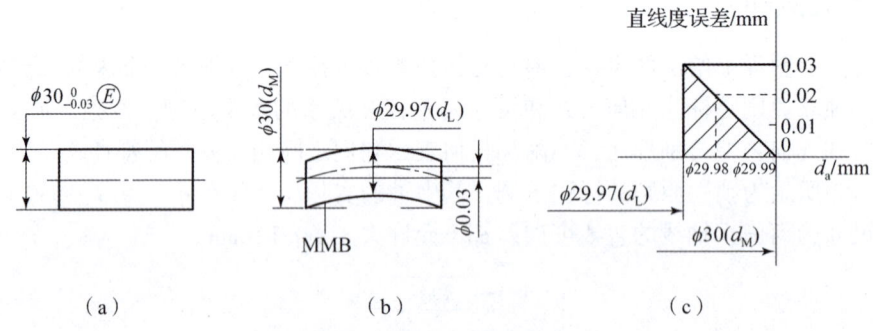

对于外表面 $d_{fe} \leq d_M(d_{max})$ $d_a \geq d_L(d_{min})$

对于内表面 $D_{fe} \geq D_M(D_{min})$ $D_a \leq D_L(D_{max})$

图 3-83 包容要求图解

如图 3-83(a)所示,当实际尺寸处处为最大实体尺寸(ϕ30 mm)时,其形状公差为零;在实际尺寸偏离最大实体尺寸时,允许的形状误差可以相应增加,增加量为实际尺寸与最大实体尺寸之差(绝对值),其最大增加量等于尺寸公差,此时实际尺寸应处处为最小实体尺寸。例如,图 3-83(b)中实际尺寸为 ϕ29.97 mm 时,允许的轴线直线度误差为 ϕ0.03 mm。这表明,尺寸公差可以转化为几何公差。

图 3-83(c)为标注示例的动态公差图,此图表达了实际尺寸和形状公差变化的关系。图中横坐标表示实际尺寸,纵坐标表示几何公差(直线度误差),粗的斜线为相关线。如图中虚线所示,当实际尺寸为 ϕ29.98 mm,偏离最大实体尺寸(ϕ30 mm)0.02 mm 时,允许的直线度误差为 ϕ0.02 mm。

由此可见,包容要求是将尺寸误差和形状误差同时控制在尺寸公差范围内的一种公差要求,主要用于必须保证配合性质的场合,用最大实体边界保证必要的最小间隙或最大过盈,用最小实体尺寸防止间隙过大或过盈过小。

在采用包容要求时,可以用光滑极限量规检测实际尺寸和体外作用尺寸。

2. 最大实体要求及其可逆要求

（1）最大实体要求用于被测要素

在最大实体要求用于被测要素时，被测要素的几何公差值是在该要素处于最大实体状态时给定的。当被测要素的实际轮廓偏离其最大实体状态，即实际尺寸偏离最大实体尺寸时，允许的几何误差值可以增加，偏离多少，就可以增加多少，其最大增加量等于被测要素的尺寸公差，从而实现尺寸公差向几何公差的转化。

在被测要素采用最大实体要求时，图样上在几何公差值后标注Ⓜ，如图3-84（a）所示。

在最大实体要求用于被测要素时，被测要素应遵守最大实体实效边界，即被测要素的体外作用尺寸不得超过最大实体实效尺寸，且实际尺寸应在最大与最小实体尺寸之间。即

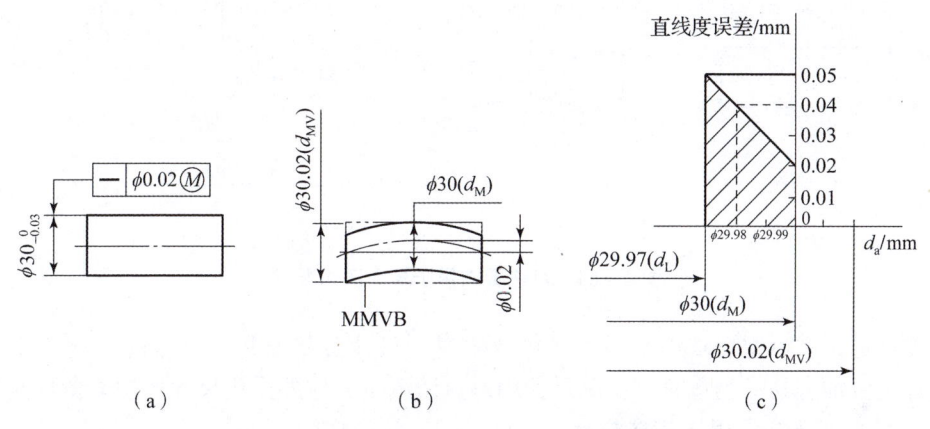

对于外表面　　　　　　$d_{fe} \leq d_{MV} = d_{max} + t \quad d_{max} \geq d_a \geq d_{min}$

对于内表面　　　　　　$D_{fe} \geq D_{MV} = D_{min} - t \quad D_{max} \geq D_a \geq D_{min}$

图3-84　最大实体要求用于被测要素

在图3-84（a）中，轴的最大实体尺寸为 $\phi 30$ mm，此时轴线的直线度公差值为 $\phi 0.02$ mm，轴的最大实体实效尺寸为 $\phi 30.02$ mm，如图3-84（b）所示。其动态公差图如图3-84（c）所示，从图中可见，随着实际尺寸的减小，允许的直线度误差相应增大，若实际尺寸为 $\phi 29.98$ mm（偏离 $d_M 0.02$ mm），则允许的直线度误差为 $\phi 0.02$ mm + $\phi 0.02$ mm = $\phi 0.04$ mm；当实际尺寸为最小实体尺寸 $\phi 29.97$ mm 时，允许直线度误差为最大（$\phi 0.02$ mm + $\phi 0.03$ mm = $\phi 0.05$ mm）。

最大实体要求适用于中心要素，常用于零件配合性质要求不严、但是要求保证零件可以顺利装配的场合，如用于穿过螺栓的通孔的位置度。

采用最大实体要求时，实际尺寸用两点法测量，体外作用尺寸用功能量规测量。

（2）可逆要求用于最大实体要求

在图样上几何公差框格中被测要素几何公差值后的符号Ⓜ后标注Ⓡ时，表示被测要素在遵守最大实体要求的同时也遵守可逆要求，如图3-85（a）所示。

可逆要求用于最大实体要求时，除了具有上述最大实体要求用于被测要素时的含义（当被测要素实际尺寸偏离最大实体尺寸时，允许其几何误差增大，即将尺寸公差向几何公差转化）外，还表示当几何误差小于给定的几何公差时，也允许实际尺寸超出最大实体尺寸；当几何误差为零时，允许尺寸的超出量最大，为几何公差值，从而实现尺寸公差与几何

公差相互转换的可逆要求。此时，被测要素仍然遵守最大实体实效边界原则。

如图 3-85（a）所示，轴线直线度公差 $\phi 0.02$ mm 是在轴的尺寸为最大实体尺寸 $\phi 30$ mm 时给定的，当轴的尺寸小于 $\phi 30$ mm 时，直线度误差的允许值可以增大。例如，尺寸为 29.98 mm 时，允许的直线度误差为 $\phi 0.04$ mm，在实际尺寸为最小实体尺寸 $\phi 29.97$ mm 时，允许的直线度误差最大，为 $\phi 0.05$ mm；当轴线的直线度误差小于图样上给定的 $\phi 0.02$ mm，如为 $\phi 0.01$ mm 时，允许其实际尺寸大于最大实体尺寸 $\phi 30$ mm 而达到 $\phi 30.01$ mm，如图 3-85（b）所示；当直线度误差为零时，轴的实际尺寸可达到最大值，即等于最大实体实效边界尺寸 $\phi 30.02$ mm。图 3-85（c）所示为上述关系的动态公差图。

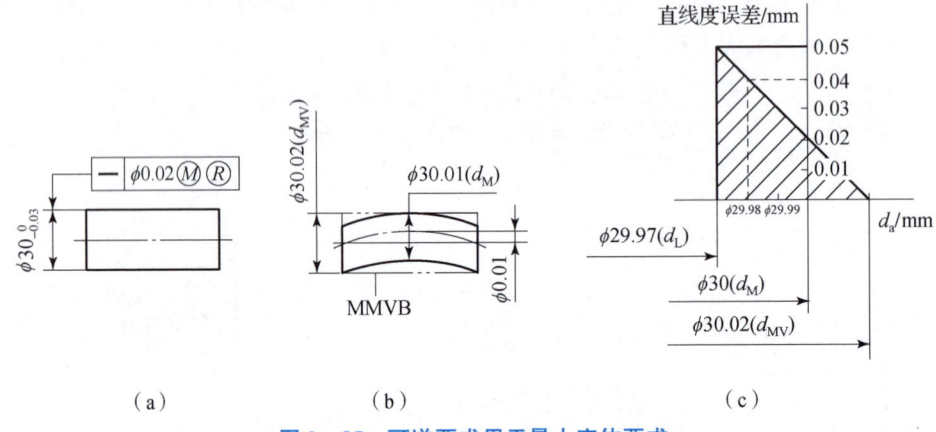

图 3-85 可逆要求用于最大实体要求

由此可见，在可逆要求用于最大实体要求时，尺寸公差与几何公差的分配关系更加灵活，使加工更加容易。测量时，实际尺寸用两点法测量，体外作用尺寸用功能量规测量。

（3）最大实体要求用于基准要素

图样上公差框格中基准字母后标注符号 Ⓜ 时，表示最大实体要求用于基准要素，如图 3-86 所示。在基准要素本身采用最大实体要求时，其相应边界为最大实体实效边界；在基准要素本身不采用最大实体要求时，其相应边界为最大实体边界。

在最大实体要求用于基准要素时，实际尺寸用两点法测量，体外作用尺寸用功能量规测量。

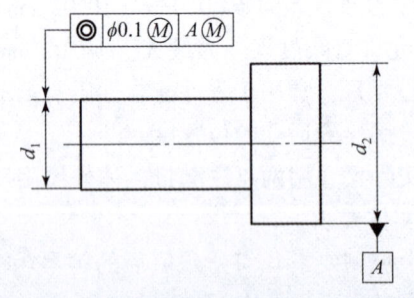

图 3-86 最大实体要求同时用于被测要素和基准要素

3. 最小实体要求及其可逆要求

最小实体要求用符号 Ⓛ 表示，其标注形式如图 3-87 所示。图 3-87（a）表示最小实体要求用于被测要素，图 3-87（b）表示最小实体要求同时用于被测要素和基准要素。

(1) 最小实体要求用于被测要素

在最小实体要求用于被测要素时,被测要素的几何公差是在该被测要素处于最小实体状态时给定的。当被测要素的实际轮廓偏离其最小实体状态,即实际尺寸偏离最小实体尺寸时,允许的几何误差值可以增加,偏离多少,就可以增加多少,其最大增加量等于被测要素的尺寸公差,从而实现尺寸公差向几何公差转化。最小实体要求适用于中心要素,用于保证零件的最小壁厚和必要的强度要求。

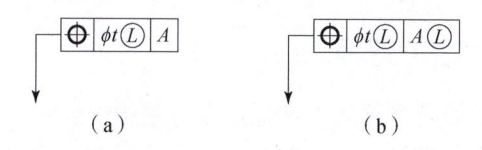

图 3-87 最小实体要求的标注形式

当最小实体要求用于被测要素时,被测要素应遵守最小实体实效边界,即被测要素的实际轮廓在给定长度上处处不得超过其最小实体实效边界,也就是其体内作用尺寸不应超出最小实体实效尺寸,且实际尺寸在最大与最小实体尺寸之间,即

对于外表面 $d_{fi} \geqslant d_{LV} = d_{min} - t$ $d_{max} \geqslant d_a \geqslant d_{min}$

对于内表面 $D_{fi} \leqslant D_{LV} = D_{max} + t$ $D_{max} \geqslant D_a \geqslant D_{min}$

如图 3-88 (a) 所示,当轴的实际尺寸为最小实体尺寸 $\phi 29.97$ mm 时,轴线的直线度公差为给定的 $\phi 0.02$ mm,此时轴的最小实体实效尺寸为 $\phi 29.95$ mm,如图 3-88 (b) 所示。当轴的实际尺寸偏离最小实体尺寸时,直线度误差允许增大,即尺寸公差向几何公差转化;当轴的实际尺寸为最大实体尺寸 $\phi 30$ mm 时,直线度误差允许达到最大值 $\phi 0.02$ mm + $\phi 0.03$ mm = $\phi 0.05$ mm;图 3-88 (c) 所示为其动态公差图。

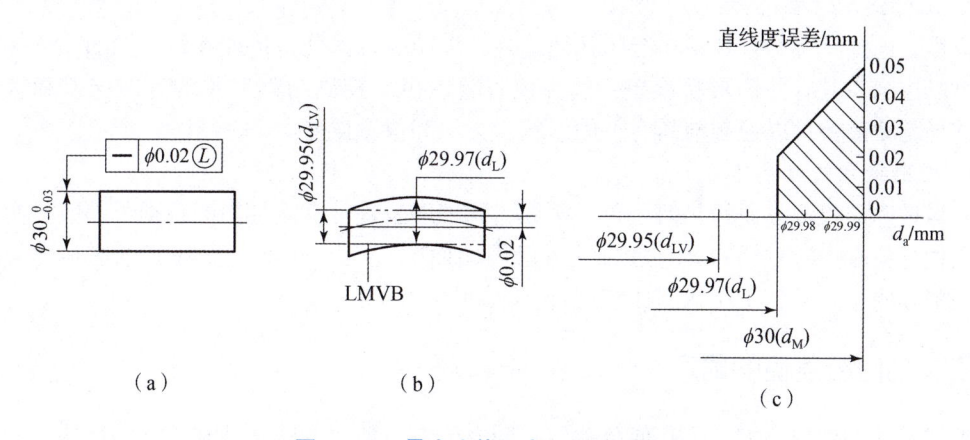

图 3-88 最小实体要求用于被测要素

(2) 可逆要求用于最小实体要求

图样上几何公差框格在被测要素几何公差值后的符号Ⓛ后标注Ⓡ时,表示被测要素遵守最小实体要求的同时遵守可逆要求。可逆要求用于最小实体要求时,除了具有上述最小实体要求用于被测要素时的含义外,还表示当几何误差小于给定的几何公差时,允许实际尺寸超出最小实体尺寸;当几何误差为零时,允许尺寸的超出量最大,为几何公差值,从而可以实现尺寸公差与几何公差的相互转换。此时,被测要素仍然遵守最小实体实效边界原则。

第五节　几何公差的选择

在机械零件的几何精度设计中，正确选用几何公差特征项目，合理确定几何公差数值，对提高产品的质量和降低成本具有十分重要的意义。几何公差的选择主要包括正确选择几何公差特征项目、几何公差值（或公差等级）、基准、公差原则和公差要求等。

一、几何公差特征项目的选择

选择几何公差特征项目的基本原则：在保证零件使用性能的前提下，尽量减少几何公差特征项目的数量，并尽量简化控制几何误差的方法。选择时，主要考虑以下几个方面。

1. 零件的几何特征

几何公差特征项目主要是按要素的几何形状特征制定的，因此，要素的几何形状特征是几何公差特征项目选择的基本依据。例如，圆柱形零件可以选圆度、直线度；阶梯轴可以选同轴度；平面零件可以选平面度；窄长零件可以选直线度；槽类零件可以选对称度；凸轮类零件可以选轮廓度等。

2. 零件的使用要求

孔、轴在仅考虑能顺利装配时，可以选直线度；孔、轴在装配后有相对运动、要求接触均匀时，可以选直线度、圆柱度；孔、轴在装配后有运动精度要求时，可以选直线度或平行度，如机床的导轨有运动精度要求，则选直线度；减速箱上各轴承孔中心线间的平行度误差会影响齿轮的啮合精度和齿侧间隙的均匀性，因此可以对其轴线规定平行度公差；各螺钉孔考虑顺利装配时，可以选位置度等。

3. 几何公差的控制功能

应尽量选择具有综合控制功能的几何公差，以减少几何公差特征项目。例如，选择方向公差可以控制与其有关的形状误差；选择位置公差可以控制与其有关的方向误差和形状误差；选择跳动公差可以控制与其有关的形状、方向和位置误差。

4. 检测的方便性

应尽量选择检测方便的几何公差。例如，同轴度公差常常被径向圆跳动公差或径向全跳动公差代替；端面对轴线的垂直度公差可以用端面圆（全）跳动公差代替，这是因为跳动公差检测方便，并且与工作状态比较吻合。

二、几何公差值的确定

根据零件的使用要求确定几何公差值，同时要考虑加工的经济性和零件的结构、刚性等情况。几何公差值的大小由几何公差等级确定（结合主参数），在国家标准《形状和位置公差　未注公差值》（GB/T 1184—1996）中将几何公差划分为 12 个等级，1 级精度最高，依次递减，12 级精度最低。为保证零件的功能关系，几何公差可在国家标准 GB/T 1184—1996 中查表或通过尺寸链计算确定。表 3-4～表 3-7 给出了各种几何公差特征项目的标准公差值（摘自 GB/T 1184—1996）。

表 3–4 直线度、平面度公差值   μm

主参数 L/mm	公差等级											
	1	2	3	4	5	6	7	8	9	10	11	12
≤10	0.2	0.4	0.8	1.2	2	3	5	8	12	20	30	60
>10~16	0.25	0.5	1	1.5	2.5	4	6	10	15	25	40	80
>16~25	0.3	0.6	1.2	2	3	5	8	12	20	30	50	100
>25~40	0.4	0.8	1.5	2.5	4	6	10	15	25	40	60	120
>40~63	0.5	1	2	3	5	8	12	20	30	50	80	150
>63~100	0.6	1.2	2.5	4	6	10	15	25	40	60	100	200
>100~160	0.8	1.5	3	5	8	12	20	30	50	80	120	250

表 3–5 圆度、圆柱度公差值   μm

主参数 d（D）/mm	公差等级											
	1	2	3	4	5	6	7	8	9	10	11	12
≤3	0.2	0.3	0.5	0.8	1.2	2	3	4	6	10	14	25
>3~6	0.2	0.4	0.6	1	1.5	2.5	4	5	8	12	18	30
>6~10	0.25	0.4	0.6	1	1.5	2.5	4	6	9	15	22	36
>10~18	0.25	0.5	0.8	1.2	2	3	5	8	11	18	27	43
>18~30	0.3	0.6	1	1.5	2.5	4	6	9	13	21	33	52
>30~50	0.4	0.6	1	1.5	2.5	4	7	11	16	25	39	62
>50~80	0.5	0.8	1.2	2	3	5	8	13	19	30	46	74

表 3–6 平行度、垂直度、倾斜度公差值   μm

主参数 L、d（D）/mm	公差等级											
	1	2	3	4	5	6	7	8	9	10	11	12
≤10	0.4	0.8	1.5	3	5	8	12	20	30	50	80	120
>10~16	0.5	1	2	4	6	10	15	25	40	60	100	150
>16~25	0.6	1.2	2.5	5	8	12	20	30	50	80	120	200
>25~40	0.8	1.5	3	6	10	15	25	40	60	100	150	250
>40~63	1	2	4	8	12	20	30	50	80	120	200	300
>63~100	1.2	2.5	5	10	15	25	40	60	100	150	250	400
>100~160	1.5	3	6	12	20	30	50	80	120	200	300	500

表 3-7 同轴度、对称度、圆跳动和全跳动公差值　　　　　　　　　　μm

主参数 d (D)、B、L/mm	公差等级											
	1	2	3	4	5	6	7	8	9	10	11	12
≤1	0.4	0.6	1.0	1.5	2.5	4	6	10	15	25	40	60
>1~3	0.4	0.6	1.0	1.5	2.5	4	6	10	20	40	60	120
>3~6	0.5	0.8	1.2	2	3	5	8	12	25	50	80	150
>6~10	0.6	1	1.5	2.5	4	6	10	15	30	60	100	200
>10~18	0.8	1.2	2	3	5	8	12	20	40	80	120	250
>18~30	1	1.5	2.5	4	6	10	15	25	50	100	150	300
>30~50	1.2	2	3	5	8	12	20	30	60	120	200	400
>50~120	1.5	2.5	4	6	10	15	25	40	80	150	250	500

设计零件时，也常用类比法确定几何公差等级，表 3-8~表 3-11 给出了部分几何公差等级的应用场合，可供选用时参考。

表 3-8 直线度、平面度公差等级的应用场合

公差等级	应用举例
1、2	精密量具、测量仪器及精度要求较高的精密机械零件的平面度，如 0 级样板平尺、0 级宽平尺、工具显微镜等精密测量仪器的导轨面及液压泵柱塞套端面等
3	0 级及 1 级宽平尺工作面，1 级样板平尺工作面，测量仪器圆弧导轨的直线度，测量仪器的测量杆直线度等
4	1 级平板，2 级宽平尺，平面磨床纵导轨、垂直导轨、立柱导轨和平面磨床的工作台，液压龙门刨床和转塔车床床身导轨面，柴油机进气门导杆
5	普通机床导轨面，柴油机进气门导杆直线度，柴油机机体上部结合面
6	2 级平板，0.02 mm 游标卡尺尺身的直线度，机床床头箱体，滚齿机床身导轨的直线度，镗床工作台，摇臂钻底座工作台，柴油机气门导杆，液压泵盖的平面度，压力机导轨及滑块
7	2 级平板，车床溜板箱体，机床主轴箱体，机床传动箱体，自动床底座的直线度，气缸盖结合面，气缸座，内燃机连杆分离面的平面度，减速机壳体的结合面
8	3 级平板，自动车床床身底面，摩托车曲轴箱体，汽车变速箱壳体，手动机械的支承面
9	3 级平板，自动车床床身底面的平面度，车床交换齿轮架的平面度，柴油机气缸体，摩托车曲轴箱体，汽车变速器的壳体与汽车发动机缸盖接合面，阀片的平面度，以及液压、管件和法兰的连接面等
10、11	变形的薄片零件，如离合器的摩擦片、汽车发动机缸盖接合面等

表 3-9 圆度、圆柱度公差等级的应用场合

公差等级	应用举例
1	高精度量仪主轴，高精度机床主轴、滚动轴承滚珠和滚柱等
2	精密量仪主轴、外套、阀套，高压液压泵柱塞及柱塞套，纺锭轴承，高速柴油机进、排气门，精密机床主轴轴颈，针阀圆柱表面，喷油泵柱塞及柱塞套
3	工具显微镜套管外圆，高精度外圆磨床轴承，磨床砂轮主轴套管，喷油嘴针、阀体，高精度显微轴承内外圈
4	较精密机床主轴，精密机床主轴箱孔，高压阀活塞、活塞销、阀体孔，工具显微镜顶针，高压液压泵柱塞，较高精度滚动轴承配合轴，铣削头动力箱体孔等
5	一般测量仪器主轴、测杆外圆，陀螺仪轴颈，一般机床主轴轴颈及其轴承孔，柴油机、汽油机活塞及活塞销孔，与 6 级滚动轴承配合的轴颈
6	仪表端盖外圆，一般机床主轴及箱体孔，中等压力下液压装置工作面（包括泵、压缩机的活塞和气缸），汽车发动机凸轮轴，纺织定子，通用减速器轴径，高速船用发动机曲轴，拖拉机曲轴主轴颈
7	大功率低速柴油机曲轴轴颈、活塞、活塞销、连杆、气缸，高速柴油机箱体轴承孔，千斤顶或液压缸活塞，机车传动轴，水泵及通用减速器转轴轴颈
8	低速发动机、减速器、大功率曲柄轴轴颈，压气机连杆盖、体，拖拉机气缸体、活塞，炼胶机冷铸轴辊，印刷机传墨辊，内燃机曲轴，柴油机机体孔，凸轮轴，拖拉机、小型船用柴油机气缸
9	空气压缩机缸体，液压传动筒，通用机械杠杆与拉杆用套筒销子，拖拉机活塞环、套筒环
10	印染机导布辊、绞车、起重机滑动轴承轴颈等

表 3-10 平行度、垂直度公差等级的应用场合

公差等级	应用举例	
	平行度	垂直度
1	高精度机床，高精度测量仪器及量具等主要基准面和工作面	高精度机床，高精度测量仪器及量具等主要基准面和工作面
2、3	精密机床，精密测量仪器、量具及夹具等主要基准面和工作面，精密机床上重要箱体主轴孔对基准面及对其他孔的要求	精密机床导轨，普通机床重要导轨，机床主轴轴向定位面，精密机床主轴肩端面，滚动轴承座圈端面，齿轮测量仪的芯轴，光学分度头芯轴端面，精密刀具、量具工作面和基准面

续表

公差等级	应用举例	
	平行度	垂直度
4、5	普通机床、测量仪器、量具及模具的基准面，高精度轴承座圈、端盖、挡圈的端面，机床主轴孔对端面的要求，重要轴承孔对基准面要求，床头箱重要孔间要求，一般减速器壳体孔、齿轮泵的轴孔端面等	普通机床导轨，精密机床重要零件，机床重要支承面，普通机床主轴偏摆，发动机轴和离合器的凸缘，气缸的支承端面，装4、5级轴承箱体的凸肩
6、7、8	一般机床零件的工作面或基准，压力机和锻锤的工作面，中等精度钻模的工作面，一般刀具、量具、模具，机床一般轴承孔对基准面的要求，床头箱一般孔间要求，气缸轴线，变速器箱体孔，主轴花键对定心直径，重型机械轴承盖的端面，卷扬机、手动传动装置中的传动轴	低精度机床主要基准面和工作面，回转工作台轴向跳动，一般导轨，主要箱体孔，刀架、砂轮架及工作台回转中心，机床轴肩，气缸配合面对其轴线，活塞销孔对活塞中心线及与PN级、P6级轴承配合的外壳孔的轴线等
9、10	低精度零件，重型机械滚动轴承端盖，柴油机和煤气发动的曲轴孔、轴颈等	花键轴轴肩端面，传动带、运输机、法兰盘等对端面、轴线，手动卷扬机及传动装置中轴承端面，减速机壳体平面等
11、12	零件的非工作面，绞车、运输机上用的减速器壳体平面	农业机械齿轮端面等

表3-11 同轴度、对称度、圆跳动和全跳动公差等级的应用场合

公差等级	应用举例
5、6、7	应用广泛的公差等级，用于精度要求较高、尺寸公差等级高于IT8的零件。5级常用于机床轴颈，测量仪器的测量杆，汽轮机主轴，柱塞泵转子，高精度滚动轴承外圈，一般精度轴承内圈；6级、7级用于内燃机曲轴、凸轮轴轴颈，水泵轴，齿轮轴，汽车后桥输出轴，电机转子，PN级精度滚动轴承内圈，印刷机传墨辊等
8、9	常用于几何精度要求一般，尺寸公差等级为IT9~IT11的零件。8级用于拖拉机发动机分配轴轴颈，与9级精度以下齿轮相配的轴，水泵叶轮，离心泵体，棉花精梳机前后滚子，键槽等；9级用于内燃机气缸套配合面，自行车中轴

按类比法确定几何公差值（公差等级）时，还应考虑以下几个问题。

1. 零件的结构特点

对于结构复杂、刚性较差（如细长轴）的零件及宽度较大的零件表面，由于加工困难，容易产生较大的几何误差，可适当选用低1~2级的公差等级。

2. 形状公差与表面粗糙度的关系

形状公差与表面粗糙度之间的关系与公差等级有关，精度等级越高，要求表面粗糙度值越小。有关直线度和平面度公差等级对应的表面粗糙度见表3-12，有关圆度和圆柱度公差等级对应的表面粗糙度见表3-13。另外，在实际工作中，有时也可以采用经验法确定表面粗糙度。例如，对于一般精度要求的零件，形状公差$t_{形状}$与表面粗糙度Ra之间对应关系为$Ra = (0.2 \sim 0.3) t_{形状}$；对于高精度及小尺寸零件，$Ra = (0.5 \sim 0.7) t_{形状}$。

表3-12 直线度和平面度公差等级与表面粗糙度的对应关系

主参数/mm	公差等级											
	1	2	3	4	5	6	7	8	9	10	11	12
	表面粗糙度 Ra 不大于/μm											
≤25	0.025	0.050	0.10	0.10	0.20	0.20	0.40	0.80	1.60	1.60	3.2	6.3
>25~160	0.050	0.10	0.10	0.20	0.20	0.40	0.80	0.80	1.60	3.2	6.3	12.5
>160~1 000	0.10	0.20	0.40	0.40	0.80	1.60	1.60	3.2	3.2	6.3	12.5	12.5
>1 000~10 000	0.20	0.40	0.80	1.60	1.60	3.2	6.3	6.3	12.5	12.5	12.5	12.5

表3-13 圆度和圆柱度公差等级与表面粗糙度的对应关系

主参数/mm	公差等级											
	1	2	3	4	5	6	7	8	9	10	11	12
	表面粗糙度 Ra 不大于/μm											
≤3	0.012 5	0.012 5	0.025	0.05	0.1	0.2	0.2	0.4	0.8	1.6	3.2	3.2
>3~18	0.012 5	0.025	0.05	0.1	0.2	0.4	0.4	0.8	1.6	3.2	6.3	12.5
>18~120	0.025	0.05	0.1	0.2	0.2	0.4	0.8	1.6	3.2	6.3	12.5	12.5
>120~500	0.05	0.1	0.2	0.4	0.8	0.8	1.6	3.2	6.3	12.5	12.5	12.5

3. 几何公差与尺寸公差的关系

在一般情况下，几何公差与尺寸公差之间应满足$t_{几何} < T_{尺寸}$的关系。考虑到零件之间的配合情况，具体配合精度和配合性质的要求有所不同。

1）当保证配合精度时，二者之间应满足$t_{几何} = KT_{尺寸}$的关系，K一般取1/2、1/3、1/4。

2）当保证配合性质时，二者之间应满足$t_{几何} = KT_{尺寸}$的关系，K一般取1/2。

同轴度、对称度、圆跳动和全跳动的几何公差等级与尺寸公差等级IT的对应关系见表3-14。

表 3-14 同轴度、对称度、圆跳动和全跳动的几何公差等级与尺寸公差等级 IT 的对应关系

同轴度、对称度、径向圆跳动、径向全跳动公差等级	1	2	3	4	5	6	7	8	9	10	11	12
公差等级 IT	2	3	4	5	6	7、8	8、9	10	11、12	12、13	14	15
轴向圆跳动、斜向圆跳动、轴向全跳动公差等级	1	2	3	4	5	6	7	8	9	10	11	12
公差等级 IT	1	2	3	4	5	6	7、8	8、9	10	11、12	12、13	14

注：6、7、8、9 级为常用的几何公差等级，7 级为基本级。

三、基准的选择

基准是确定关联要素间方向或位置的依据。在考虑选择方向、位置和跳动几何公差特征项目时，必然要同时考虑采用的基准。基准的选择包括以下几个方面。

1) 组合件的装配关系：如果两个零件的结合面有装配关系，则应选相应的结合面作为基准部位，如箱体的底平面和侧面、盘类零件的轴线、回转零件的支承轴径或支承孔等。

2) 零件的功能关系：基准要素应具有足够的刚度和大小，以保证定位稳定可靠。例如，用两条或两条以上相距较远的轴线组合成公共基准轴线比一条基准轴线要稳定。

3) 选用加工比较精确的表面作为基准部位。

4) 基准的选取力求设计基准、加工基准、检验基准的统一，以减小误差和量夹具的设计与制造难度，并方便测量。

5) 凡有关标准已对几何公差作出规定的，如与滚动轴承相配的轴和外壳孔的圆柱度公差、机床导轨的直线度公差、齿轮箱体孔中心线的平行度公差等，都应参照相应标准规定。

通常方向公差项目只需要单一基准；对于位置公差项目中的同轴度、对称度，其基准可以是单一基准，也可以是组合基准；对于位置度则多采用三基面体系。

四、公差原则和公差要求的选择

公差原则和公差要求的选择也是公差选择的一项重要内容，这部分内容已在本章第四节相关内容中叙述，这里不再重复。

五、几何公差的未注公差

1. 未注公差值的基本概念

1) 国家标准 GB/T 1184—1996 中给出的未注公差值为各类工厂常用设备能保证的一般精度（设备精度应符合精度标准要求）。

2）一般情况下，当要素的公差值小于未注公差值时，才需要在图样上用公差框格给出几何公差要求；当要求的公差值大于未注公差值时，一般仍采用未注公差值，不需要用框格表示。未注公差值只有在可以给工厂带来经济效益时才需要标注出。

3）采用未注公差值一般不需要检查，只有在仲裁时才需要检查。有时为了了解设备精度，也可以对几批生产的零件通过首检或抽检了解其未注几何公差的大小。

4）图样中大部分要素的几何公差值均是未注公差值。

5）如果零件的几何误差超出了未注公差值，一般情况下不必拒收，只有在影响零件的功能时才需要拒收。

2. 未注公差值的规定

1）直线度和平面度未注公差值见表3–15，分为H、K、L三个等级。表3–15中的"基本长度"是指被测长度，对于平面则是指被测表面的长边或圆平面的直径。

表 3–15 直线度和平面度未注公差值 mm

公差等级	基本长度范围					
	≤10	>10~30	>30~100	>100~300	>300~1 000	>1 000~3 000
H	0.02	0.05	0.1	0.2	0.3	0.4
K	0.05	0.1	0.2	0.4	0.6	0.8
L	0.1	0.2	0.4	0.8	1.2	1.6

2）圆度未注公差值，规定采用相应的直径公差值，但不能大于径向圆跳动值。

3）圆柱度误差由圆度、轴线直线度、素线直线度和素线平行度组成。其中每项均由其注出公差值或未注公差值控制。例如，圆柱度遵守包容要求时受最大实体边界控制。

4）线、面轮廓度未注公差值未作具体规定时，受线、面轮廓的线性尺寸或角度公差控制。

5）平行度未注公差值等于相应的尺寸公差值。

6）垂直度未注公差值见表3–16，分为H、K、L三个等级。

7）对称度未注公差值见表3–17，分为H、K、L三个等级。

8）位置度未注公差值未作规定，因为其属于综合性误差，由分项公差控制。

9）圆跳动未注公差值见表3–18，分为H、K、L三个等级。

表 3–16 垂直度未注公差值 mm

公差等级	基本长度范围			
	≤100	>100~300	>300~1 000	>1 000~3 000
H	0.2	0.3	0.4	0.5
K	0.4	0.6	0.8	1
L	0.6	1	1.5	2

10）全跳动未注公差值未作规定，因为其是综合误差项目，所以可以通过圆跳动公差值、素线直线度公差值或其他注出或未注出的尺寸公差控制。

表 3-17　对称度未注公差值　　　　　　　　　　　　　　　　　　　　　　mm

公差等级	基本长度范围			
	≤100	>100～300	>300～1 000	>1 000～3 000
H	0.5			
K	0.6		0.8	1
L	0.6	1	1.5	2

表 3-18　圆跳动未注公差值　　　　　　　　　　　　　　　　　　　　　　mm

公差等级	公差值
H	0.1
K	0.2
L	0.5

3. 未注公差的标注

在图样上采用未注公差值时，应在图样的标题栏附近或在技术要求中标出未注公差的等级及标准编号，如 GB/T 1184-K、GB/T 1184-H 等。

六、几何公差选用标注举例

选择几何公差时应根据功能要求确定几何公差特征项目，参考几何公差与尺寸公差、表面粗糙度、加工方法的关系，再结合实际情况修正后确定公差等级，同时选择基准要素和标注方法。

例 3-4　试确定图 3-89 所示的齿轮液压泵中齿轮轴两端颈 $\phi15f6$ 的几何公差并正确标注。

解：a. 确定几何公差特征项目及公差值。

a）齿轮轴两端颈 $\phi15f6$ 形状公差确定。由于齿轮轴在较高转速下工作，在两轴颈与两端泵盖轴承孔为间隙配合时，为保证沿轴截面与横截面各处间隙均匀，防止磨损不一致及避免跳动过大，应严格控制其形状误差。参照表 3-9 的应用举例，选圆度和圆柱度公差项目，同时，由于圆柱度为综合公差，因此公差等级可取 5 级，而圆度公差等级取 6 级。查表 3-5，圆度和圆柱度公差值分别为 0.002 mm 和 0.003 mm。

由于既要保证可装配性，又要保证对中精度与运动精度和齿轮接触良好的功能要求，因此可采用单一要素的包容要求。

b）齿轮轴两端颈 ϕ15f6 位置公差确定。为了保证可装配性和运动精度，应控制两轴颈的同轴度误差，但考虑到同轴度误差在实际中不便检查，故可用径向圆跳动公差要求控制同轴度误差，参照表 3－11 的应用举例，综合考虑各方面因素，取公差等级 6 级。查表 3－7，公差值为 0.008 mm。

b．几何公差标注。

根据以上确定的几何公差特征项目及公差值进行标注，如图 3－89 所示。

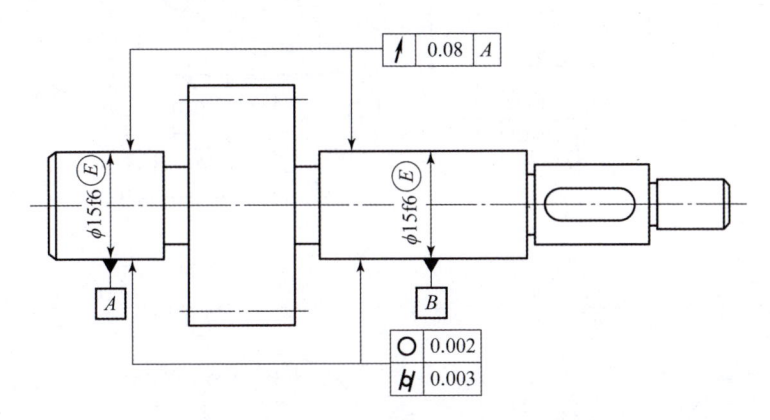

图 3－89　齿轮轴两端颈几何公差标注示例

例 3－5　图 3－90 所示为减速器的输出轴，根据对该轴的功能要求，给出有关几何公差。

解： a．确定几何公差特征项目及公差值。

a）两轴颈 ϕ55j6 形状公差确定。

为保证配合轴承的几何精度，参照表 3－9 应用举例，选圆柱度，公差等级取 6 级，又查表 3－5 得，圆柱度公差值为 0.005 mm。

两轴颈 ϕ55j6 与 5 级滚动轴承内圈相配合，为了保证配合性质，采用包容要求。

b）位置公差确定。

两轴颈 ϕ55j6 上安装滚动轴承后，将分别与减速器箱体的两孔配合，为了避免影响轴承外圈和箱体孔的配合，参照表 3－11 的应用举例，选径向圆跳动，公差等级取 7 级，又查表 3－7 得，两轴颈的径向圆跳动公差值为 0.025 mm。

ϕ62 mm 处的两轴肩都是止推面，起一定的定位作用，参照表 3－11 的应用举例，选两轴肩相对于基准轴线 $A-B$ 的轴向圆跳动，考虑到两轴肩端面易于加工，取高于两轴颈圆跳动公差的一级，即取 6 级，又查表 3－7 得，两轴肩的轴向圆跳动公差值为 0.015 mm。

ϕ56r6 和 ϕ45m6 分别与齿轮和带轮配合，为保证齿轮的正确啮合，按照上述查表方法得，其公差值为 0.025 mm。同时为保证配合性质，采用包容要求。

对于 ϕ56r6 和 ϕ45m6 轴径上的键槽 16N9 和 12N9，一般按照 8 级对称度的公差要求，查表 3－7 得，其公差值为 0.02 mm。

b．几何公差标注。

根据上述确定的几何公差特征项目及公差值，如图 3－90 所示。

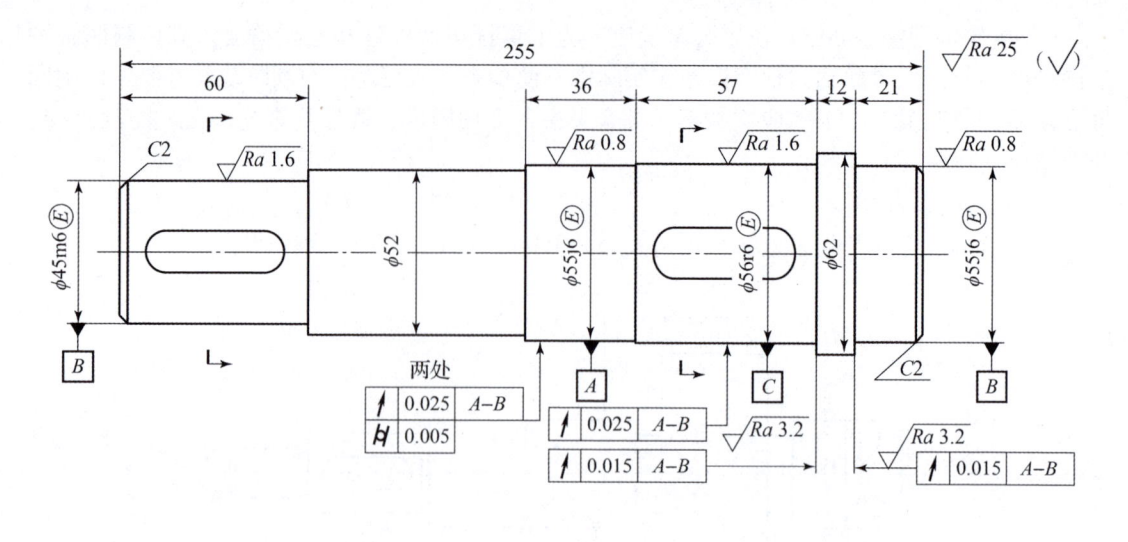

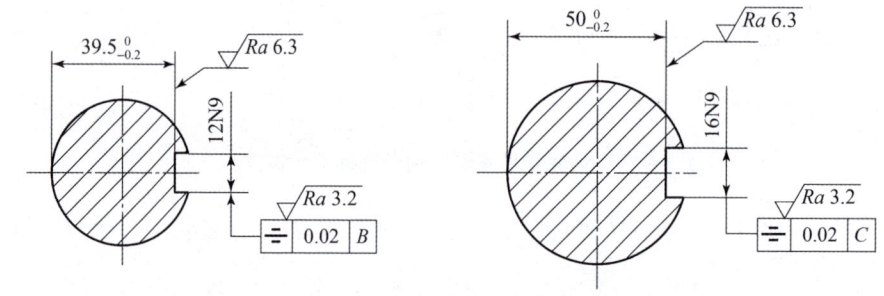

图 3-90 减速器输出轴上几何公差标注示例

习题三

1. 什么是独立原则？独立原则应用在什么场合？
2. 什么是几何公差带？几何公差带和尺寸公差带有什么主要区别？
3. 什么是包容要求？为什么包容要求多用于配合性质较严格的场合？
4. 试说明下列几何公差特征项目的公差带的异同。
   （1）圆度和径向圆跳动公差带。
   （2）端面对轴线的垂直度和轴向全跳动公差带。
   （3）圆柱度和径向全跳动公差带。
5. 简述评定位置误差的最小包容区域与评定形状误差的最小包容区域的不同点。
6. 将下列各项几何公差要求标注在图 3-91 上。
   （1）$\phi 40_{-0.03}^{\ 0}$ mm 圆柱面对 $2\times\phi 25_{-0.021}^{\ 0}$ mm 公共轴线的圆跳动公差为 0.015 mm。
   （2）$2\times\phi 25_{-0.021}^{\ 0}$ 轴颈的圆度公差为 0.01 mm。
   （3）$\phi 40_{-0.03}^{\ 0}$ 左右端面对 $2\times\phi 25_{-0.021}^{\ 0}$ mm 公共轴线的轴向圆跳动公差为 0.02 mm。
   （4）键槽 $10_{-0.035}^{\ 0}$ 中心平面对 $\phi 40_{-0.03}^{\ 0}$ 轴线的对称度公差为 0.015 mm。

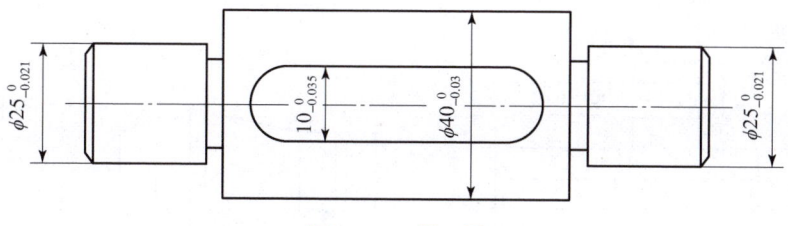

图 3-91 题 6 图

7. 将下列各几何公差要求标注在图 3-92 上。

（1）$2 \times \phi d$ 轴线对其公共轴线的同轴度公差均为 0.02 mm。

（2）ϕD 轴线对 $2 \times \phi d$ 公共轴线的垂直度公差为在 100 mm 长度上不大于 0.01 mm。

（3）ϕD 轴线对 $2 \times \phi d$ 公共轴线的对称度公差为 0.01 mm。

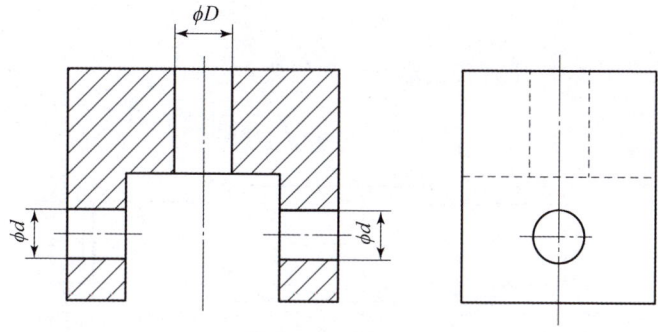

图 3-92 题 7 图

8. 改正图 3-93 中几何公差标注的错误（不改变几何公差特征项目符号）。

9. 用分度值为 0.01 mm/m 的水平仪和节距为 250 mm 的桥板来测量长度为 2 m 的机床导轨，读数（格）为 0、+2、+2、0、-0.5、-0.5、+1、+3，试求导轨的直线度误差值。

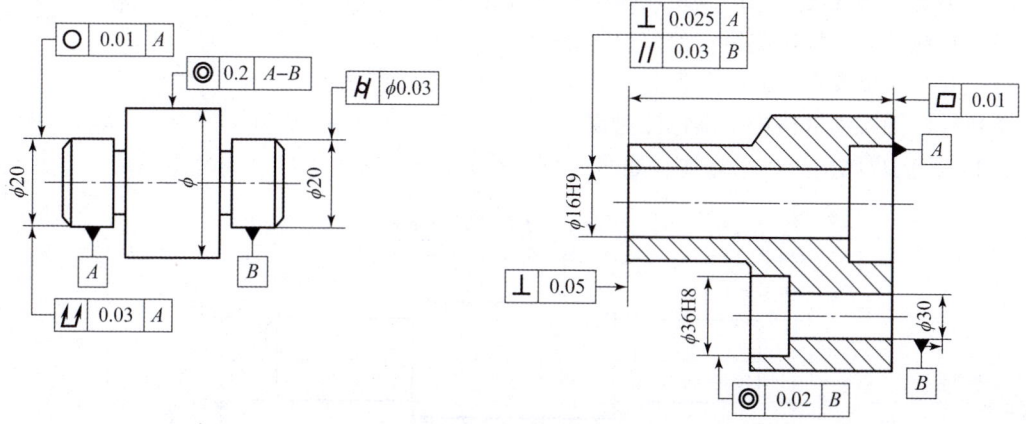

图 3-93 题 8 图

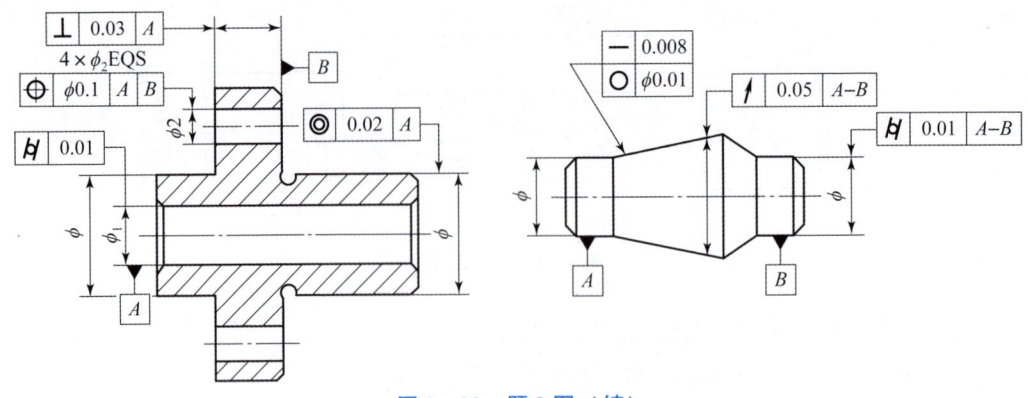

图 3-93 题 8 图（续）

项目实践：

观察图 3-94，图中的标注有什么错误？如何改正？

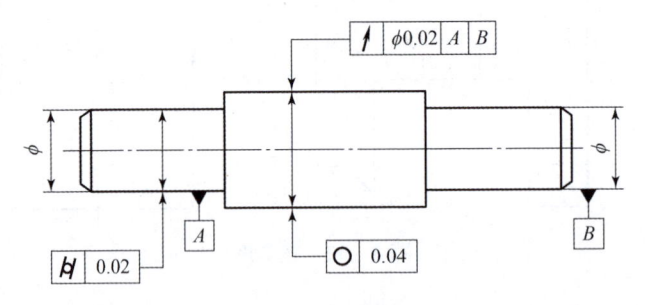

图 3-94 项目实践图 1

（1）我们能观察到 6 处错误的地方，分别如下：
1）基准 A 的标注位置错误；
2）基准 B 的标注位置错误；
3）圆度、圆柱度、径向圆跳动指引线标注错误；
4）圆柱度公差框格项目与公差位置错误；
5）几个被测要素有同一几何公差要求可用简化标注方法；
6）径向圆跳动框格中基准标注错误。

（2）我们再画出正确的标注，如图 3-95 所示。

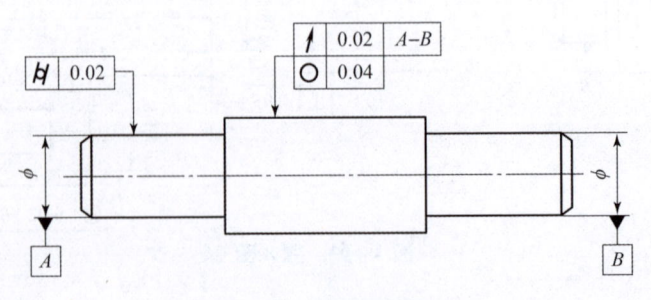

图 3-95 项目实践图 2

第四章 表面粗糙度

> **导读**
>
> 本章学习的主要目的和要求：
> 1. 了解表面粗糙度的基本概念及其对零件力学性能的影响。
> 2. 掌握表面粗糙度的评定参数及其数值标准的基本内容和特点。
> 3. 掌握表面粗糙度在图样上的标注方法及其选用原则。
> 4. 了解表面粗糙度的检测方法。

第一节 概述

一、表面粗糙度的基本概念

在切削加工过程中，由于刀痕、切屑分离时的变形、刀具和已加工表面间摩擦及工艺系统的高频振动等因素，在零件已加工表面上总会出现较小间距和微小峰谷组成的微观几何形状特征，此特征称为表面粗糙度。表面粗糙度反映了零件表面微观几何形状误差，其参数值愈小，表面愈光洁平整，反之则愈粗糙。

零件表面存在的几何形状误差，除表面粗糙度外，还有宏观几何形状误差（又称形状误差）和中间几何形状误差（又称表面波纹度）（见图 4-1）。通常可按照波形起伏间距 λ 与幅值 h（见图 4-2）的比值划分，$\lambda/h < 40$ 时为表面粗糙度，$40 \leq \lambda/h \leq 1\,000$ 时为表面波纹度，$\lambda/h > 1\,000$ 时为形状误差。

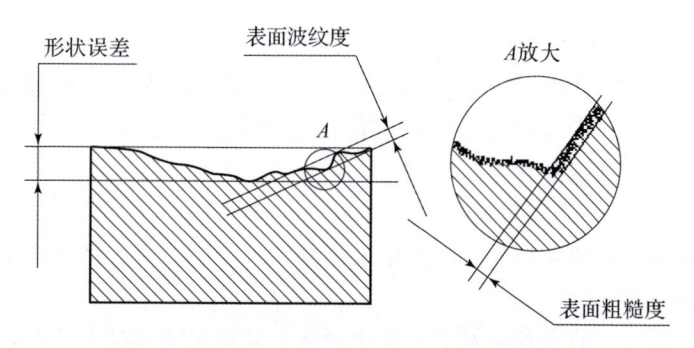

图 4-1 形状误差、表面波纹度和表面粗糙度

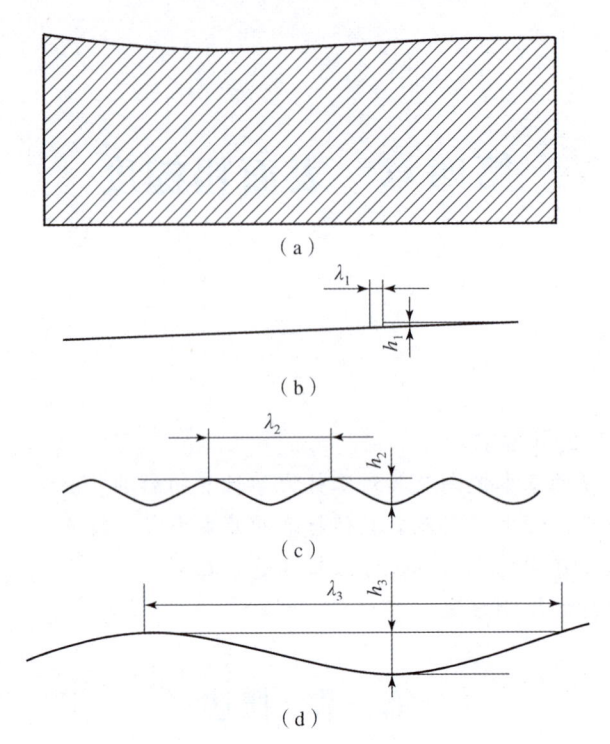

图 4-2　加工误差示意图
(a) 表面实际轮廓；(b) 表面粗糙度；(c) 表面波纹度；(d) 形状误差

二、表面粗糙度对零件力学性能的影响

表面粗糙度对零件力学性能有很大的影响，主要表现在以下几个方面。

1. 对耐磨性的影响

零件表面越粗糙，摩擦阻力越大，因此提高零件表面粗糙度的要求，可以减少摩擦损失，提高工作机械的传动效率，延长机器的使用寿命。但是零件表面过于光滑，会不利于润滑油的存储，形成干摩擦，使磨损加剧。

2. 对工作精度的影响

表面粗糙的两个物体相互接触，易产生变形，影响机器的工作精度。

3. 对配合性能的影响

做相对运动的两个零件由于接触表面粗糙，会产生磨损，从而使间隙增加，破坏原有的配合性质；对过盈配合，表面粗糙会减小实际的过盈量，降低零件的连接强度；对过渡配合，表面粗糙可能会降低定位和导向精度。

4. 对耐腐蚀性影响

粗糙的零件表面，腐蚀介质易在凹谷中堆积并渗入金属内部，造成表面锈蚀。

5. 对抗疲劳性的影响

粗糙的表面存在较大的波谷，对应力集中敏感，从而影响零件的疲劳强度。另外，表面粗糙度对零件的外形、测量精度也有一定的影响。

由此可见，要求零件的表面粗糙度是几何精度设计中必不可少的内容。

第二节　表面粗糙度的评定

我国现行的表面粗糙度国家标准有《产品几何技术规范（GPS）表面结构 轮廓法 表面粗糙度参数及其数值》（GB/T 1031—2009）、《产品几何技术规范（GPS）表面结构 轮廓法 术语、定义及表面结构参数》（GB/T 3505—2009）、《产品几何技术规范（GPS）技术产品文件中表面结构的表示法》（GB/T 131—2006）。

一、基本术语

1. 实际轮廓

实际轮廓是指平面与实际表面相交所得到的轮廓线，如图 4-3 所示，按截取方向的不同可分为横向实际轮廓和纵向实际轮廓。在实际评定中，通常按照与加工纹理方向垂直方向上的轮廓，即横向实际轮廓进行评定。

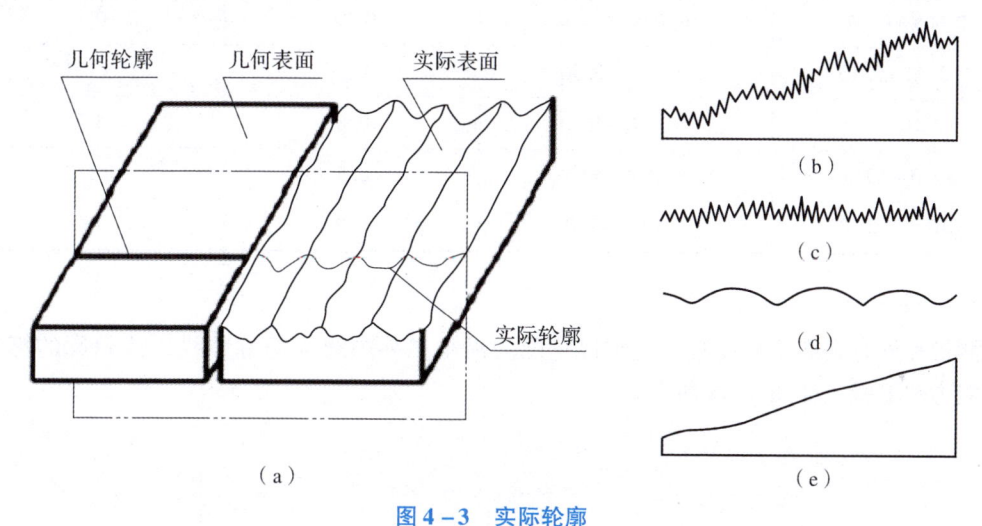

图 4-3　实际轮廓
(a) 表面和轮廓；(b) 实际轮廓；(c) 表面粗糙度轮廓；(d) 表面波纹度轮廓；(e) 形状轮廓

2. 取样长度

判别和测量表面粗糙度时所规定的一段基准线长度称为取样长度（见图 4-4），用 lr 表示。规定取样长度的目的是限制和减弱表面波纹度对测量结果的影响，以便更加真实地反映表面粗糙度特征。取样长度方向应与实际轮廓走向一致，并与表面粗糙度的要求相适应，在取样长度内，通常应包括 5 个以上的波峰和波谷。

3. 评定长度

评定表面粗糙度时所必需的一段长度称为评定长度（见图 4-4），用 ln 表示。评定长度可采用一个或几个取样长度，以便充分反映整个表面的表面粗糙度特征。对加工痕迹均匀的表面，其评定长度可取得短些，反之则应取得长些。在各取样长度范围内测量，以测量结果的算术平均值来评定其表面粗糙度。

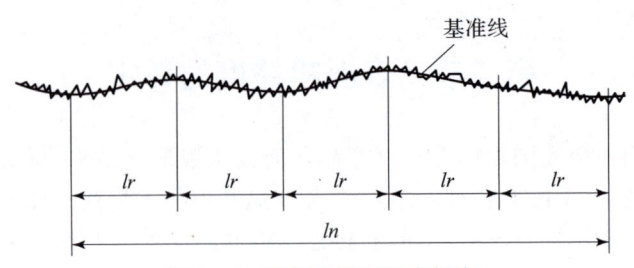

图 4-4 取样长度和评定长度

取样长度和评定长度的选取值见表 4-1。一般情况下取 $ln=5lr$；在被测表面为车、铣、刨等较均匀的表面时，ln 取值可小于 $5lr$，如取 $(1\sim3)\,lr$；对于磨、研磨、抛光等均匀性较差的表面，应取 $ln\geqslant 5lr$，如取 $(6\sim17)\,lr$。

表 4-1 取样长度与评定长度的选取值

$Ra/\mu m$	$Rz/\mu m$	lr/mm	ln/mm
0.008~0.02	0.025~0.10	0.08	0.4
>0.02~0.10	>0.10~0.50	0.25	1.25
>0.10~2.0	>0.50~10.0	0.8	4.0
>2.0~10.0	>10.0~50.0	2.5	12.5
>10.0~80.0	>50.0~320	8.0	40

4. 基准线

测量和评定表面粗糙度时，规定以轮廓的最小二乘中线（简称中线）或轮廓的算术平均中线为基准线，如图 4-5 所示。

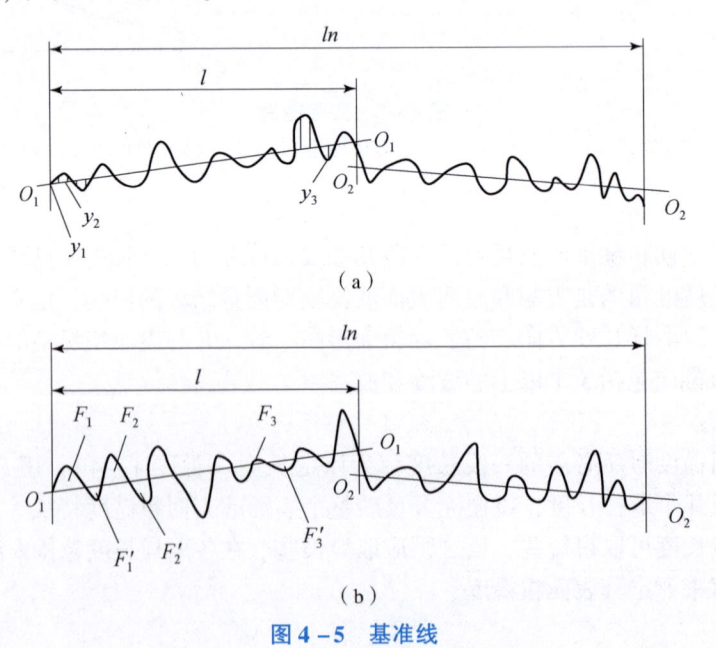

图 4-5 基准线
(a) 最小二乘中线；(b) 算术平均中线

轮廓的最小二乘中线是指在取样长度内，实际轮廓上各点轮廓偏距的平方和最小（d_x 为最小）的一条线，是一条与被测表面几何形状一致，划分实际轮廓的线。

轮廓的算术平均中线是一条具有几何轮廓形状的线段，在取样长度内与轮廓走向一致，并使轮廓上、下两部分面积相等（见图 4-5），即

$$F_1 + F_2 + \cdots + F_n = F_1' + F_2' + \cdots + F_n' \tag{4-1}$$

在评定表面粗糙度时，轮廓的算术平均中线在测得的实际轮廓图上用作图法容易求出，可以简化确定最小二乘中线位置的复杂计算，因此常用轮廓的算术平均中线来代替轮廓的最小二乘中线。

二、评定参数

1. 幅度参数

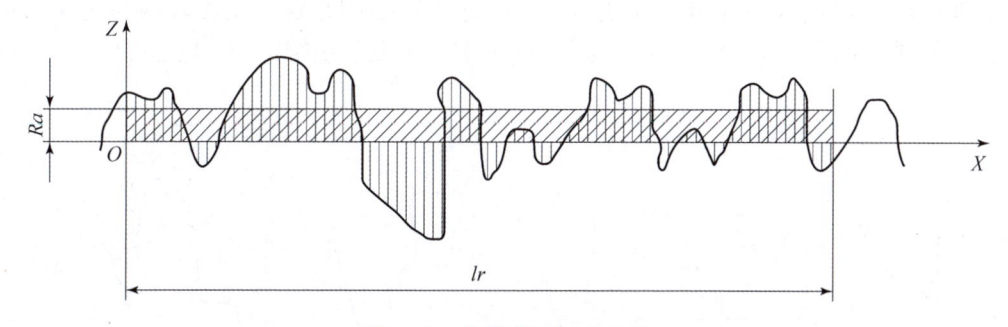

（1）轮廓算术平均偏差

轮廓算术平均偏差 Ra 是指在一个取样长度内，轮廓偏距 $z(x)$ 绝对值的算术平均值，如图 4-6 所示，用公式表示为

$$Ra = \frac{1}{lr} \int_0^{lr} |z(x)| dx \tag{4-2}$$

图 4-6 轮廓算术平均偏差

也可近似表示为

$$Ra = \frac{1}{n} \sum_{i=1}^{n} |z_i| \tag{4-3}$$

式中　z_i——第 i 点轮廓偏距（$i = 1, 2, 3, \cdots, n$）。

Ra 越大，表面越粗糙。

（2）轮廓最大高度

轮廓最大高度 Rz 是指在取样长度内，最大轮廓峰高 Zp 与最大轮廓谷深 Zv 之和，如图 4-7 所示，即

$$Rz = Zp + Zv \tag{4-4}$$

Rz 越大，表面越粗糙。由于测点少，因此 Rz 不能充分反映表面状况，但是 Zp、Zv 值易于在光学仪器上量取，且计算简便，故应用较多。

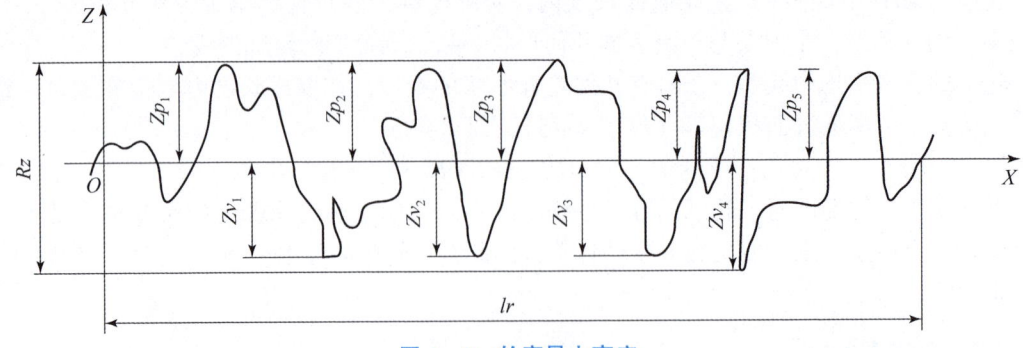

图 4-7 轮廓最大高度

2. 间距参数

轮廓单元的平均宽度 Rsm 是指在一个取样长度内，轮廓单元宽度 Xs 的平均值，用公式表示为

$$Rsm = \frac{1}{m}\sum_{i=1}^{m} Xs_i \qquad (4-5)$$

式中　Xs_i——第 i 个轮廓微观不平度的间距。

轮廓单元是指轮廓峰和轮廓谷的组合宽度。轮廓单元宽度 Xs 是指 X 轴线与轮廓单元相交线段的长度，如图 4-8 所示。Rsm 越小，表示轮廓表面越细密，密封性越好。

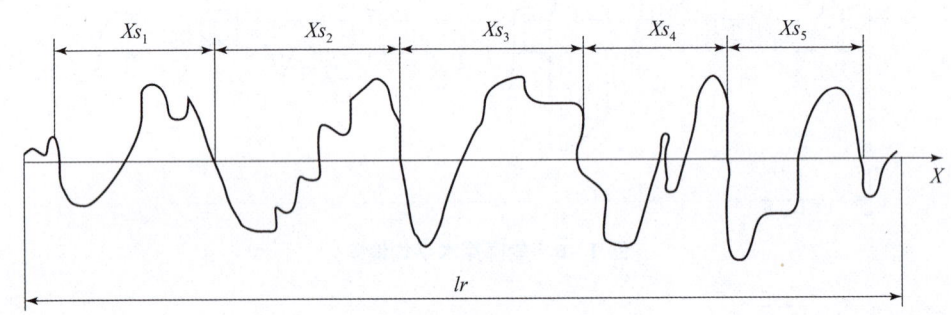

图 4-8 轮廓单元宽度

3. 形状特性参数

轮廓支承长度率 $Rmr(c)$ 是指在给定截面高度 c 上，轮廓的实体材料长度 $Ml(c)$ 与评定长度 ln 的比率，用公式表示为

$$Rmr(c) = \frac{Ml(c)}{ln} = \frac{\sum_{i=1}^{n} b_i}{ln} \qquad (4-6)$$

轮廓的实体材料长度 $Ml(c)$，是指在评定长度内，一平行于 X 轴的直线从峰顶线向下移一水平截距 c 时，与轮廓相截所得的各段截线长度 b_i 之和。

$Rmr(c)$ 值是对应于不同截面高度 c 而给出的。截面高度 c 是从峰顶线开始计算的，可用 μm 或 Rz 的百分数表示。如图 4-9 所示，给出 $Rmr(c)$ 参数时，必须同时给出轮廓截面高度 c 的值。

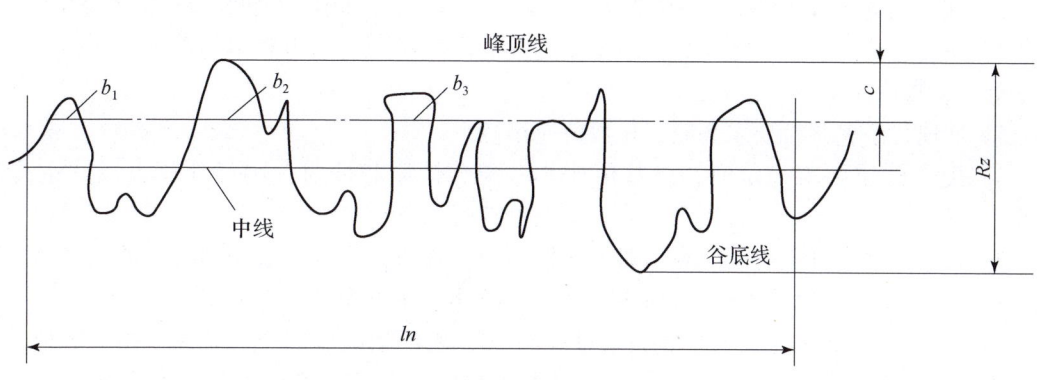

图 4-9 轮廓支承长度

国家标准 GB/T 1031—2009 规定，幅度参数是基本评定参数，间距和形状特性参数为附加评定参数。在 c 值一定时，$Rmr(c)$ 值越大，支承能力和耐磨性越好。

第三节 表面粗糙度的选择

对零件表面粗糙度进行合理的选择，主要是指评定参数的选择和参数值的确定。选择原则是在满足零件表面功能要求的同时，保证加工工艺的经济性。选择方法有计算法、试验法和类比法，其中常用的为类比法。

一、表面粗糙度评定参数的选择

表面粗糙度评定参数中，Ra、Rz 两个幅度参数为基本参数，Rsm、$Rmr(c)$ 为两个附加参数。这些参数分别从不同角度反映零件的表面特征，但都存在着不同程度的不完整性。因此，在选用时要根据零件的功能要求、材料性能、结构特点及测量条件等情况适当选择一个或几个评定参数。

如无特殊要求，一般仅选用幅度参数。

1) 当 Ra 在 $0.025 \sim 6.3 \mu m$ 范围内，优先选用 Ra，因为在该范围内用轮廓仪能很方便地测出 Ra 的实际值。在 $Ra > 6.3 \mu m$ 或 $Ra < 0.025 \mu m$ 范围内，即表面太粗糙或太光滑时，用光切显微镜和干涉显微镜测量很方便，因此多选用 Rz。

2) 当表面不允许出现较深加工痕迹，防止应力过于集中且要求保证零件的抗疲劳强度和密封性时，选用 Rz。

附加参数一般不单独使用，对于有特殊要求的少数零件的重要表面（如要求喷涂均匀，涂层有较好的附着性和光泽表面），需要控制 Rsm 的数值；对于有较高支承刚度和耐磨性要求的表面，应规定 $Rmr(c)$ 参数。

二、表面粗糙度评定参数值的选用

按照国家标准 GB/T 1031—2009 选用各参数值，见表 4-2 ~ 表 4-5。
用类比法选择高度参数值时，应注意以下原则。
1) 在满足零件表面使用功能的前提下，应尽可能选用较大的参数值。
2) 同一零件上工作表面应比非工作表面的参数值小。

3）在一般情况下，摩擦表面比非摩擦表面、滚动摩擦表面比滑动摩擦表面的参数值小。

4）运动速度高、承受载荷大、承受交变载荷及容易产生应力集中的部位，如圆角、沟槽等处，参数值应小。

5）防腐性、密封性要求高时，参数值应小。

6）配合性质要求稳定时，参数值应小；配合性质相同时，小尺寸比大尺寸的参数值小。

7）尺寸精度、几何精度要求高时，应取小的参数值；公差等级相同时，轴比孔的参数值小；对于手柄、手轮等外观要求高的零件，虽然尺寸精度较低，但参数值应小。

形状公差与表面粗糙度数值的关系见表 4-6，表面粗糙度的微观特征、相应数值、经济加工方法及应用举例见表 4-7，与公差等级对应的表面粗糙度评定参数 Ra 的推荐数值见表 4-8，可供类比法选择时参考。

表 4-2 Ra 的数值   μm

基本系列	补充系列	基本系列	补充系列	基本系列	补充系列	基本系列	补充系列	基本系列	补充系列
	0.008								
	0.010								
0.012			0.125			1.25		12.5	
	0.016		0.160	1.6					16
	0.020	0.20				2.0			20
0.025			0.25			2.5		25	
	0.032		0.32			3.2			32
	0.040	0.40				4.0			40
0.050			0.50			5.0		50	
	0.063		0.63	6.3					63
	0.080	0.80				8.0			80
0.100			1.00			10.0		100	

表 4-3 Rz 的数值   μm

基本系列	补充系列	基本系列	补充系列	基本系列	补充系列	基本系列	补充系列	基本系列	补充系列	基本系列	补充系列
			0.125		1.25	12.5			125	125	
			0.160	1.6			16.0		160	1 600	
			0.20		2.0		20	200			

续表

基本系列	补充系列	基本系列	补充系列	基本系列	补充系列	基本系列	补充系列	基本系列	补充系列	基本系列	补充系列
0.025			0.25		2.5	25			250		
	0.032		0.32	3.2			32		320		
	0.040	0.40			4.0		40	400			
0.050			0.50		5.0	50			500		
	0.063		0.63	6.3			63		630		
	0.080	0.80			8.0		80	800			
0.100			1.00		10.0	100			1 000		

表 4−4 Rsm 的数值   mm

Rsm	0.006	0.0125	0.025	0.050	0.1	0.20	0.4	0.80	1.6	3.2	6.3	12.5

表 4−5 $Rmr(c)(\%)$ 的数值

$Rmr(c)$	10	15	20	25	30	40	50	60	70	80	90

注：选用轮廓支承长度率参数时，必须同时给出轮廓截面高度 c 的数值。c 值多用 Rz 的百分数表示，其系列有 5%、10%、15%、20%、25%、30%、40%、50%、60%、70%、80%、90%。

表 4−6 形状公差与表面粗糙度数值的关系

形状公差 t 占尺寸公差 T 的百分比/%	表面粗糙度数值占尺寸公差的百分比/%	
	Ra/T	Rz/T
约 60	≤5	≤20
约 40	≤2.5	≤10
约 25	≤1.2	≤5

表 4−7 表面粗糙度的微观特征、相应数值、经济加工方法及应用举例   μm

微观特征		Ra	Rz	经济加工方法	应用举例
粗糙表面	可见刀痕	>20~40	>80~160	粗车、粗刨、粗铣、钻、毛锉、锯断	半成品粗加工过的表面、非配合的加工表面，如轴端面、倒角、钻孔、齿轮、带轮侧面、键槽底面、垫圈接触面等
	微见刀痕	>10~20	>40~80		

续表

微观特征		Ra	Rz	经济加工方法	应用举例
半光表面	微见加工痕迹	>5~10	>20~40	车、刨、铣、镗、钻、粗铰	轴上不安装轴承、齿轮处的非配合表面，紧固件的自由装配表面，轴和孔的退刀槽等
	微见加工痕迹	>2.5~5	>10~20	车、刨、铣、镗、磨、拉、粗刮、滚压	半精加工表面，箱体、支架、端面、套筒等和其他零件结合而无配合要求的表面，需要法兰的表面等
	看不清加工痕迹	>1.25~2.5	>6.3~10	车、刨、铣、镗、磨、拉、刮、压、铣齿	接近于精加工的表面，箱体上安装轴承的镗孔表面，齿轮的工作面
光表面	可辨加工痕迹方向	>0.63~1.25	>3.2~6.3	车、镗、磨、拉、刮、精铰、磨齿、滚压	圆柱销、圆锥销与滚动轴承配合的表面，卧式车床导轨面，内外花键定心表面等
	微辨加工痕迹方向	>0.32~0.63	>1.6~3.2	精铰、精镗、磨、刮、滚压	要求配合性质稳定的配合表面，工作时受交变应力的重要零件，较高精度车床的导轨面
	不可辨加工痕迹方向	>0.16~0.32	>0.8~1.6	精磨、珩磨、研磨、超精加工	精密机床主轴锥孔，顶尖圆锥面、发动机曲轴、凸轮轴工作表面，高精度齿轮齿面等
极光表面	暗光泽面	>0.08~0.16	>0.4~0.8	精磨、研磨、普通抛光	精密机床主轴颈表面，一般量规工作表面，气缸内表面，活塞销表面等
	亮光泽面	>0.04~0.08	>0.2~0.4	超精磨、精抛光、镜面磨削	精密机床主轴颈表面，滚动轴承的滚珠表面，高压液压泵中柱塞配合的表面
	镜状光泽面	>0.01~0.04	>0.05~0.2		
	镜面	≤0.01	≤0.05	镜面磨削、超精研	高精度量仪、量块工作表面，光学仪器中的金属镜面

表 4-8 与公差等级对应的表面粗糙度评定参数 Ra 的推荐数值   μm

			公称尺寸					
	公差等级		≤50 mm		50~120 mm		120~500 mm	
			轴	孔	轴	孔	轴	孔
经常装拆零件的配合表面	IT5		≤0.2	≤0.4	≤0.4	≤0.8	≤0.4	≤0.8
	IT6		≤0.4	≤0.8	≤0.8	≤1.6	≤0.8	≤1.6
	IT7		≤0.8		≤1.6		≤1.6	
	IT8		≤0.8	≤1.6	≤1.6	≤3.2	≤1.6	≤3.2
过盈配合	压入装配	IT5	≤0.2	≤0.4	≤0.4	≤0.8	≤0.4	≤0.8
		IT6~IT7	≤0.4	≤0.8	≤0.8	≤1.6		≤1.6
		IT8	≤0.8	≤1.6	≤1.6	≤3.2		≤3.2
	热装	—	≤1.6	≤3.2	≤1.6	≤3.2	≤1.6	≤3.2

	公差等级	轴	孔
滑动轴承的配合	IT6~IT9	≤0.8	≤1.6
	IT10~IT12	≤1.6	≤3.2
	液体湿摩擦条件	≤0.4	≤0.8

圆锥结合的工作表面	密封结合	对中结合	其他
	≤0.4	≤1.6	≤6.3

	密封形式	速度		
		≤3 m/s	3 m/s<速度<5 m/s	≥5 m/s
密封材料处的孔轴表面	橡胶圈密封	0.8~1.6（抛光）	0.4~0.8（抛光）	0.2~0.4（抛光）
	毛毡密封	0.8~1.6		
	迷宫式	3.2~6.3		
	涂油槽式	3.2~6.3		

		径向跳动	2.5	4	6	10	16	25
精密定心零件的配合表面	IT5~IT8	轴	≤0.05	≤0.1	≤0.1	≤0.2	≤0.4	≤0.8
		孔	≤0.1	≤0.2	≤0.2	≤0.4	≤0.8	≤1.6

	带轮直径		
V带和平带轮工作表面	≤120 mm	>120~315 mm	>315 mm
	1.6	3.2	6.3

	类型	有垫片	无垫片
箱体分界面（减速箱）	需要密封	3.2~6.3	0.8~1.6
	不需要密封	6.3~12.5	

第四节　表面粗糙度的标注

国家标准 GB/T 131—2006 对表面粗糙度的符号、代号及其标注作了规定。

一、表面粗糙度的符号

表面粗糙度的基本图形符号（简称基本符号）由两条不等长且与被标注表面投影轮廓线呈 60°夹角、左右倾斜的细实线组成。

图样上所标注的表面粗糙度符号、代号是该表面完工后的要求。有关表面粗糙度的各项规定应按功能要求给定。在仅需加工（采用去除材料的方法或不去除材料的方法）而对表面粗糙度的其他规定没有要求时，允许只标注表面粗糙度符号，见表 4-9。

二、表面粗糙度的代号与标注

表面粗糙度代号要求标注若干必要的表面特征规定，一般情况下，只标注出表面粗糙度评定参数代号及许可值，如表面粗糙度数值、测量时的取样长度值、加工纹理、加工方法等，如图 4-10 所示。

表 4-9　表面粗糙度的符号（摘自 GB/T 131—2006）

符号名称	符号	说明
基本图形符号	✓	基本图形符号，表示表面可用任何方法获得，当不加注表面粗糙度数值或有关说明（如表面处理、局部热处理状况等）时，仅适用于简化代号标注
扩展图形符号	✓	基本图形符号上加一短横，表示表面是用去除材料的方法获得的，如车、铣、钻、磨、剪切、抛光、腐蚀、电火花等加工获得的表面
	✓	基本图形符号加一个圆圈，表示表面是用不去除材料的方法获得的，如铸、锻、冲压变形、热轧、粉末冶金等获得的表面，或者是用于保持原供应状况的表面（包括保持上道工序的状况）
完整图形符号	✓ ✓ ✓	在基本图形符号和扩展图形符号的长边上加一横线，用于标注有关参数和说明
工件轮廓各表面的图形符号	✓ ✓ ✓	在完整图形符号上加上一圆圈，表示所有表面具有相同的表面粗糙度要求

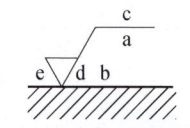

图 4–10 表面粗糙度的代号

注：位置 a、b—标注表面结构要求，如果是单一要求，只标注位置 a；位置 c—标注加工方法；位置 d—标注加工纹理和方向符号；位置 e—标注加工余量，mm。

表面粗糙度幅度参数标注示例及意义见表 4–10。

表 4–10　表面粗糙度幅度参数标注示例及意义

代号	意义	代号	意义
$\sqrt{Ra\ 3.2}$	用任何方法获得的表面粗糙度，Ra 的上限值为 3.2 μm	$\sqrt{Ra\ \max\ 3.2}$	用去除材料方法获得的表面粗糙度，Ra 的最大值为 3.2 μm
$\sqrt{Ra\ 3.2}$	用去除材料方法获得的表面粗糙度，Ra 的上限值为 3.2 μm	$\sqrt{\begin{array}{l}Ra\ 3.2\\ Rz\ 12.5\end{array}}$	用去除材料方法获得的表面粗糙度，Ra 的上限值为 3.2 μm，Rz 的上限值为 12.5 μm
$\sqrt{\begin{array}{l}U\ Ra\ 3.2\\ L\ Ra\ 1.6\end{array}}$	用去除材料方法获得的表面粗糙度，Ra 的上限值为 3.2 μm，下限值为 1.6 μm	$\sqrt{\begin{array}{l}Ra\ \max\ 3.2\\ Ra\ \min\ 1.6\end{array}}$	用去除材料方法获得的表面粗糙度，Ra 的最大值为 3.2 μm，Ra 的最小值为 1.6 μm

注：表面粗糙度参数的"上限值"（或"下限值"）和"最大值"（或"最小值"）的含义是不同的。"上限值"（或"下限值"）表示表面粗糙度参数的所有实测值允许超过规定值的 16%；"最大值"（或"最小值"）表示所有实测值不得超过规定值。

表面结构所要求的，以及与图样平面对应的纹理及其方向见表 4–11。

表 4–11　表面纹理的标注

符号	解释和示例
═	纹理平行于视图所在的投影面

续表

符号	解释和示例
⊥	纹理垂直于视图所在的投影面
X	纹理呈两斜向交叉且与视图所在的投影面相交
M	纹理呈多方向
C	纹理呈近似同心圆且圆心与表面中心相关
R	纹理呈近似放射状且与表面圆心相关

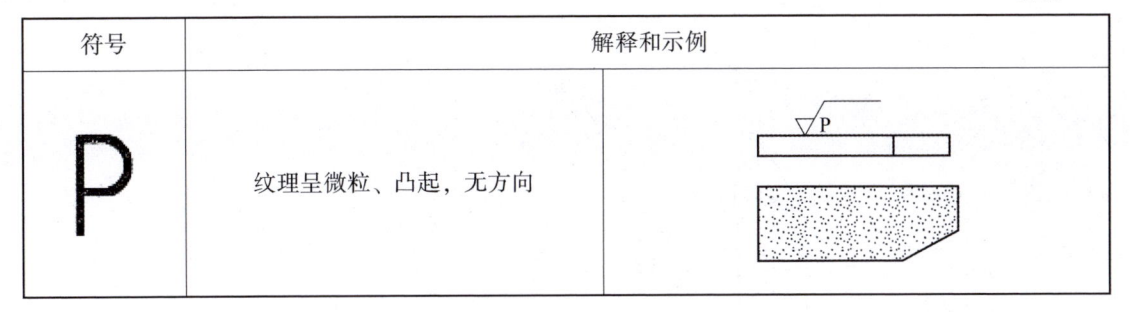

符号	解释和示例
P	纹理呈微粒、凸起，无方向

三、标注示例

表面粗糙度在图样上的标注示例如图 4-11 所示，常见的零件表面粗糙度标注示例及简化标注如图 4-12～图 4-17 所示。

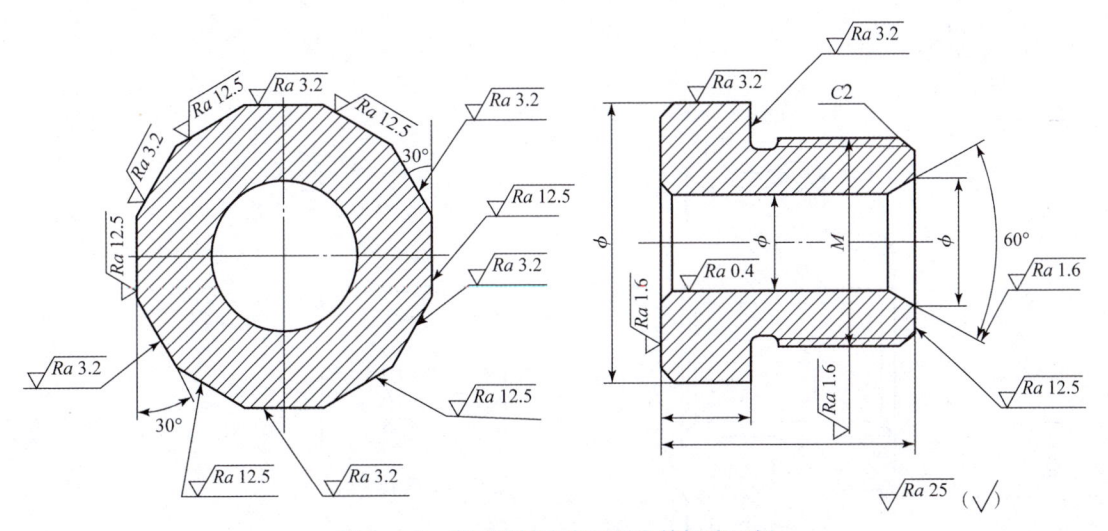

图 4-11 表面粗糙度在图样上的标注示例

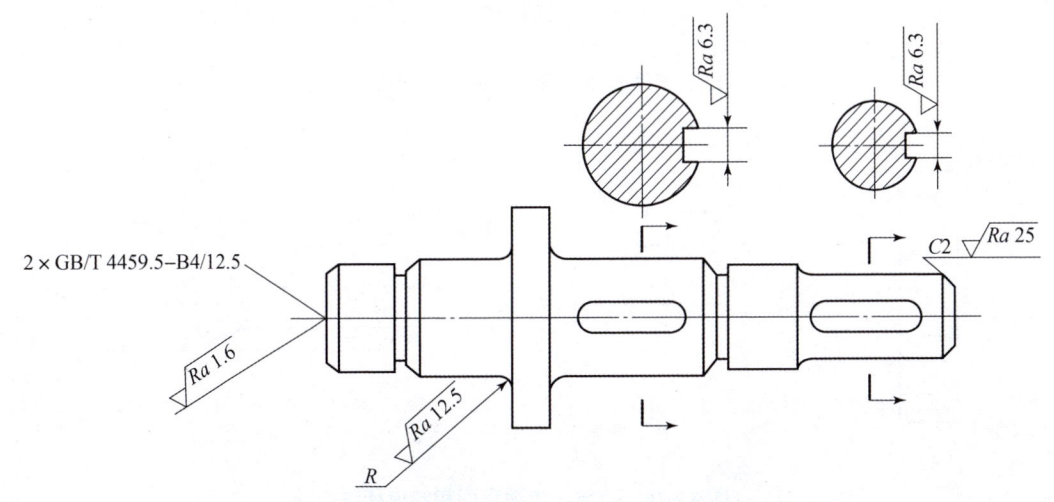

图 4-12 中心孔、键槽、圆角、倒角的表面粗糙度简化标注

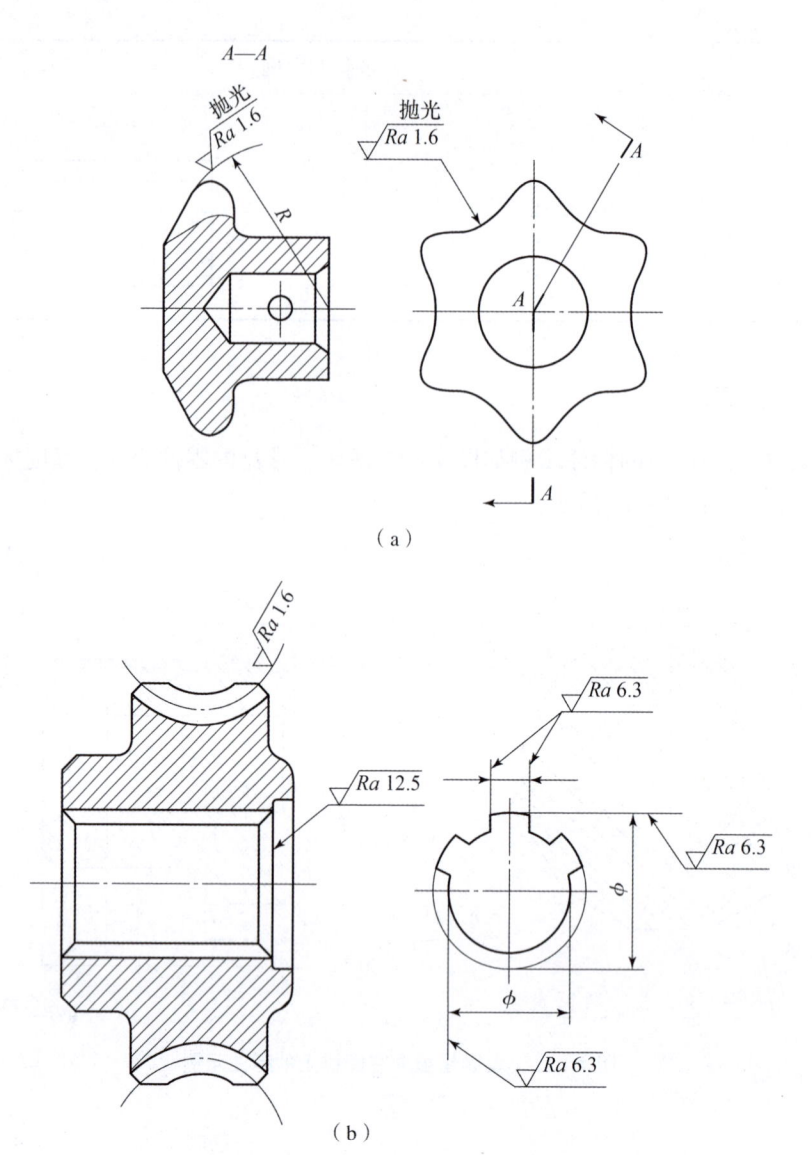

图 4–13 连续表面及重复表面的表面粗糙度标注

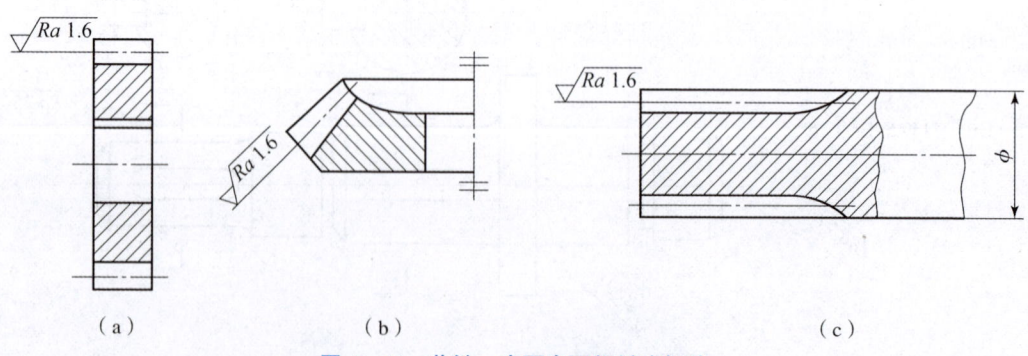

图 4–14 花键、齿面表面粗糙度标注

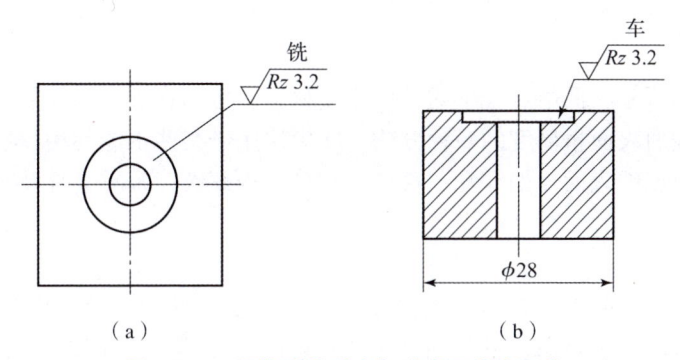

图 4-15 用指引线引出标注表面结构要求

图 4-16 表面结构要求标注在尺寸线上

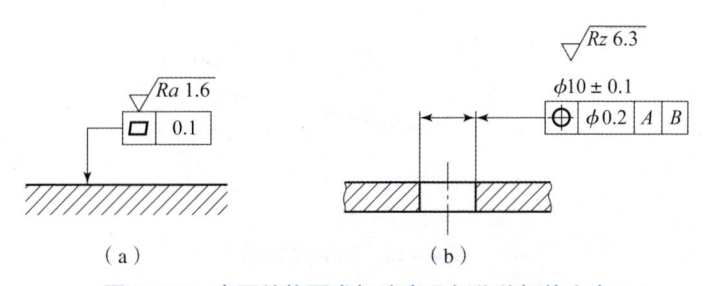

图 4-17 表面结构要求标注在几何公差框格上方

第五节　表面粗糙度的检测方法

表面粗糙度是微观几何评定，其测量与一般长度测量相比较，具有测量值小、测量精度要求高等特点。测量表面粗糙度的仪器形式多种多样，从测量原理上看，常用的检测方法有以下几种。

一、比较法

比较法是把被检零件表面与表面粗糙度标准样块直接进行比较来确定被测表面表面粗糙度的一种方法。使用时，样块的材料、表面形状及加工纹理方向应尽可能与被检零件一致。利用样块根据视觉和触觉评定表面粗糙度的方法虽然简便、快捷，便于在加工车间中使用，但会受到主观因素影响，通常不能得出正确的表面粗糙度数值，只能做定性的分析比较。

二、印模法

印模法是利用石蜡、低熔点合金或其他印模材料，压印在被测零件表面，放在显微镜下间接地测量被测表面表面粗糙度的一种方法。印模法用于某些不能使用仪器直接测量，也不便于用样块进行对比的表面，如深孔、盲孔、凹槽、内螺纹、笨重零件及其内表面等。

三、光切法

光切法是利用光切原理测量表面粗糙度的一种方法。常用光切显微镜（又称双管显微镜，如图 4-18 所示）测量车、铣、刨等工件外表面的 R_z 值，也可以用来观察木材、纸张、塑料、电镀层等的表面微观不平度。

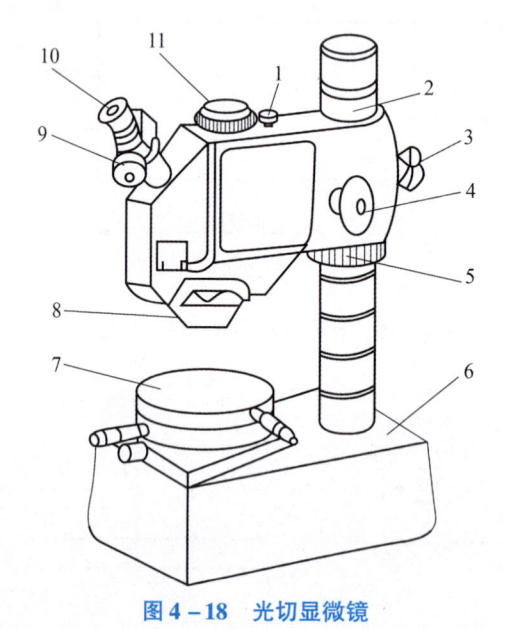

图 4-18　光切显微镜

1—光源；2—立柱；3—锁紧螺钉；4—微调手轮；5—粗调螺母；6—底座；
7—工作台；8—物镜组；9—测微鼓轮；10—目镜；11—照相机插座

光切法的原理是将光线通过狭缝后形成的光带投射到被测表面上，以它与被测表面的交线所形成的轮廓曲线来测量表面粗糙度（见图 4-19）。照明管中光源 1 发出光线经过聚光镜 2、光阑 3 及物镜 4a 后，形成一束平行光带。平行光带以 45°的倾斜角将狭缝投影到被测表面，光带在粗糙不平的轮廓峰 S_1 和轮廓谷 S_2 处产生反射，S_1 和 S_2 经观察管的物镜 4b 后分别成像于分划板 5 上的 S_1' 和 S_2'。若被测表面微观不平度高度为 h，轮廓峰 S_1 和轮廓谷 S_2 在 45°截面上的距离为 h_1，S_1' 与 S_2' 之间的距离 h_1' 是 h_1 经物镜后放大成像，若测得 h_1'，便可求出表面的微观不平度 h 值，即

$$h = h_1 \cos 45° = \frac{h_1'}{K} \cos 45°$$

式中　K——物镜的放大倍数。

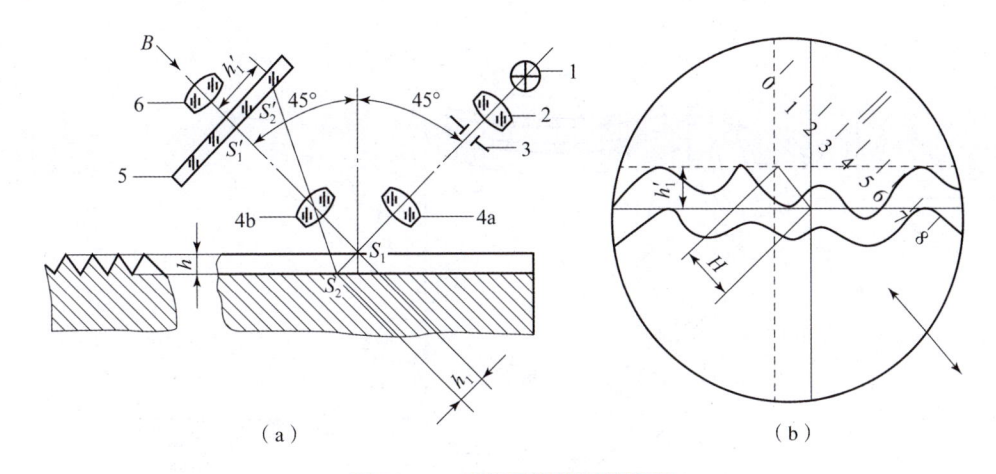

图 4-19 光切显微镜测量原理
1—光源；2—聚光镜；3—光阑；4a，4b—物镜；5—分划板；6—目镜

测量时，使目镜测微器中分划板上十字线的横线与波峰对准，记录下第一个读数，然后移动十字线，使十字线的横线对准波谷，记录下第二个读数。由于分划板十字线与分划板移动方向呈45°角，因此两次读数的差值即为图 4-19（b）中的 H，H 与 h_1' 的关系式为

$$h_1' = H\cos 45°$$

将上式代入

$$h = h_1 \cos 45° = \frac{h_1'}{K} \cos 45°$$

得

$$h = \frac{H}{K} \cos^2 45° = \frac{H}{2K}$$

令

$$i = \frac{1}{2K}$$

则

$$h = iH$$

式中 i——使用不同放大倍数的物镜时鼓轮上的分度值，由仪器说明书给定。

光切法适用于测量 Rz 为 0.8~100 μm 的表面粗糙度，使用时需要人工取点，测量效率低。

四、干涉法

干涉法利用光波干涉原理测量表面粗糙度，常用于测量 Rz 为 0.05~0.8 μm 的表面。干涉法是利用光波干涉原理将被测表面的形状误差以干涉条纹图形显示出来，并利用放大倍数高（可达 500 倍）的显微镜将这些干涉条纹的微观部分放大后进行测量，以得出被测表面的表面粗糙度。应用此法的表面粗糙度测量工具称为干涉显微镜，6JA 型干涉显微镜如图 4-20 所示，其光学原理如图 4-21 所示，干涉条纹如图 4-22 所示。

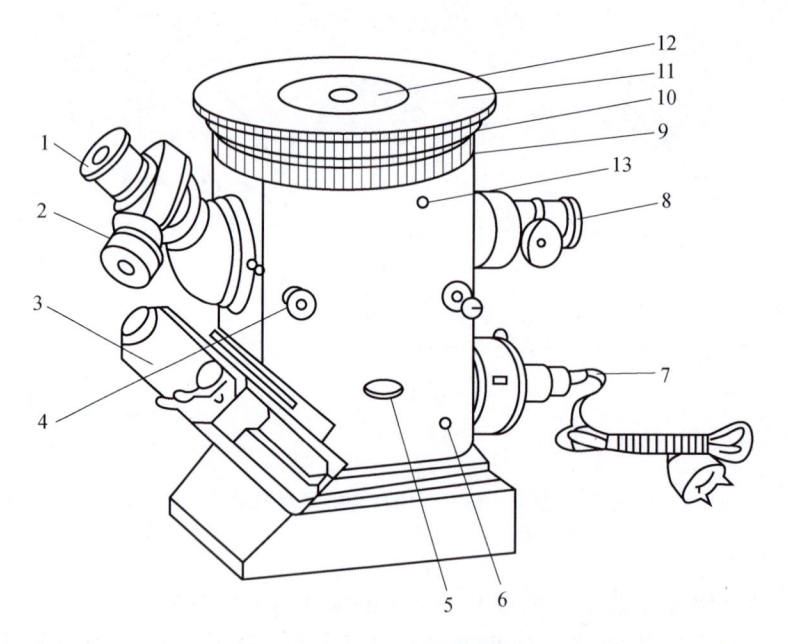

图 4-20　6JA 型干涉显微镜

1—目镜；2—测微鼓轮；3—照相机；4，5，8，13（显微镜背面）—手轮；
6—手柄；7—光源；9，10，11—滚花轮；12—工作台

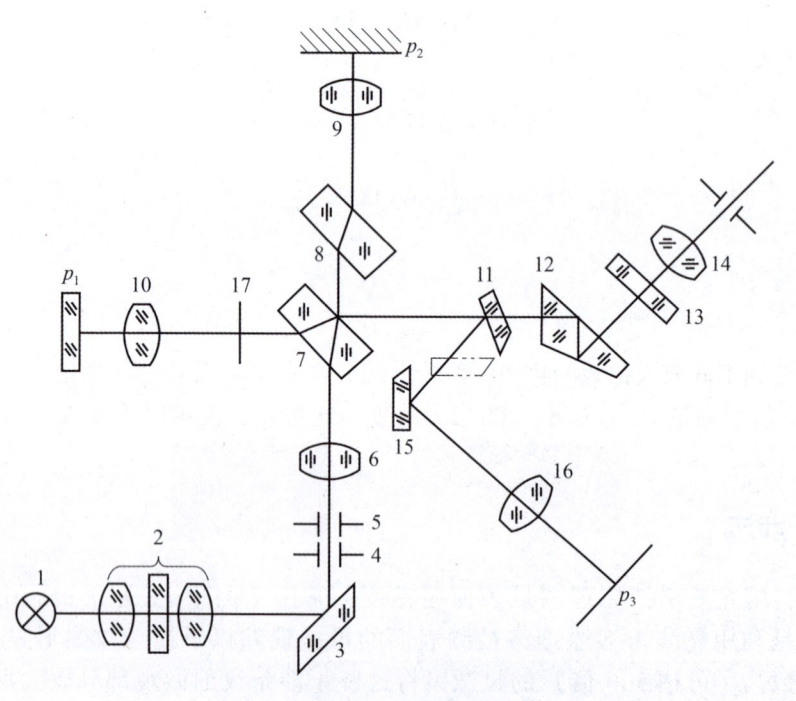

图 4-21　6JA 型干涉显微镜光学原理

1—光源；2，6，13—聚光镜；3，11，15—反射镜；4，5—光阑；7—分光镜；
8—补偿镜；9，10，16—物镜；12—折射镜；14—目镜；17—滤光片；
p_1—参考镜；p_2—被测表面；p_3—平面玻璃

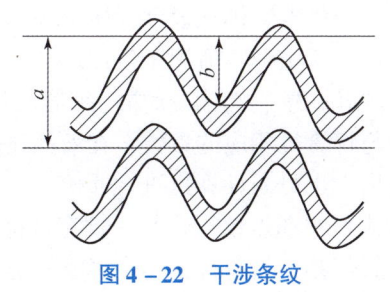

图 4-22　干涉条纹
a—干涉条纹弯曲度；*b*—干涉条纹间距

五、针描法

针描法又称感触法，是一种接触式测量表面粗糙度的方法。利用针尖曲率半径为 2 μm 左右的金刚石触针沿被测表面缓慢滑行，金刚石触针的上下位移量由电学式长度传感器转换为电信号，经放大、滤波、计算后由显示仪表指示出表面粗糙度数值，也可用记录器记录被测截面轮廓曲线。一般将仅能显示表面粗糙度数值的测量工具称为表面粗糙度测量仪，同时能记录表面轮廓曲线的称为表面粗糙度轮廓仪（简称轮廓仪），这两种测量工具都有电子计算电路或电子计算机，能自动计算出轮廓算术平均偏差 Ra，测量效率高，适用于测量 Ra 为 0.025~6.3 μm 的表面。

六、新型智能化测量

随着科学技术的发展，测量手段不断更新，技术不断提高。图 4-23 所示为 TR100 型便携式表面粗糙度仪，是专用于测量被加工零件表面粗糙度的新型智能化仪器。该仪器集当今微处理器技术和传感技术于一体，以先进的微处理器和优选的高度集成化电路设计，构成适应当今仪器发展趋势的超小型体系结构，可以完成表面粗糙度参数的采集、处理和显示工作。TR100 型便携式表面粗糙度仪适用于加工业、制造业、检测、商检等部门，尤其适用于大型工件及生产流水线的现场检验，以及检测、计量、商检等部门的外出检定。Ra 测量范围为 0.05~10 μm，Rz 测量范围为 0.1~50 μm。

图 4-23　TR100 型便携式表面粗糙度仪

图 4-24 所示为 TR200 型表面粗糙度仪，其具有高精度电感传感器，可测量并显示 13 个表面粗糙度参数。该仪器采用数字信号处理器进行数据处理和控制，具有速度快、功耗

低、体积小的优点；同时，它采用机电一体化设计，质量小，使用方便，自动关机模式自带存储功能，可以进行多语言工作方式选择，适用于生产现场。此外，该仪器可选配曲面传感器测量曲面、小孔传感器测量内孔孔壁、沟槽/深槽传感器测量沟槽底部或台阶的表面粗糙度，还可根据选定的测量条件与计算机相应的参数，在液晶显示器上清晰地显示全部测量结果及图形，并可在打印机上输出，也可与计算机进行通信。

图 4-25 所示为 TR300 型表面粗糙度仪，这是一款完全符合最新 ISO 标准的产品，是评定零件表面质量的多用途便携式仪器，具有符合多个国家标准和国际标准的多个参数，可对多种零件表面的表面粗糙度、表面波纹度和原始轮廓进行多参数评定，可测量平面、外圆面、内孔表面及轴承滚道等。该仪器具有测量范围大、性能稳定、精度高的特点，适用于生产现场、科研实验室和企业计量室。可以根据选定的测量条件计算相应的参数，测量结果可以以数字和图形方式显示在液晶显示器上，也可以输出到打印机上，还可以连接计算机，通过计算机中具备强大高级分析功能的专用分析软件直接控制测量操作。

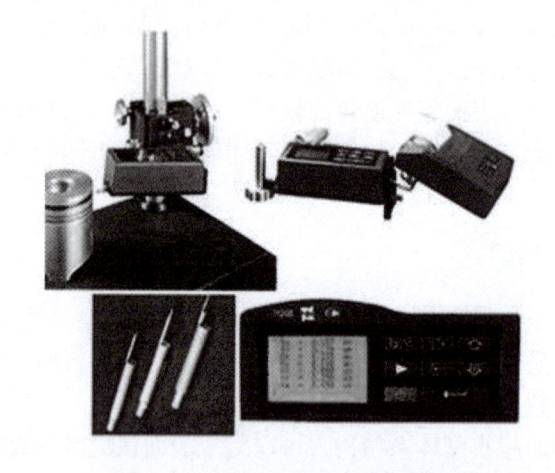

图 4-24　TR200 型表面粗糙度仪

图 4-25　TR300 型表面粗糙度仪

习题四

1. 表面粗糙度对零件的使用性能有哪些影响？
2. 在表面粗糙度测量中，为什么需要确定取样长度和评定长度？
3. 表面粗糙度常用的检测方法有哪些？
4. 试描述表面粗糙度评定参数 Ra、Rz 的含义。
5. 解释图 4-26 所示的表面粗糙度符号的意义。
6. 纠正图 4-27 中的错误标注，并进行正确标注。

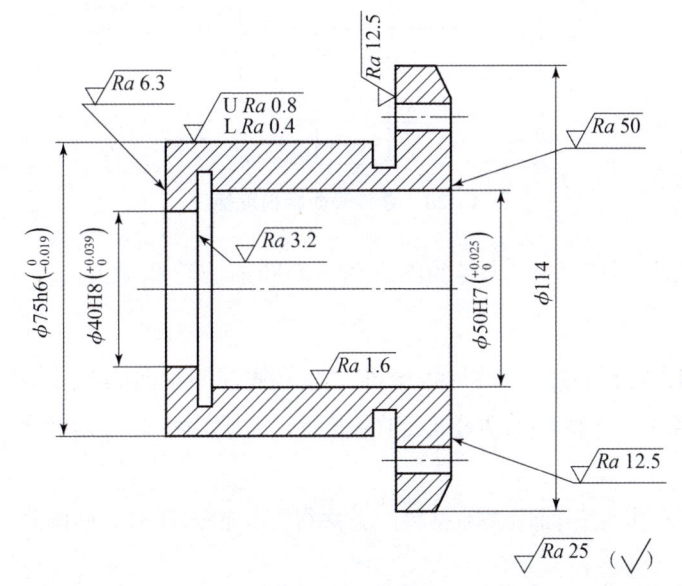

图 4-26 题 5 图

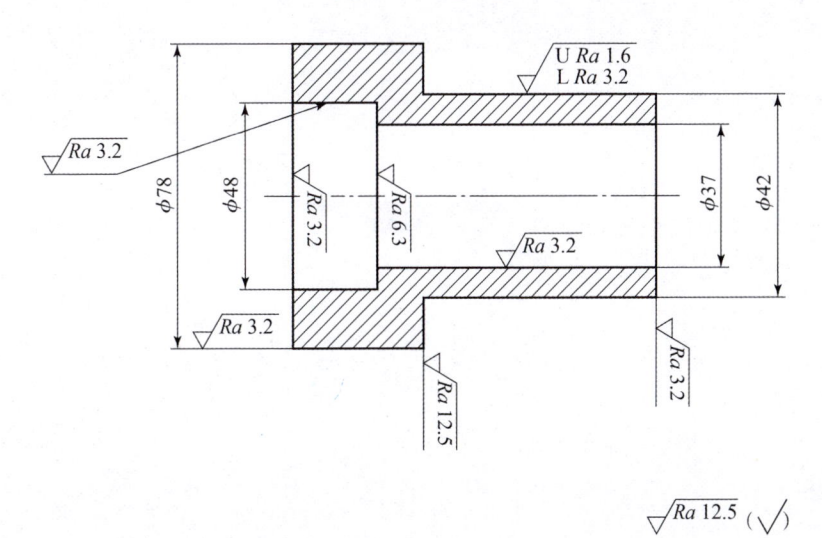

图 4-27 题 6 图

项目实践：

试解释图 4-28 所示零件表面粗糙度标注的含义。

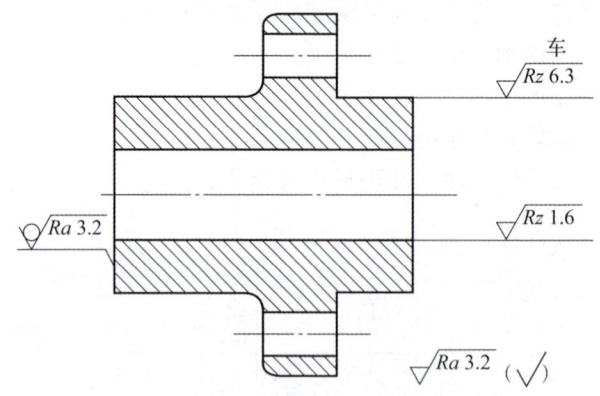

图 4-28 零件表面粗糙度标注

1) $\sqrt{\dfrac{车}{Rz\,6.3}}$ 用去除材料的方法得到的表面，外圆面的轮廓最大高度上限值为 6.3 μm，加工方法为车床。

2) $\sqrt{Rz\,1.6}$ 用去除材料的方法得到的表面，内孔表面的轮廓最大高度上限值为 1.6 μm。

3) $\sqrt{Ra\,3.2}$ 用不去除材料的方法得到的表面，左端面的轮廓算术平均偏差上限值为 3.2 μm。

4) $\sqrt{Ra\,3.2}$ ($\sqrt{}$) 其余表面用去除材料的方法得到，轮廓算术平均偏差上限值为 3.2 μm。

第五章 光滑极限量规

> **导读**
>
> 本章学习的主要目的和要求：
> 1. 了解光滑极限量规的检验原理。
> 2. 掌握工作量规公差带的分布。
> 3. 理解泰勒原则，并掌握工作量规的设计方法。

第一节 光滑极限量规概述

一、光滑极限量规的检验原理

光滑极限量规是一种没有刻度的专用检验工具，如图 5-1（a）所示，它不能确定工件的实际尺寸，只能确定工件尺寸是否处于规定的极限尺寸范围内。

检验孔的光滑极限量规称为塞规，一个塞规按被测孔的最小极限尺寸制造，称为通规或通端；另一个塞规按被测孔的最大极限尺寸制造，称为止规或止端，如图 5-1（b）所示。检验轴的光滑极限量规称为环规或卡规，一个环规按被测轴的最大极限尺寸制造，称为通规；另一个环规按被测轴的最小极限尺寸制造，称为止规，如图 5-1（c）所示。测量时，必须把通规和止规联合使用，只有当通规能够通过被测孔或轴且止规不能通过被测孔或轴时，该孔或轴才是合格品。

在机械制造业中，由于光滑极限量规结构简单，使用方便，测量可靠，因此，大量成批量生产的工件，多采用光滑极限量规检验。

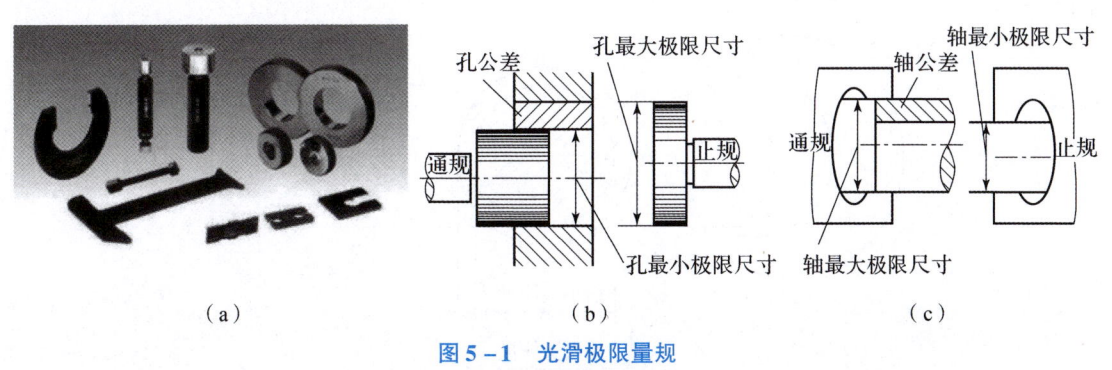

图 5-1 光滑极限量规
(a) 光滑极限量规；(b) 塞规；(c) 环规

二、光滑极限量规的分类

光滑极限量规按用途可分为以下三类。

1. 工作量规

工作量规是工人在加工工件时用来检验工件的量规。

2. 验收量规

验收量规是检验部门或用户代表验收产品时所用的量规。验收量规一般不另行制造,检验人员应该使用与生产工人相同类型且已磨损较多但未超过磨损极限的通规,这样由生产工人自检合格的产品,检验部门验收时也一定合格。

3. 校对量规

校对量规是用以检验轴用工作量规的量规。孔用工作量规用指示式测量器具测量很方便,不需要校对量规,只有轴用工作量规才使用校对量规。

三、量规的形状

国家标准《光滑极限量规 技术条件》(GB/T 1957—2006)对应用极限尺寸判断原则检验工件的量规的形状规定如下。

通规的测量面应是与孔或轴形状相对应的完整表面,其尺寸等于工件的最大实体尺寸,且长度等于配合长度。通规形状如图 5-2 所示。

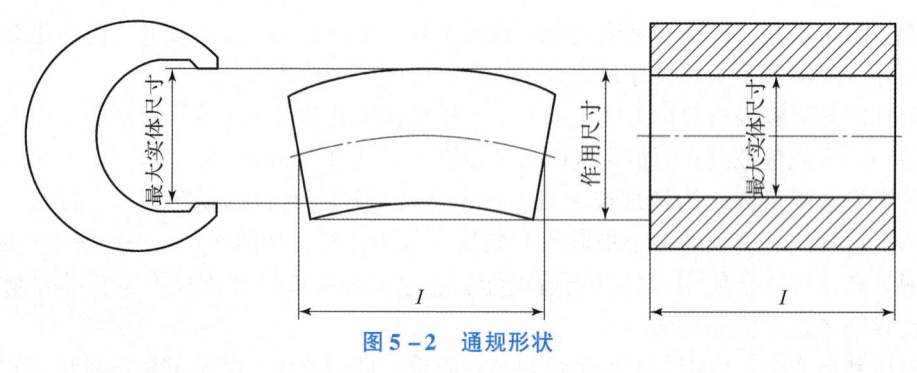

图 5-2 通规形状

止规的测量面应是点状的,两测量面之间的尺寸等于工件的最小实体尺寸。止规形状如图 5-3 所示。

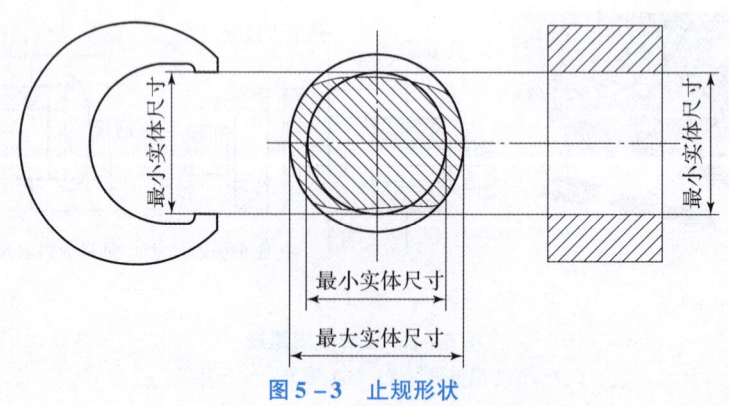

图 5-3 止规形状

不同应用尺寸范围下的量规形式,如图 5-4 所示。常见量规的结构形式如图 5-5 所示,其中图 5-5(a)~图 5-5(f)为常见塞规形式,图 5-5(g)~图 5-5(k)为常见卡规形式。

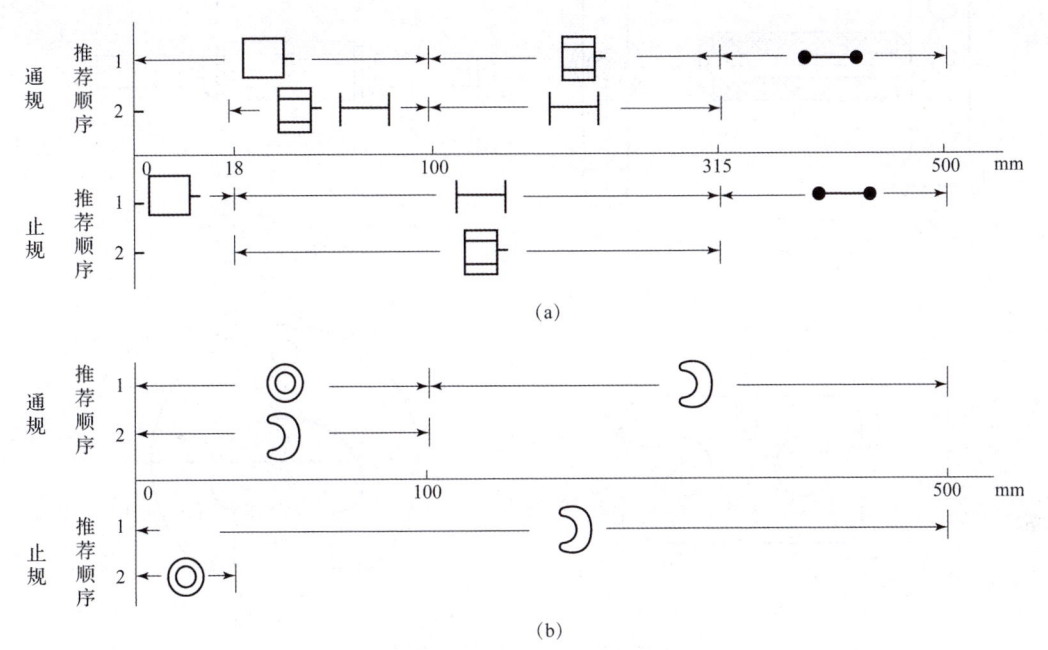

图 5-4 量规形式和应用尺寸范围
(a)孔用量规形式和应用尺寸范围;(b)轴用量规形式和应用尺寸范围

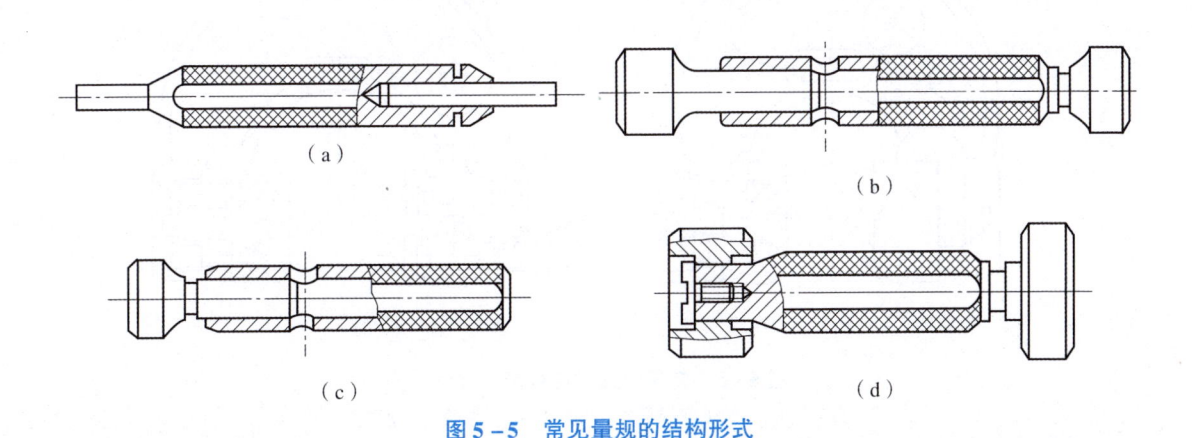

□—全形塞规; ▭—非全形塞规; ├┤—片形塞规; ●—●—球端杆规;
◎—环规; ⌒—卡规

图 5-5 常见量规的结构形式

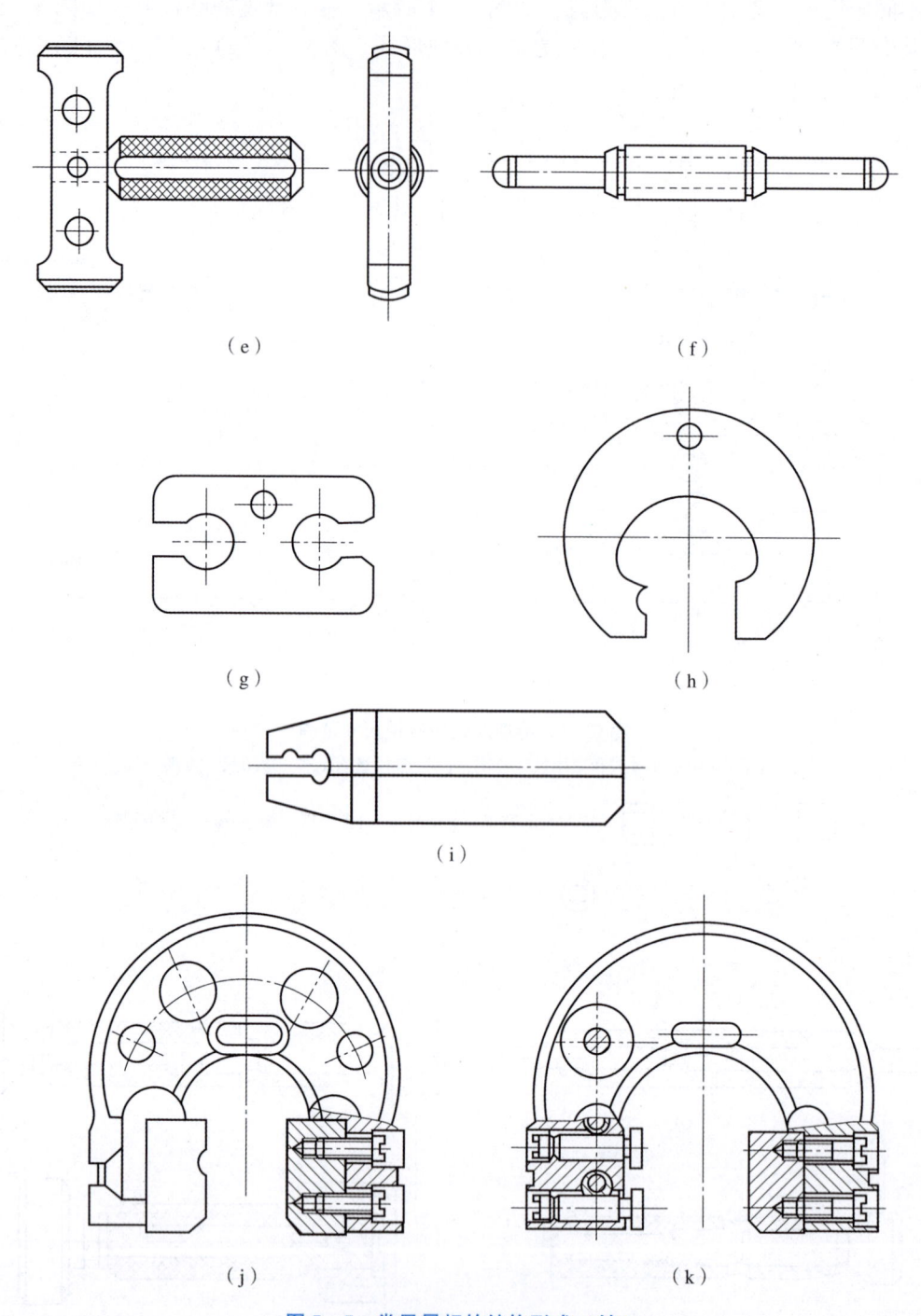

图 5-5 常见量规的结构形式（续）

(a) ~ (f) 常见塞规形式；(g) ~ (k) 常见卡规形式

第二节　量规尺寸公差带

一、工作量规基本尺寸的确定

工作量规中的通规用于检验工件的作用尺寸是否超过最大实体尺寸（轴的最大极限尺寸或孔的最小极限尺寸），工作量规中的止规用于检验工件的实际尺寸是否超过最小实体尺寸（轴的最小极限尺寸或孔的最大极限尺寸）。各种量规以被检验工件的极限尺寸作为基本尺寸。

二、工作量规公差带

工作量规公差带由以下两部分组成。

1. 制造公差

量规制造时不可避免地会产生误差，故需要规定制造公差。但量规制造公差要比被检验工件公差小得多。

2. 磨损公差

通规在检验时，经常要通过被检验工件，其工作表面会产生磨损，故还需要规定磨损公差以使通规有一个合理的使用寿命。而止规因不经常通过被检验工件，故不需要规定磨损公差。

图 5-6 所示为光滑极限量规公差带图。国家标准 GB/T 1957—2006 中规定量规公差带以不超过工件极限尺寸为原则，通规的制造公差带对称于 Z 值，其允许磨损量以工件的最大实体尺寸为极限，止规的制造公差带是从工件的最小实体尺寸起，分布在尺寸公差带之内。制造公差 T 值和通规公差带位置要素 Z 值是综合考虑了量规的制造工艺水平和一定的使用寿命，按照工件的基本尺寸、公差等级给出的，具体数值见表 5-1。

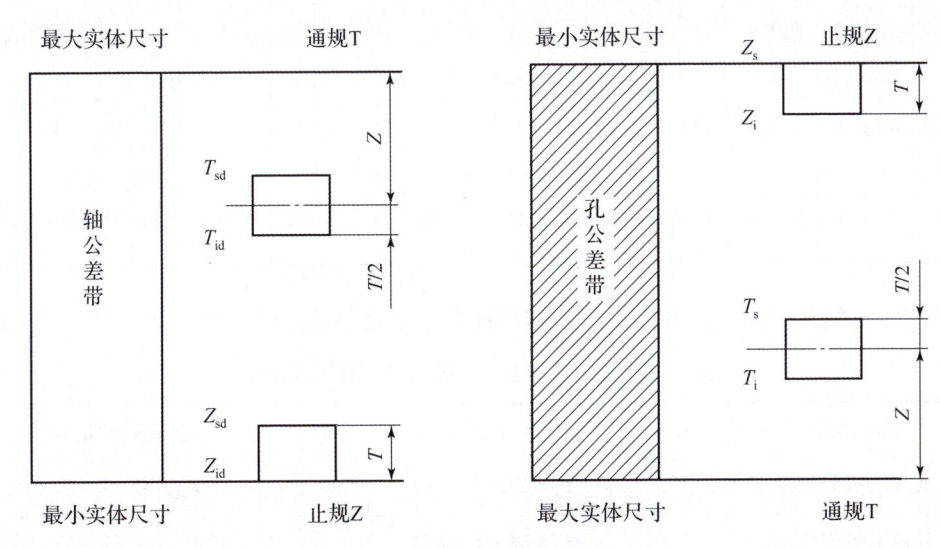

图 5-6　光滑极限量规公差带图

表 5–1 光滑极限量规的制造公差 T 和位置要素 Z 值   μm

工件公称尺寸/mm	IT6		IT7		IT8		IT9		IT10		IT11		IT12		IT13		IT14		IT15		IT16	
	T	Z	T	Z	T	Z	T	Z	T	Z	T	Z	T	Z	T	Z	T	Z	T	Z	T	Z
>3	1	1	1.2	1.6	1.6	2	2	2	2.4	4	3	6	4	9	6	14	9	20	14	30	20	40
3~6	1.2	1.4	1.4	2	2	2.6	2.4	4	3	5	4	8	5	11	7	16	11	25	16	35	25	50
6~10	1.4	1.6	1.8	2.4	2.4	3.2	2.8	5	3.6	6	5	9	6	13	8	20	13	30	20	40	30	60
10~18	1.6	2	2	2.8	2.8	4	3.4	6	4	8	6	11	7	15	10	24	15	35	25	50	35	75
8~30	2	2.4	2.4	3.4	3.4	5	4	7	5	9	7	13	8	18	12	28	18	40	28	60	40	90
30~50	2.4	2.8	3	4	4	6	5	8	6	11	8	16	10	22	14	34	22	50	34	75	50	110
50~80	2.8	3.4	3.6	4.6	4.6	7	6	9	7	13	9	19	12	26	16	40	26	60	40	90	60	130
80~120	3	3.8	4.2	5.4	5.4	8	7	10	8	15	10	22	14	30	20	46	20	70	46	100	70	150
120~180	3.8	4.4	4.8	6	6	9	8	12	9	18	12	25	16	35	22	52	35	80	52	120	80	100
180~250	4.4	5	5.4	7	7	10	9	14	10	20	14	29	18	40	26	60	40	90	60	130	90	200
250~315	4.8	5.6	6	8	8	11	10	16	12	22	16	32	20	45	28	66	45	100	66	150	100	220
315~400	5.4	6.2	7	9	9	12	11	18	14	25	18	36	22	50	32	74	50	110	74	170	110	250
400~500	6	7	8	10	10	14	12	20	16	28	20	40	24	55	36	80	55	120	80	190	120	280

由图 5–6 的几何关系，可以得出工作量规上、下极限偏差的计算公式，见表 5–2。

表 5–2 工作量规上、下极限偏差的计算公式

偏差类型	检验孔的量规	检验轴的量规
通规上极限偏差	$T_s = EI + Z + T/2$	$T_{sd} = es - Z + T/2$
通规下极限偏差	$T_i = EI + Z - T/2$	$T_{id} = es - Z - T/2$

续表

偏差类型	检验孔的量规	检验轴的量规
止规上极限偏差	$Z_s = ES$	$Z_{sd} = ei + T$
止规下极限偏差	$Z_i = ES - T$	$Z_{id} = ei$

通规和止规的极限尺寸可由被检工件的最大实体尺寸与通规和止规的上、下极限偏差的代数和求得。在图样的标注中,考虑到有利于制造加工,通、止规工作尺寸的标注推荐采用"入体原则",即塞规按轴的公差 h 标上、下极限偏差;卡规(环规)按孔的公差 H 标上、下极限偏差。

第三节 工作量规设计

一、工作量规设计原则及结构

对于要求遵守包容要求的孔和轴,应按极限尺寸判断原则(即泰勒原则)验收。泰勒原则规定:工件的作用尺寸和实际尺寸不能超出最大实体尺寸和最小实体尺寸。因此,在光滑极限量规设计时,将通规用来控制工件的作用尺寸,将止规用来控制工件的实际尺寸。通规的测量面应是与孔或轴形状相对应的完整表面,其定形尺寸等于零件的最大实体尺寸,且测量长度等于配合长度,因此,通规又称全形塞规,止规的测量面是两点状的,这两点状测量面之间的定形尺寸等于工件的最小实体尺寸。如果量规形状不正确,就会造成误收。

在量规的实际应用中,往往由于量规制造和使用方面的原因,要求量规的形状完全符合泰勒原则会有困难,有时甚至不能实现,因而不得不使用偏离泰勒原则的量规。为了尽量减少使用偏离泰勒原则的量规检验时造成的误判,量规操作一定要正确。例如,使用非全形塞规时,应在被检测孔的全长上沿圆周的几个位置检验;使用卡规时,应在被检测轴配合长度的几个部位并在围绕被检测轴圆周上的几个位置检验。

二、工作量规的主要技术要求

1. 外观要求

量规的工作表面不应有毛刺、锈迹、黑斑、划痕等明显影响使用质量的缺陷,其他表面不应有锈蚀和裂纹。

2. 材料要求

量规测量面的材料可用淬硬钢(合金工具钢、碳素工具钢等)和硬质合金,也可在测量面上镀以耐磨材料,测量面的硬度应为 58~65 HRC。

3. 量规工作部分的几何公差要求

量规工作表面应遵守包容要求,其几何公差为不大于尺寸公差的 50%。但在几何公差小于 0.001 mm 时,由于制造和测量都比较困难,因此几何公差都规定选为 0.001 mm。

4. 量规测量面的表面粗糙度要求

量规测量面的表面粗糙度要求主要是从量规的使用寿命、工件表面粗糙度及量规制造的工艺水平考虑。一般量规工作面的表面粗糙度要求比被检工件的表面粗糙度要求要严格些，量规测量面的表面粗糙度要求见表 5–3。

表 5–3 量规测量面的表面粗糙度要求

工作量规	量规公称尺寸		
	≤120 mm	120~315 mm	315~500 mm
	量规测量面的表面粗糙度 $Ra/\mu m$		
IT6 孔用量规	0.05	0.10	0.20
IT6~IT9 轴用量规	0.10	0.20	0.40
IT7~IT9 孔用量规			
IT10~IT12 孔、轴用量规	0.20	0.40	0.80
IT13~IT16 孔、轴用量规	0.40	0.80	

5．其他要求

塞规测头与手柄的连接应牢固可靠。若测头与手柄松动，则在检验时，测头容易被卡在工件内，导致工件报废。另外，通规（通端）标注 T，止规（止端）标注 Z。

三、量规的结构

国家标准《螺纹量规和光滑极限量规 型式与尺寸》（GB/T 10920—2008）中，对孔、轴的光滑极限量规的结构、通用尺寸、适用范围、适用顺序都作了详细的规定和阐述，设计时可参考有关手册。

四、工作量规极限偏差的计算

例 5–1 计算 $\phi 18H8/h7$ 用的量规极限偏差。

解：

a. 确定量规形式。参考图 5–4，使用检验 $\phi 18H8$ 的孔用塞规，检验 $\phi 18h7$ 的轴用卡规。

b. 查表 1–3 确定 $\phi 18H8$ 孔的尺寸为 $\phi 18H8\,(^{+0.027}_{\ \ 0})$、$\phi 18h7$ 轴的尺寸为 $\phi 18h7\,(^{\ \ 0}_{-0.018})$。

c. 列表求出通规和止规的上、下极限偏差及有关尺寸，见表 5–4。

表 5–4 通规和止规的上、下极限偏差及有关尺寸　　　　　　　　　　mm

类型	$\phi 18H8\,(^{+0.027}_{\ \ 0})$ 孔用塞规		$\phi 18h7\,(^{\ \ 0}_{-0.018})$ 轴用卡规	
	通规	止规	通规	止规
量规公差带参数（见表 5–1）	T = 0.002 8	Z = 0.004	T = 0.002	Z = 0.002 8

续表

类型	$\phi 18H8 \left(^{+0.027}_{0}\right)$ 孔用塞规		$\phi 18h7 \left(^{0}_{-0.018}\right)$ 轴用卡规	
	通规	止规	通规	止规
量规几何公差	形状、位置公差 = T/2 = 0.001 4		形状、位置公差 = T/2 = 0.001	
量规公差带上极限偏差	+0.005 4	+0.027	-0.001 8	-0.016
量规公差带下极限偏差	+0.002 6	+0.024 2	-0.003 8	-0.018
量规上极限尺寸	18.005 4	18.027 0	17.998 2	17.984
量规下极限尺寸	18.002 6	18.024 2	17.996 2	17.982
通规的磨损极限	18		18	
尺寸标注	$18.005\,4^{\,0}_{-0.002\,8}$	$18.027\,0^{\,0}_{-0.002\,8}$	$17.996\,2^{+0.002}_{0}$	$17.982^{+0.002}_{0}$

d. 画出量规尺寸公差带，如图 5-7 所示。

e. 画出孔用塞规的工作图，并正确标注，如图 5-8 所示。

f. 画出轴用卡规的工作图，并正确标注，如图 5-9 所示。

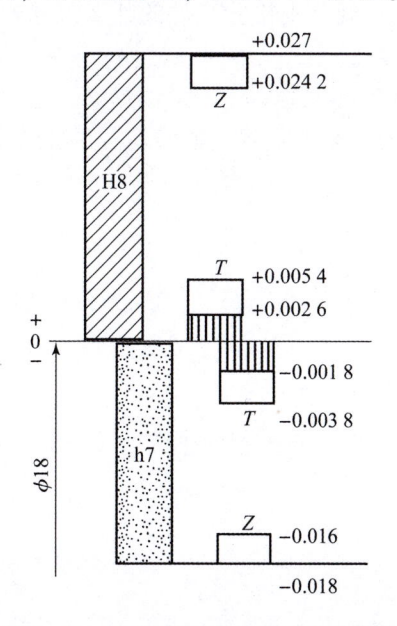

图 5-7　$\phi 18H8/h7$ 量规尺寸公差带图

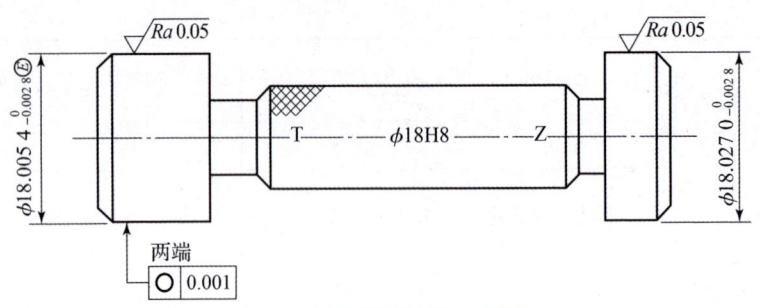

图 5–8 孔用塞规的工作图

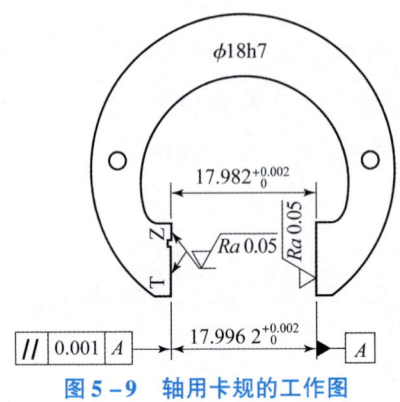

图 5–9 轴用卡规的工作图

习题五

1. 光滑极限量规的通规和止规分别检验工件的什么尺寸？工作量规的公差带是怎么设置的？
2. 极限尺寸判断原则是什么？
3. 计算测量 $\phi 40H8/f7$ 中孔、轴的量规极限偏差，并绘出尺寸公差带图。

第六章　滚动轴承的互换性与检测

> **导读**
>
> 本章学习的主要目的和要求：
> 1. 了解滚动轴承的结构、分类、精度等级和应用场合。
> 2. 熟悉滚动轴承配合采用的基准制，掌握滚动轴承内径、外径的公差带及其特点。
> 3. 掌握滚动轴承配合的选择及其在零件图样上的标注。
> 4. 了解滚动轴承的检测方法。

第一节　滚动轴承的公差

一、滚动轴承的结构及分类

1. 滚动轴承的结构

滚动轴承广泛运用于机械制造业中，是一种标准部件，一般由内圈、外圈、滚动体和保持架组成，如图 6-1 和图 6-2 所示。其内圈内径 d 与轴颈配合，外圈外径 D 与外壳孔配合，是一种典型的光滑圆柱连接。由于它的结构特点和功能要求与一般的光滑圆柱连接不同，因此其公差配合的要求也有所不同。

图 6-1　滚动轴承

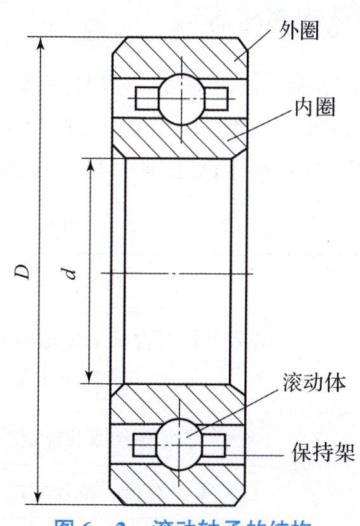

图 6-2　滚动轴承的结构

2. 滚动轴承的分类

1) 滚动轴承按滚动体的形状分为球轴承、滚子轴承、滚针轴承。其中球轴承承载能力低，极限转速高；滚子轴承承载能力高，极限转速低。

2) 滚动轴承按承受载荷的方向分为深沟球轴承（又称向心球轴承，承受径向载荷）、平底推力球轴承（承受轴向载荷）和角接触球轴承（同时承受径向和轴向载荷）。

3) 滚动轴承按照相对运动的接触形式大致分为滚珠轴承、滑动轴承、挠性轴承、空气轴承、磁悬浮轴承、圆锥滚子轴承、宝石轴承、滚针轴承、含油轴承等。

4) 滚动轴承按照被支承物之间的相对运动关系分为旋转轴承、线性轴承、复合轴承等。

滚动轴承的工作性能和使用寿命不仅取决于轴承本身的制造精度，还与滚动轴承相配合的轴颈和外壳孔的尺寸公差、几何公差和表面粗糙度及正确安装与否等因素有关，设计时应根据上述因素合理选用。

图 6-3 分别为深沟球轴承、圆锥滚子轴承、角接触球轴承的结构图。

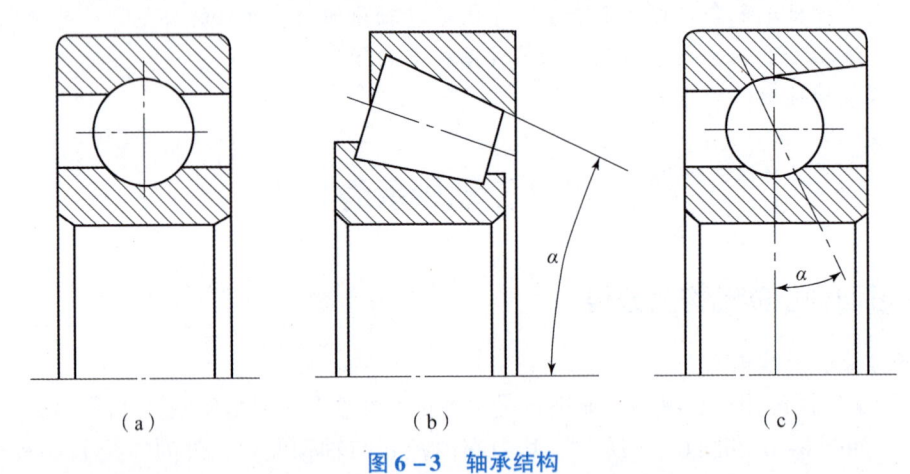

图 6-3 轴承结构
(a) 深沟球轴承；(b) 圆锥滚子轴承；(c) 角接触球轴承

二、轴承的精度等级

根据国家标准《滚动轴承 代号方法》（GB/T 272—2017）规定，滚动轴承的公差等级分为 PN、P6、P6X、P5、P4、P2、SP、UP 八个等级，其中 PN 级最低，P2 级最高，只有深沟球轴承有 P2 级；圆锥滚子轴承有 P6X 级而无 P6 级。公差等级代号见表 6-1。

表 6-1 公差等级代号

代号	含义	示例
/PN	公差等级符合标准规定的普通级，代号中省略不表示	6203
/P6	公差等级符合标准规定的 6 级	6203/P6
/P6X	公差等级符合标准规定的 6X 级	30210/P6X
/P5	公差等级符合标准规定的 5 级	6203/P5

续表

代号	含义	示例
/P4	公差等级符合标准规定的 4 级	6203/P4
/P2	公差等级符合标准规定的 2 级	6203/P2
/SP	尺寸精度相当于 5 级，旋转精度相当于 4 级	234420/SP
/UP	尺寸精度相当于 4 级，旋转精度高于 4 级	234730/UP

三、滚动轴承内径、外径的公差带及其特点

在滚动轴承与轴颈和外壳孔的配合中，其内圈通常是随轴一起旋转的，为防止内圈和轴颈的配合面之间出现相对滑动而导致磨损，影响轴承的工作性能，要求配合具有一定的过盈；同时由于内圈是薄壁件，并且需要拆卸，因此其过盈量不能太大。若作为基准孔的轴承内圈内径仍采用基本偏差代号 H 的公差带布置，且轴颈公差带仍从国家标准 GB/T 1800.1—2020 中的优先、常用和一般公差带中选取，则这样的过渡配合的过盈量太小，而过盈配合的过盈量又太大，不能满足轴承工作的需要。若轴颈采用非标准公差带，则违反了标准化和互换性原则。因此，轴承内径为基准孔公差带，但位于以公称内径 d 为零线的下方，即上偏差为零，下偏差为负值，如图 6-4 所示。而这种特殊的基准孔公差带与国家标准 GB/T 1800.1—2020 中基孔制的各种轴公差带构成的配合，有不同程度的变紧，它与基孔制过渡配合中的轴公差带所组成的配合，便成为过盈量较大的过渡配合或小过盈量的过盈配合，从而满足轴承内孔与轴颈的配合要求。

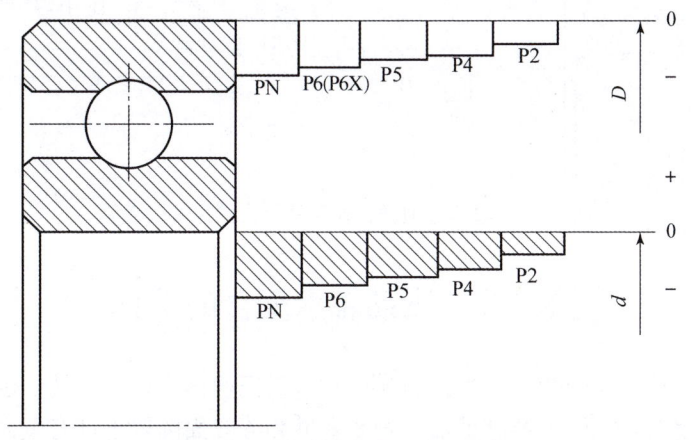

图 6-4 滚动轴承内外径公差带

滚动轴承的外圈安装在外壳孔中，通常不旋转。考虑到工作时温度升高会使轴热胀而产生轴向移动，因此两端轴承中应有一端是游动支承，使外圈与外壳孔的配合稍松一点，从而补偿轴的热胀伸长量，以免造成轴弯曲时被卡住而影响正常运转。为此规定轴承外圈公差带位于以公称外径 D 为零线的下方，如图 6-4 所示，与基本偏差为 h 的公差带类似，但公差值不同。轴承外圈采取这样的基准轴公差带与国家标准 GB/T 1800.1—2020 中基轴制的孔公差带所组成的配合性质基本相同。

四、轴颈和外壳孔的公差带

由于轴承内径和外径本身的公差带在轴承制造时已确定,因此轴承内圈和轴颈、外圈和外壳孔的配合面间需要的配合性质,要由轴颈和外壳孔的公差带决定。也就是说,轴承配合的选择就是确定轴颈和外壳孔的公差带。国家标准《滚动轴承 向心轴承 产品几何技术规范(GPS)和公差值》(GB/T 307.1—2017)对与 PN 级和 P6(P6X)级轴承配合的轴颈规定了 17 种公差带,外壳孔规定了 16 种公差带(见图 6-5),分别选自国家标准 GB/T 1800.1—2020 中的轴、孔公差带。

图 6-5 为国家标准 GB/T 307.1—2017 推荐的轴承与轴颈、外壳孔配合的尺寸公差带,其适用范围规定如下。

1) 轴承的工作温度不超过 100 ℃。
2) 对轴承的旋转精度和运转平稳性无特殊要求。
3) 轴颈与外壳孔的材料为钢或铸铁。
4) 轴颈为实体或厚壁空心。

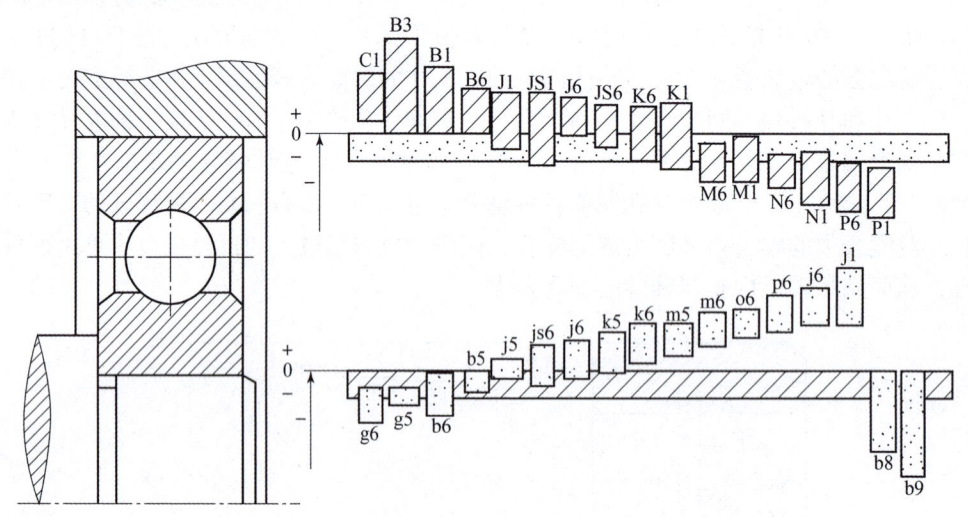

图 6-5 轴承与轴颈、外壳孔配合的尺寸公差带

第二节 滚动轴承配合的选择

正确选择滚动轴承与轴颈、外壳孔的配合,对保证机器的正常运转、延长轴承的使用寿命、充分发挥轴承的承载能力及满足轴承安装和拆卸等方面的要求都有重大意义。轴承设计时主要考虑滚动轴承套圈相对于载荷的状况、轴承套圈承受载荷的类型和大小、轴承的尺寸大小、轴承的游隙等因素。

一、确定轴承配合的依据

1. 滚动轴承套圈与载荷方向的关系

滚动轴承套圈承受的载荷类型根据作用于轴承套圈相对于径向载荷的运动关系,可分为套圈相对载荷方向静止、套圈相对载荷方向旋转、套圈相对载荷方向摆动,如图 6-6 所示。

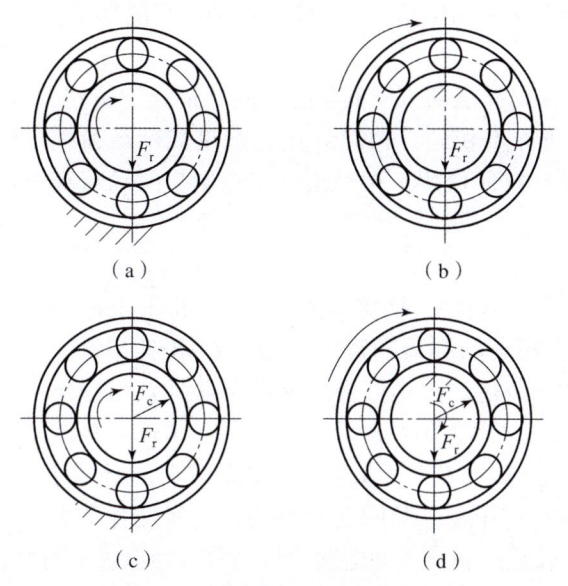

图 6-6 轴承套圈承受的载荷类型

(a) 内圈：旋转载荷，外圈：定向载荷；(b) 内圈：定向载荷，外圈：旋转载荷；
(c) 内圈：旋转载荷，外圈：摆动载荷；(d) 内圈：摆动载荷，外圈：旋转载荷

(1) 套圈相对载荷方向静止

轴承转动时，若合成径向载荷始终不变地作用在套圈滚道的某一局部区域上，则该套圈承受着定向载荷（如齿轮传动力、传动带拉力、车削时的径向切削力等）。图 6-6 (a) 中的外圈和图 6-6 (b) 中的内圈，它们均受到一个定向的径向载荷 F_r 作用。例如，减速器转轴两端轴承外圈、汽车与拖拉机前轮（从动轮）轴承内圈的受力等均属于定向载荷，其特点是只有套圈的局部滚道受到定向载荷的作用，易产生磨损。承受定向载荷的套圈，一般选较松的过渡配合或较小的间隙配合，从而减少滚道的局部磨损，以延长轴承的使用寿命。

(2) 套圈相对载荷方向旋转

轴承转动时，若作用在轴承上的合成径向载荷与套圈相对旋转，依次作用在套圈的整个圆周轨道上，则该套圈承受旋转载荷（如旋转工件上的惯性离心力、旋转镗杆上作用的径向切削力等）。图 6-6 (a) 中的内圈和图 6-6 (b) 中的外圈，都承受旋转载荷。例如，减速器转轴两端轴承内圈、汽车与拖拉机前轮轮毂中轴承外圈的受力等均属于旋转载荷，其特点是套圈的整个滚道均匀受到载荷的作用，套圈滚道磨损均匀。承受旋转载荷的套圈与轴（或外壳孔）相配，应选过盈配合或较紧的过渡配合，其过盈量的大小以不使套圈与轮毂或外壳孔配合表面间出现打滑现象为原则。

(3) 套圈相对载荷方向摆动

轴承转动时，当由定向载荷与旋转载荷所组成的合成径向载荷作用在套圈的部分滚道上时，该套圈便相对于载荷方向摆动。如图 6-6 (c) 和图 6-6 (d) 所示，轴承套圈同时受到定向载荷和旋转载荷的作用，两者的合成载荷将由小到大，再由大到小地呈周期性变化。当 $F_r > F_c$ 时（见图 6-7），合成载荷在轴承下方 AB 区域内摆动，不旋转的套圈承受摆动载荷，旋转的套圈承受旋转载荷。当 $F_r < F_c$ 时，合成载荷沿整个圆周变动，不旋转的套圈承

受旋转载荷，而旋转的套圈承受摆动载荷。承受摆动载荷的套圈，其配合要求与旋转载荷相同或略松一些。

由上述可知，套圈相对于载荷方向的状态不同（静止、旋转、摆动），载荷作用的性质亦不相同。相对静止状态呈局部载荷作用；相对旋转状态呈循环载荷作用；相对摆动状态则呈摆动载荷作用。

2. 载荷的大小

根据国家标准《滚动轴承 额定静载荷》（GB/T 4662—2012）和《滚动轴承 额定动载荷和额定寿命》（GB/T 6391—2010）的规定，向心轴承载荷的大小可用当量径向载荷 P_r 与额定动载荷 C_r 的比值来区分。$P_r \leq 0.07 C_r$ 时为轻载荷；$0.07 C_r < P_r \leq 0.15 C_r$ 时为正常载荷；$P_r > 0.15 C_r$ 时为重载荷。载荷越大，配合过盈量应越大。轴承在载荷作用下，套圈会产生变形，使配合受力

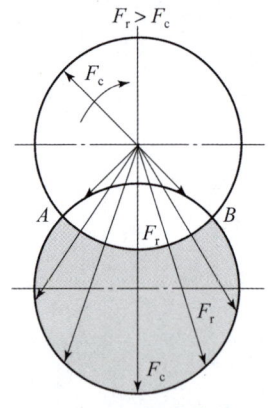

图 6-7 摆动载荷

不均匀，会引起松动。较重的载荷或冲击载荷将会引起轴承较大的变形，使结合面间实际过盈减小和轴承内部的实际间隙增大，这时为了使轴承运转正常，应选较大的过盈配合。同理，承受较轻的载荷时，可选用较小的过盈配合。

3. 轴承尺寸大小

随着轴承尺寸的增大，选择的过盈配合过盈量与间隙配合间隙量就应越大。但是对于重型机械上所使用的特别大尺寸的轴承，应采用较松的配合。

4. 轴承游隙

轴承游隙是指轴承未安装于轴或轴承箱时，将其内圈或外圈的一方固定，其未被固定的一方做径向或轴向移动时的移动量。根据移动方向，可分为径向游隙和轴向游隙，如图 6-8 所示。

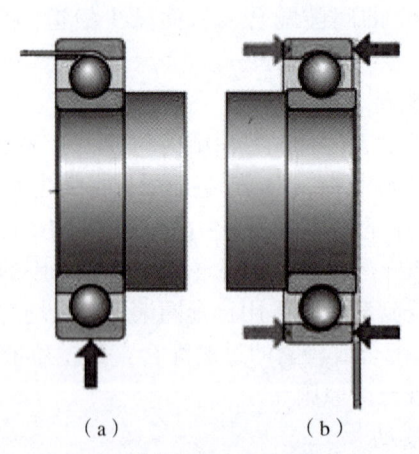

图 6-8 滚动轴承游隙
(a) 径向游隙；(b) 轴向游隙

轴承游隙大小的选择应适中，游隙过大，会引起转轴较大的径向跳动和轴向窜动，同时轴承会产生较大的振动和噪声；游隙过小，尤其是当轴承与轴颈或外壳孔采用过盈配合时，会使轴承滚动体与套圈产生较大的接触应力，引起轴承的摩擦发热，以致降低寿命。游

隙的选择原则为原始游隙＞安装游隙＞工作游隙，安装游隙为过盈配合，工作游隙为热胀冷缩。

5. 其他因素

（1）工作温度的影响

轴承运转时，由于摩擦发热和其他热源的影响，轴承套圈的温度经常高于轴颈和外壳孔的温度，内圈因热膨胀与轴颈的配合变松，外圈因热膨胀与外壳孔的配合变紧，因此，当轴承工作温度高于 100 ℃ 时，应对所选择的配合进行修正（减小外圈与外壳孔的配合过盈，增加内圈与轴颈的配合过盈）。

（2）轴颈和外壳孔的公差等级与轴承公差等级的协调

轴颈和外壳孔标准公差等级的选用与滚动轴承本身的精度等级密切相关。与 PN 级和 P6 级轴承配合的轴一般取 IT6，外壳孔一般取 IT7；对旋转精度和运转平稳有较高要求的场合，轴颈取 IT5，外壳孔取 IT6；与 P5 级轴承配合的轴颈和外壳孔均取 IT6，要求高的场合取 IT5；与 P4 级轴承配合的轴颈取 IT5，外壳孔取 IT6；要求更高的场合轴颈取 IT4，外壳孔取 IT5。

（3）旋转精度和旋转速度

对于承受较大载荷且旋转精度要求较高的轴承，为了消除弹性变形和振动的影响，应避免采用间隙配合，但也不应太紧。轴承的旋转速度越高，选用的配合越紧。

（4）轴颈和外壳孔的结构与材料

采用薄壁、轻合金外壳孔或薄壁空芯轴颈时，为保证轴承有足够的支承刚度和强度，应采用较紧配合。采用剖分式外壳体结构时，为避免外圈产生椭圆变形，应采用较松配合。当配合 $\geqslant KT_{尺寸}$ 或外壳孔的标准公差 ＜IT6 时，应选用整体式外壳体。

（5）安装条件

当要求拆卸且需要较紧配合时，可采用分离型轴承、内圈带锥孔和紧定套（或退卸套）的轴承。为了便于安装、拆卸，特别是对于重型机械，应采用较松的配合。

除上述条件外，当要求轴承的内圈或外圈沿轴向移动时，该内圈与轴颈或外圈与外壳孔的配合应选较松的配合。此外，当轴承的两个套圈之一须采用特大过盈的过盈配合时，由于过盈配合使轴承径向游隙减小，因此应选择具有大于基本组径向游隙的轴承。

滚动轴承与轴颈、座孔配合的选择方法有类比法和计算法，通常采用类比法。表 6 – 2 ~ 表 6 – 5 分别列出了国家标准 GB/T 307.1—2017 规定的向心轴承、推力轴承与轴颈、外壳孔配合的公差带代号，可供选择参考。在配合初选完成后，还应考虑对有关影响因素进行修正。

二、轴颈和外壳孔的几何公差与表面粗糙度

为了保证滚动轴承正常工作，除了正确选择配合之外，还应对轴颈及外壳孔配合的几何公差和表面粗糙度提出要求。为避免套圈安装后产生变形，轴颈和外壳孔的尺寸公差和几何公差应采用包容要求，并规定更严格的圆柱度公差，轴肩和外壳孔端面应规定轴向圆跳动公差。轴颈和外壳孔的几何公差与表面粗糙度可参照表 6 – 6 和表 6 – 7 选择。

表 6-2 向心轴承和轴的配合、轴的公差带代号

内圈工作重要条件			深沟球轴承和角接触球轴承	圆柱滚子轴承和圆锥滚子轴承	调心滚子轴承	轴颈公差带
			轴承公称内径/mm			
			圆柱孔轴承			
内圈相对于载荷方向旋转或摆动	轻载荷	电器、仪表、机床主轴、精密机械、泵、通风机、传送带	≤18	—	—	h5
			>18~100	≤40	≤40	j6①
			>100~200	>40~143	>40~100	k6①
			—	>140~200	>100~200	m6①
	正常载荷	一般机械、电动机、涡轮机、泵、内燃机、变速箱、木工机械	≤18	—	—	J5
			>18~100	≤40	≤40	k5②
			>100~140	>40~100	>40~65	m5②
			>140~200	>100~140	>65~100	m6
			>200~280	>140~200	>100~140	n6
			—	>200~400	>140~280	p6
			—	—	>280~500	r6
			—	—	>500	r7
	重载荷	铁路车辆和电车的轴箱、牵引电动机、轧机、破碎机等重型机械	—	>50~140	>50~100	n6③
			—	>140~200	>100~140	p6③
			—	>200	>140~200	r6③
			—	—	>200	r7③
内圈相对于载荷方向静止	各类载荷	静止轴上的各种轮子内圈必须在轴向容易移动	所有尺寸			g6①
		张紧滑轮、绳索内圈不需要在轴向移动	所有尺寸			h6①
纯轴向载荷		所有应用场合	所有尺寸			j6 或 js6

续表

内圈工作重要条件		深沟球轴承和角接触球轴承	圆柱滚子轴承和圆锥滚子轴承	调心滚子轴承	轴颈公差带
		轴承公称内径/mm			
圆锥孔轴承（带锥形套）					
所有载荷	火车和电车的轴箱	装在退卸套上的所有尺寸			h8（IT5）④
	一般机械或传动轴	装在紧定套上的所有尺寸			h9（IT7）⑤

注：①对精度有较高要求的场合，应选 j5、k5…分别代替 j6、k6…。
②单列圆锥滚子轴承和单列角接触球轴承内部游隙的影响不重要，可用 k6 和 m6 分别代替 k5 和 m5。
③应选用轴承径向游隙大于基本组径向游隙的滚子轴承。
④凡有较高的精度或转速要求的场合，应选用 h7，轴颈形状公差为 IT5。
⑤尺寸≥500 mm 时，轴颈形状公差为 IT7。

表 6-3 向心轴承和外壳孔的配合、孔公差带代号

外圈工作条件				应用举例	外壳孔公差带
旋转状态	载荷类型	轴向位移的限度	其他情况		
外圈相对于载荷方向静止	轻、正常和重载荷	轴向容易移动	轴处于高温场合	烘干筒、有调心滚子轴承的大电动机	G7
			剖分式外壳体	一般机械、铁路车辆轴箱	H7
	冲击载荷	轴向能移动	整体式或剖分式外壳体	铁路车辆轴箱轴承	J7
外圈相对于载荷方向摆动	轻和正常载荷			电动机、泵、曲轴主轴承	
	正常和重载荷		整体式外壳体	电动机、泵、曲轴主轴承	K7
	重冲击载荷				
外圈相对于载荷方向旋转	轻载荷	轴向不移动		牵引电动机	M7
	正常和重载荷			张紧滑轮	M7
	重冲击载荷			装有球轴承的轮毂	N7
			薄壁、整体式外壳体	装有滚子轴承的轮毂	P7

注：①对精度有较高要求的场合，应选用 P6、N6、M6、K6、J6 和 H6 分别代替 P7、N7、M7、K7、J7 和 H7，并同时选用整体式外壳体。
②对于轻合金外壳体应选择比钢或铸铁外壳体更紧的配合。

表 6-4 推力轴承的轴颈公差带

内圈工作条件		推力球和圆柱滚子轴承	推力调心滚子轴承	轴颈公差带
		轴承公称内径/mm		
纯轴向载荷		所有尺寸	所有尺寸	j6 或 js6
径向和轴向联合载荷	内圈相对于载荷方向静止	—	≤250	j6
		—	>250	js6
	内圈相对于载荷方向旋转或摆动	—	≤200	k6
		—	>200~400	m6
		—	>400	n6

表 6-5 推力轴承的外壳孔公差带

外圈工作条件		轴承类型	外壳孔公差带
纯轴向载荷		推力球轴承	H8
		推力圆柱滚子轴承	H7
		推力调心滚子轴承	①
径向和轴向联合载荷	外圈相对载荷方向静止或摆动	推力调心滚子轴承	H7
	外圈相对载荷方向旋转		M7

注：①外圈与箱体孔间的配合间隙为 0.001D，D 为轴承公称外径。

表 6-6 轴颈和外壳孔的几何公差

轴承公称内外径/mm	圆柱度				轴向圆跳动			
	轴颈		外壳孔		轴肩		外壳孔肩	
	轴承精度等级							
	PN	P6	PN	P6	PN	P6	PN	P6
	公差值/μm							
>18~30	4	2.5	6	4	10	6	15	10
>30~50	4	2.5	7	4	12	8	20	12
>50~80	5	3	8	5	15	10	25	15
>80~120	6	4	10	6	15	10	25	15
>120~180	8	5	12	8	20	12	30	20
>180~250	10	7	14	10	20	12	30	20

表6-7 轴颈和外壳孔的表面粗糙度

配合表面	轴承精度等级	配合表面的尺寸公差等级	轴承公称内外径/mm	
			≤80	80~500
			表面粗糙度 Ra 值/μm	
轴颈	PN	IT6	≤1	≤1.6
外壳孔		IT7	≤1.6	≤2.5
轴颈	P6	IT5	≤0.63	≤1
外壳孔		IT6	≤1	≤1.6
轴肩和外壳孔肩端面	PN	—	≤2	≤2.5
	P6		≤1.25	≤2

注：轴承装在紧定套（或退卸套）上时，轴颈表面的表面粗糙度 Ra 值不应大于 2.5 μm。

由于滚动轴承是标准部件，在具体选择某一型号时，其配合尺寸的公差带已确定，因此，在装配图中轴承内圈与轴颈配合处只标注轴颈的尺寸与公差带代号，轴承外圈与外壳孔配合处只标注孔的尺寸与公差带代号。同时，在轴颈及外壳孔的零件图中应标注出相应的配合尺寸、几何公差及表面粗糙度要求。

三、滚动轴承配合选择实例

例 6-1 图 6-9（a）所示为直齿圆柱齿轮减速器输出轴轴颈的部分装配图，已知该减速器的功率为 5 kW，从动轴转速为 83 r/min，其两端的轴承为 211 深沟球轴承（$d = 55$ mm，$D = 100$ mm），齿轮的模数为 3 mm，齿数为 79。试确定轴颈和外壳孔的公差带代号（尺寸极限偏差）、几何公差值和表面粗糙度值，并将它们分别标注在装配图和零件图上。

解： a. 减速器属于一般机械，轴的转速不高，因此选用 PN 轴承。

b. 该轴承承受定向载荷的作用，内圈与轴一起旋转、外圈安装在剖分式外壳体中不旋转。因此，内圈相对于载荷方向旋转，它与轴颈的配合应较紧；外圈相对于载荷方向静止，它与外壳孔的配合应较松。

c. 按该轴承的工作条件，由机械零件教材和机械工程手册的计算公式，求得该轴承的当量径向载荷 P_r 为 833 N。查得 211 球轴承的额定动载荷 C_r 为 33 354 N。因此 $P_r = 0.03 C_r$，小于 0.07。

d. 按轴承工作条件从表 6-2 和表 6-3 选取轴颈公差带为 $\phi 55 j6$，外壳孔公差带为 $\phi 100 H7$。

e. 按表 6-6 选取几何公差值，轴颈圆柱度公差为 0.005 mm，轴肩轴向圆跳动公差为 0.015 mm，外壳孔圆柱度公差为 0.01 mm。

f. 按表 6-7 选取轴颈和外壳孔的表面粗糙度参数值，轴颈 $Ra \leq 1$ μm，轴肩端面 $Ra \leq 2$ μm；外壳孔 $Ra \leq 2.5$ μm。

g. 将确定好的上述公差标注在图样上，如图 6-9（b）、图 6-9（c）所示。

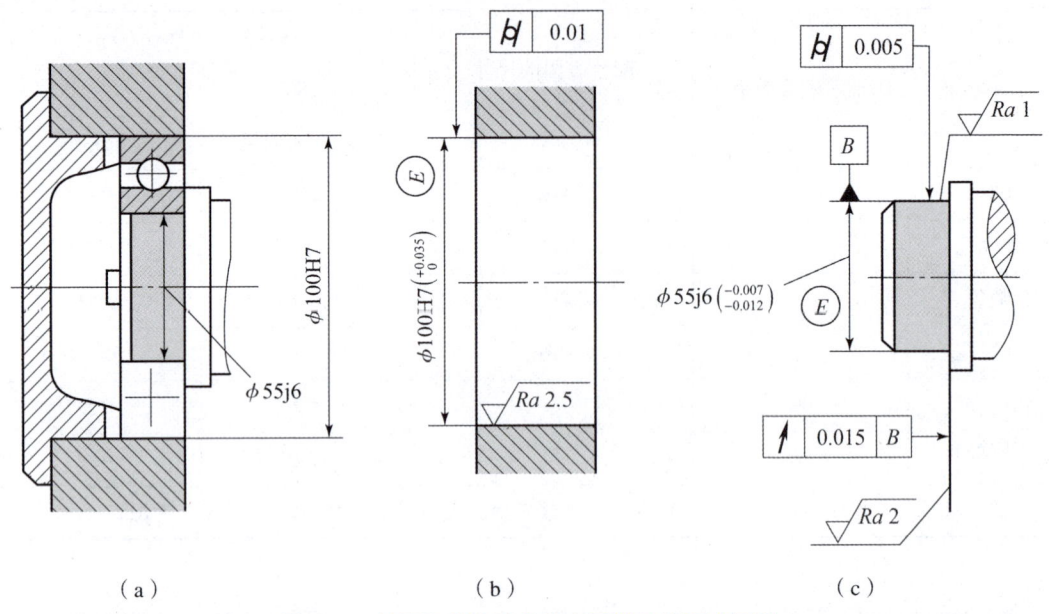

(a)　　　　　　　　　　(b)　　　　　　　　　　(c)

图 6-9　轴颈和外壳孔公差在图样上的标注示例
(a) 装配图；(b) 外壳体图样；(c) 轴图样

第三节　滚动轴承的检测

滚动轴承是当其他零部件在轴上彼此产生相对运动时，用来保持轴的中心位置及控制该运动的零件。

一、滚动轴承检测元素

滚动轴承检测一般分为三个部分。

1) 外观检测，包括外径尺寸、内径尺寸、轴承高度、同轴度、同心度、内外径跳动等的检测。

2) 内部检测，常用于探伤检测，一般用声波、电磁等手段进行。

3) 振动检测。

二、检测方法

1. 机械式仪器

机械式仪器检测采用表头进行显示，分辨率低，显示分辨率在 1 mm 左右，主观误差较大，一般检测参数单一，但成本低、可靠性高，普及面广。常见的机械式仪器有轴承行业现在使用的 D 系列内外径仪、H 系列高度仪、W 系列沟位置仪、B 系列摆差仪等。例如，B002 轴承旋转精度检测仪主要用于向心球轴承成品内外沟内摆、内外沟侧摆、轴向跳动的检测，如图 6-10 所示。

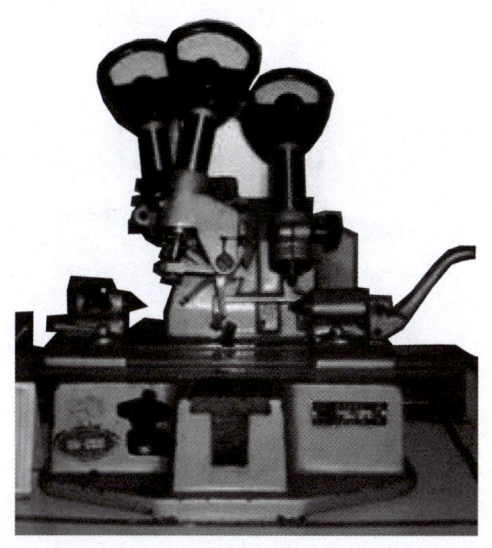

图 6-10　B002 轴承旋转精度检测仪

2. 光电一体化仪器

光机电一体化仪器一般采用传感器测量与数字显示，分辨率高，显示分辨率一般比机械式仪器高一个数量级，示值准确，动态性能好。常见的光电一体化仪器有激光表面粗糙度仪、标准测长机、基准游隙仪、摩擦力矩仪、主动测量仪、振动测量仪、在线内径测量机、机外检测机、影像测量仪等。

这里要特别强调影像测量仪，因为在光电一体化仪器里，它是测量轴承的最佳测量仪器。VMU、VMC 及 VMG 系列全自动影像测量仪（见图 6-11～图 6-13）不仅兼顾了机械式仪器的功能，还具备智能化仪器的综合分析判断、数据存储、统计分析等功能。全自动影像测量仪能够完成在线批量检测，这样就可以节省购买其他配套设备的成本，并且能够大幅提升测量效率。

图 6-11　VMU 全自动影像测量仪

图 6-12　VMC300 四轴全自动光学影像测量仪

图 6-13　VMG 全自动影像测量仪

3. 智能化仪器

智能化仪器一般采用传感器测量，并采用计算机分析处理测量数据，具有消除测量安装误差、综合分析判断、数据存储、统计分析、网络管理接口等功能，具有分辨率高、示值准确、显示直观、人机对话良好、动态性能好等特点。常见的智能化仪器有 Y 系列圆度仪、基准游隙仪、机外检测机、智能振动测量仪、R 系列沟曲率仪、摩擦力矩仪、网络化轴承多参数仪等。但智能化仪器太过专一，测量轴承时往往需要几个仪器一起配合使用，这样会使成本升高、效率降低。

习题六

1. 向心轴承的精度分为哪几级？划分的依据是什么？
2. 滚动轴承内圈内径公差带的布置有什么特点？
3. 滚动轴承的配合选择要考虑哪些主要因素？
4. 一向心球轴承 P0310，中系列，内径 $d = 50$ mm，外径 $D = 110$ mm，与轴承内径配合的轴用 j6，与外径配合的孔用 JS7。试绘出它们的公差带图，并计算它们配合的极限间隙和极限过盈。
5. 有一 G209 滚动轴承，内径为 45 mm，外径为 85 mm，额定载荷为 18 100 N，应用于闭式传动减速器中。其工作情况为轴上承受一个 2 000 N 的固定径向载荷，工作转速为 980 r/min，而轴承座固定。试确定轴承内圈与轴颈、外圈与外壳孔的配合。

项目实践：

我们知道减速箱的从动轴上装有齿轮，其两端的轴承为 PN 级单列深沟球轴承（轴承内径 $d = 55$ mm，外径 $D = 100$ mm），承受当量径向载荷 $P_r = 2\ 000$ N，额定动载荷 $C_r = 34\ 000$ N，试确定轴颈和外壳孔的公差带、几何公差值和表面粗糙度数值。

第一步，由题意得，齿轮转动时作用力为方向不变的径向载荷，轴承内圈与轴一起旋转，外圈静止不动。而 $P_r = 2\ 000$ N，$C_r = 34\ 000$ N，因此 $P_r = 0.06 C_r$ 属轻载荷。

第二步，为了分析轴承配合的性质，可画出公差带图。

查表 6-2、表 6-3 得轴颈和外壳孔的公差带：轴颈为 $\phi 55 j6$，外壳孔为 $\phi 100 H7$。

算出内圈与轴颈的最大过盈与最大间隙

$$Y_{max} = EI - es = [-0.015 - (+0.012)] \text{ mm} = -0.027 \text{ mm}$$

$$X_{max} = ES - ei = [0 - (-0.007)] \text{ mm} = +0.007 \text{ mm}$$

外圈与外壳孔的最大间隙与最小间隙

$$X_{max} = ES - ei = [+0.035 - (-0.015)] \text{ mm} = +0.050 \text{ mm}$$

$$X_{min} = EI - es = (0 - 0) \text{ mm} = 0 \text{ mm}$$

第三步，查表 6-6 得圆柱度公差要求：轴颈为 0.005 mm，外壳孔为 0.010 mm。轴向圆跳动公差要求：轴肩为 0.015 mm，外壳孔肩为 0.025 mm。

最后查表 6-7 得表面粗糙度要求：轴颈 $Ra \leqslant 1$ μm，轴肩端面 $Ra \leqslant 2$ μm，外壳孔 $Ra \leqslant 2.5$ μm，外壳孔肩端面 $Ra \leqslant 2.5$ μm。

第七章 圆锥的互换性与检测

> **导读**
>
> 本章学习的主要目的和要求：
> 1. 了解圆锥的几何参数、结构和运用场合。
> 2. 掌握圆锥及其公差的标注。
> 3. 熟悉圆锥公差与配合的选用。
> 4. 了解圆锥的检测。

第一节 概述

一、案例引入

圆锥配合在机械中应用很广泛，如农机用输出轴［见图 7-1（a）］，其中锥度部分装车轮。在其他机械设备和工具中，许多场合也使用圆锥面配合，如车床主轴孔与顶尖的配合，车床尾座锥孔与麻花钻锥柄［见图 7-1（b）］的配合，加工中心用刀柄、加工中心筒夹（见图 7-2）、液压装置的锥度阀芯与阀体的配合等。特别是工具配合面圆锥角比较小，可以传递很大的扭矩，同时同轴度较高，能做到无间隙配合。

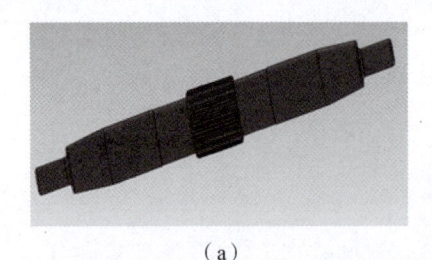

（a）　　　　　　　　　（b）

图 7-1　加工中心用刀柄
（a）农机用输出轴；（b）麻花钻锥柄

图 7-2　加工中心筒夹

二、圆锥配合的特点

圆锥面是一条与轴线呈一定角度的母线绕其轴线旋转所成的表面，圆锥体在垂直其轴线的各横截面内的直径是不相等的，具有渐变性。由于其直径渐变性的补偿作用是圆锥体形成的，因此配合间隙与过盈可以调整，故对中性好。对于间隙配合的圆锥体，零件磨损后经调整可继续投入使用（如机床主轴轴承的配合）；过盈配合的圆锥体拆卸很方便、不损坏零件，可反复使用（如机床主轴锥孔与刀杆或工具尾部的配合）；某些密封性好的配合零件（如液压装置的锥度阀芯与阀体的配合）常采用圆锥配合，通过配研的方法达到其要求。相对于圆柱配合而言，圆锥配合在生产中装配调整和检测比较麻烦。

三、圆锥的几何参数

1. 公称圆锥

圆锥是由圆锥面与一定尺寸限定的几何体，而公称圆锥则是指设计的给定理想形状的圆锥。公称圆锥规定用两种形式确定。

1）用一个公称圆锥直径（已给出最大圆锥直径 D、最小圆锥直径 d、给定的截面圆直径 d_x 这三种的任意一个）、一个公称圆锥长度 L、一个公称圆锥角 α（或公称锥度 C）确定。

2）用两个公称圆锥直径和一个公称圆锥长度确定。

2. 圆锥直径

圆锥直径分为最大圆锥直径（内圆锥直径 D_i、外圆锥直径 D_e）、最小圆锥直径（内圆锥直径 d_i、外圆锥直径 d_e）、给定截面圆锥直径（内圆锥直径 d_{xi}、外圆锥直径 d_{xe}），如图 7-3 所示。

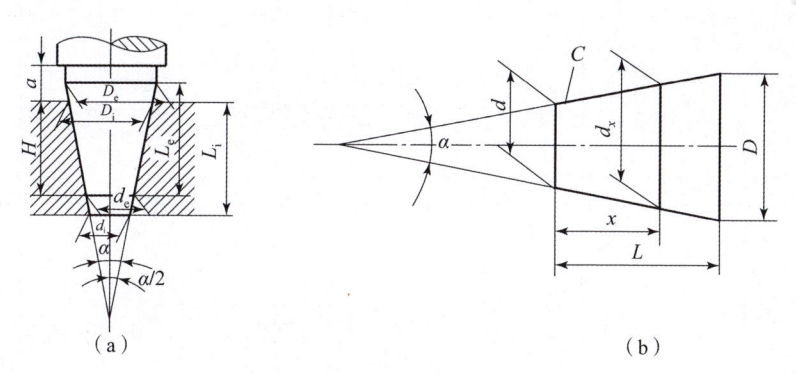

图 7-3 圆锥的几何参数

(a) 圆锥配合的几何参数；(b) 单个圆锥的几何参数

3. 圆锥角

在通过圆锥轴线的纵横面内，两条素线间的夹角，称为圆锥角，用 α 表示，如图 7-3 所示。相互结合的内外圆锥，其基本圆锥角是相等的。

4. 圆锥长度

内（外）圆锥最大圆锥直径与最小圆锥直径之间的轴向距离称为圆锥长度，用 L 表示，如图 7-3 所示。

5. 锥度

两个垂直于圆锥轴线截面的圆锥直径之差与对应两个截面的轴向距离之比,称为锥度,用 C 表示,其公式为

$$C = (D - d)/L$$

由图 7-3(b)中圆锥参数的几何关系,可得出锥度 C 的另一种关系式为

$$C = 2\tan(\alpha/2)$$

式中 α ——圆锥角。

锥度 C 在图样标注中,常写成比例、分数或百分数的形式,如 $C=1:5$ 或 $1/5$ 或 20%。

6. 圆锥配合长度

圆锥配合长度 H 指内外圆锥配合部分的长度,如图 7-3(a)所示。

7. 基面距

基面距 a 指内外圆锥配合时,外圆锥基准面(轴肩或轴端面)与内圆锥基准面(端面)之间的距离,如图 7-3(a)所示。

四、锥度与圆锥角系列

一般用途圆锥的锥度与圆锥角系列见表 7-1,优先选用系列 1,在不能满足需要时,再选用系列 2。

表 7-1 一般用途圆锥的锥度与圆锥角系列(摘自 GB/T 157—2001)

基本值		推算值				应用举例
系列 1	系列 2	圆锥角 α			锥度 C	
		(°)(′)(″)	(°)	rad		
120°		—	—	2.094 395 10	1:0.288 675 1	节气阀、汽车、拖拉机阀门
90°		—	—	1.570 796 33	1:0.500 000 0	重型顶尖、重型中心孔、阀的阀销锥体,小于 10 mm 的丝锥
	75°	—	—	1.308 996 94	1:0.651 612 7	顶尖、中心孔、弹簧夹头、埋头钻

续表

基本值		推算值			锥度 C	应用举例
系列1	系列2	圆锥角 α				
		(°)(′)(″)	(°)	rad		
60°		—	—	1.047 197 55	1∶0.866 025 4	摩擦轴节、弹簧夹头、平衡块
45°		—	—	0.785 398 16	1∶1.207 106 8	受力方向垂直于轴向、易于拆开的连接
30°		—	—	0.523 598 78	1∶1.866 025 4	受力方向垂直于轴向的连接、锥形摩擦离合器、磨床主轴
1∶3		18°55′28.719 9″	18.924 644 42°	0.330 297 35	—	重型机床主轴
	1∶4	14°15′0.117 7″	14.250 032 70°	0.248 709 99	—	受轴向力和扭转力的连接处，主轴承受轴向力调节套筒
1∶5		11°25′16.270 6″	11.421 186 27°	0.199 337 30	—	主轴齿轮连接处，受轴向力的零件连接处，如机车的十字头连接处

续表

基本值		推算值			锥度 C	应用举例
系列 1	系列 2	圆锥角 α				
		(°)(′)(″)	(°)	rad		
	1:6	9°31′38.220 2″	9.527 283 38°	0.166 282 46	—	机床刀具刀杆的尾部、锥形铰刀芯轴、锥形铰刀套式铰刀、扩孔钻的刀杆、主轴颈锥销、手柄端部、锥形铰刀、量具尾部受振及静变负载不拆开的连接件，如芯轴等导轨镶条、受震及冲击负载不拆开的连接件
	1:7	8°10′16.440 8″	8.171 233 56°	0.142 614 93	—	
	1:8	7°9′9.607 5″	7.152 668 75°	0.124 837 62	—	
1:10		5°43′29.317 6″	5.724 804 5°	0.099 916 79	—	
	1:12	4°46′18.797 0″	4.771 888 06°	0.083 285 16	—	
	1:15	3°49′5.897 6″	3.818 304 87°	0.066 641 99	—	
1:20		2°51′51.092 5″	2.864 192 37°	0.049 989 59	—	
1:30		1°54′34.857 0″	1.909 682 51°	0.033 330 25	—	
1:50		1°8′45.158 6″	1.145 877 40°	0.019 999 33	—	
1:100		34′22.630 9″	0.572 953 02°	0.009 999 92	—	
1:200		17′11.321 9″	0.286 478 30°	0.004 999 99	—	
1:500		6′52.529 5″	0.114 591 52°	0.002 000 00	—	

注：系列 1 中 120°～1:3 的数值近似按 R10/2 优先数系列，1:5～1:500 按 R10/3 优先数系列（见 GB/T 321—2005）。

特殊用途圆锥的锥度与圆锥角系列见表 7–2。

表 7–2 特殊用途圆锥的锥度与圆锥角系列（摘自 GB/T 157—2001）

基本值	推算值			锥度 C	标准号 GB/T (ISO)	用途
	圆锥角 α					
	(°)(′)(″)	(°)	rad			
11°54′	—	—	0.207 694 18	1:4.797 451 1	(5237) (8489–5)	纺织机械和附件
8°40′	—	—	0.151 261 87	1:6.598 441 5	(8489–3) (8489–4) (324.575)	
7°	—	—	0.122 173 05	1:8.174 927 9	(8489–2)	
1:38	1°30′27.708 0″	1.507 696 67°	0.026 314 27	—	(368)	
1:64	0°53′42.822 0″	0.895 228 34°	0.015 624 68	—	(368)	

续表

基本值	推算值			标准号 GB/T（ISO）	用途
	圆锥角 α		锥度 C		
	(°)(′)(″)	(°)	rad		
7 : 24	16°35′39.444 3″	16.594 290 08°	0.289 625 00	1 : 3.428 571 4	3837.3 (297)	机床主轴工具配合
1 : 12.262	4°40′12.151 4″	4.670 042 05°	0.081 507 61	—	(239)	贾各锥度 No.2
1 : 12.972	4°24′52.903 9″	4.414 695 52°	0.077 050 97	—	(239)	贾各锥度 No.1
1 : 15.748	3°38′13.442 9″	3.637 067 47°	0.063 478 80	—	(239)	贾各锥度 No.33
6 : 100	3°26′12.177 6″	3.436 716 00°	0.059 982 01	1 : 16.666 666 7	1962 (594−1) (595−1) (595−2)	医疗设备
1 : 18.779	3°3′1.207 0″	3.050 335 27°	0.053 238 39	—	(239)	贾各锥度 No.3
1 : 19.002	3°0′52.395 6″	3.014 554 34°	0.052 631 90	—	1443（296）	莫氏锥度 No.5
1 : 19.180	2°59′11.725 8″	2.986 590 50°	0.052 125 84	—	1443（296）	莫氏锥度 No.6
1 : 19.212	2°58′53.825 5″	2.981 618 20°	0.052 039 05	—	1443（296）	莫氏锥度 No.0
1 : 19.254	2°58′30.421 7″	2.975 117 13°	0.051 925 59	—	1443（296）	莫氏锥度 No.4
1 : 19.264	2°58′24.864 4″	2.973 573 43°	0.051 925 59	—	(239)	贾各锥度 No.6
1 : 19.922	2°52′31.446 3″	2.875 401 76°	0.051 898 65	—	1443（296）	莫氏锥度 No.3
1 : 20.020	2°51′40.796 0″	2.861 332 23°	0.049 939 67	—	1443（296）	莫氏锥度 No.2
1 : 20.047	2°51′26.928 3″	2.857 480 08°	0.049 872 44	—	1443（296）	莫氏锥度 No.1
1 : 20.288	2°49′24.780 2″	2.823 550 06°	0.049 280 25	—	(239)	贾各锥度 No.0
1 : 23.904	2°23′47.624 4″	2.396 562 32°	0.041 827 90	—	1443（296）	布朗夏普锥度 No.1～No.3
1 : 28	2°2′45.817 4″	2.046 060 38°	0.035 710 49	—	(8382)	复苏器（医用）
1 : 36	1°35′29.209 6″	1.591 447 11°	0.027 775 99	—	(5356−1)	麻醉器具
1 : 40	1°25′56.351 6″	1.432 319 89°	0.024 998 70	—		

第二节　圆锥标注

一、圆锥标注案例

图 7-4 所示为发动机输出端锥度标注示例。

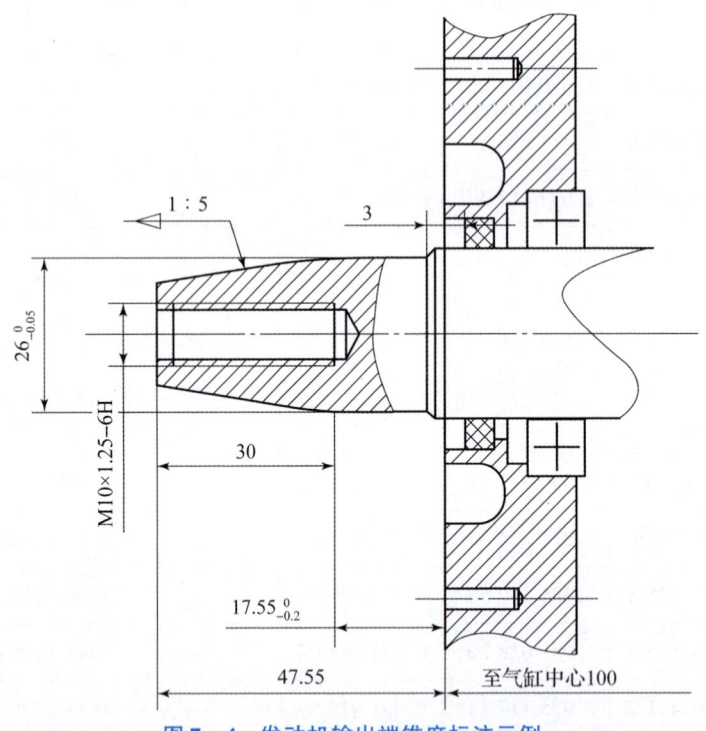

图 7-4　发动机输出端锥度标注示例

二、圆锥尺寸在图上的标注

1）标注圆锥公称直径（只用一端，一般选用大端）、公称圆锥角和公称圆锥长度，如图 7-5 所示。标注的公称圆锥角 α 与公称圆锥直径 D 可以加长方框（如 30° 与 D），分别表示理论正确角度与理论正确直径。

2）标注公称圆锥直径 D、d 与公称圆锥长度 L，如图 7-6 所示。

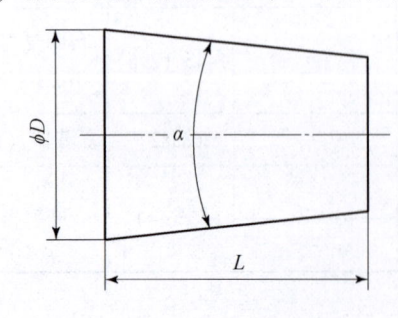

图 7-5　圆锥尺寸标注（一）　　　　图 7-6　圆锥尺寸标注（二）

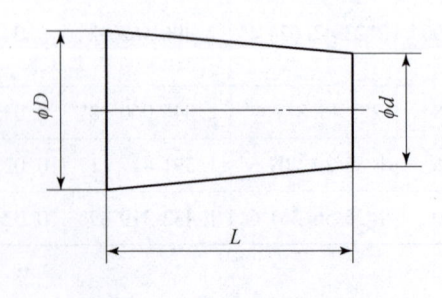

3）标注公称圆锥直径（只用一端，一般选用大端）、锥度和公称圆锥长度（锥度的值可以用百分数表示，如20%，即1/5＝1∶5），如图7－7所示。

4）标注给定截面的公称圆锥直径 ϕd_x、公称锥度 C，并于轴向位置给定截面公称圆锥长度 L_x，如图7－8所示。

5. 对生产中常用的特殊用途的锥度（如工具与机床常用的莫氏锥度），可以不按照图7－5～图7－8的形式标注，而按照图7－9所示的形式标注。

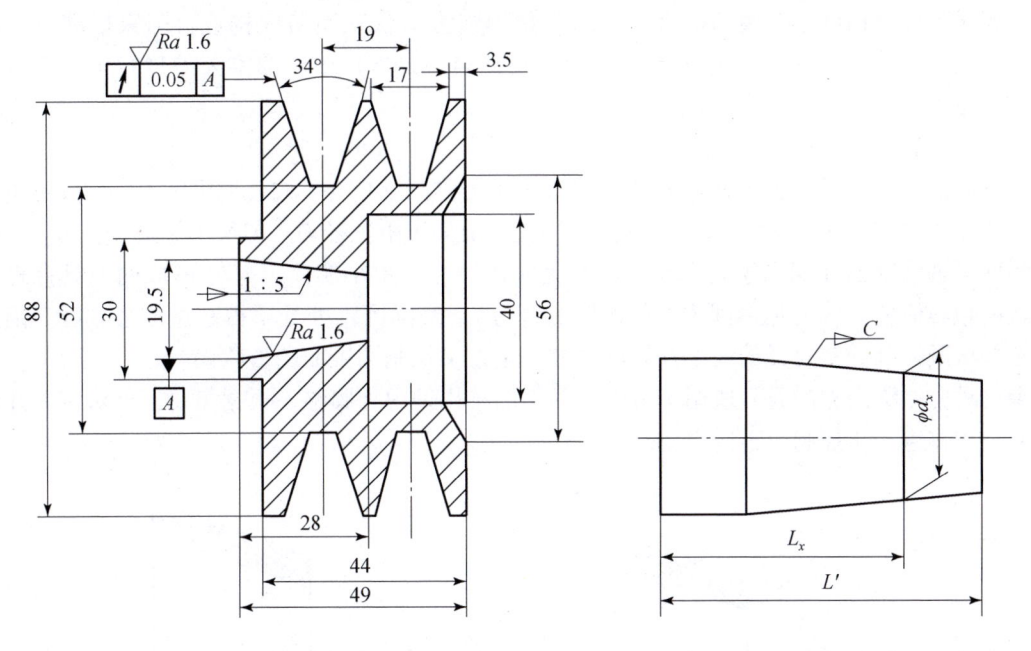

图7－7 圆锥尺寸标注（三）

图7－8 圆锥尺寸标注（四）

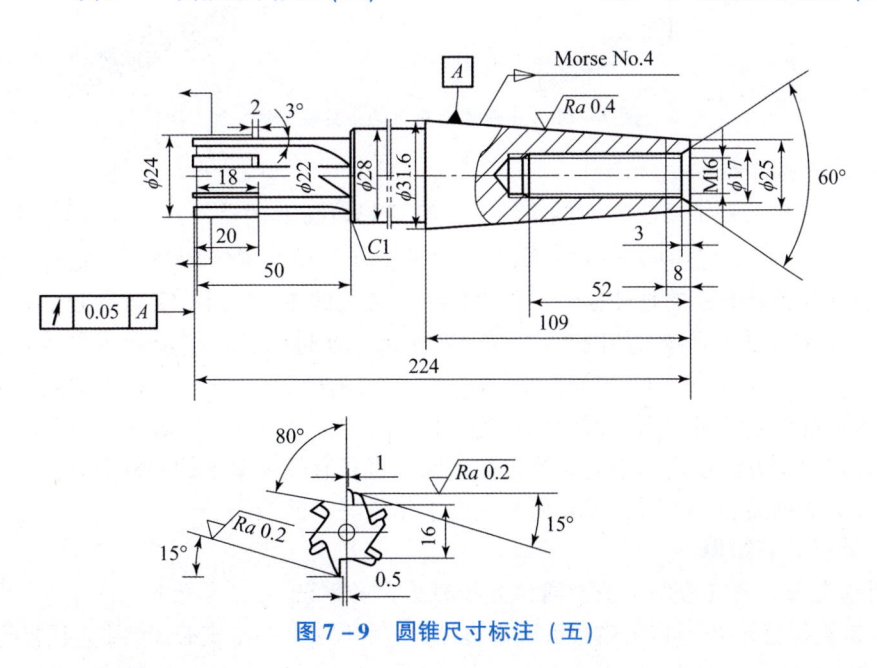

图7－9 圆锥尺寸标注（五）

第三节　圆锥的公差与配合

一、圆锥的公差

(一) 圆锥的公差项目及给定方法

圆锥零件的精度主要由圆锥直径、圆锥角和圆锥形状三项精度构成，国家标准《产品几何量技术规范（GPS）　圆锥公差》（GB/T 11334—2005）中对圆锥公差规定了以下两种给定方法。

1. 包容法

包容法（又称基本锥度法）对于圆锥给定了公称圆锥角 α（或公称锥度 C）和圆锥直径公差 T_D，如图 7–10 所示。这种方法由圆锥大端最大极限直径 D_{max} 与最小极限直径 D_{min} 所确定的两同轴圆锥面（相当于圆锥要素的最大实体尺寸与最小实体尺寸）形成两个具有理想形状的包容面公差区（见两圆锥之间的阴影部分），实际圆锥处处不得超过该公差区。因此该公差区既控制圆锥直径的大小及圆锥角的大小，又控制圆锥面的形状误差。

这种公差给定方法通常适用于有配合要求的结构型内外圆锥。根据需要，可对有关几何公差要求作进一步控制。

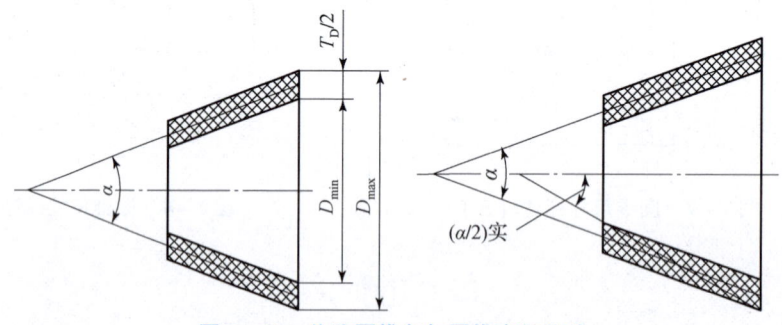

图 7–10　公称圆锥角与圆锥直径公差

2. 独立法

独立法（又称公差锥度法）对圆锥给定了给定截面圆锥直径公差 T_{DS} 和圆锥角公差 AT，如图 7–11（a）所示。这种方法同时给出了圆锥直径公差和圆锥角公差。此时，给定截面圆锥直径公差仅控制圆锥的直径偏差，不再控制圆锥角偏差。T_{DS} 和 AT 各自分别规定，分别满足要求，按独立原则解释，如图 7–11（b）所示。通过圆锥在给定截面圆锥直径公差一半处（即 $T_{DS}/2$），分别作平行于圆锥角为 α_{max} 与 α_{min} 的两组平行线，所得到的阴影部分为此时所允许的圆锥误差范围（含素线形状误差在内）。

这种公差给定方法仅适用于对某给定截面圆锥直径有较高要求的圆锥和有密封要求及非配合的圆锥。根据需要，可对有关几何公差要求作进一步的控制。

(二) 圆锥公差数值

1. 圆锥直径公差（含给定截面圆锥直径公差）的取值

1) 圆锥直径公差 T_D（以大端最大圆锥直径为公称尺寸）与给定截面圆锥直径公差 T_{DS}（以给定截面圆锥直径 d_x 为公称尺寸）可按国家标准 GB/T 1800.1—2020 规定的标准公差取值。

(a)　　　　　　　　　　　　　　(b)

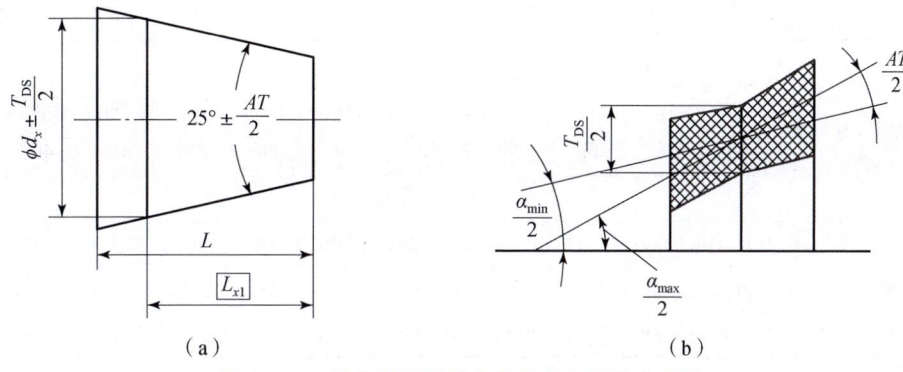

图 7-11　给定截面圆锥直径公差和圆锥角公差

2) 当按包容法给定圆锥公差时，圆锥直径公差 T_D 所能限制的最大圆锥角误差 $\Delta\alpha_{max}$ 见表 7-3（当圆锥长度 $L = 100$ mm 时）。

3) 在圆锥直径的极限偏差后按包容法标注 Ⓔ 符号，如 $\phi 80^{+0.039}_{0}$ Ⓔ。

表 7-3　圆锥直径公差 T_D 所能限制的最大圆锥角误差 $\Delta\alpha_{max}$

圆锥直径公差等级	圆锥直径/mm											
	≤3	>3~6	>6~10	>10~18	>18~30	>30~50	>50~80	>80~120	>120~180	>180~250	>250~315	>315~400	>400~500
	$\Delta\alpha_{max}/\mu rad$											
IT01	3	4	4	5	6	6	8	10	12	20	25	30	40
IT0	5	6	6	8	10	10	12	15	20	30	40	50	60
IT1	8	10	10	12	15	15	20	25	35	45	60	70	80
IT2	12	15	15	20	25	25	30	40	50	70	80	90	100
IT3	20	25	25	30	40	40	50	60	80	100	120	130	150
IT4	30	40	40	50	60	70	80	100	120	140	160	180	200
IT5	40	50	60	80	90	110	130	150	180	200	230	250	270
IT6	60	80	90	110	130	160	190	220	250	290	320	360	400
IT7	100	120	150	180	210	250	300	350	400	460	520	570	630
IT8	140	180	220	270	330	390	460	540	630	720	810	890	970
IT9	250	300	360	430	520	620	740	870	1 000	1 150	1 300	1 400	1 550
IT10	400	480	580	700	840	1 000	1 200	1 400	1 600	1 850	2 100	2 300	2 500
IT11	600	750	900	1 000	1 300	1 600	1 900	2 200	2 500	2 900	3 200	3 600	4 000
IT12	1 000	1 200	1 500	1 800	2 100	2 500	3 000	3 500	4 000	4 600	5 200	5 700	6 300
IT13	1 400	1 800	2 200	2 700	3 300	3 900	4 600	5 400	6 300	7 200	8 100	8 900	9 700
IT14	2 500	3 000	3 600	4 300	5 200	6 200	7 400	8 700	10 000	11 500	13 000	14 000	15 500
IT15	4 000	4 800	5 800	7 000	8 400	10 000	12 000	14 000	16 000	18 500	21 000	23 000	25 000

续表

圆锥直径公差等级	圆锥直径/mm											
	≤3	>3~6	>6~10	>10~18	>18~30	>30~50	>50~80	>80~120	>120~180	>180~250	>250~315	>315~400	>400~500
	$\Delta\alpha_{max}/\mu rad$											
IT16	6 000	7 500	9 000	11 000	13 000	16 000	19 000	22 000	25 000	29 000	32 000	36 000	40 000
IT17	10 000	12 000	15 000	18 000	21 000	25 000	30 000	35 000	40 000	46 000	52 000	57 000	63 000
IT18	14 000	18 000	22 000	27 000	33 000	39 000	46 000	54 000	63 000	72 000	81 000	89 000	97 000

2．圆锥角公差 AT 的取值

1）圆锥角公差的分级。圆锥角公差等级共分 12 级，分别以 AT1，AT2，…，AT12 表示。

AT1~AT6 用于角度量块、高精度的角度量规及角度样板。

AT7~AT8 用于工具锥体、锥销、传递大扭矩的摩擦锥体。

AT9~AT10 用于中等精度的圆锥零件。

AT11~AT12 用于低精度的圆锥零件。

2）圆锥角公差的表示形式。圆锥角公差可用两种形式表示：一种是角度值 AT_α，另一种是线性值 AT_D。两者的关系为

$$AT_D = AT_\alpha \times L \times 10^{-3}$$

式中　AT_D——圆锥角公差值，μm；

　　　AT_α——圆锥角公差角度值，μrad；

　　　L——圆锥长度，mm。

不同公差等级的 AT_D 与 AT_α 见表 7-4。

表 7-4　圆锥角公差数值（摘自 GB/T 11334—2005）

公称圆锥长度 L/mm	圆锥角公差等级								
	AT1			AT2			AT3		
	AT_α		AT_D	AT_α		AT_D	AT_α		AT_D
	μrad	(″)	μm	μrad	(″)	μm	μrad	(″)	μm
自 6~10	50	10	>0.3~0.5	80	16	>0.5~0.8	125	26	>0.8~1.3
>10~16	40	8	>0.4~0.6	63	13	>0.6~1.0	100	21	>1.0~1.6
>16~25	31.5	6	>0.5~0.8	50	10	>0.8~1.3	80	16	>1.3~2.0
>25~40	25	5	>0.6~1.0	40	8	>1.0~1.6	63	13	>1.6~2.5
>40~63	20	4	>0.8~1.3	31.5	6	>1.3~2.0	50	10	>2.0~3.2
>63~100	16	3	>1.0~1.6	25	5	>1.6~2.5	40	8	>2.5~4.0
>100~160	12.5	2.5	>1.3~2.0	20	4	>2.0~3.2	31.5	6	>3.2~5.0
>160~250	10	2	>1.6~2.5	16	3	>2.5~4.0	25	5	>4.0~6.3

续表

公称圆锥长度 L/mm	圆锥角公差等级					
	AT1			AT2			AT3		
	AT_α		AT_D	AT_α		AT_D	AT_α		AT_D
	μrad	(″)	μm	μrad	(″)	μm	μrad	(″)	μm
>250~400	8	1.5	>2.0~3.2	12.5	2.5	>3.2~5.0	20	4	>5.0~8.0
>400~630	6.3	1	>2.5~4.0	10	2	>4.0~6.3	16	3	>6.3~10.0

公称圆锥长度 L/mm	圆锥角公差等级					
	AT4			AT5			AT6		
	AT_α		AT_D	AT_α		AT_D	AT_α		AT_D
	μrad	(″)	μm	μrad	(′)(″)	μm	μrad	(′)(″)	μm
自 6~10	200	41	>1.3~2.0	315	1′05″	>2.0~3.2	500	1′43″	>3.2~5.0
>10~16	160	33	>1.6~2.5	250	52″	>2.5~4.0	400	1′22″	>4.0~6.3
>16~25	125	26	>2.0~3.2	200	41″	>3.2~5.0	315	1′05″	>5.0~8.0
>25~40	100	21	>2.5~4.0	160	33″	>4.0~6.3	250	52″	>6.3~10.0
>40~63	80	16	>3.2~5.0	125	26″	>5.0~8.0	200	41″	>8.0~12.5
>63~100	63	13	>4.0~6.3	100	21″	>6.3~10.0	160	33″	>10.0~16.0
>100~160	50	10	>5.0~8.0	80	16″	>8.0~12.5	125	26″	>12.5~20.0
>160~250	40	8	>6.3~10.0	63	13″	>10.0~16.0	100	21″	>16.0~25.0
>250~400	31.5	6	>8.0~12.5	50	10″	>12.5~20.0	80	16″	>20.0~32.0
>400~630	25	5	>10.0~16.0	40	8″	>16.0~25.0	63	13″	>25.0~40.0

公称圆锥长度 L/mm	圆锥角公差等级					
	AT7			AT8			AT9		
	AT_α		AT_D	AT_α		AT_D	AT_α		AT_D
	μrad	(′)(″)	μm	μrad	(′)(″)	μm	μrad	(′)(″)	μm
自 6~10	800	2′45″	>5.0~8.0	1 250	4′18″	>8.0~12.5	2 000	6′52″	>12.5~20
>10~16	630	2′10″	>6.3~10.0	1 000	3′26″	>10.0~16.0	1 600	5′30″	>16~25
>16~25	500	1′43″	>8.0~12.5	800	2′45″	>12.5~20.0	1 250	4′18″	>20~32
>25~40	400	1′22″	>10.0~16.0	630	2′10″	>16.0~20.5	1 000	3′26″	>25~40
>40~63	315	1′05″	>12.5~20.0	500	1′43″	>20.0~32.0	800	2′45″	>32~50
>63~100	250	52″	>16.0~25.0	400	1′22″	>25.0~40.0	630	2′10″	>40~63
>100~160	200	41″	>20.0~32.0	315	1′05″	>32.0~50.0	500	1′43″	>50~80
>160~250	160	33″	>25.0~40.0	250	52″	>40.0~63.0	400	1′22″	>63~100

续表

公称圆锥长度 L/mm	圆锥角公差等级								
	AT7			AT8			AT9		
	AT_α		AT_D	AT_α		AT_D	AT_α		AT_D
	μrad	(')(")	μm	μrad	(')(")	μm	μrad	(')(")	μm
>250~400	125	26"	>32.0~50.0	200	41"	>50.0~80.0	315	1'05"	>80~125
>400~630	100	21"	>40.0~63.0	160	33"	>63.0~100.0	250	52"	>100~600

公称圆锥长度 L/mm	圆锥角公差等级								
	AT10			AT11			AT12		
	AT_α		AT_D	AT_α		AT_D	AT_α		AT_D
	μrad	(')(")	μm	μrad	(')(")	μm	μrad	(')(")	μm
自6~10	3 150	10'49"	>20~32	5 000	17'10"	>32~50	8 000	27'28"	>50~80
>10~16	2 500	8'35"	>25~40	4 000	13'44"	>40~63	6 300	21'38"	>63~100
>16~25	2 000	6'52"	>32~50	3 150	10'49"	>50~80	5 000	17'10"	>80~125
>25~40	1 600	5'30"	>40~63	2 500	8'35"	>63~100	4 000	13'44"	>100~600
>40~63	1 250	4'18"	>50~80	2 000	6'52"	>80~125	3 150	10'49"	>125~200
>63~100	1 000	3'26"	>63~100	1 600	5'30"	>100~160	2 500	8'35"	>160~250
>100~160	800	2'45"	>80~125	1 250	4'18"	>125~200	2 000	6'52"	>200~320
>160~250	630	2'10"	>100~160	1 000	3'26"	>160~250	1 600	5'30"	>250~400
>250~400	500	1'43"	>125~200	800	2'45"	>200~320	1 250	1'05"	>320~500
>400~630	400	1'22"	>160~250	630	2'10"	>250~400	1 000	3'26"	>400~630

3) 圆锥角极限偏差的分布形式可分为单向和双向分布,如图7-12所示。

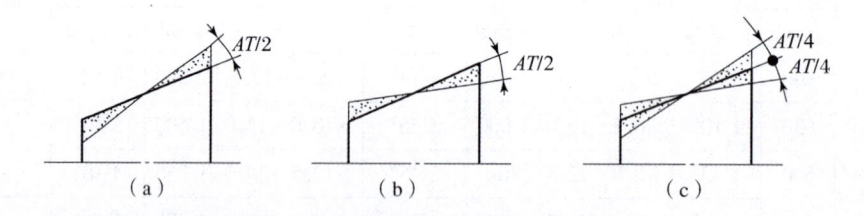

图7-12 圆锥角极限偏差的分布形式
(a) $\alpha+AT$; (b) $\alpha-AT$; (c) $\alpha\pm AT/2$

3. 圆锥形状公差的取值

圆锥形状公差 T_F 主要包括圆锥素线直线度和圆度公差。在要求不高时,圆锥的形状误差由圆锥的直线度公差限制;对要求较高的圆锥工件,应按几何公差标准的规定选取。

(三) 圆锥公差的标注示例

1) 包容法（基本锥度法）标注示例，见表 7-5。

表 7-5　基本锥度法标注示例

给定条件	图样标注	说明
给定圆锥直径公差 T_D	（图：$\phi D \pm T_D/2$，锥角 30°）	（图：ϕD_{max}，ϕD_{min}，30° 30°）
给定截面圆锥直径公差 T_{DS}	（图：1:5，$\phi d_x \pm T_D/2$，L_x） 注：倾斜度公差带（包括素线的直线度）在 1/2 直径公差带内浮动	（图：$T_{DS}/2$，ϕd_{xmin}，ϕd_{xmax}，L_x）
给定圆锥的形状公差 T_F	（图：20%，⟂ 0.1 A，$\phi D \pm 0.3$，基准 A）	（图：0.1，ϕD_{max}，ϕD_{min}）

2) 独立法（公差锥度法）标注示例，见表 7-6。

表 7-6 公差锥度法标注示例

给定条件	图样标注	说明
给定最大圆锥直径公差 T_D、圆锥角公差 AT	$\phi D \pm T_D/2$，$25° \pm AT/2$，形位公差 t	该圆锥的最大圆锥直径应由 $\phi D + T_D/2$ 和 $\phi D - T_D/2$ 确定；圆锥角应在 $25° - AT/2$ 与 $25° + AT/2$ 之间变化；圆锥素线直线度要求为 t。以上要求应独立考虑
给定截面圆锥直径公差 T_{DS}、圆锥角公差 AT	$\phi d_x \pm T_{DS}/2$，$25° \pm AT/2$，L，L_{x1}	该圆锥的给定截面直径应由 $\phi d_x + T_{DS}/2$ 和 $\phi d_x - T_{DS}/2$ 确定；圆锥角应在 $25° - AT/2$ 与 $25° + AT/2$ 之间变化。以上要求应独立考虑

二、圆锥配合

1. 圆锥配合的种类

（1）结构型圆锥配合

由内外圆锥结构确定装配的最终位置或由内外圆锥基准面之间的尺寸（基面距）确定装配的最终位置而获得的配合，称为结构型圆锥配合，可分为间隙配合、过渡配合和过盈配合。

这类配合的内外圆锥在进行装配时，其配合间隙或过盈是不能调整的，而是取决于结构的相关尺寸精度（如内外圆锥大端与小端直径尺寸或基面距的精度）。

考虑到圆锥的大、小端直径尺寸不便于测量，实际生产中可采用以下方法：如对圆锥的结构要求不严，则加工时可借助内圆锥大端预留的工艺圆柱面与外圆锥小端的工艺圆柱面进行精确测量，以控制其直径尺寸（工艺圆柱面可预留 2～3 mm），如图 7-13 所示。在对圆锥的结构要求较严格时，可在内圆锥大端直径尺寸与外圆锥小端直径尺寸达到要求后，将工艺圆柱面倒角（图 7-14 中双点画线部分）。

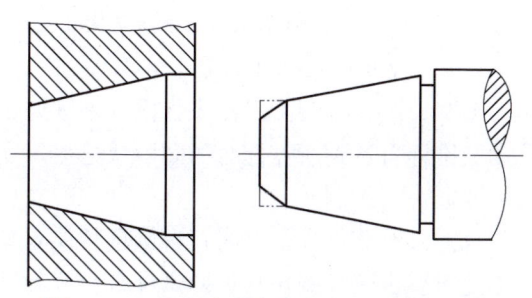

图 7-13　实际生产中圆锥直径尺寸的控制

（2）位移型圆锥配合

内外圆锥进行装配时，在不施加力且相互结合的内外圆锥面恰好处于接触时（初始位置），通过相对轴向位移获得的配合，称为位移型圆锥配合，分为间隙配合与过盈配合，如图 7-14 所示。

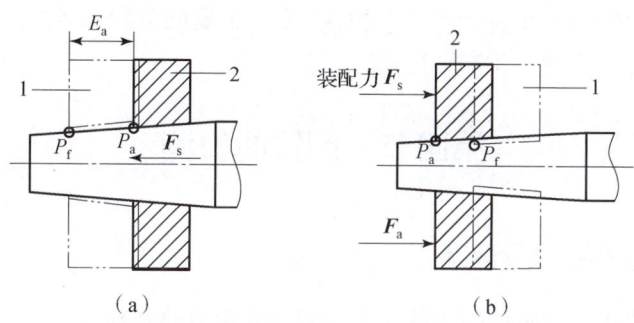

（a）　（b）

图 7-14　由圆锥的轴向位移形成配合
1—终止位置；2—实际初始位置

图 7-14（a）是由内外圆锥实际初始位置 P_a 开始，做一定的轴向位移 E_a 而形成的配合，这种方式可以得到间隙配合或过盈配合。图 7-14（b）是由内外圆锥实际初始位置 P_a 开始，必须施加一定的装配力才能产生轴向位移形成配合，这种方式只能得到过盈配合。因此，装配时控制轴向位移量的大小，是保证圆锥配合间隙或过盈的关键。由于圆锥配合的间隙或过盈是直径方向，无法直接测量，因此实际生产装配时主要控制轴向位移量，这就需要将直径方向的量转化成轴向位移量，二者的关系为

$$E_a = |Y|/C \tag{7-1}$$

或

$$E_a = |X|/C$$

式中　Y——配合的过盈量（可以为最大、最小或过盈公差量）；
　　　X——配合的间隙量（可以为最大、最小或间隙公差量）；
　　　E_a——轴向位移量（可以为最大、最小或位移公差量）。

例 7-1　有一位移型圆锥配合，锥度为 1∶50，圆锥的公称直径为 100 mm，要求内外圆锥装配后配合为 H8/u7（过盈配合）。已知该配合 $Y_{min} = -70$ μm，$Y_{max} = -159$ μm。试求圆锥装配时轴向位移的最大、最小与位移公差量。

解：由式（7-1）知
最小轴向位移　　　　　$E_{amin} = |Y_{min}|/C = 70 \times 50$ μm $= 3\ 500$ μm

最大轴向位移 $E_{amax} = |Y_{max}|/C = 159 \times 50 \ \mu m = 7\ 950 \ \mu m$

则轴向位移公差量 $T_{ca} = (7\ 950 - 3\ 500) \ \mu m = 4\ 450 \ \mu m$

由以上可知，对于位移型圆锥配合，装配只需先将内外圆锥处于初始位置，再根据所换算的轴向位移量，轴内移动圆锥即可达到所需配合的间隙或过盈。在实际生产中，轴向位移的精度可通过观察百分表的读数进行控制。

必须指出，由于相互配合的圆锥零件在加工时存在圆锥角误差和形状误差，会影响换算的轴向位移量的准确性，因此对要求较高的位移型圆锥配合，应分别规定严格的锥度公差和形状公差。

2. 圆锥配合的一般规定

1) 对于结构型圆锥配合可按国家标准 GB/T 1800.1—2020 选取配合制和公差带（推荐优先选用基孔制配合）。

2) 对位移型圆锥配合，内圆锥直径公差带的基本偏差推荐选用 H 和 JS，外圆锥直径公差带的基本偏差推荐选用 h 和 js。选定基本偏差后，根据间隙配合或过盈配合的要求，再换算内外圆锥的轴向位移量及其公差（见例 7-1）。

第四节　圆锥的检测

一、圆锥涂色法检验及评定

对于金属切削机床及其附件的主轴、套筒和与其相配的芯轴、顶尖、刀柄等附件与工具圆锥面接触的检验及其评定，生产中常用圆锥涂色法，并配以圆锥量规（或相配件）研合检验。

1. 检验方法

1) 用圆锥涂色法检查圆锥角不需要使用复杂的测量工具，因此可以同时检查内外径尺寸，方法比较简单，并且测量与使用情况相类似，属于综合性测量，故在工具车间得到广泛使用。在国家计量检定规程《圆锥量规检定规程》（JJG 177—2016）中规定，圆锥涂色是用特殊的红铅笔（即金属铅笔）或其他涂料（如印油、红丹等）涂在塞规圆锥面上。若要检定合格的塞规（习惯称为标准塞规），应按圆周三等分，均匀地涂三条线，涂色层厚度为 $2 \sim 3 \ \mu m$。两圆锥面密合普通精度量规，按接触面不少于转动展开面的 80%，以接触面最差的一条来确定密合性是否合格。高精度的锥度量规，按接触面积不少于转动展开面的 95% 来确定密合性是否合格。

2) 涂色层厚度不便于测量，多凭经验掌握，一般不应超过 $5 \ \mu m$，涂色层越厚误差越大。涂色层涂好以后，将塞规塞入套规孔内，使两者紧密结合，然后转动几次（每次转角要大于 300°，抽出塞规，仔细观察接触情况。按这种方法错开 90°再进行一次检查，仔细观察接触情况，按上述要求确定套规是否合格。若大端接触面积多而小端接触面积少，则说明套规的角度小；若小端接触面积多而大端接触面少，则说明套规角度大。在用套规检查锥度工件时，则先把工件的圆锥面按三等分涂上涂料，再将套规套入工件锥体，按上述方法进行检查。

2. 检测案例

图 7-15 所示为利用主轴锥孔涂色法检测接触精度，要求接触面积在 70% 以上，分布均匀且大端接触较硬，其锥度只允许偏小。

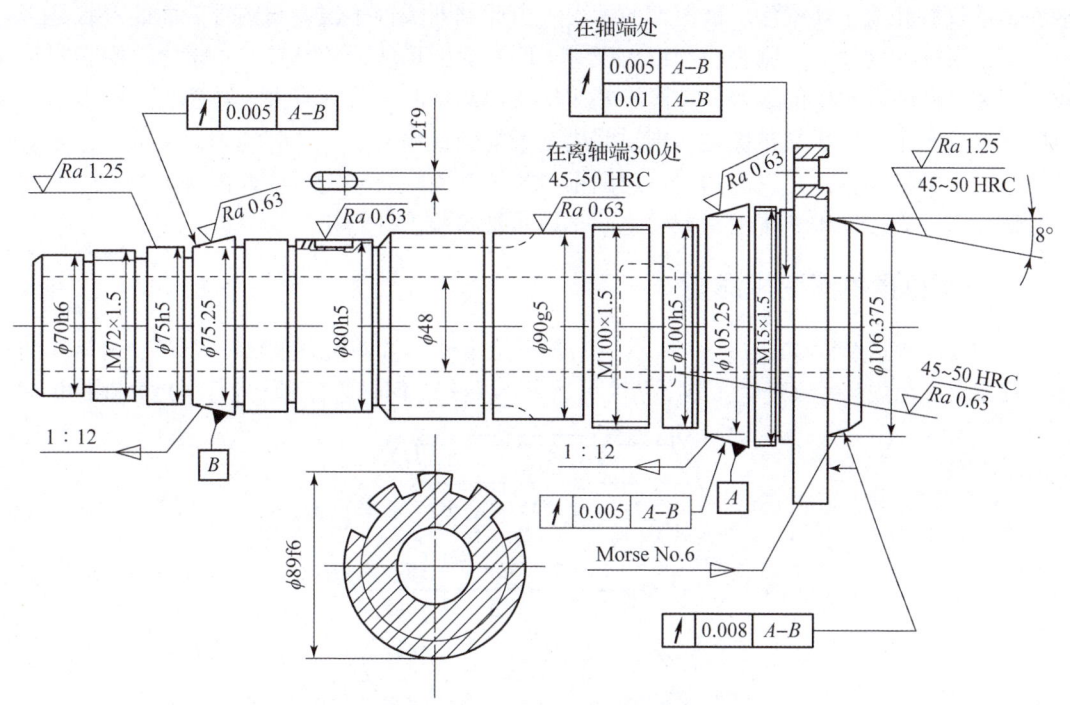

图 7-15 主轴锥孔涂色法检测接触精度

二、圆锥量规法检验及评定

圆锥量规一般针对批量生产的零件检测其合格性，是一项综合测量，可检测圆锥角、圆锥直径和圆锥面的形状是否合格。检验外圆锥用的量规称为圆锥套规，检验内圆锥用的量规称为圆锥塞规，其外形如图 7-16（a）所示。常用于检验机床主轴内孔与工具尾部的莫氏圆锥塞规与套规，按莫氏锥度尺寸的不同分为不同规格，市场上有成套莫氏圆锥量规供应。

用圆锥量规检验工件时，是按照圆锥量规相对于被检验工件端面的轴向移动（基面距偏差）来判断该工件是否合格，因此在圆锥量规的大端或小端刻有两条相距为 Z 的刻线，又称距离为 Z 值的小台阶，如图 7-16（b）所示，Z 值相当于工件的基面距公差。

图 7-16 圆锥量规
(a) 圆锥塞规与套规；(b) 用圆锥塞规检验圆锥孔

由于在圆锥配合时,通常圆锥角公差要求较高,直径公差稍低,因此在用圆锥量规检验时,首先以单项检验锥度。采用涂色法,即在圆锥量规上沿素线方向薄薄涂上两三条显示剂(红丹或印油),然后轻轻地和工件对研,转动 1/3~1/2 转,取出圆锥量规,根据显示剂接触面积的位置和大小观察涂层被擦掉的情况,由此判断圆锥角误差与圆锥表面的形状是否合格。若涂层被均匀擦掉,则表明圆锥角误差与圆锥面的形状误差都较小;反之,则表明存在较大误差。判断圆锥角的误差,用圆锥塞规检验内圆锥时,若只有大端被擦去,则表示内圆锥的圆锥角小了,若小端被擦去,则说明内圆锥的圆锥角大了;只有均匀地被擦去,才表示被检验的内圆锥圆锥角是正确的。再用圆锥量规按基面距公差进行综合检验。被检验工件的最大圆锥直径处于圆锥塞规两条刻线之间,表示被检验工件合格。

三、圆锥角的正弦规测量

正弦规的外形结构如图 7-17 所示,正弦规的主体下方两边各安装一个直径相等的圆柱体。在利用正弦规测量锥度时,测量精度可达 ±1″~±3″,但只适合测量小于 40°的圆锥角。

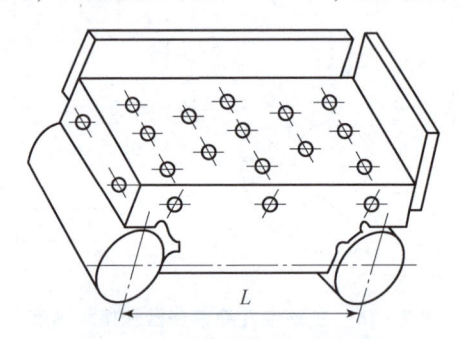

图 7-17 正弦规的外形结构

用正弦规测量圆锥角的原理如图 7-18 所示。在图 7-18(a)中,按照所测圆锥角的理论值 α 算出所需的量块尺寸 h(h 与 α 的关系为 $h = L\sin\alpha$),然后将组合好的量块和正弦规按图 7-18(a)所示的位置放在平板上,再将被测工件(图中被测工件为一个圆锥量规)放在正弦规上。若此时工件的实际圆锥角等于理论值 α,则表明工件上端的素线与平板是平行的,此时若在 a、b 两点用表测量,则表的读数应是相等的。若工件的圆锥角不等于理论值 α,则表明工件上端的素线与平板不平行,在 a、b 两点的测量值,将是不同的读数。若已知两点读数差为 n,又知 a、b 两点的距离为 l,则被测圆锥的锥度偏差 Δc 为

$$\Delta c = n/l \tag{7-2}$$

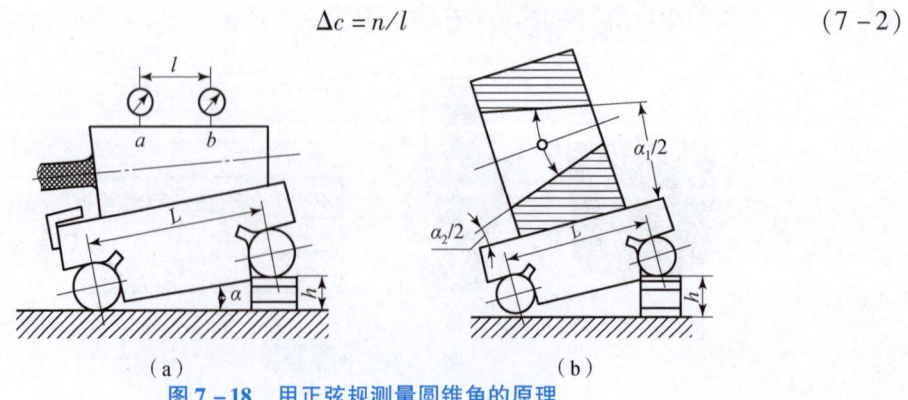

图 7-18 用正弦规测量圆锥角的原理

相应的圆锥角偏差 $\Delta\alpha$ 为

$$\Delta\alpha = 2\Delta c \times 10^5 \quad (7-3)$$

具体测量时，须注意 a、b 两点测值的大小。若 a 点值大于 b 点值，则实际圆锥角大于理论圆锥角 α，算出的 $\Delta\alpha$ 为正；反之，$\Delta\alpha$ 为负。

图 7-18（b）为用正弦规测内圆锥角的示意图，其原理与测外圆锥角相似。

四、圆锥角的坐标法测量

在生产中，凡有坐标测量装置的仪器，都可以采用坐标法测量圆锥角。图 7-19 所示为在三坐标测量机上测量内圆锥角的实例。以 XY 平面（零件的下端面）为测量基准面，然后调整测头的位置找到通过零件轴心线的 XZ 平面，利用坐标装置的移动使测头与零件接触，读出 z_1 和 X 方向的起始值，再沿 X 方向移动读出 x_1 值，接着测头沿 Z 向移动又与零件接触，读出 x 起始值，最后再向左移动与零件接触后读出 x_2 值，同时读出 z_2 值，即可计算出圆锥半角，其计算公式为

$$\tan\alpha = (x_2 - x_1)/[2(z_2 - z_1)]$$
$$\alpha = \arctan\{(x_2 - x_1)/[2(z_2 - z_1)]\} \quad (7-4)$$

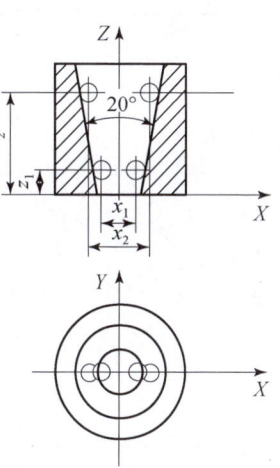

图 7-19 在三坐标测量机上测量内圆锥角的实例

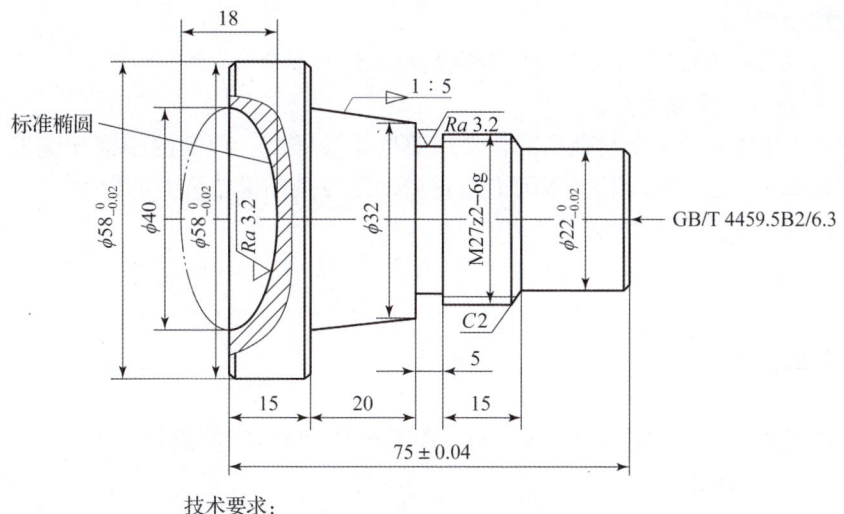

五、圆锥零件检测流程

1. 圆锥零件图样

圆锥零件图样如图 7-20 所示。

图 7-20 圆锥零件图样

技术要求：
锐边去毛刺倒棱，未注倒角为 $C1$。

2. 圆锥零件检测流程

圆锥零件检测流程如图 7-21 所示。

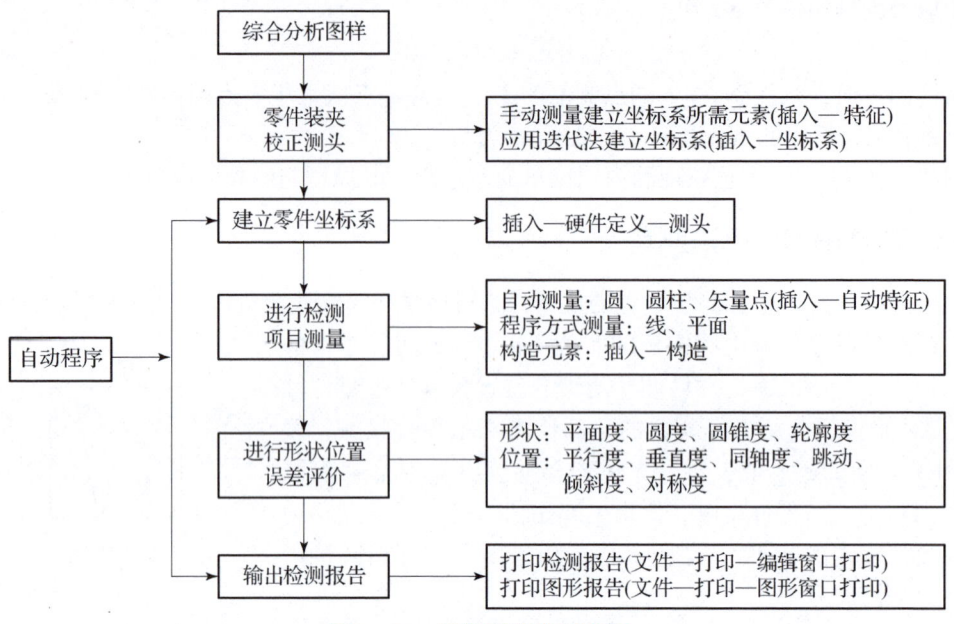

```
                    ┌─────────────┐
                    │ 综合分析图样 │
                    └──────┬──────┘
                           ↓
                    ┌─────────────┐   ┌─────────────────────────────────┐
                    │ 零件装夹    │→ │ 手动测量建立坐标系所需元素(插入—特征) │
                    │ 校正测头    │   │ 应用迭代法建立坐标系(插入—坐标系)   │
                    └──────┬──────┘   └─────────────────────────────────┘
                           ↓
                    ┌─────────────┐   ┌─────────────────────────┐
                    │ 建立零件坐标系│→ │ 插入—硬件定义—测头         │
                    └──────┬──────┘   └─────────────────────────┘
                           ↓
                    ┌─────────────┐   ┌─────────────────────────────────┐
         ┌────────┐ │ 进行检测    │   │ 自动测量：圆、圆柱、矢量点(插入—自动特征) │
         │自动程序│→│ 项目测量    │→ │ 程序方式测量：线、平面                │
         └────────┘ └──────┬──────┘   │ 构造元素：插入—构造                 │
                           ↓           └─────────────────────────────────┘
                    ┌─────────────┐   ┌─────────────────────────────────┐
                    │ 进行形状位置 │   │ 形状：平面度、圆度、圆锥度、轮廓度    │
                    │ 误差评价    │→ │ 位置：平行度、垂直度、同轴度、跳动、   │
                    └──────┬──────┘   │       倾斜度、对称度                │
                           ↓           └─────────────────────────────────┘
                    ┌─────────────┐   ┌─────────────────────────────────┐
                    │ 输出检测报告 │→ │ 打印检测报告(文件—打印—编辑窗口打印) │
                    └─────────────┘   │ 打印图形报告(文件—打印—图形窗口打印) │
                                      └─────────────────────────────────┘
```

图 7-21　圆锥零件检测流程

习题七

1. 已知圆锥的 $D_e = 32$ mm，$d_e = 28$ mm，$L = 80$ mm，求锥度 C。

2. 国家标准规定了哪几项圆锥公差项目？对于某一圆锥工件，是否需要将这几个公差项目全部标注出来？

3. 圆锥公差的给定方法有哪几种？分别适用于什么场合？

4. 圆锥配合有哪些分类？

5. C6140 车床尾架顶尖套与顶尖配合采用莫氏 4 号锥度，顶尖的圆锥长度 $L = 118$ mm，圆锥角公差等级为 $AT9$。试求其基本圆锥角 α 和锥度 C 及圆锥角公差的数值。

6. 举例说明圆锥的检测方法。

项目实践：

有一个外圆锥，其最大直径为 100 mm，最小直径 95 mm，圆锥长度为 100 mm。试求该圆锥对应的锥度和圆锥角。

锥度 $C = 2\tan\dfrac{\alpha}{2} = \dfrac{D_e - d_e}{L} = \dfrac{100 - 95}{100} = \dfrac{1}{20}°$

圆锥角 $\alpha = 2°51'52''$。

第八章 平键与花键联结的互换性与检测

> **导读**
>
> 本章学习的主要目的和要求：
> 1. 掌握平键联结和花键联结的特点和结构参数，了解平键联结和花键联结的用途。
> 2. 掌握平键联结的公差与配合、几何公差和表面粗糙度的选用，并能够在图样上正确标注。
> 3. 了解矩形花键联结采用小径定心的方式及理由，掌握矩形花键联结的公差与配合、几何公差和表面粗糙度的选用，并能够在图样上正确标注。
> 4. 了解平键与矩形花键的检测方法。
> 5. 了解渐开线花键的公差配合与检测。

平键联结和花键联结广泛用于轴和轴上传动件（如齿轮、皮带轮、手轮和联轴器等）之间的可拆卸联结，用以传递扭矩，有时也作轴向滑动的导向，特殊场合还能起到定位和保证安全的作用。

第一节 平键联结的互换性与检测

一、概述

单键按结构形式的不同分为平键、半圆键、楔键和切向键四种。其中平键又分为普通型平键、导向型平键和薄形平键三种。本节主要讨论普通型平键联结的互换性。

平键联结由轴键槽、毂键槽和键三个部分组成，其几何参数如图 8-1 所示，包括键宽、键槽宽（轴槽宽和轮毂槽宽）、键高、槽深和键长等。键宽和键槽宽 b 是决定配合性质和配合精度的主要参数，为主要配合尺寸，应规定较严格的公差；而键长 L、键高 h、轴槽深 t_1 和轮毂槽深 t_2 为非配合尺寸，其精度要求较低。

二、平键联结的公差与配合

1. 平键联结的公差

平键是标准件，键宽相当于"轴"，键槽宽相当于"孔"，因此键联结采用基轴制配合。平键的公差等级为 8 级，键槽的公差等级为 9 级和 10 级。

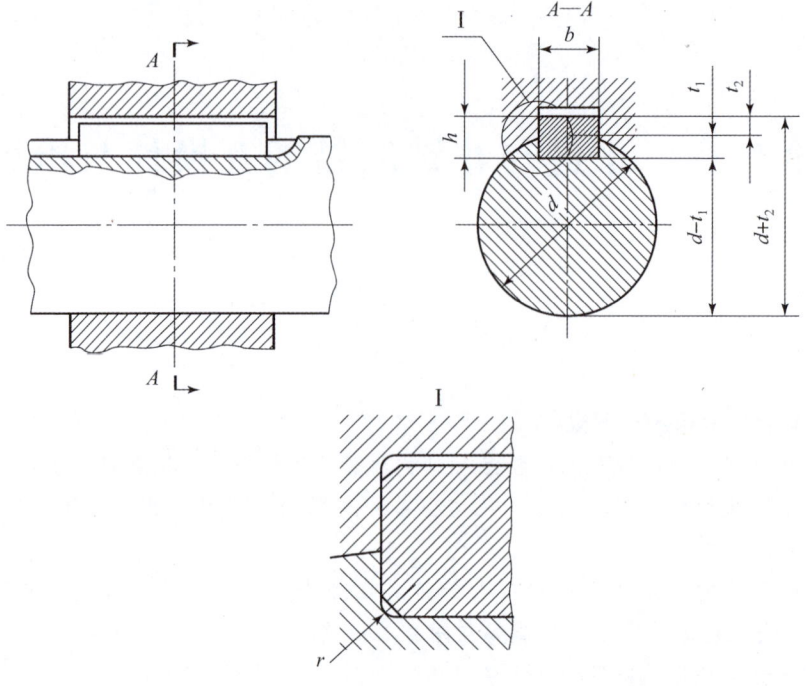

图 8-1 平键联结的几何参数

2. 平键联结的配合

国家标准《平键 键槽的剖面尺寸》（GB/T 1095—2003）对平键与键槽和轮毂槽的宽度规定了三种联结类型，即正常联结、紧密联结、松联结，对轴和轮毂的键宽与键槽宽各规定了三种公差带，如图 8-2 所示。而在国家标准《普通型 平键》（GB/T 1096—2003）中，对键宽规定了一种公差带 h8，键槽宽规定了 D10、H9、JS9、N9 和 P9 五种公差带，这样就构成了五组配合。轴槽宽和轮毂槽宽采用不同的公差带，使其有不同的松紧配合。

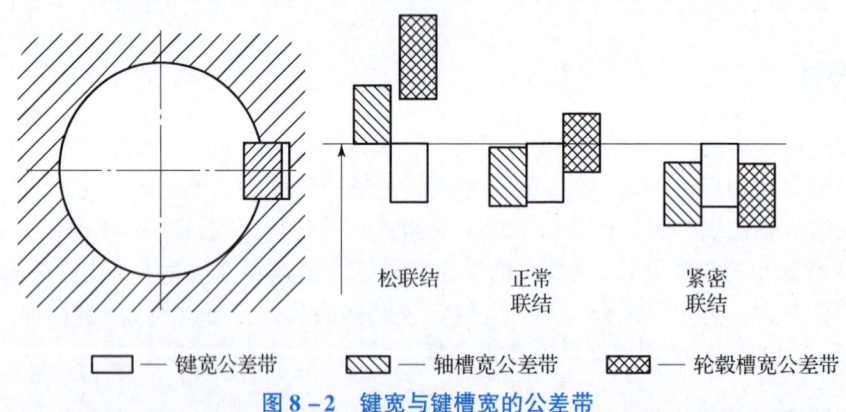

图 8-2 键宽与键槽宽的公差带

普通平键键槽的剖面尺寸与公差在国家标准 GB/T 1095—2003 中作了规定，均已标准化，具体见表 8-1。具体的公差带和各种联结的应用见表 8-2。

平键联结的非配合尺寸中，轴槽深 t_1 和轮毂槽深 t_2 的公差带见表 8-1；方形键高 h 的公差带为 h8；矩形键高 h 的公差带为 h11；键长 L 的公差带为 h14；轴槽长度的公差带为 H14。

表 8－1　普通平键键槽的尺寸与公差（GB/T 1095—2003）　　　　mm

键尺寸 $b \times h$	键槽 宽度 b 基本尺寸	极限偏差 正常联结 轴 N9	极限偏差 正常联结 毂 JS9	极限偏差 紧密联结 轴和毂 P9	极限偏差 松联结 轴 H9	极限偏差 松联结 毂 D10	深度 轴 t_1 基本尺寸	深度 轴 t_1 极限偏差	深度 毂 t_2 基本尺寸	深度 毂 t_2 极限偏差	半径 r min	半径 r max
2×2	2	-0.004 -0.029	±0.012 5	-0.006 -0.031	+0.025 0	+0.060 +0.020	1.2	+0.1 0	1.0	+0.1 0	0.08	0.16
3×3	3	-0.004 -0.029	±0.012 5	-0.006 -0.031	+0.025 0	+0.060 +0.020	1.8	+0.1 0	1.4	+0.1 0	0.08	0.16
4×4	4	0 -0.030	±0.015	-0.012 -0.042	+0.030 0	+0.078 +0.030	2.5	+0.1 0	1.8	+0.1 0	0.16	0.25
5×5	5	0 -0.030	±0.015	-0.012 -0.042	+0.030 0	+0.078 +0.030	3.0	+0.1 0	2.3	+0.1 0	0.16	0.25
6×6	6	0 -0.030	±0.015	-0.012 -0.042	+0.030 0	+0.078 +0.030	3.5	+0.1 0	2.8	+0.1 0	0.16	0.25
8×7	8	0 -0.036	±0.018	-0.015 -0.051	+0.036 0	+0.098 +0.040	4.0	+0.2 0	3.3	+0.2 0	0.16	0.25
10×8	10	0 -0.036	±0.018	-0.015 -0.051	+0.036 0	+0.098 +0.040	5.0	+0.2 0	3.3	+0.2 0	0.16	0.25
12×8	12	0 -0.043	±0.021 5	-0.018 -0.061	+0.043 0	+0.120 +0.050	5.0	+0.2 0	3.3	+0.2 0	0.25	0.40
14×9	14	0 -0.043	±0.021 5	-0.018 -0.061	+0.043 0	+0.120 +0.050	5.5	+0.2 0	3.8	+0.2 0	0.25	0.40
16×10	16	0 -0.043	±0.021 5	-0.018 -0.061	+0.043 0	+0.120 +0.050	6.0	+0.2 0	4.3	+0.2 0	0.25	0.40
18×11	18	0 -0.043	±0.021 5	-0.018 -0.061	+0.043 0	+0.120 +0.050	7.0	+0.2 0	4.4	+0.2 0	0.25	0.40
20×12	20	0 -0.052	±0.026	-0.022 -0.074	+0.052 0	+0.149 +0.065	7.5	+0.2 0	4.9	+0.2 0	0.40	0.60
22×14	22	0 -0.052	±0.026	-0.022 -0.074	+0.052 0	+0.149 +0.065	9.0	+0.2 0	5.4	+0.2 0	0.40	0.60
25×14	25	0 -0.052	±0.026	-0.022 -0.074	+0.052 0	+0.149 +0.065	9.0	+0.2 0	5.4	+0.2 0	0.40	0.60
28×16	28	0 -0.052	±0.026	-0.022 -0.074	+0.052 0	+0.149 +0.065	10.0	+0.2 0	6.4	+0.2 0	0.40	0.60
32×18	32	0 -0.052	±0.026	-0.022 -0.074	+0.052 0	+0.149 +0.065	11.0	+0.2 0	7.4	+0.2 0	0.40	0.60
36×20	36	0 -0.062	±0.031	-0.026 -0.088	+0.062 0	+0.180 +0.080	12.0	+0.2 0	8.4	+0.2 0	0.70	1.00
40×22	40	0 -0.062	±0.031	-0.026 -0.088	+0.062 0	+0.180 +0.080	13.0	+0.2 0	9.4	+0.2 0	0.70	1.00
45×25	45	0 -0.062	±0.031	-0.026 -0.088	+0.062 0	+0.180 +0.080	15.0	+0.2 0	10.4	+0.2 0	0.70	1.00
50×28	50	0 -0.062	±0.031	-0.026 -0.088	+0.062 0	+0.180 +0.080	17.0	+0.2 0	11.4	+0.2 0	0.70	1.00
56×32	56	0 -0.074	±0.037	-0.032 -0.106	+0.074 0	+0.220 +0.100	20.0	+0.3 0	12.4	+0.3 0	1.20	1.60
63×32	63	0 -0.074	±0.037	-0.032 -0.106	+0.074 0	+0.220 +0.100	20.0	+0.3 0	12.4	+0.3 0	1.20	1.60
70×36	70	0 -0.074	±0.037	-0.032 -0.106	+0.074 0	+0.220 +0.100	22.0	+0.3 0	14.4	+0.3 0	1.20	1.60
80×40	80	0 -0.074	±0.037	-0.032 -0.106	+0.074 0	+0.220 +0.100	25.0	+0.3 0	15.4	+0.3 0	1.20	1.60
90×45	90	0 -0.087	±0.043 5	-0.037 -0.124	+0.087 0	+0.260 +0.120	28.0	+0.3 0	17.4	+0.3 0	2.00	2.50
100×50	100	0 -0.087	±0.043 5	-0.037 -0.124	+0.087 0	+0.260 +0.120	31.0	+0.3 0	19.5	+0.3 0	2.00	2.50

表 8-2 公差带和各种联结的应用

联结类型	尺寸 b 的公差			应用
	键	轴键槽	轮毂键槽	
松联结	h8	H9	D10	用于导向型平键，轮毂可在轴上移动
正常联结		N9	JS9	键在轴槽中和轮毂槽中均固定，用于载荷不大的场合
紧密联结		P9	P9	键在轴槽中和轮毂槽中均牢固地固定，用于载荷较大、有冲击和双向转矩的场合

三、平键的几何公差和表面粗糙度

1. 平键的几何公差

为保证键与键槽的侧面具有足够的接触面积，避免装配困难，应分别规定轴槽对轴线和轮毂槽对孔中心线的对称度公差。对称度公差等级按国家标准 GB/T 1184—1996 规定选用，一般取 7~9 级。

当键长 L 与键宽 b 之比大于或等于 8 时，应对键宽 b 的两工作侧面在长度方向上规定平行度公差，平行度公差同样按国家标准 GB/T 1184—1996 的规定选取。当 $b \leq 6$ mm 时，平行度公差选 7 级；当 6 mm $< b \leq 36$ mm 时，平行度公差选 6 级，当 $b > 36$ mm 时，平行度公差选 5 级。

2. 平键的表面粗糙度

轴槽与轮毂槽的两个工作侧面为配合表面，表面粗糙度 Ra 值取 1.6~3.2 μm。槽底面等为非配合表面，表面粗糙度 Ra 值取 6.3 μm。

四、图样标注

考虑到测量的方便性，在工作图中，轴槽深 t_1 用 $d - t_1$ 标注，其极限偏差的符号与 t_1 相反；轮毂槽深 t_2 用 $d + t_2$ 标注，其极限偏差的符号与 t_2 相同。轴槽和轮毂槽的剖面尺寸、几何公差及表面粗糙度在图样上的标注如图 8-3 所示。

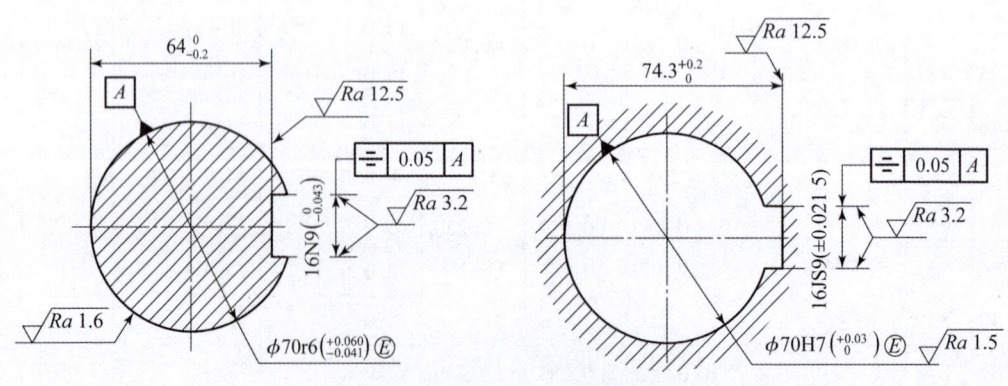

图 8-3 键槽尺寸和公差的标注
(a) 轴槽标注；(b) 轮毂槽标注

例 8 – 1 某传递重型载荷，并有冲击的齿轮传动，采用平键联结。孔为 $\phi 70\mathrm{H}7\left(^{+0.03}_{0}\right)$，轴为 $\phi 70\mathrm{m}6\left(^{+0.03}_{+0.011}\right)$，试在零件图上标出尺寸公差、几何公差及表面粗糙度。

解：

a. 尺寸公差与配合。

a) 配合选用：根据使用要求查表 8 – 2，选取较紧键联结，键与轴槽及轮毂槽的配合均取 $\dfrac{\mathrm{P}9}{\mathrm{h}9}$。

b) 轴槽：查表 8 – 1，$b = 20^{-0.022}_{-0.074}$，$t_1 = 7.5^{+0.2}_{0}$，因此 $d - t_1 = 62.5^{\ 0}_{-0.2}$，轴槽长 L 选择 H14。

c) 轮毂槽：查表 8 – 1，$b = 20^{-0.022}_{-0.074}$，$t_2 = 4.9^{+0.2}_{0}$，因此 $d + t_2 = 74.9^{+0.2}_{0}$。

b. 几何公差。

键槽中心平面对轴线的对称度公差取 8 级，为 0.025 mm。

c. 表面粗糙度。

键槽两侧面取 $Ra = 3.2\ \mu\mathrm{m}$，轴槽和轮毂槽底面取 $Ra = 6.3\ \mu\mathrm{m}$。

d. 标注方法。

轴槽和轮毂槽的剖面尺寸、几何公差及表面粗糙度的标注如图 8 – 3 所示。

五、平键的测量

1. 单件小批生产中的测量

在单件小批生产中，平键的键和键槽尺寸均可用游标卡尺、千分尺等普通测量器具来测量。

平键的键和键槽的对称度公差遵守独立原则，常用的键和键槽对称度误差测量方法如图 8 – 4 所示。测量时，工件 1 的被测键槽中心平面和基准轴线分别用量块（或定位块）2 和 V 形块 3 模拟体现。转动 V 形块上的工件，调整量块的位置，使其沿径向与平板 4 平行（即指示表在量块外端和靠近键槽处读数不变），用指示表在工件长度两端的径向截面内分别测量从量块 P 面至平板的距离；将工件翻转 $180°$，重复上述步骤，测得量块 Q 面到平板的距离。计算在键槽长度两端的径向截面内各自两次测量的示值之差，其中绝对值大者为键槽的对称度误差。

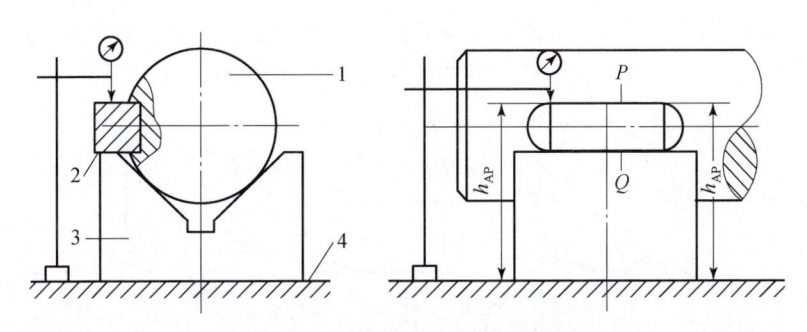

图 8 – 4 键和键槽对称度误差测量方法
1—工件；2—量块（定位块）；3—V 形块；4—平板

2. 大量成批生产中的测量

在大量成批生产中,平键的键与槽尺寸可用量块或光滑极限量规来检测,如图8-5所示。

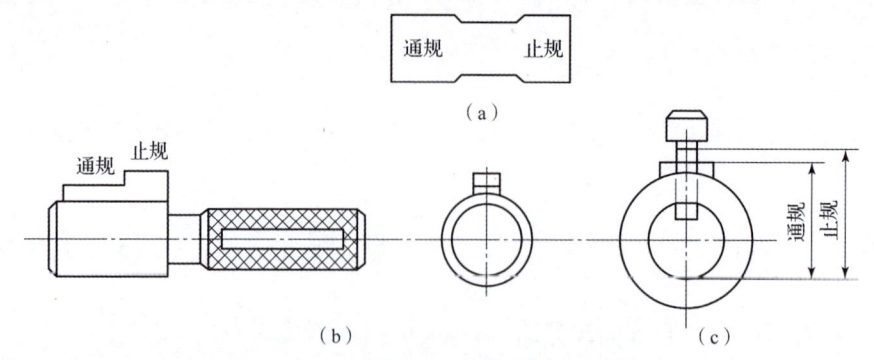

图8-5 键与槽尺寸检测的光滑极限量规

(a) 检测键槽宽的光滑极限量规;(b) 检测轮毂槽深的光滑极限量规;(c) 检测轴槽深的光滑极限尺寸量规

在轴槽对称度公差采用相关要求时,平键的键槽对称度误差可采用图8-6所示的量规进行检验。该量规将其V形表面作为定位表面模拟体现基准轴线(不受轴实际尺寸变化的影响)。在检测时,若V形表面与轴表面接触,量杆能进入键槽,则表示合格。

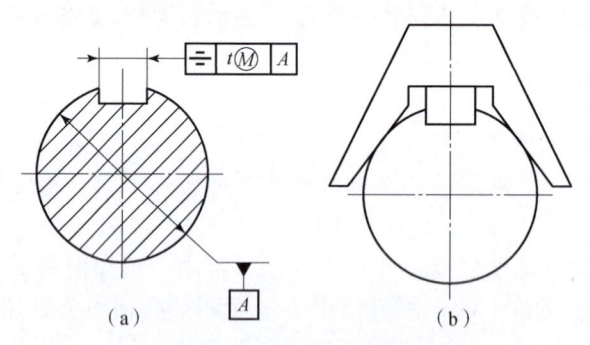

图8-6 轴槽对称度量规

(a) 零件图样的标注;(b) 量规示意图

在轮毂槽对称度公差采用相关要求时,键槽对称度误差可用图8-7所示的量规检验。该量规将圆柱面作为定位表面模拟体现基准轴线。在检测时,若它能够同时通过轮毂的孔和键槽表示合格。

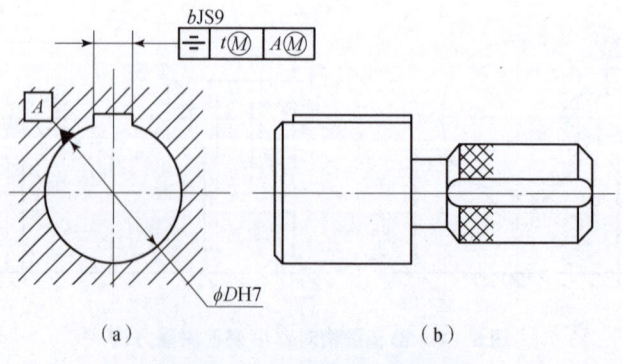

图8-7 轮毂槽对称度量规

(a) 零件图样的标注;(b) 量规示意图

第二节 花键联结的互换性及检测

一、花键联结的特点

花键联结是花键孔（内花键）和花键轴（外花键）两个零件的结合。与平键联结相比，花键有定心精度高、导向性好和承载能力强等优点，因此在机械中应用广泛。花键可用作固定联结，也可用作滑动联结。花键按其截面形状的不同，可分为矩形花键、渐开线花键、三角形花键等几种，如图 8-8 所示，其中矩形花键和渐开线花键应用比较广泛。

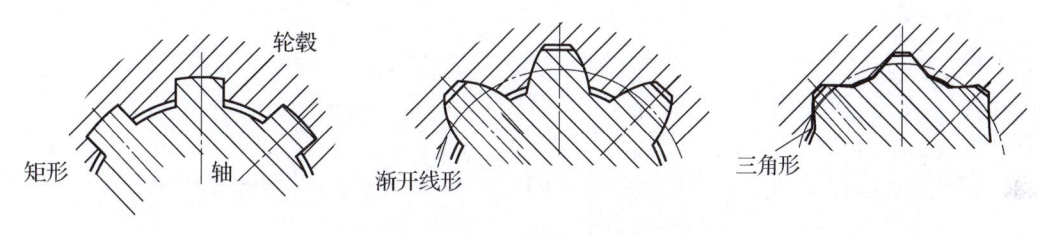

图 8-8 花键的种类

二、矩形花键的互换性与检测

1. 矩形花键的主要参数和定心方式

（1）矩形花键的主要参数

国家标准《矩形花键尺寸、公差和检验》GB/T 1144—2001 规定矩形花键的主要参数为大径 D、小径 d、键宽和键槽宽 B，如图 8-9 所示。为了便于加工和测量，键数规定为偶数，有 6、8、10 三种。按承载能力不同，矩形花键系列可分为轻系列、中系列两种，对同一小径的两个系列，其键数相同、键（键槽）宽也相同，仅大径不相同。中系列的键高尺寸较大，承载能力强，多用于汽车、拖拉机等制造业；轻系列的键高尺寸较小，承载能力较低，主要用于机床制造业。矩形花键基本尺寸系列见表 8-3。

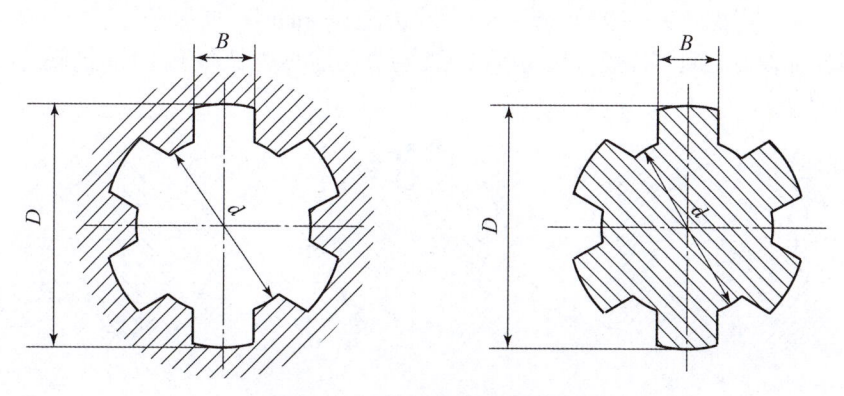

图 8-9 矩形花键的主要参数
(a) 内花键；(b) 外花键

表8-3 矩形花键基本尺寸系列（摘自 GB/T 1144—2001） mm

小径 d	轻系列				中系列			
	规格 $N \times d \times D \times B$	键数 N	大径 D	键宽 B	规格 $N \times d \times D \times B$	键数 N	大径 D	键宽 B
11	—	—	—	—	6×11×14×3	6	14	3
13	—	—	—	—	6×13×16×3.5		16	3.5
16	—	—	—	—	6×16×20×4		20	4
18	—	—	—	—	6×18×22×5		22	5
21	—	—	—	—	6×21×25×5		25	
23	6×23×26×6	6	26	6	6×23×28×6		28	6
26	6×26×30×6		30	6	6×26×32×6		32	
28	6×28×32×7		32	7	6×28×34×7		34	7
32	6×32×36×6		36	6	8×32×38×6	8	38	6
36	8×36×40×7	8	40	7	8×36×42×7		42	7
42	8×42×46×8		46	8	8×42×48×8		48	8
46	8×46×50×9		50	9	8×46×54×9		54	9
52	8×52×58×10		58	10	8×52×60×10		60	10
56	8×56×62×10		62	10	8×56×65×10		65	
62	8×62×68×12		68	12	8×62×72×12		72	12
72	10×72×78×12	10	78	12	10×72×82×12	10	82	12
82	10×82×88×12		88	12	10×82×92×12		92	
92	10×92×98×14		98	14	10×92×102×14		102	14
102	10×102×108×16		108	16	10×102×112×16		112	16
112	10×112×120×18		120	18	10×112×125×18		125	18

（2）矩形花键的定心方式

矩形花键联结的结合面有三个，即大径结合面、小径结合面和键侧结合面。理论上每个结合面都可以作为定心表面，因此花键联结有三种定心方式：小径 d 定心、大径 D 定心和键（槽）宽 B 定心，如图8-10所示。国家标准 GB/T 1144—2001 规定采用小径 d 定心。一方面，主要是从加工工艺考虑；另一方面，大径 D 不作为定心表面时，要保证与小径 d 之间有相当大的间隙，以保证彼此之间不接触，从而可以获得更高的定心精度，有利于提高联结质量。

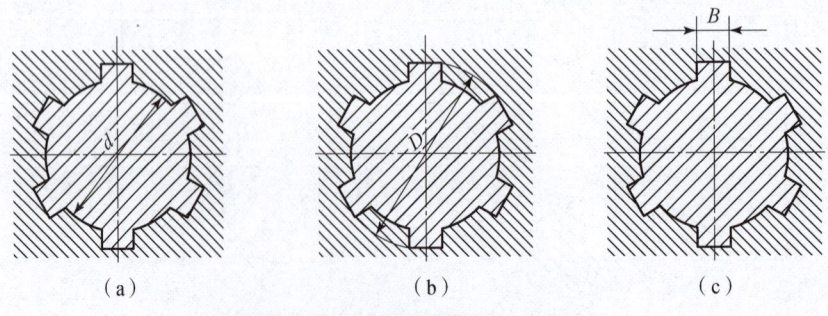

图8-10 矩形花键联结定心方式
(a) 小径定心；(b) 大径定心；(c) 键（槽）宽定心

2. 矩形花键结合的公差与配合

（1）矩形花键的公差

国家标准 GB/T 1144—2001 规定采用小径 d 定心，因此定心小径 d 公差等级较高，为 5~7 级；非定心直径 D 的公差等级较低，为 10、11 级；由于键齿侧面是传递转矩及导向的主要表面，故键（槽）宽度应具有足够的精度，一般要求比非定心直径 D 严格，公差等级为 7~11 级。不同的公差等级配合适应一般用和精密传动用两种情况。例如，机床变速箱中，在定心精度要求高或传递扭矩较大时采用精密级；汽车、拖拉机的变速箱中采用一般级即可。

（2）矩形花键联结的配合

考虑到工艺情况，小径配合采用基孔制 H，外花键偏差代号分别为 f、g、h 三种；大径配合也采用基孔制 H，外花键大径偏差代号采用 a；内花键键宽同样采用基孔制 H，外花键键宽偏差代号分别为 d、f、h 三种。采用上述不同的配合形式，以满足内外花键的滑动、紧滑动和固定三种情况。

矩形内外花键的尺寸公差带和装配形式见表 8-4。为减少专用刀具和量具的数量，花键联结采用基孔制配合，即内花键 d、D 和 B 的基本偏差不变，依靠改变外花键 d、D 和 B 的基本偏差获得不同的配合。

表 8-4 矩形内外花键的尺寸公差带和装配形式（摘自 GB/T 1144—2001）

用途	内花键				外花键			装配形式
	小径 d	大径 D	键宽 B		小径 d	大径 D	键宽 B	
			拉削后不热处理	拉削后热处理				
一般用	H7	H10	H9	H11	f7	a11	d10	滑动
					g7		f9	紧滑动
					h7		h10	固定
精密传动用	H5	H10	H7、H9		f5	a11	d8	滑动
					g5		f7	紧滑动
					h5		h8	固定
	H6				f6		d8	滑动
					g6		f7	紧滑动
					h6		h8	固定

在一般情况下，以小径 d 定心的公差带，内外花键的公差等级相同，这一点不同于普通光滑孔、轴配合，主要是因为花键采用小径定心时，拉削加工难度由内花键转为外花键。而在实际工作中，有可能出现外花键的定心直径公差等级高于内花键的定心直径公差等级，因此允许内花键与提高一级的外花键配合。例如，公差带为 H7 的内花键可以与公差带为 f6、g6、h6 的外花键配合，公差带为 H6 的内花键可以与公差带为 f5、g5、h5 的外花键配合。

大径 D 与键（槽）宽 B 的公差等级要求较低，并且对 B 的要求比 D 严格。

3. 矩形花键的公差与配合选择

（1）矩形花键尺寸公差带选用的一般原则

在定心精度要求高或传递扭矩大时，应选用精密传动用的尺寸公差带，如精密机床主轴变速箱或 6 级精度以上齿轮用花键副等；一般传动用矩形花键联结则常用于定心精度要求不高的普通机床变速箱及各种减速器中轴与齿轮花键孔（内花键）的联结。矩形花键配合精度的选择，主要考虑定心精度要求和传递转矩的大小。内外花键的配合（装配形式）分为滑动、紧滑动和固定三种。其中，滑动联结的间隙较大；紧滑动联结的间隙次之；固定联结的间隙最小。

（2）矩形花键的配合类型选择原则

根据矩形内外花键之间是否有轴向移动，确定是选择固定联结还是非固定联结。对于内外花键之间相对固定，无轴向滑动要求的情况，选择固定联结；对于内外花键之间要求有相对移动，并且移动距离长、移动频率高的情况，应选择配合间隙较大的滑动联结，使配合面间有足够的润滑油层，以保证运动灵活，如汽车、拖拉机等变速箱中的齿轮与轴的联结；对于内外花键之间有相对移动、定心精度要求高、传递转矩大，或经常有反向转动的情况，应选择配合间隙较小的紧滑动联结。

表 8-5 列出了几种配合应用情况的推荐，可供设计时参考。

表 8-5 矩形花键配合应用的推荐

应用	固定联结		滑动联结	
	配合	特征及应用	配合	特征及应用
精密传动用	H5/h5	紧固程度较高，可传递大转矩	H5/g5	可滑动程度较低，定心精度高，传递转矩大
	H6/h6	传递中等转矩	H6/f6	可滑动程度中等，定心精度较高，传递中等转矩
一般用	H7/h7	紧固程度较低，传递转矩较小，可经常拆卸	H7/f7	移动频率高，移动长度大，定心精度要求不高

4. 矩形花键的几何公差和表面粗糙度

（1）矩形花键几何公差

国家标准 GB/T 1144—2001 对矩形花键的几何公差作了以下规定。

1）小径结合面应遵守包容要求。为了保证定心表面的配合性质，矩形内外花键小径（定心直径）的尺寸公差和几何公差的关系必须采用包容要求。

2）在大批量生产条件下，矩形花键一般用矩形花键综合量规检验，因此，其位置度公差应遵守最大实体要求，并综合控制矩形花键各键之间的角位移、各键对轴线的对称度误差及各键对轴线的平行度误差等。矩形花键位置度公差标注如图 8-11 所示，矩形花键位置度公差值 t_1 见表 8-6。

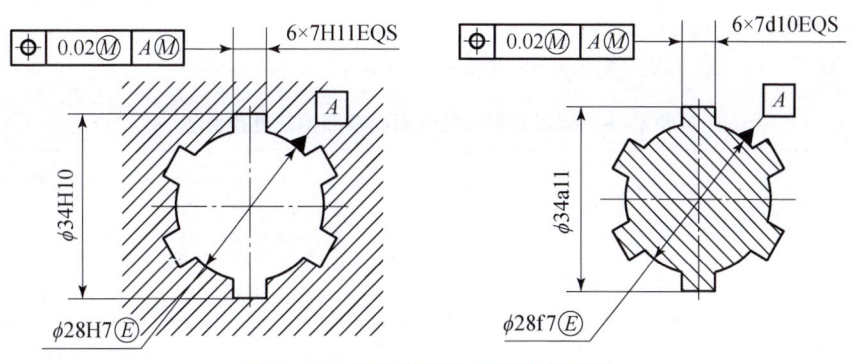

图 8-11 矩形花键位置度公差标注

表 8-6 矩形花键位置度公差值 t_1 (GB/T 1144—2001)　　　　mm

键槽宽或键宽 B		3	3.5~6	7~10	12~18
t_1	键槽宽	0.010	0.015	0.020	0.025
	键宽 滑动、固定	0.010	0.015	0.020	0.025
	紧滑动	0.006	0.010	0.013	0.016

3) 在单件小批生产时，矩形花键对称度公差遵守独立原则。为了控制矩形花键的形位误差，一般在图样上分别规定矩形花键的对称度和等分度公差，并遵守独立原则，且两者同值，故等分度公差省略不注。矩形花键对称度公差标注如图 8-12 所示，矩形花键对称度公差值见表 8-7。

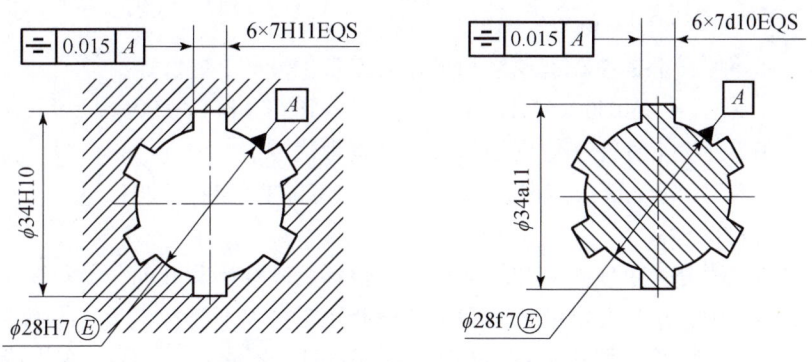

图 8-12 矩形花键对称度公差标注

表 8-7 矩形花键对称度公差值 t_2 (GB/T 1144—2001)　　　　mm

键槽宽或键宽 B		3	3.5~6	7~10	12~18
t_2	一般用	0.010	0.012	0.015	0.018
	精密传动用	0.006	0.008	0.009	0.011

4）当矩形花键较长时，可根据产品性能自行规定键侧对轴线的平行度公差。

（2）矩形花键的表面粗糙度

矩形花键各结合面的表面粗糙度推荐值见表 8–8。

表 8–8　矩形花键各结合面的表面粗糙度推荐值

加工表面	内花键	外花键
	$Ra/\mu m$	
小径	≤1.6	≤0.8
大径	≤6.3	≤3.2
键侧	≤3.2	≤1.6

5. 矩形花键的标注及检测

（1）矩形花键的标注

国家标准 GB/T 1144—2001 规定，图样上矩形花键的配合代号和尺寸公差带代号应按花键规格所规定的次序标注，依次包括键数 N、小径 d、大径 D、键宽 B 及基本尺寸的公差带代号。即矩形花键规格按 $N \times d \times D \times B$ 的方法表示，如 $8 \times 52 \times 58 \times 10$ 依次表示键数为 8，小径为 52 mm，大径为 58 mm，键（键槽）宽 10 mm。

例如，某矩形花键联结，键数 $N = 8$；小径 $d = 40$ mm，其配合为 H6/f6；大径 $D = 54$ mm，配合为 H10/a11；键（键槽）宽 $B = 9$ mm，配合为 H9/d8。其标注如下。

花键规格：$8 \times 40 \times 54 \times 9$

花键副：在装配图上标注花键规格和配合代号

$$8 \times 40 \frac{H6}{f6} \times 54 \frac{H10}{a11} \times 9 \frac{H9}{d8} \quad GB/T\ 1144—2001$$

内花键：在零件图上标注花键规格和尺寸公差带代号

$$8 \times 40H6 \times 54H10 \times 9H9 \quad GB/T\ 1144—2001$$

外花键：在零件图上标注花键规格和尺寸公差带代号

$$8 \times 40f6 \times 54a11 \times 9d8 \quad GB/T\ 1144—2001$$

（2）矩形花键的检测

矩形花键的检测分为单项测量和综合检验，包括尺寸检验和几何公差检验。单项测量适用于单件小批生产中，矩形花键的尺寸和位置误差用千分尺、游标卡尺、指示表等通用测量器具分别测量。综合检验适用于大批量生产中，用矩形花键综合量规（塞规或环规）同时检验矩形花键的小径、大径、键宽，以及大小径的同轴度误差、各键（键槽）的位置度误差等。

检测内外花键时，若矩形花键综合通规能通过，而单项止规不能通过，则表示被测内外花键合格；反之，则为不合格。

矩形花键综合量规的形状如图 8–13 所示，它分为综合通规和单项止规，其具体规定见国家标准 GB/T 1144—2001。

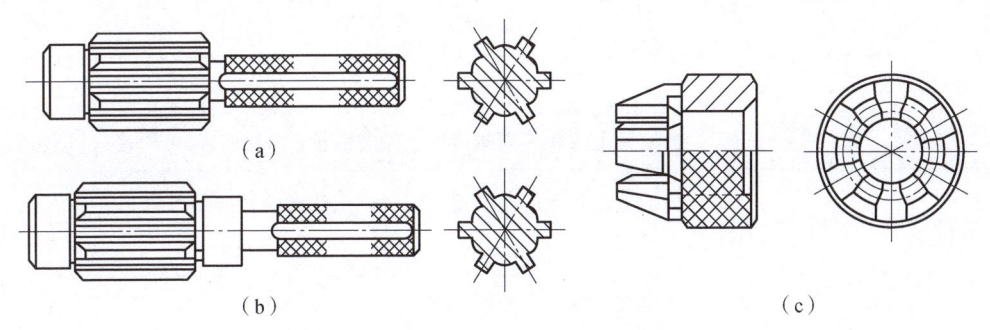

图 8-13 矩形花键综合量规的形状

(a) (b) (c)

三、渐开线花键的互换性与检测

渐开线花键联结是花键联结的一种，是传递转矩的部件。目前渐开线花键的应用日趋广泛，这是由于渐开线花键较矩形花键有许多优点，如齿数多，齿端、齿根部厚，承载能力强，易自动定心，安装精度高，并且在相同外形尺寸下渐开线花键小径大，有利于增加轴的刚度。渐开线花键便于采用冷搓、冷打、冷挤等无切屑加工工艺方法，生产率高，精度高，并且节约材料。

1. 渐开线花键主要参数代号及定义

渐开线花键的齿廓为渐开线，国家标准《圆柱直齿渐开线花键（米制模数 齿侧配合）第1部分：总论》（GB/T 3478.1—2008）规定，渐开线花键有三种齿形角和两种齿根，分别为30°、37.5°和45°的齿形角，平齿根和圆齿根。渐开线花键齿形及齿根形式如图8-14所示，主要参数代号及定义见表8-9。

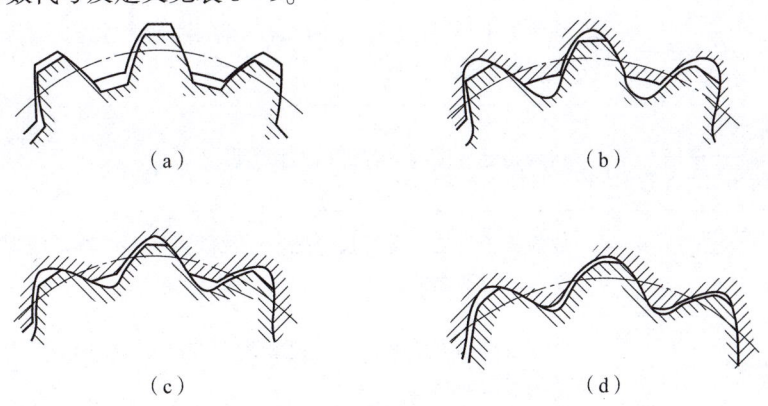

图 8-14 渐开线花键齿形及齿根形式
(a) 30°平齿根；(b) 30°圆齿根；(c) 37.5°圆齿根；(d) 45°圆齿根

表 8-9 渐开线花键主要参数代号及定义（摘自 GB/T 3478.1—2008）

参数名称	代号	定义
模数	m	表示渐开线花键键齿大小的参数：$m = p/\pi$，以毫米（mm）计
齿数	z	沿花键齿顶一周的齿数
分度圆直径	D	计算花键尺寸用的基准圆，在此圆上的模数和压力角为标准值

续表

参数名称		代号	定义
齿距		p	分度圆上两相邻同侧齿形之间的弧长：$p = \pi \cdot m$
压力角		α	齿形上任意点的压力角，为过该点花键的径向线与齿形在该点的切线所夹锐角
标准压力角		α_D	规定在分度圆上的压力角
基圆直径		D_b	基圆是展成渐开线齿形的假想圆
大径	内花键	D_{ei}	内花键齿根圆（大圆）的直径
	外花键	D_{ee}	外花键齿顶圆（大圆）的直径
小径	内花键	D_{ii}	内花键齿顶圆（小圆）的直径
	外花键	D_{ie}	外花键齿根圆（小圆）的直径
渐开线起始圆直径		D_{Fe}	渐开线起始圆是外花键齿形起始点的圆，此圆与大圆共同形成渐开线齿形的控制界线
基本齿槽宽		E	内花键分度圆上弧齿槽宽的基本尺寸，其值为齿距的1/2
实际齿槽宽	最大值	E_{max}	在内花键分度圆上各齿槽的弧齿槽宽
	最小值	E_{min}	
作用齿槽宽	最大值	E_{vmax}	数值等于与之在全齿长上配合（无间隙且无过盈）的理想全齿外花键分度圆弧齿厚的齿槽宽
	最小值	E_{vmin}	
实际齿厚	最大值	S_{max}	在外花键分度圆上各键齿的弧齿厚
	最小值	S_{min}	
作用齿厚	最大值	S_{vmax}	数值等于与之在全齿长上配合（无间隙且无过盈）的理想全齿内花键分度圆弧齿槽宽的齿厚
	最小值	S_{vmin}	
作用侧隙（全齿侧隙）		C_v	内花键作用齿槽宽减去与之相配合的外花键作用齿厚。正值为间隙，负值为过盈
理论侧隙（单齿侧隙）		C	内花键实际齿槽宽减去与之相配合的外花键实际齿厚
齿根圆弧最小曲率半径	内花键	R_i	齿根圆弧是连接渐开线齿形与齿根圆的过渡曲线
	外花键	R_e	
齿形裕度		C_F	花键联结中，渐开线齿形超过结合部分的径向距离
总公差 $T+\lambda$	加工公差	T	实际齿槽宽或实际齿厚的允许变动量
	综合公差	λ	花键齿（或齿槽）的形状和位置误差的允许范围

续表

参数名称	代号	定义
齿距累积公差	F_p	分度圆上任意两个同侧齿面间的实际弧长与理论弧长之差的最大绝对值的允许范围
齿形公差	F_α	齿形工作部分（包括齿形裕度，不包括齿顶倒棱）包容实际齿形的两条理论齿形之间法向距离的允许范围
齿向公差	F_β	花键配合长度范围内，包容实际齿线的两条理论齿线之间分度圆弧长的允许范围。齿线是分度圆柱面与齿面的交线
棒间距（内花键）	M_{Ri}	借助量棒测量内花键实际齿槽宽时，两个量棒之间的内侧距离，统称为 M 值
跨棒距（外花键）	M_{Re}	借助量棒测量外花键实际齿厚时，两个量棒之间的外侧距离，统称为 M 值
公法线平均长度	W	公法线长度是相隔 K 个齿的两外侧齿面分别与两平行平面之中的一个平面相切，此两平行平面之间的垂直距离；公法线平均长度是同一花键上实际测得的公法线长度的平均值

2. 渐开线花键的基本参数和定心方式

（1）渐开线花键的基本参数

渐开线花键的基本参数有模数 m、齿距 p 和标准压力角 α_D，基本参数中的各系列值，可参阅国家标准 GB/T 3478.1—2008。

（2）渐开线花键的定心方式

渐开线花键的定心方式有大径定心、齿侧定心和小径定心（不常用）三种，其定心方式主要由定心的精度要求、花键参数和花键的加工工艺等决定。

1）大径定心。大径定心精度要求较严格，其优点是轴、孔加工简单，孔拉削精度高；同时其缺点是硬度过高，导致拉削加工困难（一般应小于 40 HRC）。但现在可通过高频淬火提高硬度，拉削后再热处理，加工性能变好，一般均可用大径定心。例如，渐开线花键轴上安装有齿轮（齿轮孔是花键孔），因为齿轮定心精度要求很严格，所以多采用大径定心；采用花键轴大径磨外圆，花键孔拉削，大径定心精度很高，容易实现精确配合。

2）齿侧定心。齿侧定心精度要求不严，载荷分布均匀，承载能力高，但零件易移动，侧面易磨损，使对中性变差，适用于定心要求不高的重载连接（静连接）。

3）小径定心。小径定心精度高，定心稳定性好，但配合面均要研磨，磨削消除热处理后的变形，加工较复杂。但在硬度大于 40 HRC 或者 $D > 120$ mm（工艺上不经济或达不到要求）时，单件生产可以采用小径定心。

3. 渐开线花键结合的公差与配合

（1）渐开线花键的公差

渐开线花键是由多尺寸参数组成的型面，有配合尺寸和非配合尺寸两部分内容。配合尺寸是指齿槽宽 E 和齿厚 S，公差等级有 4、5、6、7 四个等级。配合尺寸的公差有总公差 $T+\lambda$、综合公差 λ、齿距累积公差 F_p、齿形公差 F_α 和齿向公差 F_β 等。而渐开线花键的总公差

$T+\lambda$ 可认为是标准公差。上述各公差值可查阅国家标准 GB/T 3478.1—2008。非配合尺寸是内外花键的大径、小径和齿根圆弧半径等尺寸。

(2) 渐开线花键的配合

渐开线花键采用齿侧基孔制配合,因此可通过改变外花键作用齿厚上偏差的方法实现不同的配合类别。图 8-15 所示为渐开线花建齿侧配合公差带图,国家标准 GB/T 3478.1—2008 规定渐开线花键联结有六种齿侧配合类别:H/k、H/js、H/h、H/f、H/e 和 H/d,允许不同公差等级的内外花键相互配合。对于 45°标准压力角的渐开线花键联结,应优先选用 H/k、H/h 和 H/f。

由于齿距累积误差、齿形误差和齿向误差都会减小作用间隙或增大作用过盈,因此在国家标准 GB/T 3478.1—2008 中给出综合公差 λ 予以补偿。

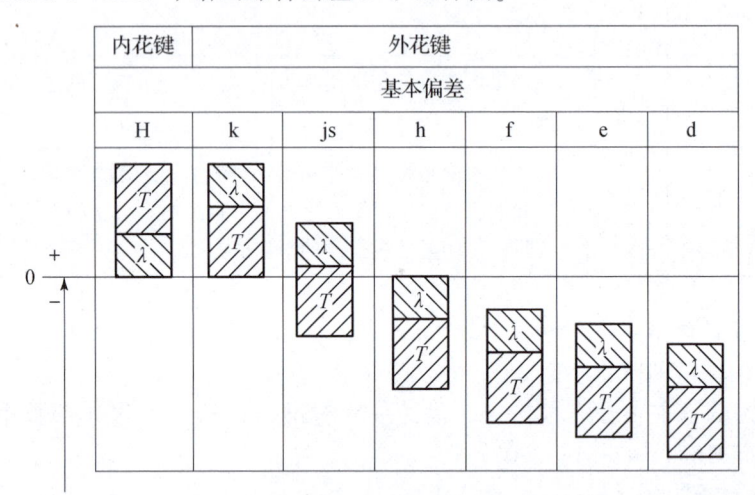

图 8-15 渐开线花键齿侧配合公差带图

4. 渐开线花键的标注及检测

(1) 渐开线花键的标注

在花键零件图上,必须给出制造时所需的全部尺寸和参数,列出参数表,在参数表中应按国家标准 GB/T 3478.5—2008 与选用的检验方法列出齿槽宽和厚度的相应项目,必要时应画出齿形放大图。

在花键图样或技术文件中,应按标准进行标记:内花键为 INT;外花键为 EXT;花键副为 INT/EXT;齿数为 z;模数为 m;30°平齿根为 30P;30°圆齿根为 30R;37.5°圆齿根为 37.5;45°圆齿根为 45。

1) 标注示例 1。

花键副,齿数 24、模数 2.5 mm、30°圆齿根,公差等级为 5 级,配合类别为 H/h。

花键副:INT/EXT $24z \times 2.5m \times 30R \times 5H/5h$ GB/T 3478.1—2008

内花键:INT $24z \times 2.5m \times 30R \times 5H$ GB/T 3478.1—2008

外花键:EXT $24z \times 2.5m \times 30R \times 5h$ GB/T 3478.1—2008

2) 标注示例 2。

花键副,齿数 24、模数 2.5 mm,内花键为 30°平齿根,其公差等级为 6 级,外花键为 30°圆齿根,其公差等级为 5 级,配合类别为 H/h。

花键副：INT/EXT　$24z \times 2.5m \times 30P/R \times 6H/5h$　GB/T 3478.1—2008

内花键：INT　$24z \times 2.5m \times 30P \times 6H$　GB/T 3478.1—2008

外花键：EXT　$24z \times 2.5m \times 30R \times 5h$　GB/T 3478.1—2008

3) 标记示例3。

花键副，齿数24、模数2.5 mm、37.5°圆齿根，公差等级为6级、配合类别为H/h。

花键副：INT/EXT　$24z \times 2.5m \times 35.7 \times 6H/6h$　GB/T 3478.1—2008

内花键：INT　$24z \times 2.5m \times 37.5 \times 6H$　GB/T 3478.1—2008

外花键：EXT　$24z \times 2.5m \times 37.5 \times 6h$　GB/T 3478.1—2008

4) 标记示例4。

花键副，齿数24、模数2.5 mm、45°圆齿根，内花键公差等级为6级，外花键公差等级为7级，配合类别为H/h。

花键副：INT/EXT　$24z \times 2.5m \times 45 \times 6H/7h$　GB/T 3478.1—2008

内花键：INT　$24z \times 2.5m \times 45 \times 6H$　GB/T 3478.1—2008

外花键：EXT　$24z \times 2.5m \times 45 \times 7h$　GB/T 3478.1—2008

(2) 渐开线花键的检测方法

在国家标准GB/T 3478.1—2008中对齿槽宽和齿厚规定了三种综合检验法和一种单项检验法。

1) 基本方法。

基本方法是用综合通端花键量规（塞规或环规）控制内花键作用齿槽宽最小值E_{vmin}或外花键作用齿厚最大值S_{vmax}，从而控制作用侧隙最小值C_{vmin}。同时用非全齿止端花键量规（塞规或环规）或用测量M值（棒间距M_{Ri}和跨棒距M_{Re}）或W值（外花键公法线平均长度），控制内花键实际齿槽宽最大值E_{max}或外花键实际齿厚最小值S_{min}，从而控制内外花键的最小实体尺寸。基本方法是批量生产中常用的检验方法。

在基本方法的基础上又增加了两种方法。

方法一：用综合止端花键量规（塞规或环规）控制内花键作用齿槽宽最大值E_{vmax}或外花键作用齿厚最小值S_{vmin}，从而控制作用侧隙最大值C_{vmax}。

方法二：用综合通端花键量规和综合止端花键量规（塞规或环规）分别控制内花键作用齿槽宽最小值E_{vmin}和最大值E_{vmax}或外花键作用齿厚最大值S_{vmax}和最小值S_{vmin}，从而控制作用侧隙最小值C_{vmin}和最大值C_{vmax}。

2) 单项检测法。

单项检测法测量M值（棒间距M_{Ri}和跨棒距M_{Re}）或W值（外花键公法线平均长度），控制内花键实际齿槽宽最大值E_{max}和最小值E_{min}或外花键实际齿厚最大值S_{max}和最小值S_{min}。检验齿距累积误差、齿形误差或齿向误差，间接控制综合误差。

习题八

1. 在平键联结中，键宽与键槽宽的配合采用什么配合制？为什么？
2. 矩形花键有哪几种定心方式？国家标准中规定采用哪种定心方式？为什么？
3. 渐开线花键有哪几种定心方式？为什么通常不采用小径定心？

4. 分别列出平键、矩形花键和渐开线花键的公差等级和配合形式，并指出它们分别适用的场合。

5. 某机床变速箱中一滑移齿轮与矩形花键轴联结，已知矩形花键的规格为 $6 \times 26 \times 30 \times 6$，花键孔长 30 mm，花键轴长 75 mm，齿轮在花键轴上经常移动，而定心精度要求高。试确定以下问题。

1）齿轮花键孔和花键轴各主要尺寸的公差带代号，并计算出它们的极限尺寸。

2）齿轮花键孔和花键轴相应的位置公差及各主要接触面的表面粗糙度值。

3）将上述各项要求标注在内外花键的断面图上。

6. 已知某渐开线花键齿数为 20，模数为 2 mm，30°圆齿根，公差等级为 5 级，配合类别为 H/h。试将渐开线花键副、外花键和内花键标注在断面上。

项目实践：

试说明标注为花键 $6 \times 23 \dfrac{H6}{g6} \times 26 \dfrac{H10}{a11} \times 6 \dfrac{H9}{f7}$ GB/T 1144—2001 的全部含义。

解答如下：

1）6 表示花键的键数为 6；

2）$23 \dfrac{H6}{g6}$ 表示花键的小径为 23 mm，外花键与内花键的小径配合类型为 $\dfrac{H6}{g6}$，采用小径定心，且属于紧滑动配合；

3）$26 \dfrac{H10}{a11}$ 表示花键的大径为 26 mm，外花键与内花键的大径配合类型为 $\dfrac{H10}{a11}$，属于紧滑动配合；

4）$6 \dfrac{H9}{f7}$ 表示花键键宽为 6 mm，内外花键的键（槽）宽配合类型为 $\dfrac{H9}{f7}$，且为矩形花键。

第九章　普通螺纹结合的互换性与检测

导读

本章学习的主要目的和要求：
1. 了解普通螺纹结合的基本要求，掌握普通螺纹的基本牙型和主要几何参数。
2. 掌握普通螺纹的几何参数对互换性的影响，掌握保证螺纹互换性的条件。
3. 掌握普通螺纹公差与配合的有关概念及选用，了解螺纹表面粗糙度的要求。
4. 掌握普通螺纹测量的两类方法。

第一节　概述

螺纹是机器上常见的结构要素，对机器的质量有着重要的影响。除了在材料上保证螺纹强度外，其几何精度也有相应要求，国家颁布了有关标准以保证螺纹的几何精度。

螺纹常用于紧固连接、密封、传递力与运动等。不同用途的螺纹，其几何精度的要求也不同。螺纹按牙型分，有三角形螺纹、梯形螺纹、锯齿形螺纹和矩形螺纹等；按用途分，可分为紧固螺纹、传动螺纹、管用螺纹和专门用途螺纹。紧固螺纹中用途最广泛的是普通螺纹，本章主要介绍普通螺纹的有关标准。

一、普通螺纹结合的基本要求

普通螺纹常用于机械设备、仪器仪表中，用于连接和紧固零部件。为实现规定的功能要求并便于使用，普通螺纹需要满足以下要求。

1. 可旋入性

可旋入性是指同规格的内外螺纹件在装配时，不经挑选就能在给定的轴向长度内全部旋合。

2. 连接可靠性

连接可靠性是指螺纹用于连接和紧固时，应具有足够的连接强度和紧固性，以确保机器或装置的使用性能。

二、普通螺纹的基本牙型和主要几何参数

1. 普通螺纹的基本牙型

普通螺纹的基本牙型是在轴向断面上由高度为 H 的原始等边三角形的顶部截去 $H/8$ 和底部截去 $H/4$ 后获得的牙型。按国家标准《普通螺纹　基本牙型》（GB/T 192—2003）规定，普通螺纹的基本牙型如图 9-1 所示。

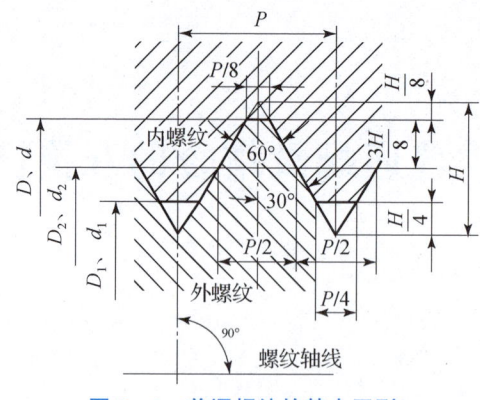

图 9-1 普通螺纹的基本牙型

2. 普通螺纹的主要几何参数

（1）原始三角形高度

原始三角形高度 H 为原始等边三角形的顶点到底边的距离。H 与螺距 P 的几何关系为

$$H = \sqrt{3}P/2$$

（2）大径

大径是指与外螺纹牙顶或内螺纹牙底相重合的假想圆柱的直径，如图 9-1 所示，即原始三角形顶部 $H/8$ 削平处所在圆柱的直径。内外螺纹的大径分别用 D、d 的表示。外螺纹的大径为顶径，内螺纹的大径为底径。对于普通螺纹，大径即其公称直径。普通螺纹的公称直径已系列化，可按国家标准 GB/T 192—2003 选取。

（3）小径

小径是指与外螺纹牙底或内螺纹牙顶相重合的假想圆柱的直径，如图 9-1 所示，其位置在螺纹原始三角形根部 $H/4$ 削平处。内外螺纹的小径分别用 D_1、d_1 表示。外螺纹的小径为底径，内螺纹的小径为顶径。

（4）中径

中径是指螺纹牙型的沟槽与凸起宽度相等的地方所在的假想圆柱的直径，如图 9-1 所示。内外螺纹的中径分别用 D_2、d_2 表示。

（5）螺距和导程

螺距 P 是指相邻两牙体上的对应牙侧与中径线相交两点间的轴向距离，如图 9-1 所示。普通螺纹的基本尺寸见表 9-1。

表 9-1 普通螺纹的基本尺寸   mm

公称直径 D、d			螺距 P								
第1系列	第2系列	第3系列	粗牙	细牙							
				3	2	1.5	1.25	1	0.75	0.5	0.35	0.25	0.2
1			0.25										0.2
1.2	1.1		0.25										0.2
			0.25										0.2
		1.4	0.3										0.2

续表

公称直径 D、d			螺距 P									
第1系列	第2系列	第3系列	粗牙	细牙								
				3	2	1.5	1.25	1	0.75	0.5	0.35	0.25	0.2
1.6			0.35										0.2
	1.8		0.35										0.2
2			0.4									0.25	
2.5			0.45								0.35		
	2.2		0.45									0.25	
3			0.5								0.35		
4			0.6								0.35		
	3.5		0.7							0.5			
	4.5		0.75							0.5			
5			0.8							0.5			
		5.5								0.5			
6			1						0.75				
8			1						0.75				
	7		1.25					1	0.75				
		9	1.25					1	0.75				
10			1.5				1.25	1	0.75				
		11	1.5			1.5		1	0.75				
12			1.75				1.25	1					
16			2			1.5	1.25	1					
	14		2			1.5		1					
		15				1.5		1					
		17				1.5		1					
	18		2.5		2	1.5		1					
20			2.5		2	1.5		1					

导程 P_h 是指同一条螺旋线上相邻两牙在中径线上对应两点间的轴向距离。对于单线螺纹,导程 P_h 等于螺距 P;对于多线螺纹,导程 P_h 等于螺纹线数 n 与螺距 P 的乘积,即 $P_h = nP$。

(6) 单一中径

单一中径(D_{2s} 或 d_{2s})是指螺纹的牙槽宽度等于基本螺距 1/2 处所在的假想圆柱的直径,如图 9-2 所示。在螺距无误差时,单一中径与中径一致,单一中径代表中径的实际尺寸。

图 9-2 单一中径和中径

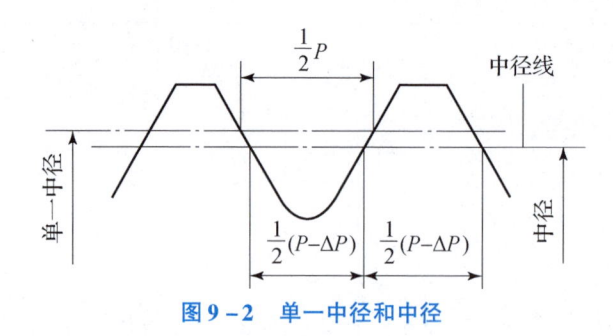

（7）牙型角和牙型半角

牙型角 α 是指在螺纹牙型上，相邻两个牙侧面的夹角；牙型半角 α/2 是指牙侧与螺纹轴线的夹角。如图 9-1 所示，米制普通螺纹牙型角为 60°，牙型半角为 30°。

（8）螺纹接触高度

螺纹接触高度是指两个互相旋合螺纹牙型上，牙侧重合部分在垂直于螺纹轴线方向的距离，如图 9-3 所示。

（9）螺纹旋合长度

螺纹旋合长度是指两个相旋合螺纹沿螺纹轴线方向相互旋合部分的长度，如图 9-3 所示。

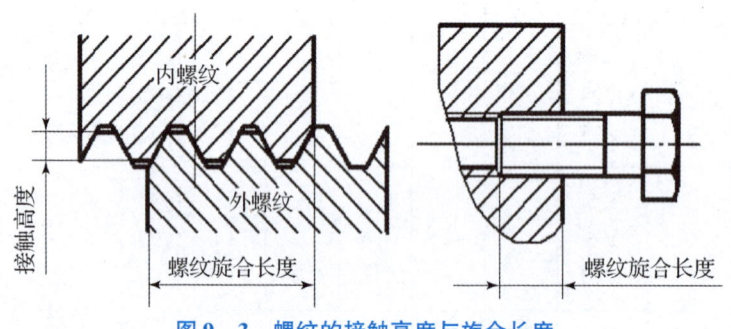

图 9-3 螺纹的接触高度与旋合长度

第二节 普通螺纹的几何参数误差对互换性的影响

一、螺纹几何参数误差对互换性的影响

1. 螺纹直径误差对互换性的影响

（1）中径误差对互换性的影响

如图 9-4 所示，相互旋合的内外螺纹中径应该相等。但是，在制造内外螺纹时，中径本身不可能制造得绝对准确，不可避免地会出现一定的误差。若外螺纹中径比内螺纹中径大，内外螺纹将因干涉而无法旋合，影响螺纹的可旋入性；若外螺纹中径与内螺纹中径相比太小，又会使螺纹结合太松，降低螺纹连接的可靠性。因此，为保证螺纹的互换性，国家标准《普通螺纹 公差》（GB/T 197—2018）对中径规定了公差。

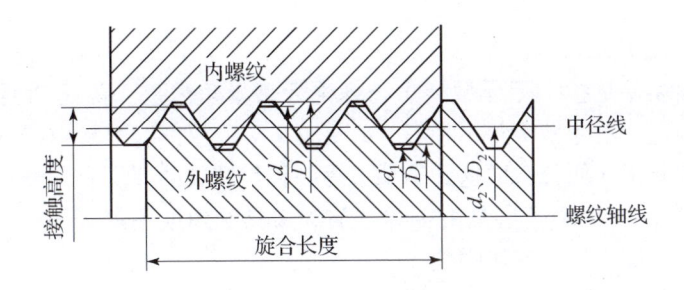

图 9-4　内外螺纹旋合

（2）顶径误差对互换性的影响

如图 9-4 所示，相互旋合的内外螺纹为避免在大、小径处发生干涉而影响螺纹的可旋入性，螺纹结合时规定在大径和小径上不能接触，即规定内螺纹大、小径的实际尺寸分别大于外螺纹的大、小径的实际尺寸。但是内螺纹的小径过大或外螺纹的大径过小，虽然不影响螺纹的配合性质，却会减小螺纹接触高度，从而影响螺纹连接的可靠性。因此国家标准 GB/T 197—2018 对螺纹的顶径（即内螺纹的小径和外螺纹的大径）也规定了公差。

2. 螺距误差对互换性的影响

普通螺纹的螺距误差可分为两种，一种是单个螺距误差，另一种是螺距累积误差。影响螺纹可旋入性的，主要是螺距累积误差，本书只讨论螺距累积误差的影响。

车间生产条件下，对螺距很难逐个检测，因此对普通螺纹不规定螺距公差，而是采取将外螺纹中径减小或内螺纹中径增大的方法，抵消螺纹误差的影响，以保证达到旋合的要求。

如图 9-5 所示，假设内螺纹具有理想牙型，无螺距误差和牙型半角误差，而外螺纹的中径、牙型半角与内螺纹相同，但存在螺距误差。在内外螺纹旋合时，牙侧面会产生干涉，并且随着旋合牙数的增加，牙侧的干涉量增大，最后不能再旋入，从而影响螺纹的可旋入性。

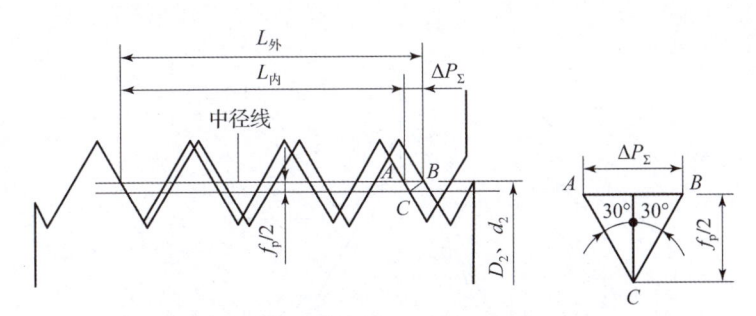

图 9-5　螺距累积误差对可旋入性的影响

为了让一个实际有螺距累积误差的外螺纹仍能在所要求的旋合长度内全部与内螺纹旋合，需要将外螺纹的中径 d_2 减小一个量，该量称为螺距累积误差的中径当量 f_p。对于普通螺纹，可按式（9-1）计算，即

$$f_p = 1.732 |\Delta P_\Sigma| \tag{9-1}$$

同理，在内螺纹存在螺距累积误差时，为保证可旋入性，应将内螺纹的中径 D_2 增大一个中径当量 f_p。

3. 牙型半角误差对互换性的影响

螺纹牙型半角误差是指实际牙型半角与理论牙型半角之差。螺纹牙型半角误差分为两种。一种是螺纹的左、右牙型半角不相等，$\alpha_{(左)}/2 \neq \alpha_{(右)}/2$，如图 9-6（a）所示。在车削螺纹时，车刀没有装正，便会造成这种结果。另一种是螺纹的左、右牙型半角相等，但不等于 30°，如图 9-6（b）所示，这是由于螺纹加工刀具的角度不等于 60°。两种牙型半角误差都会影响螺纹的可旋入性和连接强度。

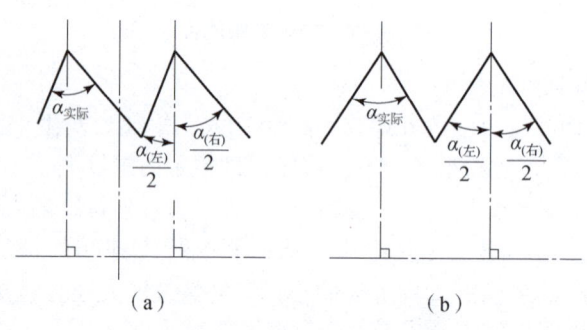

图 9-6 螺纹的牙型半角误差

在加工螺纹时，牙型半角误差是难免的；在批量生产条件下，对牙型半角更难逐个测量。因此，国家标准对普通螺纹的牙型半角也不作具体规定，而同样采用减小外螺纹中径或增大内螺纹中径的方法达到螺纹的旋合要求。

如图 9-7 所示，假设内螺纹具有理想的牙型，与其相配合的外螺纹无螺距误差，而外螺纹的左牙型半角误差小于 0°，右牙型半角误差大于 0°。在外螺纹与具有理想牙型的内螺纹旋合时，将分别在牙的上半部 3H/8 处和下半部 H/4 处发生干涉，从而影响内外螺纹的可旋入性。为了让一个有牙型半角误差的外螺纹能旋入内螺纹，必须将外螺纹的中径减小一个量，该量称为牙型半角误差的中径当量 $f_{\alpha/2}$。这样，阴影所示的干涉区就会消失，从而保证螺纹的可旋入性。

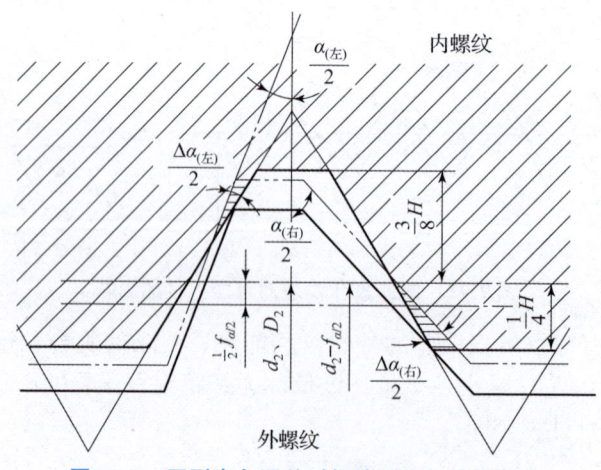

图 9-7 牙型半角误差对螺纹可旋入性的影响

由图 9-7 中的几何关系，可以推导出外螺纹牙型半角误差的中径当量 $f_{\alpha/2}$（μm）为

$$f_{\alpha/2} = 0.073[K_1|\Delta\alpha_{(左)}/2| + K_2|\Delta\alpha_{(右)}/2|] \tag{9-2}$$

式中　$\Delta\alpha_{(左)}/2$、$\Delta\alpha_{(右)}/2$——左、右牙型半角误差，(′)；

　　　K_1、K_2——修正系数，其值见表 9-2。

式（9-2）是一个通式，是以外螺纹存在牙型半角误差为假设推导整理出来的。在假设外螺纹具有理想牙型，而内螺纹存在牙型半角误差时，就需要将内螺纹的中径加大一个 $f_{\alpha/2}$，因此式（9-2）对内螺纹同样适用。

表 9-2　K_1、K_2 值的取法

内螺纹				外螺纹			
$\dfrac{\Delta\alpha_{(左)}}{2}>0$	$\dfrac{\Delta\alpha_{(左)}}{2}<0$	$\dfrac{\Delta\alpha_{(右)}}{2}>0$	$\dfrac{\Delta\alpha_{(右)}}{2}<0$	$\dfrac{\Delta\alpha_{(左)}}{2}>0$	$\dfrac{\Delta\alpha_{(左)}}{2}<0$	$\dfrac{\Delta\alpha_{(右)}}{2}>0$	$\dfrac{\Delta\alpha_{(右)}}{2}<0$
K_1		K_2		K_1		K_2	
3	2	3	2	2	3	2	3

二、保证普通螺纹互换性的条件

1. 作用中径的概念

在普通螺纹没有螺距误差和牙型半角误差时，内外螺纹旋合时起作用的中径便是螺纹的实际中径。在外螺纹有螺距误差和牙型半角误差时，只能与一个中径较大的内螺纹旋合，其效果相当于外螺纹的中径增大。这个增大的假想中径称为外螺纹的作用中径（用 d_{2v} 表示），即对于外螺纹而言，螺纹结合中起作用的中径（作用中径）为

$$d_{2v} = d_{2s} + (f_{\alpha/2} + f_p) \tag{9-3}$$

同理，在内螺纹有螺距误差和牙型半角误差时，只能与一个中径较小的外螺纹旋合，其效果相当于减小内螺纹的中径。这个减小的假想中径称为内螺纹的作用中径（用 D_{2v} 表示），即对于内螺纹而言，螺纹结合中起作用的中径（作用中径）为

$$D_{2v} = D_{2s} - (f_{\alpha/2} + f_p) \tag{9-4}$$

因此，螺纹在旋合时起作用的中径（作用中径）是由单一中径、螺距累积误差、牙型半角误差三者综合而得的。

2. 保证普通螺纹互换性的条件

综上所述，影响螺纹互换性的主要因素是单一中径、螺距累积误差、牙型半角误差。由于实际加工螺纹时，往往同时存在这三种误差，且国家标准并没有单独规定螺距公差和牙型半角公差，而是按一定公式将螺距误差和牙型半角误差转换为中径误差，一并受中径公差的控制，因此中径公差可综合控制单一中径、螺距累积误差和牙型半角误差，是衡量螺纹互换性的重要指标。

为了保证螺纹的可旋入性和连接强度，螺纹中径应遵循泰勒原则，即螺纹互换性的条件为螺纹的作用中径不能超过最大实体牙型中径，任何位置上的单一中径不能超过最小实体牙型中径。因此，螺纹的合格条件为

外螺纹 $\qquad d_{2v} \leqslant d_{2\max}, \qquad d_{2s} \geqslant d_{2\min}$
内螺纹 $\qquad D_{2v} \geqslant D_{2\min}, \qquad D_{2s} \leqslant D_{2\max}$

最大（最小）实体牙型，是指在螺纹中径的公差范围内，螺纹含材料量最多（最少）且与基本牙型一致的螺纹牙型。

第三节 普通螺纹的公差与配合

要保证螺纹的互换性，必须对螺纹的几何精度提出要求。对普通螺纹，国家标准 GB/T 197—2018 规定了供选用的螺纹公差带及具有最小保证间隙（包括最小间隙为零）的螺纹配合、旋合长度及精度等级要求。

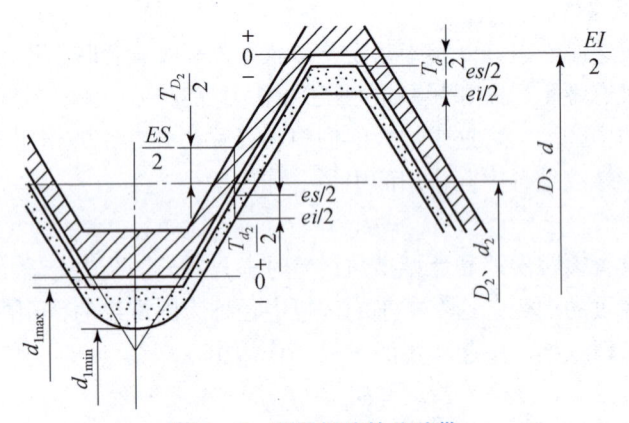

一、普通螺纹的公差带

普通螺纹的公差带由基本偏差决定其位置，由公差等级决定其大小。普通螺纹的公差带是沿着螺纹的基本牙型分布的，如图 9-8 所示。国家标准 GB/T 197—2018 除对内外螺纹的中径规定了公差外，对顶径（外螺纹的大径、内螺纹的小径）也规定了公差，对外螺纹的小径规定了最大极限尺寸，对内螺纹的大径规定了最小极限尺寸，这样由于有保证的间隙，可以避免螺纹旋合时在大径、小径处发生干涉，从而保证螺纹的互换性。同时由刀具保证外螺纹小径处的圆弧过渡，以提高螺纹受力时的抗疲劳强度。

图 9-8 普通螺纹的公差带

1. 普通螺纹公差带的位置和基本偏差

国家标准 GB/T 197—2018 分别对内外螺纹规定了基本偏差，用以确定内外螺纹公差带相对于基本牙型的位置。

对外螺纹规定了四种基本偏差，代号分别为 h、g、f、e。由这四种基本偏差决定的外螺纹公差带均在基本牙型之下，如图 9-9 所示。

对内螺纹国家标准规定了两种基本偏差，代号分别为 H、G。由这两种基本偏差决定的内螺纹公差带均在基本牙型之上，如图 9-10 所示。

除 H、h 两个代号对应的基本偏差为 0，与孔、轴相同，其余基本偏差代号对应的基本偏差值和孔、轴均不同，而与其基本螺距有关。

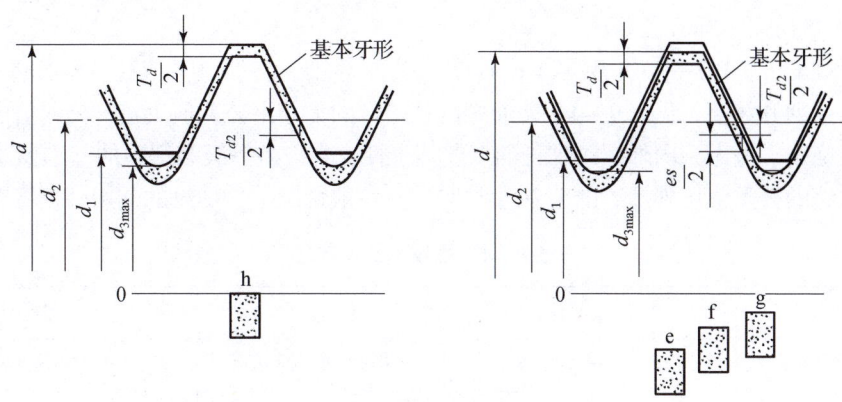

图 9-9 外螺纹的基本偏差

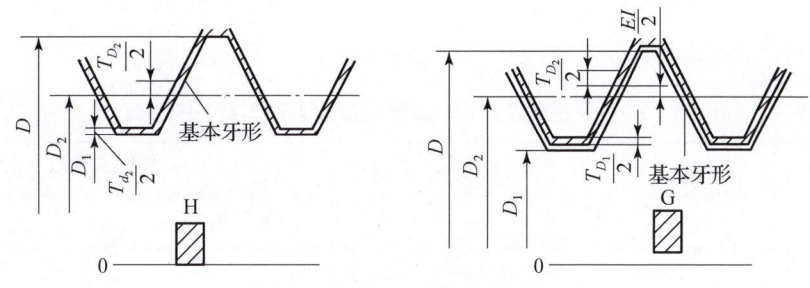

图 9-10 内螺纹的基本偏差

规定 G、g、f、e 这些基本偏差，主要是考虑到给螺纹旋合留有最小间隙，以及为一些有表面镀涂要求的螺纹提供镀涂层余量，或为一些高温条件下工作的螺纹提供热膨胀余地。内外螺纹的基本偏差见表 9-3。

表 9-3 内外螺纹的基本偏差 （摘自 GB/T 197—2018） μm

螺距 P/mm	内螺纹 D_2、D_1		外螺纹 d_2、d_1			
	G	H	e	f	g	h
	EI		es			
0.75	+22	0	-56	-38	-22	0
0.8	+24		-60	-38	-24	
1	+26		-60	-40	-26	
1.25	+28		-63	-42	-28	
1.5	+32		-67	-45	-32	
1.75	+34		-71	-48	-34	
2	+38		-71	-52	-38	
2.5	+42		-80	-58	-42	
3	+48		-85	-63	-48	

2. 公差带的大小和公差等级

国家标准 GB/T 197—2018 规定了内外螺纹公差等级,它的含义与孔、轴公差等级相似,但有自己的系列和数值,见表 9-4。普通螺纹公差带的大小由公差值决定,公差值由公差等级和基本螺距确定。考虑到内外螺纹加工的工艺等价性,在公差等级和螺距的基本值均一样的情况下,内螺纹的公差值比外螺纹的公差值大 32%。一般情况下,螺纹的常用公差等级为 6 级。

表 9-4 螺纹的公差等级

螺纹直径	公差等级	螺纹直径	公差等级
内螺纹小径 D_1	4、5、6、7、8	外螺纹中径 d_2	3、4、5、6、7、8、9
内螺纹中径 D_2	4、5、6、7、8	外螺纹大径 d	4、6、8

普通螺纹的中径和顶径公差见表 9-5、表 9-6。

表 9-5 普通螺纹的中径公差(摘自 GB/T 197—2018) μm

标称直径/mm		螺距 P/mm	内螺纹中径公差 T_{D_2}				外螺纹中径公差 T_{d_2}			
>	≤		公差等级							
			5	6	7	8	5	6	7	8
5.6	11.2	0.75	106	132	170	—	80	100	125	—
		1	118	150	190	236	90	112	140	180
		1.25	125	160	200	250	95	118	150	190
		1.5	140	180	224	280	106	132	170	212
11.2	22.4	1	125	160	200	250	95	118	150	190
		1.25	140	180	224	280	106	132	170	212
		1.5	150	190	236	300	112	140	180	224
		1.75	160	200	250	315	118	150	190	236
		2	170	212	265	335	125	160	200	250
		2.5	180	224	280	355	132	170	212	265
22.4	45	1	132	170	212	—	100	125	160	200
		1.5	160	200	250	315	118	150	190	236
		2	180	224	280	355	132	170	212	265
		3	212	265	335	425	160	200	250	315
		3.5	224	280	355	450	170	212	265	335
		4	236	300	375	415	180	224	280	355
		4.5	250	315	400	500	190	236	300	375

表 9-6 普通螺纹的顶径公差 （摘自 GB/T 197—2018）   μm

螺距 P/mm	内螺纹小径公差 T_{D_1}				外螺纹大径公差 T_d		
	公差等级						
	5	6	7	8	4	6	8
0.75	150	190	236	—	90	140	—
0.8	160	200	250	315	95	150	236
1	190	236	300	375	112	180	280
1.25	212	265	335	425	132	212	335
1.5	236	300	375	475	150	236	375
1.75	265	335	425	530	170	265	425
2	300	375	475	600	180	280	450
2.5	355	450	560	710	212	335	530
3	400	500	630	800	236	375	600

二、螺纹的旋合长度与配合精度

1. 螺纹的旋合长度

螺纹的配合精度不仅与制造精度（公差等级）有关，而且还与旋合长度有关。

国家标准 GB/T 197—2018 规定将旋合长度分为三组，即短旋合长度组 S、中等旋合长度组 N 和长旋合长度组 L。螺纹的旋合长度是螺纹公称直径的 0.5～1.5 倍，将此范围内的旋合长度称为中等旋合长度，小于（或大于）此范围的便是短（或长）旋合长度。

一般情况应选用中等旋合长度，当结构和强度有特殊要求时，可采用短旋合长度或长旋合长度。

在同一组旋合长度中，由于螺纹的公称直径和螺距不同，因此其旋合长度也不相同，具体数值见表 9-7。

表 9-7 螺纹的旋合长度（摘自 GB/T 197—2018）   mm

公称直径 D、d		螺距 P	旋合长度			
			S	N		L
>	≤		≤	>	≤	>
5.6	11.2	0.75	2.4	2.4	7.1	7.1
		1	3	3	9	9
		1.25	4	4	12	12
		1.5	5	5	15	15

续表

公称直径 D、d		螺距 P	旋合长度				
			S	N		L	
>	≤		≤	>	≤	>	
11.2	22.4	1	3.8	3.8	11	11	
		1.25	4.5	4.5	13	13	
		1.5	5.6	5.6	16	16	
		1.75	6	6	18	18	
		2	8	8	24	24	
		2.5	10	10	30	30	

2. 螺纹的配合精度

（1）螺纹的公差带代号

螺纹的公差带代号同样由表示公差等级的数字和表示基本偏差的字母组成，与光滑圆柱体工件的公差带代号的区别在于，螺纹的公差等级在前，基本偏差代号在后，如6H、6g等。

（2）螺纹公差带的选用

国家标准 GB/T 197—2018 提供的各个公差等级和基本偏差可以组成内外螺纹的公差带。在生产中，如果全部使用上述公差带，将给量具、刀具的生产供应，以及螺纹的加工和管理造成很多困难。为了减少量具、刀具的规格和数量，该标准还推荐了一些常用公差带作为选用公差带，见表 9-8。

表 9-8 普通螺纹的选用公差带（摘自 GB/T 197—2018）

公差精度	内螺纹公差带			外螺纹公差带		
	S	N	L	S	N	L
精密级	4H	5H	6H	(3h4h)	(4g)**4h**	(5g4g) (5h4h)
中等级	**5H** (5G)	**6H** 6G	7H (7G)	(5h6h) (5g6g)	6e 6f **6g** 6h	(7e6e) (7g6g) (7h6h)
粗糙级	—	7H (7G)	8H (8G)	—	(8e) 8g	(9e8e) (9g8g)

（3）螺纹的配合精度

表 9-8 中，将普通螺纹的配合精度分为精密级、中等级和粗糙级三个等级。

精密级：用于配合性质要求稳定及保证定位精度的连接。

中等级：用于一般螺纹连接，如用在一般的机械、仪器或构件中。

粗糙级：用于不重要的螺纹或制造较困难的螺纹（如在较深盲孔中加工螺纹），也用于使用环境较恶劣的螺纹（如建筑用螺纹），通常使用的是中等旋合长度的 6 级公差螺纹。

（4）配合的选用

根据使用要求选择螺纹配合。一般选用最小间隙为零的 H/h 配合来保证螺母、螺栓旋合后的同轴度及连接强度。选用 H/g 或 G/h 配合，是为了装拆方便及改善螺纹的疲劳强度。对于单件小批生产的螺纹，为适应手工旋紧和装配速度不高等使用性能，可选用最小间隙为零的 H/h 配合。对于需要涂镀或在高温下工作的螺纹，通常选用 H/g、H/e 等较大间隙的配合。

3. 螺纹标记

完整螺纹标记由螺纹特征代号、尺寸代号、公差带代号及其他有必要做进一步说明的个别信息组成，中间用短横线"－"分开。如图 9－11 所示，在标注时，细牙螺纹需要标注螺距，粗牙不标注螺距；中径和顶径公差带代号相同时，可只标一个代号，两者代号不同时，前者为中径公差带代号，后者为顶径公差带代号；中等旋合长度代号 N 可省略不标注；左旋螺纹应在螺纹标记的最后加注 LH，右旋螺纹不标注。

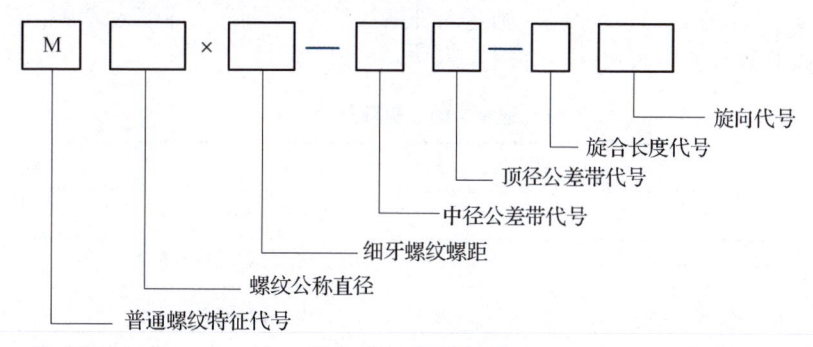

图 9－11　螺纹标记

外螺纹标记示例：M20×2－7g6g－L－LH。
内螺纹标记示例：M10×1－7H－L－LH。
内外螺纹装配图上的标记示例：M20×2－6H/5g6g。

三、螺纹的表面粗糙度要求

根据中径公差等级确定螺纹牙侧表面粗糙度。表 9－9 列出了螺纹牙侧表面粗糙度 Ra 的推荐值，可供设计时选用。

表 9－9　螺纹牙侧表面粗糙度 Ra 的推荐值

工件	螺纹中径公差等级		
	4～5	6～7	7～9
	Ra 不大于/μm		
螺栓、螺钉、螺母	1.6	3.2	3.2～6.3
轴及轴套上的螺纹	0.8～1.6	1.6	3.2

四、例题

例 9 – 1 解释螺纹标记 M20 × 2 – 7g6g – L – LH 的含义。

解：M——表示普通螺纹代号；

20——螺纹公称直径；

2——细牙螺纹螺距（粗牙螺距不用标注）；

7g——外螺纹中径公差代号；

6g——外螺纹顶径公差代号；

L——长旋合长度（中等旋合长度 N 不用标注）；

LH——左旋（右旋不标注）。

例 9 – 2 一螺纹配合为 M20 × 2 – 6H/5g6g，试查表确定内外螺纹的中径、小径和大径的基本偏差，并计算内外螺纹的中径、小径和大径的极限尺寸。

解：本题用列表法将各计算值列出。

a. 查表 9 – 1 确定内外螺纹中径、小径和大径的基本尺寸，并填入表 9 – 10 中。

b. 查表 9 – 3、表 9 – 5、表 9 – 6 确定内外螺纹的基本偏差，并填入表 9 – 10 中。

c. 计算内外螺纹的极限尺寸，并填入表 9 – 10 中。

表 9 – 10 极限尺寸   mm

名称		内 螺 纹		外 螺 纹	
基本尺寸	大径	$D = d = 20$			
	中径	$D_2 = d_2 = 18.701$			
	小径	$D_1 = d_1 = 17.835$			
基本偏差		ES	EI	es	ei
表 9 – 3 表 9 – 5 表 9 – 6	大径	—	0	– 0.038	– 0.318
	中径	0.212	0	– 0.038	– 0.163
	小径	0.375	0	– 0.038	按牙底形状
极限尺寸		最大极限尺寸	最小极限尺寸	最大极限尺寸	最小极限尺寸
	大径	—	20	19.962	19.682
	中径	18.913	18.701	18.663	18.538
	小径	18.210	17.835	< 17.835	牙底轮廓不超出 $H/8$ 削平线

例 9 – 3 测得外螺纹 M24 × 2 – 6g 的实际中径 $d_{2a} = 21.940$ mm，螺距累积误差 $\Delta P_\Sigma = +50$ μm，牙型半角误差 $\Delta\alpha_{(左)}/2 = -32'$，$\Delta\alpha_{(右)}/2 = 20'$。试计算螺纹的作用中径 d_{2v}，并判断中径的合格性。

解：a. 查表并计算螺纹中径的极限尺寸。

由表 9 – 1、表 9 – 3、表 9 – 5 查得：螺纹中径 $d_2 = 22.701$ mm，基本偏差 $es = -38$ μm，

中径公差 $T_{d_2} = 170\ \mu m$。

计算得

$ei = es - T_{d_2} = (-38 - 170)\ \mu m = -208\ \mu m$

$$d_{2max} = d_2 + es = [22.701 + (-0.038)]\ mm = 22.663\ mm$$
$$d_{2min} = d_2 + ei = [22.701 + (-0.208)]\ mm = 22.493\ mm$$

b. 计算螺距累积误差和牙型半角误差的中径当量及作用中径。

螺距累积误差的中径当量

$$f_p = 1.732|\Delta P_\Sigma| = (1.732 \times 50)\ \mu m = 86.6\ \mu m$$

牙型半角误差的中径当量

$$f_{\alpha/2} = 0.073\ [K_1|\Delta\alpha_{(左)}/2| + K_2|\Delta\alpha_{(右)}/2|]$$
$$= [0.073 \times 2 \times (3 \times 32 + 2 \times 20)]\ \mu m = 19.856\ \mu m$$

故 $d_{2v} = d_{2a} + f_p + f_{\alpha/2} = [21.940 + (86.6 + 19.856) \times 10^{-3}]\ mm = 22.047\ mm$

c. 判断中径的合格性。

由 $d_{2v} = 22.047\ mm$，小于 $d_{2max} = 22.663\ mm$ 可知，能保证螺纹的可旋入性，但是 $d_{2a} = 21.940\ mm$，小于 $d_{2min} = 22.493\ mm$，违反了泰勒原则，不能保证螺纹的连接强度，因此此外螺纹不合格。

第四节　普通螺纹的测量

螺纹的检测方法可分为单项测量法和综合测量法两类。

一、单项测量法

1. 量针测量

用量针测量螺纹中径，有单针法测量和三针法测量两种，单针法常用于大直径螺纹的中径测量，这里主要介绍三针法测量。该方法只能测量外螺纹，属于间接测量，其所用量针如图 9 - 12 所示。

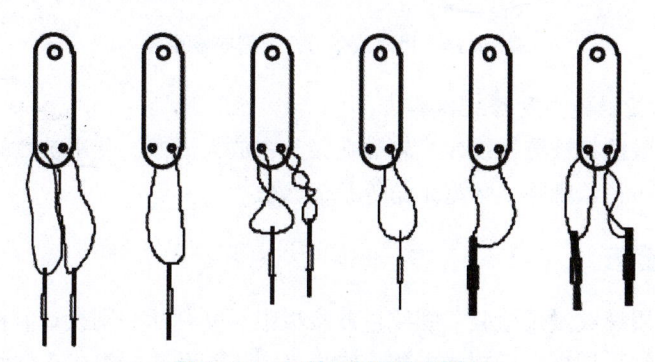

图 9 - 12　三针法测量所用量针

如图 9 - 13 所示，在测量时，将三根直径相等的量针放入螺纹的牙槽内，其中两根放在同侧相邻的沟槽里，另一根放在对面对应的中间沟槽内，再用外径千分尺测出包括三针在内的尺寸 M，然后通过式 (9 - 5)，求出被测螺纹的单一中径 d_{2s}，即

$$d_{2s} = M - 3/2 d_{0(最佳)} \qquad (9-5)$$

式中　M——测得值；

　　　$d_{0(最佳)}$——$P/\sqrt{3}$。

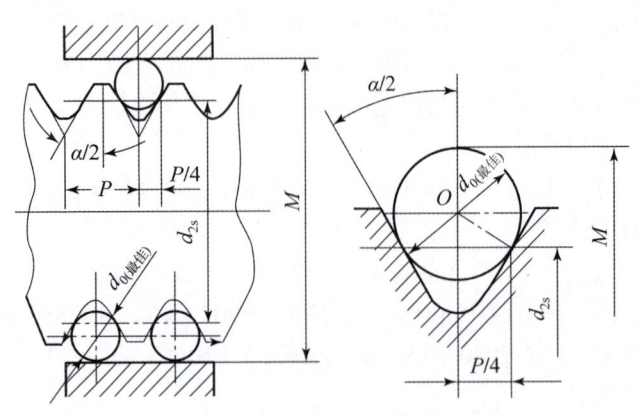

图 9 – 13　三针法测量螺纹中径

2. 用螺纹千分尺测量螺纹中径

如图 9 – 14 所示，用螺纹千分尺测量螺纹中径，使用方法与一般的外径千分尺相似。螺纹千分尺有两个可以调换的测头，在测量时，两个和牙型相同的触头正好卡在螺纹的牙型面，所得到的千分尺读数就是该螺纹的中径实际尺寸。

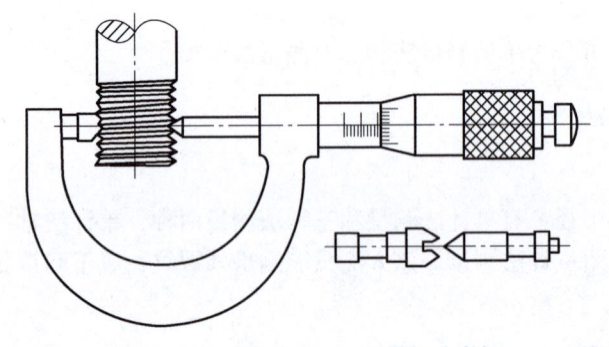

图 9 – 14　用螺纹千分尺测量螺纹中径

3. 用大型工具显微镜测量螺纹各参数

用大型工具显微镜将被测螺纹牙型轮廓在镜头中放大成像，利用被测螺纹的影像测量螺纹的大径、中径、小径、螺距、牙型半角等几何参数。

二、综合测量法

综合测量法采用螺纹量规检验，螺纹量规按极限尺寸判断原则设计。检验内螺纹采用螺纹塞规，检验外螺纹采用螺纹环规或卡规。它们都由通端和止端组成，螺纹量规的通端用于检验内外螺纹的作用中径及底径的合格性，止端用于检验内外螺纹单一中径的合格性。

检验方法：先清理干净被测螺纹油污及杂质，将量规与被测螺纹对正后，用大拇指与食指转动量规，使其在自由状态下旋合。

合格性的判定：通端是通过螺纹全部长度判定合格，止端则是旋入量不超过两个螺距判定合格，如图 9-15 和图 9-16 所示。

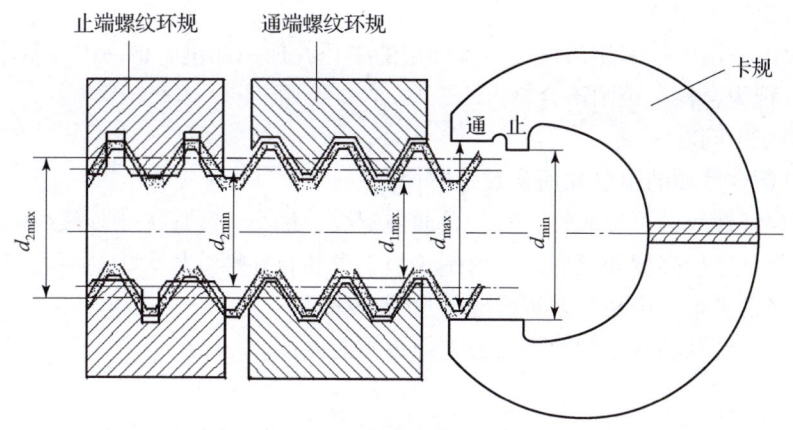

图 9-15 外螺纹的综合检验

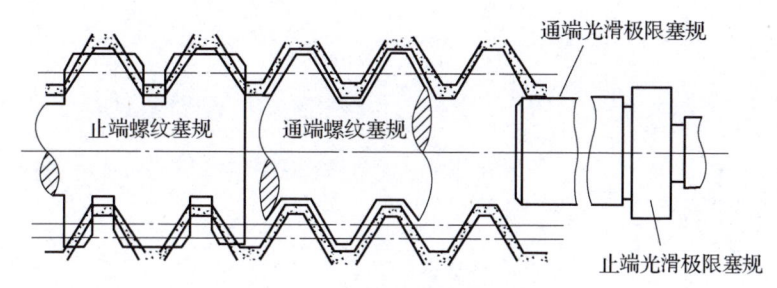

图 9-16 内螺纹的综合检验

习题九

1. 普通螺纹结合的基本要求是什么？
2. 影响普通螺纹互换性的主要因素有哪些？
3. 保证螺纹互换性的条件是什么？
4. 查表确定 M20×2-6H/5g6g 普通内外螺纹的大径、中径和小径的基本尺寸、基本偏差和极限尺寸。
5. 有一个 M24×2-7H 的内螺纹，加工后实测得单一中径 $D_{2s}=22.65$ mm，螺距累积误差 $\Delta P_\Sigma=+45$ μm，牙型半角误差 $\Delta\alpha_1/2=-30'$，$\Delta\alpha_2/2=+40'$。试判断该零件的合格性。
6. 以外螺纹为例，试比较其中径 d_2、单一中径 d_{2s}、作用中径 d_{2v} 的异同点，三者在什么情况下是相等的？

项目实践：

试回答以下两个问题。

1) 如何判断中径的合格性？

2）螺纹中径对螺纹配合有何意义？

首先回答第一个问题。

实际螺纹的作用中径不超出最大实体牙型的中径，任一部位的单一中径不超出最小实体牙型的中径，视为合格，否则不合格。

再回答第二个问题。

决定螺纹配合性质的主要几何参数是中径。

1）为了保证螺纹的可旋入性，对于普通内螺纹，最小中径应大于外螺纹的最大中径。

2）为了保证连接强度和紧密性，内螺纹最小中径与外螺纹最大中径不能相差太大。

3）从经济性考虑，中径公差等级应尽量低一些。

4）为了保证传动精度，螺纹中径公差等级不能太低。

第十章　渐开线直齿圆柱齿轮传动的互换性与检测

> **导读**
>
> **本章学习的主要目的和要求：**
> 1. 明确齿轮传动的四项基本要求。
> 2. 正确理解国家标准《圆柱齿轮　ISO 齿面公差分级制　第 1 部分：齿面偏差的定义和允许值》（GB/T 10095.1—2022）和《圆柱齿轮　ISO 齿面公差分级制　第 2 部分：径向综合偏差的定义和允许值》（GB/T 10095.2—2023）中规定的单个齿轮偏差及《圆柱齿轮　检验实施规范》（GB/Z 18620.1~4—2008）中规定的齿厚偏差代号、含义和对齿轮工作性能的影响。
> 3. 了解上述偏差的常用检测方法。
> 4. 了解齿轮副的精度要求。
> 5. 了解齿坯的精度要求。
> 6. 初步学会齿轮精度设计的全过程，并可以正确标注在齿轮零件工作图样上。

第一节　概述

齿轮传动是最常见的传动形式之一，广泛用于传递运动和动力。齿轮传动的质量将影响到机器或仪器的工作性能、承载能力、使用寿命和工作精度，因此规定了相应的公差，对齿轮的质量进行控制。

一、齿轮传动的使用要求

齿轮传动的四项基本要求如下。

1）传递运动的准确性（又称运动精度）要求：齿轮在一转范围内，产生的最大转角误差应限制在一定范围内，这种一转范围内的最大转角误差又称长周期误差。

2）传动平稳性（又称工作平稳性精度）要求：齿轮在任一瞬时传动比的变化不能过大，否则会引起冲击、振动和噪声，严重时会损坏齿轮。因此，齿轮一齿转角内的最大误差需要限制在一定的范围内，这种误差又称短周期误差。

3）载荷分布的均匀性（又称接触精度）要求：在传动时工作齿面应接触良好，全齿宽承载均匀，避免载荷集中于局部区域而引起局部磨损，从而提高齿轮的使用寿命。

4）齿侧间隙的合理性（又称齿轮副传动精度）要求：齿轮副啮合传动时，非工作齿面间应留有一定的间隙，用以储存润滑油，补偿齿轮的制造误差、安装误差及热变形和受力变形，防止齿轮传动时出现卡死或烧伤现象。但齿侧间隙又不能过大，尤其是对于经常需要正反转的传动齿轮,齿侧间隙过大,会产生空程,引起换向冲击。因此,应合理地确定齿侧间隙的数值。

二、不同工况的齿轮对传动的要求

为保证齿轮具有较好的工作性能,对上述四个方面均要有一定的要求。但在用途和工作条件不同时,应有不同的侧重,具体如下。

1) 分度齿轮,如机床分读盘机构中的齿轮、齿轮加工机床中分度链的齿轮,主要要求传递运动的准确性,以使分度准确。

2) 高速动力齿轮,如汽车及机床变速箱中的齿轮,其特点是圆周速度高,传递功率大,主要保证传动平稳性要求,使振动小、噪声低。

3) 低速重载齿轮,如起重机、矿山机械等重型机械上的齿轮,载荷分布的均匀性要求较高,而对传递运动的准确性则要求不高。

第二节　单个齿轮同侧齿面各项偏差的检测及分类

一、各项偏差与检测

一般情况下,齿轮都是同侧齿面进行工作,另一非工作齿面保持一定的侧隙。单个齿轮同侧齿面在制造后产生的主要偏差有齿距偏差、切向综合偏差、齿廓偏差、螺旋线偏差、径向跳动、径向综合偏差。下面按照国家标准 GB/T 10095.1—2022 与 GB/T 10095.2—2023 介绍单个齿轮的误差项目代号、含义、检测方法及各项目的使用情况。

1. 齿距偏差

(1) 单个齿距偏差

单个齿距偏差 f_{pt} 是指在端平面上接近齿高中部的一个与齿轮轴线同心的圆上,是实际齿距与理论齿距(公称齿距)的代数差,如图 10-1 所示。用相对法测量时,理论齿距是指所有实际齿距的平均值。

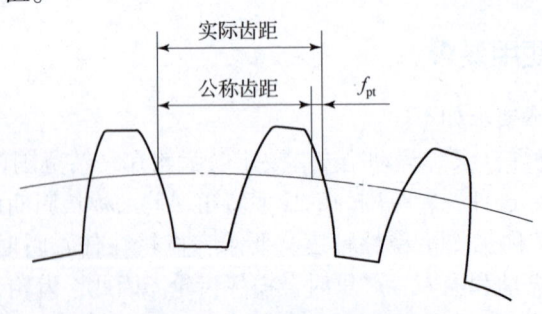

图 10-1　单个齿距偏差

用齿距仪测量单个齿距偏差如图 10-2 所示,f_{pt} 若在规定的允许极限偏差值内则符合要求。

(2) 齿距累积总偏差

齿距累积总偏差 F_p 是指齿轮同侧齿面任意圆弧段($k=1$ 至 $k=z$)内实际弧长与理论弧长

的最大差值，它等于齿距的最大偏差值 f_{ptmax} 与最小偏差值 f_{ptmin} 的差，如图 10-3 所示。

齿距累积偏差 F_{pk} 是指任意 k 个齿距的实际弧长与理论弧长的代数差。国家标准 GB/T 10095.1—2022 中规定 k 的取值范围一般为 $2 \sim z/8$（z 为齿轮的齿数），对特殊应用（高速齿轮）可取更小的 k 值。

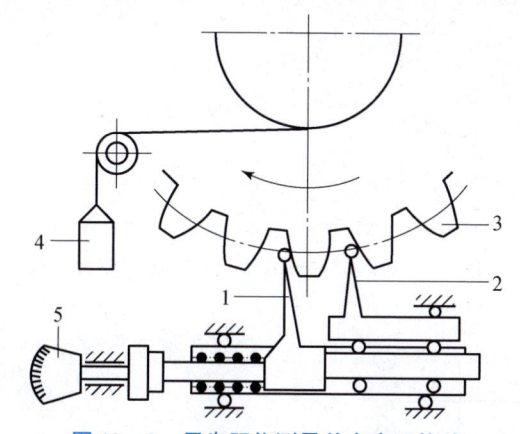

图 10-2 用齿距仪测量单个齿距偏差
1—活动量爪；2—固定量爪；3—齿轮；4—重锤；5—指示表

测量齿距累积总偏差 F_p 和齿距累积偏差 F_{pk} 通常采用万能测齿仪、齿距仪和光学分度头，测量的方法有绝对法和相对法两种，较为常用的是相对法。

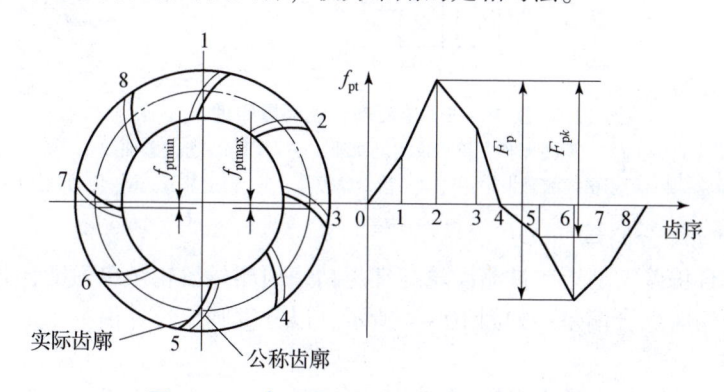

图 10-3 齿距累积总偏差和齿距累积偏差

在用相对法测量时，将固定量爪和活动量爪在齿高中部分度圆附近与齿面接触，以齿轮上的任意一个齿距为基准齿距，将仪器指示表上的指针调整为零，然后依次测量各轮齿对基准的相对齿距偏差，最后通过数据处理求出齿距累积总偏差 F_p 和 k 个齿距累积偏差 F_{pk}。

采用万能测齿仪、齿距仪和光学分度头等测量的效率不高，因此，只能对批量生产的齿轮进行抽检。

2. 切向综合偏差

（1）切向综合总偏差

切向综合总偏差 F_i' 是指被测齿轮与理想精确的测量齿轮做单面啮合时，在被测齿轮一转范围内，分度圆上实际圆周位移与理论圆周位移的最大差值，如图 10-4 所示，以分度圆弧长计值。

切向综合总偏差用单面啮合仪测量，如图 10-5 所示。被测齿轮与理想精确测量齿轮（可以是蜗杆、齿条等）做单面啮合，被测齿轮的转角误差将产生两路信号相应的相位差，由记录仪记下该相位差即可得到被测齿轮的切向综合总偏差。

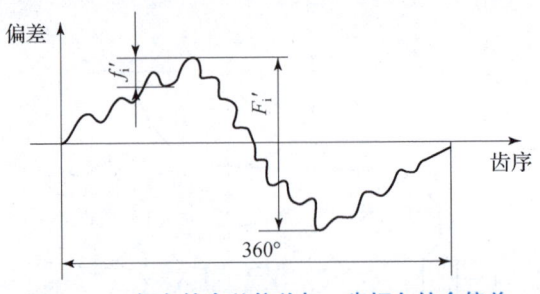

图 10-4 切向综合总偏差与一齿切向综合偏差

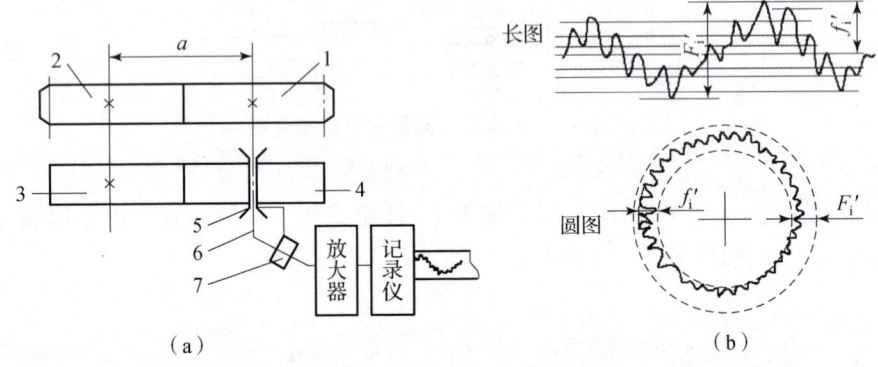

图 10-5 单面啮合仪测量原理
(a) 双圆盘摩擦式单啮仪测量原理；(b) 切向综合偏差曲线
1—被测齿轮；2—理想精确测量齿轮；3，4—精密摩擦盘；5—辅助装置；6—传动轴；7—传感器

(2) 一齿切向综合偏差

一齿切向综合偏差 f_i' 是指在被测齿轮与理想精确的测量齿轮做单面啮合时，被测齿轮转过一个齿距内的切向综合偏差，如图 10-4 所示，以分度圆弧长计值。

3. 齿廓偏差

齿廓偏差是指实际齿廓偏离设计齿廓的量，该量在端面内且在垂直于渐开线齿廓的方向计值。在无其他限定时，设计齿廓是指端面齿廓。

(1) 齿廓总偏差

齿廓总偏差 F_α 是指在计值范围内，包容实际齿廓迹线的两条设计齿廓迹线间的距离，如图 10-6 (a) 所示。F_α 可采用专用的渐开线检查仪或通用的万能工具显微镜测量。

如图 10-6 所示，在齿廓偏差曲线中，点画线代表设计齿廓，粗实线代表实际渐开线齿廓，虚线代表平均齿廓。

图 10-6 中，E 为有效齿廓起始点，F 为可用齿廓起始点，L_α 为齿廓计值范围，L_{AE} 为有效长度，L_{AF} 为可用长度。

(2) 齿廓形状偏差

齿廓形状偏差 $f_{f\alpha}$ 是指在计值范围内，包容实际齿廓迹线的两条与平均齿廓迹线完全相同的曲线间的距离，且两条曲线与平均齿廓迹线的距离为常数，如图 10-6 (b) 所示。

(3) 齿廓倾斜偏差

齿廓倾斜偏差 $f_{H\alpha}$ 是指在计值范围内,两端与平均齿廓迹线相交的两条设计齿廓迹线间的距离,如图 10-6 (c) 所示。

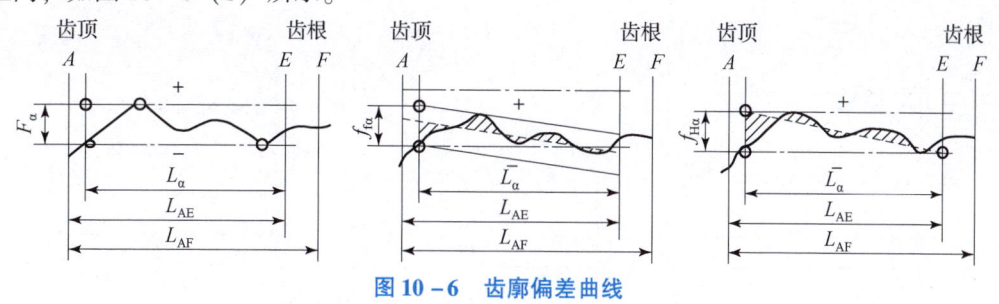

图 10-6 齿廓偏差曲线

(a) 齿廓总偏差;(b) 齿廓形状偏差;(c) 齿廓倾斜偏差

F_α 通常采用万能渐开线检查仪或单圆盘渐开线检查仪测量,图 10-7 所示为单圆盘渐开线检查仪。将被测齿轮与直径等于被测齿轮基圆直径的基圆盘装在同一芯轴上,并使基圆盘与装在滑座上的直尺相切。在滑座移动时,直尺带动基圆盘和齿轮无滑动地转动,测头与被测齿轮的相对运动轨迹是理想渐开线。若被测齿轮齿廓没有误差,则指示表的测头不动,即表针的读数为零。若实际齿廓存在误差,则指示表读数的最大差值就是齿廓总偏差值。

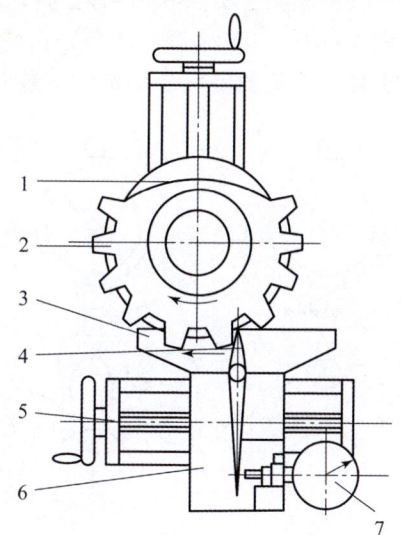

图 10-7 单圆盘渐开线检查仪

1—基圆盘;2—被测齿轮;3—直尺;4—杠杆;5—丝杠;6—拖板;7—指示表

4. 螺旋线偏差

(1) 螺旋线总偏差

螺旋线总偏差 F_β 是指在计值范围内,包容实际螺旋线迹线的两条设计螺旋线迹线的距离,如图 10-8 (a) 所示。

(2) 螺旋线形状偏差

螺旋线形状偏差 $f_{f\beta}$ 是指在计值范围内,包容实际螺旋线迹线的两条与平均螺旋线迹线完全相同的曲线间的距离,且两条曲线与平均螺旋线迹线的距离为常数,如图 10-8 (b) 所示。

(3) 螺旋线倾斜偏差

螺旋线倾斜偏差 $f_{H\beta}$ 是指在计值范围内，两端与平均螺旋线迹线相交的设计螺旋线迹线间的距离，如图 10-8（c）所示。

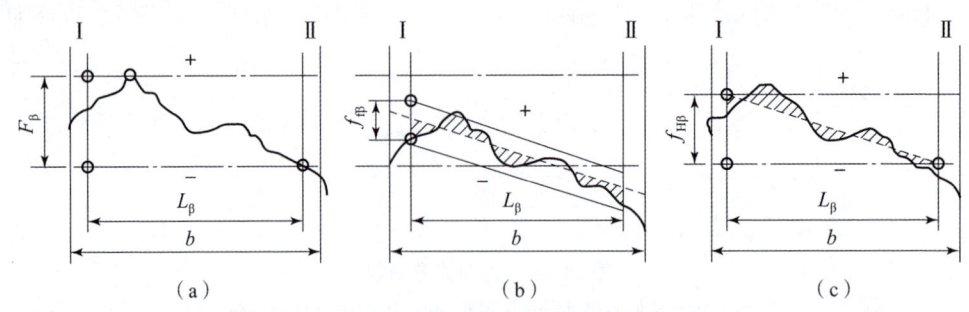

图 10-8 螺旋线偏差曲线
（a）螺旋线总偏差；（b）螺旋线形状偏差；（c）螺旋线倾斜偏差

5. 径向跳动

在齿轮完工后，轮齿的实际分布圆周（或分度圆）与理想的分布圆周（或分度圆）的中心不重合，产生径向偏移，从而引起径向误差，径向误差又导致齿圈径向跳动 F_r 的产生。

齿圈径向跳动是指在齿轮一转范围内，测头在齿槽内与齿高中部双面接触时，测头相对于齿轮轴线的最大变动量（见图 10-9）。该测量方法是以齿轮孔为基准，将测头依次放入各齿槽内，在指示表上读出测头径向位置的最大变动量，该最大变动量即 F_r。

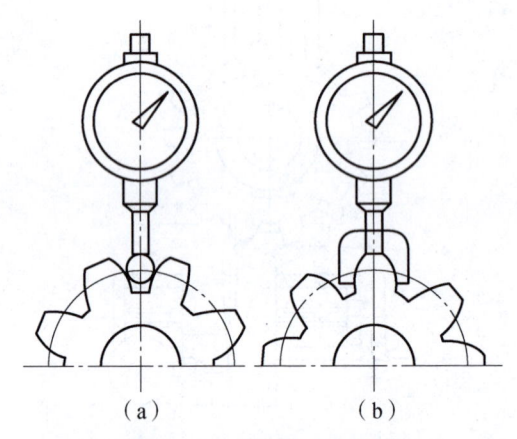

图 10-9 齿圈的径向跳动
（a）球形测头测径向跳动；（b）V 形测头测径向跳动

6. 径向综合偏差

(1) 径向综合总偏差

径向综合总偏差 F_i'' 是指在被测齿轮与理想精确的测量齿轮双面啮合时，被测齿轮一转范围内双啮中心距的最大变动量，如图 10-10（a）所示。

径向综合总偏差可用双面啮合仪来测量，其工作原理如图 10-10（b）所示。测量时将被测齿轮安装在固定溜板上，理想的精确齿轮安装在可左右移动的滑动溜板上，借助弹簧的弹力，使两齿轮紧密地双面啮合。在齿轮啮合传动时，由指示表读出两齿轮中心距的变动量。

（a）

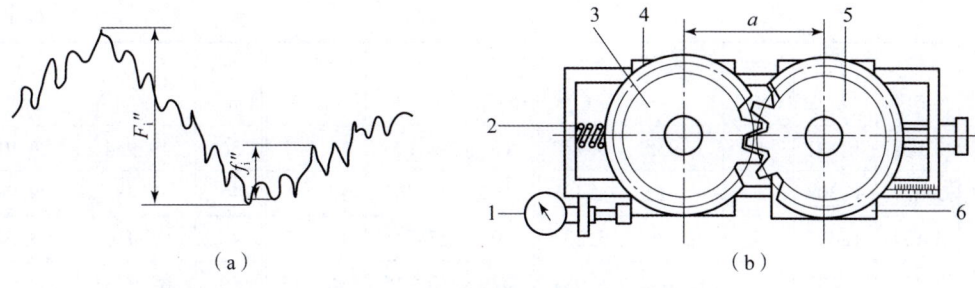

（b）

图 10-10 径向综合总偏差测量

（a）径向综合总偏差；（b）双面啮合仪工作原理

1—指示表；2—弹簧；3—理想精确测量齿轮；4—滑动溜板；5—被测齿轮；6—固定溜板

（2）一齿径向综合偏差

一齿径向综合偏差 f_i'' 是指产品齿轮啮合一整圈时，对应一个齿距的径向综合偏差值，其测量方法与上述相同。

二、单个齿轮同侧齿面各项偏差的分类

1）影响齿轮传递运动准确性的主要偏差为 F_p、F_i''、F_i'、F_r。

2）影响齿轮传递运动平稳性的主要偏差为 f_{pt}、f_i''、f_i'、F_α。

3）影响齿轮载荷分布均匀性的主要偏差为 F_β、$f_{f\beta}$、$f_{H\beta}$。

单个齿轮不存在侧隙，在装配好的一对齿轮副中，侧隙是指相啮合的齿轮非工作齿面的间隙，主要由两个齿轮的中心距与啮合齿轮的失效齿厚决定。由于机架中心距一般不能调整，故侧隙的大小可通过制造时减薄单个齿轮的齿厚进行控制。因此，只要合理地规定齿轮齿厚公差就可以达到控制侧隙的目的。

（1）公称弦齿厚 s_c 与弦齿高 h_c

对直齿（外）圆柱齿轮，按定义，齿厚是分度圆弧齿厚，但为了方便，一般用测量分度圆弦齿厚代替。分度圆公称弦齿高 h_c 和弦齿厚 s_c，可分别按式（10-1）和式（10-2）计算，即

$$h_c = m\left\{1 + \frac{z}{2}\left[1 - \cos\left(\frac{90°}{z}\right)\right]\right\} = 0.7476 \text{ mm} \quad (10-1)$$

$$s_c = mz\sin\left(\frac{90°}{z}\right) = 1.3870 \text{ mm} \quad (10-2)$$

式中 m——模数；

z——齿数。

当 $\alpha = 20°$ 时，分度圆公称弦齿高 h_c 和弦齿厚 s_c 也可查表 10-1 获得。

表 10-1 直齿轮固定公称弦齿高和弦齿厚值　　　　　　　　　mm

m (m_n)	s_c (s_{cn})	h_c (h_{cn})	m (m_n)	s_c (s_{cn})	h_c (h_{cn})	m (m_n)	s_c (s_{cn})	h_c (h_{cn})	m (m_n)	s_c (s_{cn})	h_c (h_{cn})
1	1.387	0.748	3.5	4.855	2.617	12	16.645	8.971	30	41.612	22.427
1.25	1.734	0.934	4	5.548	2.990	14	19.419	10.466	33	45.773	24.670

续表

m (m_n)	s_c (s_{cn})	h_c (h_{cn})	m (m_n)	s_c (s_{cn})	h_c (h_{cn})	m (m_n)	s_c (s_{cn})	h_c (h_{cn})	m (m_n)	s_c (s_{cn})	h_c (h_{cn})
1.5	2.081	1.121	5	6.935	3.738	16	22.193	11.961	36	49.934	26.913
1.75	2.427	1.308	6	8.322	4.485	18	24.967	13.456	40	55.482	29.903
2	2.774	1.495	7	9.709	5.233	20	27.741	14.952	45	62.417	33.641
2.25	3.121	1.682	8	11.096	5.981	22	30.515	16.447	50	69.353	37.379
2.5	3.468	1.869	9	12.483	6.728	25	34.676	18.690			
3	4.161	2.243	10	13.871	7.476	28	38.837	20.932			

(2) 齿厚偏差及检测

齿厚偏差 E_{sn} 是指在分度圆周上，齿厚的实际值与公称值之差，如图 10-11 所示。测量齿厚常采用齿厚游标卡尺（见图 10-12）。依据定义，齿厚是分度圆齿厚，但为了方便，一般测量分度圆弦齿厚。在测量时，先以齿顶圆为基准，调整纵向游标卡尺来确定分度圆弦齿高 h，再用横向游标卡尺测出齿厚的实际值，将实际值减去公称值，即可得出分度圆弦齿厚偏差。在齿圈上每隔 90° 测量一个齿厚，取最大的齿厚偏差值作为该齿轮的齿厚偏差。

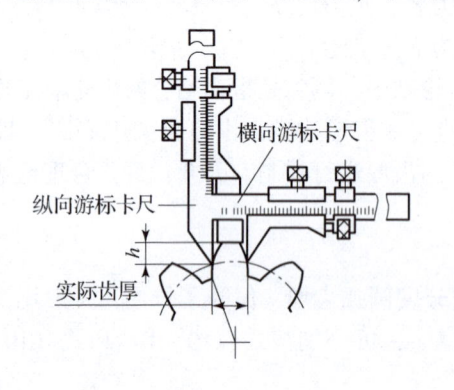

图 10-11 齿厚偏差示意图　　图 10-12 齿厚偏差的检测

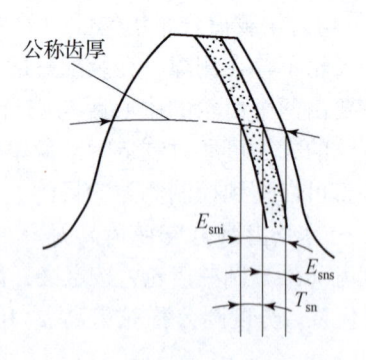

由于测量 E_{sn} 时以齿顶圆为基准，齿顶圆直径误差和径向跳动会对测量结果有较大影响，且齿厚游标卡尺的精度不高，因此齿厚偏差的测量只用于低精度或模数较大的齿轮。常用公法线长度偏差等项目来代替齿厚偏差的测量。

(3) 公法线长度偏差

公法线长度偏差 E_{bn} 是指在齿轮一周内，公法线长度平均值与公称值之差。

对于标准直齿圆柱齿轮，公法线长度的公称值 W_k 为

$$W_k = m[1.476(2K-1) + 0.014z] \tag{10-3}$$

式中　K——跨齿数。

检测时通常是通过跨一定齿数来测量公法线长度的，对标准直齿圆柱齿轮，跨齿数 K 为

$$K = z\alpha/180° + 0.5 \tag{10-4}$$

国家标准中没有给出公法线平均长度极限偏差的数值，可以通过式（10-5）和式（10-6）将计算出的齿厚极限偏差换算为公法线平均长度的极限偏差值

$$E_{\text{bns}} = E_{\text{sns}}\cos\alpha - 0.72F_{\text{r}}\sin\alpha \qquad (10-5)$$

$$E_{\text{bni}} = E_{\text{sni}}\cos\alpha + 0.72F_{\text{r}}\sin\alpha \qquad (10-6)$$

公法线长度常用公法线千分尺（见图 10-13）、公法线长度卡规等测量，测量方法简单、可靠，在生产中运用较普遍。

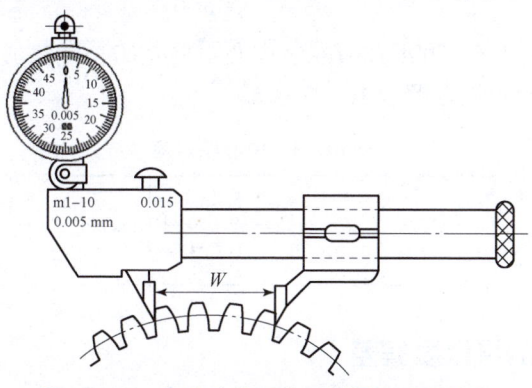

图 10-13　用公法线千分尺测量公法线长度

第三节　影响齿轮副传动质量的偏差分析

除了单个齿轮的加工误差影响传动质量外，组成齿轮副的各支承构件的加工与安装质量同样影响齿轮的传动质量。

一、齿轮的接触斑点

检测产品齿轮与测量齿轮轻载下在其机架内所产生的接触斑点，可对轮齿间载荷分布进行评估。产品齿轮与测量齿轮的接触斑点，还可用于装配后齿轮螺旋线和齿轮精度的评估。国家标准 GB/Z 18620.4—2008 给出了齿轮装配后进行空载检测时预计的齿轮精度等级和接触斑点分布，见表 10-2。

表 10-2　齿轮装配后的接触斑点

精度等级	占齿宽的百分比 b_{c1}/%	占有效齿面高度的百分比 h_{c1}/%	占齿宽的百分比 b_{c2}/%	占有效齿面高度的百分比 h_{c2}/%
4 级及更高	50	70	40	50
5 级、6 级	45	50	35	30
7 级、8 级	35	50	35	30
9~12 级	25	50	25	30

注：①此表不适用于齿廓和螺旋线经过修正的齿轮齿面。表中列出了各级精度沿齿宽方向和沿齿高方向接触斑点分布的百分比（分布相对于被测齿轮的实际齿宽宽度和齿高高度），同一行中，b_{c1} 与 h_{c1} 是针对高精度的，而 b_{c2} 与 h_{c2} 是针对低精度的。

②一般对齿轮接触斑点的检查应在机器装配后或出厂前进行。

③接触斑点检查时所施加的制动力矩应不使啮合的齿面脱离，而又不使任何零件（包括被检齿轮）产生可以察觉到的弹性变形为限，检查时，一般情况下不采用涂料。

二、齿轮副中心距偏差

齿轮副中心距偏差 $\pm f_a$ 是指在齿轮副的齿宽中间平面内，实际中心距与理论中心距的差值。中心距偏差的大小直接影响到装配后侧隙的大小，故对轴线不可调节的齿轮副，必须加以控制。

国家标准 GB/Z 18620.3—2008 没有规定中心距偏差的具体数值，设计时可以借鉴某些成熟产品的经验确定，也可以参照表 10-3 选择。

表 10-3 中心距偏差

齿轮精度等级	1～2	3～4	5～6	7～8	9～10	11～12
$\pm f_a$	$\frac{1}{2}$IT4	$\frac{1}{2}$IT6	$\frac{1}{2}$IT7	$\frac{1}{2}$IT8	$\frac{1}{2}$IT9	$\frac{1}{2}$IT11

三、齿轮副轴线的平行度偏差

齿轮副轴线的平行度偏差分为垂直平面上的偏差 $f_{\Sigma\beta}$ 和轴线平面内的偏差 $f_{\Sigma\delta}$，主要影响装配后齿轮副相啮合齿面接触的均匀性，即齿轮副载荷分布的均匀性，其中 $f_{\Sigma\beta}$ 更为敏感，如图 10-14 所示。

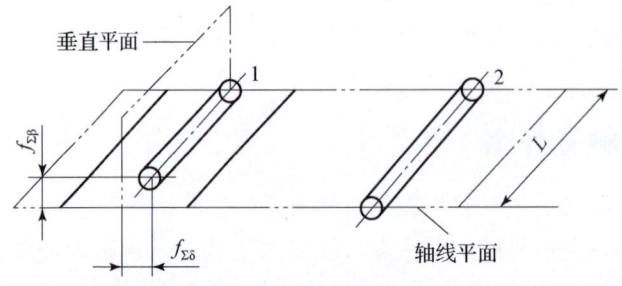

图 10-14 齿轮副轴线的平行度偏差

$f_{\Sigma\beta}$ 是指在垂直于轴线公共平面的平面上，一对齿轮的轴线的平行度偏差。公共平面是指通过两轴线中较长的一根轴线和另一轴线的一个端点的平面。国家标准 GB/Z 18620.3—2008 中，垂直平面上的偏差的推荐最大值为

$$f_{\Sigma\beta} = 0.5(L/b) \cdot F_\beta \tag{10-7}$$

式中　b——齿宽；

　　　L——两轴承跨距。

$f_{\Sigma\delta}$ 是指公共平面上一对齿轮的轴线平行度误差。国家标准 GB/Z 18620.3—2008 中，轴线平面内偏差的推荐最大值为

$$f_{\Sigma\delta} = 2f_{\Sigma\beta} \tag{10-8}$$

齿轮副装配好后，$f_{\Sigma\delta}$、$f_{\Sigma\beta}$ 不便测量，通常以齿轮箱体支承孔中心线的平行度偏差代替齿轮副的轴线平行度偏差进行测量。

四、齿轮副侧隙及评定

齿轮副侧隙分为圆周侧隙和法向侧隙。

圆周侧隙 j_{wt}（最大圆周极限侧隙 j_{wtmax}、最小圆周极限侧隙 j_{wtmin}）是指装配好后的齿轮副，当一个齿轮固定，另一个齿轮所能转过的节圆弧长的最大值。

法向侧隙 j_{bn}（最大法向极限侧隙 j_{bnmax}、最小法向极限侧隙 j_{bnmin}）是指装配好后的齿轮副，当工作齿面接触时，非工作齿面之间的最短距离，如图 10-15 所示。其中，最大（小）法向极限侧隙简称最大（小）侧隙。

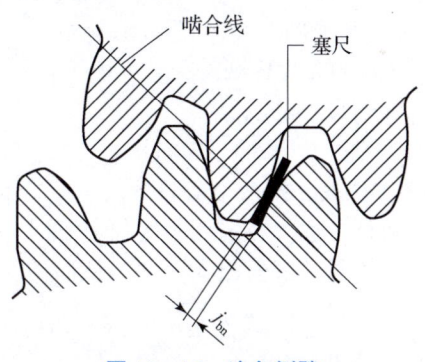

图 10-15 法向侧隙

齿厚和侧隙与齿轮精度没有直接关系，齿轮副的侧隙与轴中心距及相配齿轮的齿厚有关。一般而言，最大侧隙的变化不会使传递动力的性能和平稳性下降，齿厚偏差也不是确定齿轮精度等级的因素。因此，对于齿厚偏差和工作侧隙均允许采用较大的数值，以便降低制造成本，但齿厚与侧隙却有直接的关系。齿厚允许的极限偏差值在新国家标准中没有提供具体数值，读者可根据成熟产品的经验设计资料或参照国家标准 GB/T 10095.1—2022 和 GB/T 10095.2—2023 的有关资料选用。下面着重介绍齿厚极限偏差的计算方法。

1. 最小侧隙的确定

最小侧隙 j_{bnmin} 是当一个齿轮的齿以最大允许失效齿厚与另一个也具有最大允许失效齿厚的相配齿在最紧的允许中心距相啮合时，静态条件下存在的最小允许侧隙。该侧隙可查表 10-4 获取，也可按式（10-9）计算，即

$$j_{bnmin} = 2/3(0.06 + 0.000\ 5 \mid a_i \mid + 0.03\ m_n) \tag{10-9}$$

表 10-4 中、大模数齿轮最小侧隙 j_{bnmin} 的推荐数据　　　　　　　　　　mm

m_n	最小中心距 a_i					
	50	100	200	400	800	1 600
1.5	0.09	0.11	—	—	—	—
2	0.10	0.12	0.15	—	—	—
3	0.12	0.14	0.17	0.2	—	—
5	—	0.18	0.21	0.28	—	—
8	—	0.24	0.27	0.34	0.47	—
12	—	—	0.35	0.42	0.55	—
18	—	—	—	0.54	0.67	0.94

2. 计算大小两齿轮齿厚上偏差的和

$$E_{sns1} + E_{sns2} = -2f_a \tan\alpha_n - (j_{bnmin} + J_n)/\cos\alpha_n \tag{10-10}$$

式中　E_{sns1}，E_{sns2}——小、大齿轮的齿厚上偏差；
　　　f_a——中心距偏差；
　　　j_{bnmin}——最小侧隙；
　　　J_n——齿轮和齿轮副的加工和安装偏差对侧隙减小的补偿量

$$J_n = \sqrt{f_{pb1}^2 + f_{pb2}^2 + (F_{\beta 1}\cos\alpha_n)^2 + (F_{\beta 2}\cos\alpha_n)^2 + (f_{\Sigma\delta}\sin\alpha_n)^2 + (f_{\Sigma\beta}\cos\alpha_n)^2}$$

式中　f_{pb1}，f_{pb2}——小、大齿轮的基节偏差 $f_{pb}=f_{pt}\cos\alpha$；
　　　$F_{\beta 1}$，$F_{\beta 2}$——小、大齿轮的螺旋线总偏差；
　　　$f_{\Sigma\delta}$，$f_{\Sigma\beta}$——齿轮副轴线平行度偏差；
　　　α_n——法向压力角。

3. 将求出的上偏差之和分配给大、小两个齿轮

可采用等值和不等值分配两种方法。在采用不等值分配时应注意，无论如何分配，应力求使小齿轮的减薄量小一些，大齿轮的减薄量大一些，从而使大、小齿轮的强度相匹配。

4. 计算齿厚公差

$$T_{sn} = 2\tan\alpha_n \cdot \sqrt{F_r^2 + b_r^2} \tag{10-11}$$

式中　F_r——径向跳动；
　　　b_r——切齿径向进刀公差，其值选用见表 10-5。

表 10-5　切齿进刀公差 b_r

齿轮精度等级	5	6	7	8	9
b_r	IT8	1.26IT7	IT9	1.26IT9	IT10

5. 计算下偏差

$$E_{sni} = E_{sns} - T_{sn} \tag{10-12}$$

第四节　圆柱齿轮精度标准及应用

渐开线圆柱齿轮精度标准共 6 个，即 GB/T 10095.1—2020 和 GB/T 10095.2—2023 与 GB/Z 18620.1~4—2008。其中，前两个是基本和主要的，后四个是对前两个的说明和扩张。

一、齿轮精度等级及公差值

1. 精度等级的划分

国家标准 GB/T 10095.1—2008 将单个齿轮精度规定为 0，1，2，3，…，12 等 13 个等级，其中 0 级精度最高，12 级精度最低。

在齿轮的 13 个精度等级中，0~2 级为超高精度级，一般的加工工艺难以达到，属于未来发展级；一般情况下，3~5 级为高精度级；6~9 级为中等精度级，使用最广；10~12 级为低精度级。

齿轮精度等级的选择应主要考虑齿轮传动的用途、使用要求、工作条件及其他技术要求，在满足使用要求的前提下，应尽量选择较低的精度等级。

精度等级的选择方法有计算法和类比法。在实际工作中，常用的是类比法，即按已有的经验、资料，在设计类似的齿轮传动时可以采用相近的精度等级。

表 10-6 为各类机械中齿轮精度等级的应用范围,表 10-7 为不同机械齿轮传动的精度等级和圆周速度,可供选用时参考。

表 10-6 各类机械中齿轮精度等级的应用范围

应用范围	精度等级	应用范围	精度等级
测量齿轮	2~5	重型汽车	6~9
汽轮机减速器	3~6	一般减速器	6~9
精密切削机床	3~7	拖拉机	6~9
一般切削机床	5~8	轧钢机	6~10
内燃机或发动机	6~7	起重机	7~10
航空发动机	4~8	矿山绞车	8~10
轻型汽车	5~8	农用机械	8~11

表 10-7 不同机械齿轮传动的精度等级和圆周速度

设备名称	齿轮特征	精度等级						
		4	5	6	7	8	9	10
		传动的圆周速度/(m·s^{-1})						
森林机械	任何齿轮	—	—	<15	<10	<6	<2	手动
通用减速器	斜齿轮	—	—	—	—	<12	—	—
同转机构	直齿轮	—	—	<15~18	<10~12	<5~6	<2~3	—
	斜齿轮	—	—	<13~36	<20~25	<9~12	<4~6	—
冶金机械	直齿轮	—	—	10~15	6~10	2~6	0.5~2	—
	斜齿轮	—	—	15~30	10~15	4~10	1~4	—
地质勘探机械	直齿轮	—	—	—	6~10	2~6	0.5~2	—
	斜齿轮	—	—	—	10~15	4~10	1~4	—
煤炭机械	直齿轮	—	—	—	6~10	2~6	<2	—
	斜齿轮	—	—	—	10~15	4~10	<4	低速
发动机	任何齿轮	>40 (>4 000)	>60 (<2 000) >40 (2 000~4 000)	15~60 (<2 000) <40 (2 000~4 000)	到 15 (<2 000)	—	—	—
履带式机器	模数 <2.5 mm	—	16~28	11~16	7~11	2~7	2	—
	模数 6~10 mm	—	13~18	9~13	4~9	<4	—	—
拖拉机	任何齿轮	—	—	未淬火	淬火	—	—	—
造船机械	直齿轮	—	—	—	<9~10	<5~6	<2.5~3	0.5
	斜齿轮	—	—	—	<13~16	<8~10	<4~5	—

2. 齿轮偏差项目及公差值

对单个直齿圆柱齿轮，国家标准 GB/T 10095.1—2022 和 GB/T 10095.2—2023 对每级精度各项评定指标规定了公差或极限偏差，见表 10-8～表 10-17。

表 10-8 单个齿距偏差 f_{pt} μm

分度圆 直径 d/mm	模数 m/mm	精度等级											
		0	1	2	3	4	5	6	7	8	9	10	11	12
$5 \leq d \leq 20$	$0.5 \leq m \leq 2$	0.8	1.2	1.7	2.3	3.3	4.7	6.5	9.5	13.0	19.0	26.0	37.0	53.0
	$2 < m \leq 3.5$	0.9	1.3	1.8	2.6	3.7	5.0	7.5	10.0	15.0	21.0	29.0	41.0	59.0
$20 < d \leq 50$	$0.5 \leq m \leq 2$	0.9	1.2	1.8	2.5	3.5	5.0	7.0	10.0	14.0	20.0	28.0	40.0	56.0
	$2 < m \leq 3.5$	1.0	1.4	1.9	2.7	3.9	5.5	7.5	11.0	15.0	22.0	31.0	44.0	62.0
	$3.5 < m \leq 6$	1.1	1.5	2.1	3.0	4.3	6.0	8.5	12.0	17.0	24.0	34.0	48.0	68.0
	$6 < m \leq 10$	1.2	1.7	2.5	3.5	4.9	7.0	10.0	14.0	20.0	28.0	40.0	56.0	79.0
$50 < d \leq 125$	$0.5 \leq m \leq 2$	0.9	1.3	1.9	2.7	3.8	5.5	7.5	11.0	15.0	21.0	30.0	43.0	61.0
	$2 < m \leq 3.5$	1.0	1.5	2.1	2.9	4.1	6.0	8.5	12.0	17.0	23.0	33.0	47.0	66.0
	$3.5 < m \leq 6$	1.1	1.6	2.3	3.2	4.6	6.5	9.0	13.0	18.0	26.0	36.0	52.0	73.0
	$6 < m \leq 10$	1.3	1.8	2.6	3.7	5.0	7.5	10.0	15.0	21.0	30.0	42.0	59.0	84.0
	$10 < m \leq 16$	1.6	2.2	3.1	4.4	6.5	9.0	13.0	18.0	25.0	35.0	50.0	71.0	100.0
	$16 < m \leq 25$	2.0	2.8	3.9	5.5	8.0	11.0	16.0	22.0	31.0	44.0	63.0	89.0	125.0
$125 < d \leq 280$	$0.5 \leq m \leq 2$	1.1	1.5	2.1	3.0	4.2	6.0	8.5	12.0	17.0	24.0	34.0	48.0	67.0
	$2 < m \leq 3.5$	1.1	1.6	2.3	3.2	4.6	6.5	9.0	13.0	18.0	26.0	36.0	51.0	73.0
	$3.5 < m \leq 6$	1.2	1.8	2.5	3.5	5.0	7.0	10.0	14.0	20.0	28.0	40.0	56.0	79.0
	$6 < m \leq 10$	1.4	2.0	2.8	4.0	5.5	8.0	11.0	16.0	23.0	32.0	45.0	64.0	90.0
	$10 < m \leq 16$	1.7	2.4	3.3	4.7	6.5	9.5	13.0	19.0	27.0	38.0	53.0	75.0	107.0
	$16 < m \leq 25$	2.1	2.9	4.1	6.0	8.0	12.0	16.0	23.0	33.0	47.0	66.0	93.0	132.0
	$25 < m \leq 40$	2.7	3.8	5.5	7.5	11.0	15.0	21.0	30.0	43.0	61.0	86.0	121.0	171.0
$280 < d \leq 560$	$0.5 \leq m \leq 2$	1.2	1.7	2.4	3.3	4.7	6.5	9.5	13.0	19.0	27.0	38.0	54.0	76.0
	$2 < m \leq 3.5$	1.3	1.8	2.5	3.6	5.0	7.0	10.0	14.0	20.0	29.0	41.0	57.0	81.0
	$3.5 < m \leq 6$	1.4	1.9	2.7	3.9	5.5	8.0	11.0	16.0	22.0	31.0	44.0	62.0	88.0
	$6 < m \leq 10$	1.5	2.2	3.1	4.4	6.0	8.5	12.0	17.0	25.0	35.0	49.0	7.0	99.0
	$10 < m \leq 16$	1.8	2.5	3.6	5.0	7.0	10.0	14.0	20.0	29.0	41.0	58.0	81.0	115.0
	$16 < m \leq 25$	2.2	3.1	4.4	6.0	9.0	12.0	18.0	25.0	35.0	50.0	70.0	99.0	140.0
	$25 < m \leq 40$	2.8	4.0	5.5	8.0	11.0	16.0	22.0	32.0	45.0	63.0	90.0	127.0	180.0
	$40 < m \leq 70$	3.9	5.5	8.0	11.0	16.0	22.0	31.0	45.0	63.0	89.0	126.0	178.0	252.0
$560 < d \leq 1\,000$	$0.5 \leq m \leq 2$	1.3	1.9	2.7	3.8	5.5	7.5	11.0	15.0	21.0	30.0	43.0	61.0	86.0
	$2 < m \leq 3.5$	1.4	2.0	2.9	4.0	5.5	8.0	11.0	16.0	23.0	32.0	46.0	65.0	91.0
	$3.5 < m \leq 6$	1.5	2.2	3.1	4.3	6.0	8.5	12.0	17.0	24.0	35.0	49.0	69.0	98.0
	$6 < m \leq 10$	1.7	2.4	3.4	4.8	7.0	9.5	14.0	19.0	27.0	38.0	54.0	77.0	109.0
	$10 < m \leq 16$	2.0	2.8	3.9	5.5	8.0	11.0	16.0	22.0	31.0	44.0	63.0	89.0	125.0
	$16 < m \leq 25$	2.3	3.3	4.7	6.5	9.5	13.0	19.0	27.0	38.0	53.0	75.0	106.0	150.0
	$25 < m \leq 40$	3.0	4.2	6.0	8.5	12.0	17.0	24.0	34.0	47.0	67.0	95.0	134.0	190.0
	$40 < m \leq 70$	4.1	6.0	8.0	12.0	16.0	23.0	33.0	46.0	65.0	93.0	131.0	185.0	262.0

表 10 – 9 齿廓累积总偏差 F_p μm

分度圆直径 d/mm	模数 m/mm	\multicolumn{13}{c}{精度等级}
		0	1	2	3	4	5	6	7	8	9	10	11	12
$5 \leq d \leq 20$	$0.5 \leq m \leq 2$	2.0	2.8	4.0	5.5	8.0	11.0	16.0	23.0	32.0	45.0	64.0	90.0	127.0
	$2 < m \leq 3.5$	2.1	2.9	4.2	6.0	8.5	12.0	17.0	23.0	33.0	47.0	66.0	94.0	133.0
$20 < d \leq 50$	$0.5 \leq m \leq 2$	2.5	3.6	5.0	7.0	10.0	14.0	20.0	29.0	41.0	57.0	81.0	115.0	162.0
	$2 < m \leq 3.5$	2.6	3.7	5.0	7.5	10.0	15.0	21.0	30.0	42.0	59.0	84.0	119.0	168.0
	$3.5 < m \leq 6$	2.7	3.9	5.5	7.5	11.0	15.0	22.0	31.0	44.0	62.0	87.0	123.0	174.0
	$6 < m \leq 10$	2.9	4.1	6.0	8.0	12.0	16.0	23.0	33.0	46.0	65.0	93.0	131.0	185.0
$50 < d \leq 125$	$0.5 \leq m \leq 2$	3.3	4.6	6.5	9.0	13.0	18.0	26.0	37.0	52.0	74.0	104.0	147.0	208.0
	$2 < m \leq 3.5$	3.3	4.7	6.5	9.5	13.0	19.0	27.0	38.0	53.0	76.0	107.0	151.0	214.0
	$3.5 < m \leq 6$	3.4	4.9	7.0	9.5	14.0	19.0	28.0	39.0	55.0	78.0	110.0	156.0	220.0
	$6 < m \leq 10$	3.6	5.0	7.0	10.0	14.0	20.0	29.0	41.0	58.0	82.0	116.0	164.0	231.0
	$10 < m \leq 16$	3.9	5.5	7.5	11.0	15.0	22.0	31.0	44.0	62.0	88.0	124.0	175.0	248.0
	$16 < m \leq 25$	4.3	6.0	8.5	12.0	17.0	24.0	34.0	48.0	68.0	96.0	136.0	193.0	273.0
$125 < d \leq 280$	$0.5 \leq m \leq 2$	4.3	6.0	8.5	12.0	17.0	24.0	35.0	49.0	69.0	98.0	138.0	195.0	276.0
	$2 < m \leq 3.5$	4.4	6.0	9.0	12.0	18.0	25.0	35.0	50.0	70.0	100.0	141.0	199.0	282.0
	$3.5 < m \leq 6$	4.5	6.5	9.0	13.0	18.0	25.0	36.0	51.0	72.0	102.0	144.0	204.0	238.0
	$6 < m \leq 10$	4.7	6.5	9.5	13.0	19.0	26.0	37.0	53.0	75.0	106.0	149.0	211.0	299.0
	$10 < m \leq 16$	4.9	7.0	10.0	14.0	20.0	28.0	39.0	56.0	79.0	112.0	158.0	223.0	316.0
	$16 < m \leq 25$	5.5	7.5	11.0	15.0	21.0	30.0	43.0	60.0	85.0	120.0	170.0	241.0	341.0
	$25 < m \leq 40$	6.0	8.5	12.0	17.0	24.0	34.0	47.0	67.0	95.0	134.0	190.0	269.0	380.0
$280 < d \leq 560$	$0.5 \leq m \leq 2$	5.5	8.0	11.0	16.0	23.0	32.0	46.0	64.0	91.0	129.0	182.0	257.0	364.0
	$2 < m \leq 3.5$	6.0	8.0	12.0	16.0	23.0	33.0	46.0	65.0	92.0	131.0	185.0	261.0	370.0
	$3.5 < m \leq 6$	6.0	8.5	12.0	17.0	24.0	33.0	47.0	66.0	94.0	133.0	188.0	266.0	376.0
	$6 < m \leq 10$	6.0	8.5	12.0	17.0	24.0	34.0	48.0	68.0	97.0	137.0	193.0	274.0	387.0
	$10 < m \leq 16$	6.5	9.0	13.0	18.0	25.0	36.0	50.0	71.0	101.0	143.0	202.0	285.0	404.0
	$16 < m \leq 25$	6.5	9.5	13.0	19.0	27.0	38.0	54.0	76.0	107.0	151.0	214.0	303.0	428.0
	$25 < m \leq 40$	7.5	10.0	15.0	21.0	29.0	41.0	58.0	83.0	117.0	165.0	234.0	331.0	468.0
	$40 < m \leq 70$	8.5	12.0	17.0	24.0	34.0	48.0	68.0	95.0	135.0	191.0	270.0	382.0	540.0
$560 < d \leq 1\,000$	$0.5 \leq m \leq 2$	7.5	10.0	15.0	21.0	29.0	41.0	59.0	83.0	117.0	166.0	235.0	332.0	469.0
	$2 < m \leq 3.5$	7.5	10.0	15.0	21.0	30.0	42.0	59.0	84.0	119.0	168.0	238.0	336.0	475.0
	$3.5 < m \leq 6$	7.5	11.0	15.0	21.0	30.0	43.0	60.0	85.0	120.0	170.0	241.0	341.0	482.0
	$6 < m \leq 10$	7.5	11.0	15.0	22.0	31.0	44.0	62.0	87.0	123.0	174.0	246.0	348.0	492.0
	$10 < m \leq 16$	8.0	11.0	16.0	22.0	32.0	45.0	64.0	90.0	127.0	180.0	254.0	360.0	509.0
	$16 < m \leq 25$	8.5	12.0	17.0	24.0	33.0	47.0	67.0	94.0	133.0	189.0	267.0	378.0	534.0
	$25 < m \leq 40$	9.0	13.0	18.0	25.0	36.0	51.0	72.0	101.0	143.0	203.0	287.0	405.0	573.0
	$40 < m \leq 70$	10.0	14.0	20.0	29.0	40.0	57.0	81.0	114.0	161.0	288.0	323.0	457.0	646.0

表 10-10　齿廓总偏差 F_α　　　　　　　　　　　　　　　　μm

分度圆直径 d/mm	模数 m/mm	精度等级											
		0	1	2	3	4	5	6	7	8	9	10	11	12
$5 \leq d \leq 20$	$0.5 \leq m \leq 2$	0.8	1.1	1.6	2.3	3.2	4.6	6.5	9.0	13.0	18.0	26.0	37.0	52.0
	$2 < m \leq 3.5$	1.2	1.7	2.3	3.3	4.7	6.5	9.5	13.0	19.0	26.0	37.0	53.0	75.0
$20 < d \leq 50$	$0.5 \leq m \leq 2$	0.9	1.3	1.8	2.6	3.6	5.0	7.5	10.0	15.0	21.0	29.0	41.0	58.0
	$2 < m \leq 3.5$	1.3	1.8	2.5	3.6	5.0	7.0	10.0	14.0	20.0	29.0	40.0	57.0	81.0
	$3.5 < m \leq 6$	1.6	2.2	3.1	4.4	6.0	9.0	12.0	18.0	25.0	35.0	50.0	70.0	99.0
	$6 < m \leq 10$	1.9	2.7	3.8	5.5	7.5	11.0	15.0	22.0	31.0	43.0	61.0	87.0	123.0
$50 < d \leq 125$	$0.5 \leq m \leq 2$	1.0	1.5	2.1	2.9	4.1	6.0	8.5	12.0	17.0	23.0	33.0	47.0	66.0
	$2 < m \leq 3.5$	1.4	2.0	2.8	3.9	5.5	8.0	11.0	16.0	22.0	31.0	44.0	63.0	89.0
	$3.5 < m \leq 6$	1.7	2.4	3.4	4.8	6.5	9.5	13.0	19.0	27.0	38.0	54.0	76.0	108.0
	$6 < m \leq 10$	2.0	2.9	4.1	6.0	8.0	12.0	16.0	23.0	33.0	46.0	65.0	92.0	131.0
	$10 < m \leq 16$	2.5	3.5	5.0	7.0	10.0	14.0	20.0	28.0	40.0	56.0	79.0	112.0	159.0
	$16 < m \leq 25$	3.0	4.2	6.0	8.5	12.0	17.0	24.0	34.0	48.0	68.0	96.0	136.0	192.0
$125 < d \leq 280$	$0.5 \leq m \leq 2$	1.2	1.7	2.4	3.5	4.9	7.0	10.0	14.0	20.0	28.0	39.0	55.0	78.0
	$2 < m \leq 3.5$	1.6	2.2	3.2	4.5	6.5	9.0	13.0	18.0	25.0	36.0	50.0	71.0	101.0
	$3.5 < m \leq 6$	1.9	2.6	3.7	5.5	7.5	11.0	15.0	21.0	30.0	42.0	60.0	84.0	119.0
	$6 < m \leq 10$	2.2	3.2	4.5	6.5	9.0	13.0	18.0	25.0	36.0	50.0	71.0	101.0	143.0
	$10 < m \leq 16$	2.7	3.8	5.5	7.5	11.0	15.0	21.0	30.0	43.0	60.0	85.0	121.0	171.0
	$16 < m \leq 25$	3.2	4.5	6.5	9.0	13.0	18.0	25.0	36.0	51.0	72.0	102.0	144.0	204.0
	$25 < m \leq 40$	3.8	5.5	7.5	11.0	15.0	22.0	31.0	43.0	61.0	87.0	123.0	174.0	246.0
$280 < d \leq 560$	$0.5 \leq m \leq 2$	1.5	2.1	2.9	4.1	6.0	8.5	12.0	17.0	23.0	33.0	47.0	66.0	94.0
	$2 < m \leq 3.5$	1.8	2.6	3.6	5.0	7.5	10.0	15.0	21.0	29.0	41.0	58.0	82.0	116.0
	$3.5 < m \leq 6$	2.1	3.0	4.2	6.0	8.5	12.0	17.0	24.0	34.0	48.0	67.0	95.0	135.0
	$6 < m \leq 10$	2.5	3.5	4.9	7.0	10.0	14.0	20.0	28.0	40.0	56.0	79.0	112.0	158.0
	$10 < m \leq 16$	2.9	4.1	6.0	8.0	12.0	16.0	23.0	33.0	47.0	66.0	93.0	132.0	186.0
	$16 < m \leq 25$	3.4	4.8	7.0	9.5	14.0	19.0	27.0	39.0	55.0	78.0	110.0	155.0	219.0
	$25 < m \leq 40$	4.1	6.0	8.0	12.0	16.0	23.0	33.0	46.0	65.0	92.0	131.0	185.0	261.0
	$40 < m \leq 70$	5.0	7.0	10.0	14.0	20.0	28.0	40.0	57.0	80.0	113.0	160.0	227.0	321.0
$560 < d \leq 1\ 000$	$0.5 \leq m \leq 2$	1.8	2.5	3.5	5.0	7.0	10.0	14.0	20.0	28.0	40.0	56.0	79.0	112.0
	$2 < m \leq 3.5$	2.1	3.0	4.2	6.0	8.5	12.0	17.0	24.0	34.0	48.0	67.0	95.0	135.0
	$3.5 < m \leq 6$	2.4	3.4	4.8	7.0	9.5	14.0	19.0	27.0	38.0	54.0	77.0	109.0	154.0
	$6 < m \leq 10$	2.8	3.9	5.5	8.0	11.0	16.0	22.0	31.0	44.0	62.0	88.0	125.0	177.0
	$10 < m \leq 16$	3.2	4.5	6.5	9.0	13.0	18.0	26.0	36.0	51.0	72.0	102.0	145.0	205.0
	$16 < m \leq 25$	3.7	5.5	7.5	11.0	15.0	21.0	30.0	42.0	59.0	84.0	119.0	168.0	238.0
	$25 < m \leq 40$	4.4	6.0	8.5	12.0	17.0	25.0	35.0	49.0	70.0	99.0	140.0	198.0	280.0
	$40 < m \leq 70$	2.5	7.5	11.0	15.0	21.0	30.0	42.0	60.0	85.0	120.0	170.0	240.0	339.0

表 10-11 螺旋线总偏差 F_β μm

分度圆直径 d/mm	齿宽 b/mm	精度等级											
		0	1	2	3	4	5	6	7	8	9	10	11	12
$5 \leq d \leq 20$	$4 \leq b \leq 10$	1.1	1.5	2.2	3.1	4.3	6.0	8.5	12.0	17.0	24.0	35.0	49.0	69.0
	$10 < b \leq 20$	1.2	1.7	2.4	3.4	4.9	7.0	9.5	14.0	19.0	28.0	39.0	55.0	78.0
	$20 < b \leq 40$	1.4	2.0	2.8	3.9	5.5	8.0	11.0	16.0	22.0	31.0	45.0	63.0	89.0
	$40 < b \leq 80$	1.6	2.3	3.2	4.6	6.5	9.5	13.0	19.0	26.0	37.0	52.0	74.0	105.0
$20 < d \leq 50$	$4 \leq b \leq 10$	1.1	1.6	2.2	3.2	4.5	6.5	9.0	13.0	18.0	25.0	36.0	51.0	72.0
	$10 < b \leq 20$	1.3	1.8	2.5	3.6	5.0	7.0	10.0	14.0	20.0	29.0	40.0	57.0	81.0
	$20 < b \leq 40$	1.4	2.0	2.9	4.1	5.5	8.0	11.0	16.0	23.0	32.0	46.0	65.0	92.0
	$40 < b \leq 80$	1.7	2.4	3.4	4.8	6.5	9.5	13.0	19.0	27.0	38.0	54.0	76.0	107.0
	$80 < b \leq 160$	2.0	2.9	4.1	5.5	8.0	11.0	16.0	23.0	32.0	46.0	65.0	92.0	130.0
$50 < d \leq 125$	$4 \leq b \leq 10$	1.2	1.7	2.4	3.3	4.7	6.5	9.5	13.0	19.0	27.0	38.0	53.0	76.0
	$10 < b \leq 20$	1.3	1.9	2.6	3.7	5.5	7.5	11.0	15.0	21.0	30.0	42.0	60.0	84.0
	$20 < b \leq 40$	1.5	2.1	3.0	4.2	6.0	8.5	12.0	17.0	24.0	34.0	48.0	68.0	95.0
	$40 < b \leq 80$	1.7	2.5	3.5	4.9	7.0	10.0	14.0	20.0	28.0	39.0	56.0	79.0	111.0
	$80 < b \leq 160$	2.1	2.9	4.2	6.0	8.5	12.0	17.0	24.0	33.0	47.0	67.0	94.0	113.0
	$160 < b \leq 250$	2.5	3.5	4.9	7.0	10.0	14.0	20.0	28.0	40.0	56.0	79.0	112.0	158.0
	$250 < b \leq 400$	2.9	4.1	6.0	8.0	12.0	16.0	23.0	33.0	46.0	65.0	92.0	130.0	184.0
$125 < d \leq 280$	$4 \leq b \leq 10$	1.3	1.8	2.5	3.6	5.0	7.0	10.0	14.0	20.0	29.0	40.0	57.0	81.0
	$10 < b \leq 20$	1.4	2.0	2.8	4.0	5.5	8.0	11.0	16.0	22.0	32.0	45.0	63.0	90.0
	$20 < b \leq 40$	1.6	2.2	3.2	4.5	6.5	9.0	13.0	18.0	25.0	36.0	50.0	71.0	101.0
	$40 < b \leq 80$	1.8	2.6	3.6	5.0	7.5	10.0	15.0	21.0	29.0	41.0	58.0	82.0	117.0
	$80 < b \leq 160$	2.2	3.1	4.3	6.0	8.5	12.0	17.0	25.0	35.0	49.0	69.0	98.0	139.0
	$160 < b \leq 250$	2.6	3.6	5.0	7.0	10.0	14.0	20.0	29.0	41.0	58.0	82.0	116.0	164.0
	$250 < b \leq 400$	3.0	4.2	6.0	8.5	12.0	17.0	24.0	34.0	47.0	67.0	95.0	134.0	190.0
	$400 < b \leq 650$	3.5	4.9	7.0	10.0	14.0	20.0	28.0	40.0	56.0	79.0	112.0	158.0	224.0
$280 < d \leq 560$	$10 \leq b \leq 20$	1.5	2.1	3.0	4.3	6.0	8.5	12.0	17.0	24.0	34.0	48.0	68.0	97.0
	$20 < b \leq 40$	1.7	2.4	3.4	4.8	6.5	9.5	13.0	19.0	27.0	38.0	54.0	76.0	108.0
	$40 < b \leq 80$	1.9	2.7	3.9	5.5	7.5	11.0	15.0	22.0	31.0	44.0	62.0	87.0	124.0
	$80 < b \leq 160$	2.3	3.2	4.6	6.5	9.0	13.0	18.0	26.0	36.0	52.0	73.0	103.0	146.0
	$160 < b \leq 250$	2.7	3.8	5.5	7.5	11.0	15.0	21.0	30.0	43.0	60.0	85.0	121.0	171.0
	$250 < b \leq 400$	3.1	4.3	6.0	8.5	12.0	17.0	25.0	35.0	49.0	70.0	98.0	139.0	197.0
	$400 < b \leq 650$	3.6	5.0	7.0	10.0	14.0	20.0	29.0	41.0	58.0	82.0	115.0	163.0	231.0
	$650 < b \leq 1000$	4.3	6.0	8.5	12.0	17.0	24.0	34.0	48.0	68.0	96.0	136.0	193.0	272.0
$560 < d \leq 1000$	$10 \leq b \leq 20$	1.6	2.3	3.3	4.7	6.5	9.5	13.0	19.0	26.0	37.0	53.0	74.0	105.0
	$20 < b \leq 40$	1.8	2.6	3.6	5.0	7.5	10.0	15.0	21.0	29.0	41.0	58.0	82.0	116.0
	$40 < b \leq 80$	2.1	2.9	4.1	6.0	8.5	12.0	17.0	23.0	33.0	47.0	66.0	93.0	132.0
	$80 < b \leq 160$	2.4	3.4	4.8	7.0	9.5	14.0	19.0	27.0	39.0	55.0	77.0	109.0	154.0
	$160 < b \leq 250$	2.8	4.0	5.5	8.0	11.0	16.0	22.0	32.0	45.0	63.0	90.0	127.0	179.0
	$250 < b \leq 400$	3.2	4.5	6.5	9.0	13.0	18.0	26.0	36.0	51.0	73.0	103.0	145.0	205.0
	$400 < b \leq 650$	3.7	5.5	7.5	11.0	15.0	21.0	30.0	42.0	60.0	85.0	120.0	169.0	239.0
	$650 < b \leq 1000$	4.4	6.0	9.0	12.0	18.0	25.0	35.0	50.0	70.0	99.0	140.0	199.0	281.0

表 10–12　f_i'/K 的比值　　　　　　　　　　　　　　　　　　　　　　μm

分度圆直径 d/mm	模数 m/mm	精度等级											
		0	1	2	3	4	5	6	7	8	9	10	11	12
5≤d≤20	0.5≤m≤2	2.4	3.4	4.8	7.0	9.5	14.0	19.0	27.0	38.0	54.0	77.0	109.0	154.0
	2<m≤3.5	2.8	4.0	5.5	8.0	11.0	16.0	23.0	32.0	45.0	64.0	91.0	129.0	182.0
20<d≤50	0.5≤m≤2	2.5	3.6	5.0	7.0	10.0	14.0	20.0	29.0	41.0	58.0	82.0	115.0	163.0
	2<m≤3.5	3.0	4.2	6.0	8.5	12.0	17.0	24.0	34.0	48.0	68.0	96.0	135.0	191.0
	3.5<m≤6	3.4	4.8	7.0	9.5	14.0	19.0	27.0	38.0	54.0	77.0	108.0	153.0	217.0
	6<m≤10	3.9	5.5	8.0	11.0	16.0	22.0	31.0	44.0	63.0	89.0	125.0	177.0	251.0
50<d≤125	0.5≤m≤2	2.7	3.9	5.5	8.0	11.0	16.0	22.0	31.0	44.0	62.0	88.0	124.0	176.0
	2<m≤3.5	3.2	4.5	6.5	9.0	13.0	18.0	25.0	36.0	51.0	72.0	102.0	144.0	204.0
	3.5<m≤6	3.6	5.0	7.0	10.0	14.0	20.0	29.0	40.0	57.0	81.0	115.0	162.0	229.0
	6<m≤10	4.1	6.0	8.0	12.0	16.0	23.0	33.0	47.0	66.0	93.0	132.0	186.0	263.0
	10<m≤16	4.8	7.0	9.5	14.0	19.0	27.0	38.0	54.0	77.0	109.0	154.0	218.0	308.0
	16<m≤25	5.5	8.0	11.0	16.0	23.0	32.0	46.0	65.0	91.0	129.0	183.0	259.0	366.0
125<d≤280	0.5≤m≤2	3.0	4.3	6.0	8.5	12.0	17.0	24.0	34.0	49.0	69.0	97.0	137.0	194.0
	2<m≤3.5	3.5	4.9	7.0	10.0	14.0	20.0	28.0	39.0	56.0	79.0	111.0	157.0	222.0
	3.5<m≤6	3.9	5.5	7.5	11.0	15.0	22.0	31.0	44.0	62.0	88.0	124.0	175.0	247.0
	6<m≤10	4.4	6.0	9.0	12.0	18.0	25.0	35.0	50.0	70.0	100.0	141.0	199.0	281.0
	10<m≤16	5.0	7.0	10.0	14.0	20.0	29.0	41.0	58.0	82.0	115.0	163.0	231.0	326.0
	16<m≤25	6.0	8.5	12.0	17.0	24.0	34.0	48.0	68.0	96.0	136.0	192.0	272.0	384.0
	25<m≤40	7.5	10.0	15.0	21.0	29.0	41.0	58.0	82.0	116.0	165.0	233.0	329.0	465.0
280<d≤560	0.5≤m≤2	3.4	4.8	7.0	9.5	14.0	19.0	27.0	39.0	54.0	77.0	109.0	154.0	218.0
	2<m≤3.5	3.8	5.5	7.5	11.0	15.0	22.0	31.0	44.0	62.0	87.0	123.0	174.0	246.0
	3.5<m≤6	4.2	6.0	8.5	12.0	17.0	24.0	34.0	48.0	68.0	96.0	136.0	192.0	271.0
	6<m≤10	4.8	6.5	9.5	13.0	19.0	27.0	38.0	54.0	76.0	108.0	153.0	216.0	305.0
	10<m≤16	5.5	7.5	11.0	15.0	22.0	31.0	44.0	62.0	88.0	124.0	175.0	248.0	350.0
	16<m≤25	6.5	9.0	13.0	18.0	26.0	36.0	51.0	72.0	102.0	144.0	204.0	289.0	408.0
	25<m≤40	7.5	11.0	15.0	22.0	31.0	43.0	61.0	86.0	122.0	173.0	245.0	346.0	489.0
	40<m≤70	9.5	14.0	19.0	27.0	39.0	55.0	78.0	110.0	155.0	220.0	311.0	439.0	621.0
560<d≤1 000	0.5≤m≤2	3.9	5.5	7.5	11.0	15.0	22.0	31.0	44.0	62.0	87.0	123.0	174.0	247.0
	2<m≤3.5	4.3	6.0	8.5	12.0	17.0	24.0	34.0	49.0	69.0	97.0	137.0	194.0	275.0
	3.5<m≤6	4.7	6.5	9.5	13.0	19.0	27.0	38.0	53.0	75.0	106.0	150.0	212.0	300.0
	6<m≤10	5.0	7.5	10.0	15.0	21.0	30.0	42.0	59.0	84.0	118.0	167.0	236.0	334.0
	10<m≤16	6.0	8.5	12.0	17.0	24.0	33.0	47.0	67.0	95.0	134.0	189.0	268.0	379.0
	16<m≤25	7.0	9.5	14.0	19.0	27.0	39.0	55.0	77.0	109.0	154.0	218.0	309.0	437.0
	25<m≤40	8.0	11.0	16.0	23.0	32.0	46.0	65.0	92.0	129.0	183.0	259.0	366.0	518.0
	40<m≤70	10.0	14.0	20.0	29.0	41.0	57.0	81.0	115.0	163.0	230.0	325.0	460.0	650.0

表 10-13　齿廓形状偏差 $f_{f\alpha}$　　　μm

分度圆直径 d/mm	模数 m/mm	精度等级											
		0	1	2	3	4	5	6	7	8	9	10	11	12
$5 \leq d \leq 20$	$0.5 \leq m \leq 2$	0.6	0.9	1.3	1.8	2.5	3.5	5.0	7.0	10.0	14.0	20.0	28.0	40.0
	$2 < m \leq 3.5$	0.9	1.3	1.8	2.6	3.6	5.0	7.0	10.0	14.0	20.0	29.0	41.0	58.0
$20 < d \leq 50$	$0.5 \leq m \leq 2$	0.7	1.0	1.4	2.0	2.8	4.0	5.5	8.0	11.0	16.0	22.0	32.0	45.0
	$2 < m \leq 3.5$	1.0	1.4	2.0	2.8	3.9	5.5	8.0	11.0	16.0	22.0	31.0	44.0	62.0
	$3.5 < m \leq 6$	1.2	1.7	2.4	3.4	4.8	7.0	9.5	14.0	19.0	27.0	39.0	54.0	77.0
	$6 < m \leq 10$	1.5	2.1	3.0	4.2	6.0	8.5	12.0	17.0	24.0	34.0	48.0	67.0	95.0
$50 < d \leq 125$	$0.5 \leq m \leq 2$	0.8	1.1	1.6	2.3	3.2	4.5	6.5	9.0	13.0	18.0	26.0	36.0	51.0
	$2 < m \leq 3.5$	1.1	1.5	2.1	3.0	4.3	6.0	8.5	12.0	17.0	24.0	34.0	49.0	69.0
	$3.5 < m \leq 6$	1.3	1.8	2.6	3.7	5.0	7.5	10.0	15.0	21.0	29.0	42.0	59.0	83.0
	$6 < m \leq 10$	1.6	2.3	3.2	4.5	6.5	9.0	13.0	18.0	25.0	36.0	51.0	72.0	101.0
	$10 < m \leq 16$	1.9	2.7	3.9	5.5	7.5	11.0	15.0	22.0	31.0	44.0	62.0	87.0	123.0
	$16 < m \leq 25$	2.3	3.3	4.7	6.5	9.5	13.0	19.0	26.0	37.0	53.0	75.0	106.0	149.0
$125 < d \leq 280$	$0.5 \leq m \leq 2$	0.9	1.3	1.9	2.7	3.8	5.5	7.5	11.0	15.0	21.0	30.0	43.0	60.0
	$2 < m \leq 3.5$	1.2	1.7	2.4	3.4	4.9	7.0	9.5	14.0	19.0	28.0	39.0	55.0	78.0
	$3.5 < m \leq 6$	1.4	2.0	2.9	4.1	6.0	8.0	12.0	16.0	23.0	33.0	46.0	65.0	93.0
	$6 < m \leq 10$	1.7	2.4	3.5	4.9	7.0	10.0	14.0	20.0	28.0	39.0	55.0	78.0	111.0
	$10 < m \leq 16$	2.1	2.9	4.0	6.0	8.5	12.0	17.0	23.0	33.0	47.0	66.0	94.0	133.0
	$16 < m \leq 25$	2.5	3.5	5.0	7.0	10.0	14.0	20.0	28.0	40.0	56.0	79.0	112.0	158.0
	$25 < m \leq 40$	3.0	4.2	6.0	8.5	12.0	17.0	24.0	34.0	48.0	68.0	96.0	135.0	191.0
$280 < d \leq 560$	$0.5 \leq m \leq 2$	1.1	1.6	2.3	3.2	4.5	6.5	9.0	13.0	18.0	26.0	36.0	51.0	72.0
	$2 < m \leq 3.5$	1.4	2.0	2.8	4.0	5.5	8.0	11.0	16.0	22.0	32.0	45.0	64.0	90.0
	$3.5 < m \leq 6$	1.6	2.3	3.3	4.6	6.5	9.0	13.0	18.0	26.0	37.0	52.0	74.0	104.0
	$6 < m \leq 10$	1.9	2.7	3.8	5.5	7.5	11.0	15.0	22.0	31.0	43.0	61.0	87.0	123.0
	$10 < m \leq 16$	2.3	3.2	4.5	6.5	9.0	13.0	18.0	26.0	36.0	51.0	72.0	102.0	145.0
	$16 < m \leq 25$	2.7	3.8	5.5	7.5	11.0	15.0	21.0	30.0	43.0	60.0	85.0	121.0	170.0
	$25 < m \leq 40$	3.2	4.5	6.5	9.0	13.0	18.0	25.0	36.0	51.0	72.0	101.0	144.0	203.0
	$40 < m \leq 70$	3.9	5.5	8.0	11.0	16.0	22.0	31.0	44.0	62.0	88.0	125.0	177.0	250.0
$560 < d \leq 1\,000$	$0.5 \leq m \leq 2$	1.4	1.9	2.7	3.8	5.5	7.5	11.0	15.0	22.0	31.0	43.0	61.0	87.0
	$2 < m \leq 3.5$	1.6	2.3	3.3	4.6	6.5	9.0	13.0	18.0	26.0	37.0	52.0	74.0	104.0
	$3.5 < m \leq 6$	1.9	2.6	3.7	5.5	7.5	11.0	15.0	21.0	30.0	42.0	59.0	84.0	119.0
	$6 < m \leq 10$	2.1	3.0	4.3	6.0	8.5	12.0	17.0	24.0	34.0	48.0	68.0	97.0	137.0
	$10 < m \leq 16$	2.5	3.5	5.0	7.0	10.0	14.0	20.0	28.0	40.0	56.0	79.0	112.0	159.0
	$16 < m \leq 25$	2.9	4.1	6.0	8.0	12.0	16.0	23.0	33.0	46.0	65.0	92.0	131.0	185.0
	$25 < m \leq 40$	3.4	4.8	7.0	9.5	14.0	19.0	27.0	38.0	54.0	77.0	109.0	154.0	217.0
	$40 < m \leq 70$	4.1	6.0	8.5	12.0	17.0	23.0	33.0	47.0	66.0	93.0	132.0	187.0	264.0

表 10 – 14　齿廓倾斜偏差 $f_{H\alpha}$　　　　　μm

分度圆直径 d/mm	模数 m/mm	精度等级											
		0	1	2	3	4	5	6	7	8	9	10	11	12
5≤d≤20	0.5≤m≤2	0.5	0.7	1.0	1.5	2.1	2.9	4.2	6.0	8.5	12.0	17.0	24.0	33.0
	2<m≤3.5	0.7	1.0	1.5	2.1	3.0	4.2	6.0	8.5	12.0	17.0	24.0	34.	47.0
20<d≤50	0.5≤m≤2	0.6	0.8	1.2	1.6	2.3	3.3	4.6	6.5	9.5	13.0	19.0	26.0	37.0
	2<m≤3.5	0.8	1.1	1.6	2.3	3.2	4.5	6.5	9.0	13.0	18.0	26.0	36.0	51.0
	3.5<m≤6	1.0	1.4	2.0	2.8	3.9	5.5	8.0	11.0	16.0	22.0	32.0	45.0	63.0
	6<m≤10	1.2	1.7	2.4	3.4	4.8	7.0	9.5	14.0	19.0	27.0	39.0	55.0	78.0
50<d≤125	0.5≤m≤2	0.7	0.9	1.3	1.9	2.6	3.7	5.5	7.5	11.0	15.0	21.0	30.0	42.0
	2<m≤3.5	0.9	1.2	1.8	2.5	3.5	5.0	7.0	10.0	14.0	20.0	28.0	40.0	57.0
	3.5<m≤6	1.1	1.5	2.1	3.0	4.3	6.0	8.5	12.0	17.0	24.0	34.0	48.	68.0
	6<m≤10	1.3	1.8	2.6	3.7	5.0	7.5	10.0	15.0	21.0	29.0	41.0	58.0	83.0
	10<m≤16	1.6	2.2	3.1	4.4	6.5	9.0	13.0	18.0	25.0	35.0	50.0	71.0	100.0
	16<m≤25	1.9	2.7	3.8	5.5	7.5	11.0	15.0	21.0	30.0	43.0	60.0	86.0	121.0
125<d≤280	0.5≤m≤2	0.8	1.1	1.6	2.2	3.1	4.4	6.0	9.0	12.0	18.0	25.0	35.0	50.0
	2<m≤3.5	1.0	1.4	2.0	2.8	4.0	5.5	8.0	11.0	16.0	23.0	32.0	45.0	64.0
	3.5<m≤6	1.2	1.7	2.4	3.3	4.7	6.5	9.5	13.0	19.0	27.0	38.0	54.0	76.0
	6<m≤10	1.4	2.0	2.8	4.0	5.5	8.0	11.0	16.0	23.0	32.0	45.0	64.0	90.0
	10<m≤16	1.7	2.4	3.4	4.8	6.5	9.5	13.0	19.0	27.0	38.0	54.0	76.0	108.0
	16<m≤25	2.0	2.8	4.0	5.5	8.0	11.0	16.0	23.0	32.0	45.0	64.0	91.0	129.0
	25<m≤40	2.4	3.4	4.8	7.0	9.5	14.0	19.0	27.0	39.0	55.0	77.0	109.0	155.0
280<d≤560	0.5≤m≤2	0.9	1.3	1.9	2.6	3.7	5.5	7.5	11.0	15.0	21.0	30.0	42.0	60.0
	2<m≤3.5	1.2	1.6	2.3	3.3	4.6	6.5	9.0	13.0	18.0	26.0	37.0	52.0	74.0
	3.5<m≤6	1.3	1.9	2.7	3.8	5.5	7.5	11.0	15.0	21.0	30.0	43.0	61.0	86.0
	6<m≤10	1.6	2.2	3.1	4.4	6.5	9.0	13.0	18.0	25.0	35.0	50.0	71.0	100.0
	10<m≤16	1.8	2.6	3.7	5.0	7.5	10.0	15.0	21.0	29.0	42.0	59.0	83.0	118.0
	16<m≤25	2.2	3.1	4.3	6.0	8.5	12.0	17.0	24.0	35.0	49.0	69.0	98.0	138.0
	25<m≤40	2.6	3.6	5.0	7.5	10.0	15.0	21.0	29.0	41.0	58.0	82.0	116.0	164.0
	40<m≤70	3.2	4.5	6.5	9.0	13.0	18.0	25.0	36.0	50.0	71.0	101.0	143.0	202.0
560<d≤1 000	0.5≤m≤2	1.1	1.6	2.2	3.2	4.5	6.5	9.0	13.0	18.0	25.0	36.0	51.0	72.0
	2<m≤3.5	1.3	1.9	2.7	3.8	5.5	7.5	11.0	15.0	21.0	30.0	43.0	61.0	86.0
	3.5<m≤6	1.5	2.2	3.0	4.3	6.0	8.5	12.0	17.0	24.0	34.0	49.0	69.0	97.0
	6<m≤10	1.7	2.5	3.5	4.9	7.0	10.0	14.0	20.0	28.0	40.0	56.0	79.0	112.0
	10<m≤16	2.0	2.9	4.0	5.5	8.0	11.0	16.0	23.0	32.0	46.0	65.0	92.0	129.0
	16<m≤25	2.3	3.3	4.7	6.5	9.5	13.0	19.0	27.0	38.0	53.0	75.0	106.0	150.0
	25<m≤40	2.8	3.9	5.5	8.0	11.0	16.0	22.0	31.0	44.0	62.0	88.0	125.0	176.0
	40<m≤70	3.3	4.7	6.5	9.5	13.0	19.0	27.0	38.0	53.0	76.0	107.0	151.0	214.0

表 10 – 15　径向综合总偏差 F_i''　　　　　　　　　　　　　　μm

分度圆直径 d/mm	法向模数 m_n/mm	精度等级							
		4	5	6	7	8	9	10	11	12
5≤d≤20	0.2≤m_n≤0.5	7.5	11	15	21	30	42	60	85	120
	0.5<m_n≤0.8	8.0	12	16	23	33	46	66	93	131
	0.8<m_n≤1.0	9.0	12	18	25	35	50	70	100	141
	1.0<m_n≤1.5	10	14	19	27	38	54	76	108	153
	1.5<m_n≤2.5	11	16	22	32	45	63	89	126	179
	2.5<m_n≤4.0	14	20	28	39	56	79	112	158	223
20<d≤50	0.2≤m_n≤0.5	9.0	13	19	26	37	52	74	105	148
	0.5<m_n≤0.8	10	14	20	28	40	56	80	113	160
	0.8<m_n≤1.0	11	15	21	30	42	60	85	120	169
	1.0<m_n≤1.5	11	16	23	32	45	64	91	128	181
	1.5<m_n≤2.5	13	18	26	37	52	73	103	146	207
	2.5<m_n≤4.0	16	22	31	44	63	89	126	178	251
	4.0<m_n≤6.0	20	28	39	56	79	111	157	222	314
	6.0<m_n≤10	26	37	52	74	104	147	209	295	417
50<d≤125	0.2≤m_n≤0.5	12	16	23	33	46	66	93	131	185
	0.5<m_n≤0.8	12	17	25	35	49	70	98	139	197
	0.8<m_n≤1.0	13	18	26	36	52	73	103	146	206
	1.0<m_n≤1.5	14	19	27	39	55	77	109	154	218
	1.5<m_n≤2.5	15	22	31	43	61	86	122	173	244
	2.5<m_n≤4.0	18	25	36	51	72	102	144	204	288
	4.0<m_n≤6.0	22	31	44	62	88	124	176	248	351
	6.0<m_n≤10	28	40	57	80	114	161	227	321	454
125<d≤280	0.2≤m_n≤0.5	15	21	30	42	60	85	120	170	240
	0.5<m_n≤0.8	16	22	31	44	63	89	126	178	252
	0.8<m_n≤1.0	16	23	33	46	65	92	131	185	261
	1.0<m_n≤1.5	17	24	34	48	68	97	137	193	273
	1.5<m_n≤2.5	19	26	37	53	75	106	149	211	299
	2.5<m_n≤4.0	21	30	43	61	86	121	172	243	343
	4.0<m_n≤6.0	25	36	51	72	102	144	203	287	406
	6.0<m_n≤10	32	45	64	90	127	180	255	360	509
280<d≤560	0.2≤m_n≤0.5	19	28	39	55	78	110	156	220	311
	0.5<m_n≤0.8	20	29	40	57	81	114	161	228	323
	0.8<m_n≤1.0	21	29	42	59	83	117	166	235	332
	1.0<m_n≤1.5	22	30	43	61	86	122	172	243	344
	1.5<m_n≤2.5	23	33	46	65	92	131	185	262	370
	2.5<m_n≤4.0	26	37	52	73	104	146	207	293	414
	4.0<m_n≤6.0	30	42	60	84	119	168	239	337	477
	6.0<m_n≤10	36	51	73	103	145	205	290	410	580
560<d≤1 000	0.2≤m_n≤0.5	25	35	50	70	99	140	198	280	396
	0.5<m_n≤0.8	25	36	51	72	102	144	204	288	408
	0.8<m_n≤1.0	26	37	52	74	104	148	209	295	417
	1.0<m_n≤1.5	27	38	54	76	107	152	215	304	429
	1.5<m_n≤2.5	28	40	57	80	114	161	228	322	455
	2.5<m_n≤4.0	31	44	62	88	125	171	250	353	499
	4.0<m_n≤6.0	35	50	70	99	141	199	281	398	562
	6.0<m_n≤10	42	59	83	118	166	235	333	471	665

表 10-16 一齿径向综合偏差 f_i'' μm

分度圆直径 d/mm	法向模数 m_n/mm	精度等级								
		4	5	6	7	8	9	10	11	12
5≤d≤20	0.2≤m_n≤0.5	1.0	2.0	2.5	3.5	5.0	7.0	10	14	20
	0.5<m_n≤0.8	2.0	2.5	4.0	5.5	7.5	11	15	22	31
	0.8<m_n≤1.0	2.5	3.5	5.0	7.0	10	14	20	28	39
	1.0<m_n≤1.5	3.0	4.5	6.5	9.0	13	18	25	36	50
	1.5<m_n≤2.5	4.5	6.5	9.5	13	19	26	37	53	74
	2.5<m_n≤4.0	7.0	10	14	20	29	41	58	82	115
20<d≤50	0.2≤m_n≤0.5	1.5	2.0	2.5	3.5	5.0	7.0	10	14	20
	0.5<m_n≤0.8	2.0	2.5	4.0	5.5	7.5	11	15	22	31
	0.8<m_n≤1.0	2.5	3.5	5.0	7.0	10	14	20	28	40
	1.0<m_n≤1.5	3.0	4.5	6.5	9.0	13	18	25	36	51
	1.5<m_n≤2.5	4.5	6.5	9.5	13	19	26	37	53	75
	2.5<m_n≤4.0	7.0	10	14	20	29	41	58	82	116
	4.0<m_n≤6.0	11	15	22	31	43	61	87	123	174
	6.0<m_n≤10	17	24	34	48	67	95	135	190	269
50<d≤125	0.2≤m_n≤0.5	1.5	2.0	2.5	3.5	5.0	7.5	10	15	21
	0.5<m_n≤0.8	2.0	3.0	4.0	5.5	8.0	11	16	22	31
	0.8<m_n≤1.0	2.5	3.5	5.0	7.0	10	14	20	28	40
	1.0<m_n≤1.5	3.0	4.5	6.5	9.0	13	18	26	36	51
	1.5<m_n≤2.5	4.5	6.5	9.5	13	19	26	37	53	75
	2.5<m_n≤4.0	7.0	10	14	20	29	41	58	82	116
	4.0<m_n≤6.0	11	15	22	31	44	62	87	123	174
	6.0<m_n≤10	17	24	34	48	67	95	135	191	269
125<d≤280	0.2≤m_n≤0.5	1.5	2.0	2.5	3.5	5.5	7.5	11	15	21
	0.5<m_n≤0.8	2.0	3.0	4.0	5.5	8.0	11	16	22	32
	0.8<m_n≤1.0	2.5	3.5	5.0	7.0	10	14	20	29	41
	1.0<m_n≤1.5	3.0	4.5	6.5	9.0	13	18	26	36	52
	1.5<m_n≤2.5	4.5	6.5	9.5	13	19	27	36	53	75
	2.5<m_n≤4.0	7.5	10	15	21	29	41	58	82	116
	4.0<m_n≤6.0	11	15	22	31	44	62	87	124	175
	6.0<m_n≤10	17	24	34	48	67	95	135	191	270
280<d≤560	0.2≤m_n≤0.5	1.5	2.0	2.5	4.0	5.5	7.5	11	15	22
	0.5<m_n≤0.8	2.0	3.0	4.0	5.5	8.0	11	16	23	32
	0.8<m_n≤1.0	2.5	3.5	5.0	7.5	10	15	21	29	41
	1.0<m_n≤1.5	3.5	4.5	6.5	9.0	13	18	26	37	52
	1.5<m_n≤2.5	5.0	6.5	9.5	13	19	27	38	54	76
	2.5<m_n≤4.0	7.5	10	15	21	29	41	59	83	117
	4.0<m_n≤6.0	11	15	22	31	44	62	88	124	175
	6.0<m_n≤10	17	24	34	48	68	96	135	191	271
560<d≤1 000	0.2≤m_n≤0.5	1.5	2.0	3.0	4.0	5.5	8.0	11	16	23
	0.5<m_n≤0.8	2.0	3.0	4.0	6.0	8.5	12	17	24	33
	0.8<m_n≤1.0	2.5	3.5	5.5	7.5	11	15	21	30	42
	1.0<m_n≤1.5	3.5	4.5	6.5	9.0	13	19	27	38	53
	1.5<m_n≤2.5	5.0	7.0	9.5	14	19	27	38	54	77
	2.5<m_n≤4.0	7.5	10	15	21	30	42	59	83	118
	4.0<m_n≤6.0	11	16	22	31	44	62	88	125	176
	6.0<m_n≤10	17	24	34	48	68	96	136	192	272

表 10–17 径向跳动 F_r μm

分度圆直径 d/mm	模数 m_n/mm	精度等级											
		0	1	2	3	4	5	6	7	8	9	10	11	12
$5 \leq d \leq 20$	$0.5 \leq m_n \leq 2.0$	1.5	2.5	3.0	4.5	6.5	9.0	13	18	25	36	51	72	102
	$2.0 < m_n \leq 3.5$	1.5	2.5	3.5	4.5	6.5	9.5	13	19	27	36	53	75	106
$20 < d \leq 50$	$0.5 \leq m_n \leq 2.0$	2.0	3.0	4.0	5.5	8.0	11	16	23	32	46	65	92	130
	$2.0 < m_n \leq 3.5$	2.0	3.0	4.0	6.0	8.5	12	17	24	34	47	67	95	134
	$3.5 < m_n \leq 6.0$	2.0	3.0	4.5	6.0	8.5	12	17	25	35	49	70	99	139
	$6.0 < m_n \leq 10$	2.5	3.5	4.5	6.5	9.5	13	19	26	37	52	74	105	148
$50 < d \leq 125$	$0.5 \leq m_n \leq 2.0$	2.5	3.5	5.0	7.5	10	15	21	29	42	59	83	118	167
	$2.0 < m_n \leq 3.5$	2.5	4.0	5.5	7.5	11	15	21	30	43	61	86	121	171
	$3.5 < m_n \leq 6.0$	3.0	4.0	5.5	8.0	11	16	22	31	44	62	88	125	176
	$6.0 < m_n \leq 10$	3.0	4.0	6.0	8.0	12	16	23	33	46	65	92	131	185
	$10 < m_n \leq 16$	3.0	4.5	6.0	9.0	12	18	25	35	50	70	99	140	198
	$16 < m_n \leq 25$	3.5	5.0	7.0	9.5	14	19	27	39	55	77	109	154	218
$125 < d \leq 280$	$0.5 \leq m_n \leq 2.0$	3.5	5.0	7.0	10	14	20	28	39	55	78	110	156	221
	$2.0 < m_n \leq 3.5$	3.5	5.0	7.0	10	14	20	28	40	56	80	113	159	225
	$3.5 < m_n \leq 6.0$	3.5	5.0	7.0	10	14	20	29	41	58	82	115	163	231
	$6.0 < m_n \leq 10$	3.5	5.5	7.5	11	15	21	30	42	60	85	120	169	239
	$10 < m_n \leq 16$	4.0	5.5	8.0	11	16	22	32	45	63	89	126	179	252
	$16 < m_n \leq 25$	4.5	6.0	8.5	12	17	24	34	48	68	96	136	193	272
	$25 < m_n \leq 40$	4.5	6.5	9.5	13	19	27	36	54	76	107	152	215	304
$280 < d \leq 560$	$0.5 \leq m_n \leq 2.0$	4.5	6.5	9.0	13	18	26	36	51	73	103	146	206	291
	$2.0 < m_n \leq 3.5$	4.5	6.5	9.0	13	18	26	37	52	74	105	148	209	296
	$3.5 < m_n \leq 6.0$	4.5	6.5	9.5	13	19	27	38	53	75	106	150	213	301
	$6.0 < m_n \leq 10$	5.0	7.0	9.5	14	19	27	39	55	77	109	155	219	310
	$10 < m_n \leq 16$	5.0	7.0	10	14	20	29	40	57	81	114	161	228	323
	$16 < m_n \leq 25$	5.5	7.5	11	15	21	30	43	61	86	121	171	242	343
	$25 < m_n \leq 40$	6.0	8.5	12	17	23	33	47	66	94	132	187	265	374
	$40 < m_n \leq 70$	7.0	9.5	14	19	27	38	54	76	108	153	216	306	432
$560 < d \leq 1\,000$	$0.5 \leq m_n \leq 2.0$	6.0	8.5	12	17	23	33	47	66	94	133	188	266	376
	$2.0 < m_n \leq 3.5$	6.0	8.5	12	17	24	34	48	67	95	134	190	269	380
	$3.5 < m_n \leq 6.0$	6.0	8.5	12	17	24	34	48	68	96	136	193	272	385
	$6.0 < m_n \leq 10$	6.0	8.5	12	17	25	35	49	70	98	139	197	279	394
	$10 < m_n \leq 16$	6.5	9.0	13	18	25	36	51	72	102	144	204	288	407
	$16 < m_n \leq 25$	6.5	9.5	13	19	27	38	53	76	107	151	214	302	427
	$25 < m_n \leq 40$	7.0	10	14	20	29	41	57	81	115	162	229	324	459
	$40 < m_n \leq 70$	8.0	11	16	23	32	46	65	91	129	183	258	365	517

二、齿轮精度等级的选择与应用

1. 精度等级选用规定说明

1）在给定的文件中，若齿轮精度等级规定为国家标准 GB/T 10095.1—2022 的某一等级，而无其他要求和说明，则 f_{pt}、F_{pk}、F_p、F_α、F_β 的允许值均按精度等级选用。

2）如果有协议说明，可对工作齿面和非工作齿面规定不同的精度等级，也可对不同偏差项目规定不同的精度等级，另外，还可对工作齿面规定所要求的精度等级。

3）径向综合偏差精度等级，不一定与齿距、齿廓、螺旋线等项目的偏差选用相同的等级。

2. 齿轮精度等级的选择方法

（1）计算法

计算法的主要要点如下。

1）根据已知传动链末端元件的传动精度要求，按误差传递及分布规律，决定齿轮的精度等级。

2）根据传动所允许的振动及噪声要求，按振动理论及动力计算确定齿轮的精度等级。

3）根据齿轮承载能力与使用寿命计算确定齿轮的精度等级。

（2）经验法

经验法是目前生产中较常用的方法，其要点是参照类似的、已被生产实践证明使用良好、运转正常的齿轮传动精度要求的资料，分析对比后确定齿轮的精度等级。

三、齿轮检验项目

国家标准 GB/T 10095.1—2022 和 GB/T 10095.2—2023 建议评定齿轮质量时，使用的齿轮检验组具体内容如下。

1）单个齿距偏差 f_{pt}、齿距累积总偏差 F_p、齿廓总偏差 F_α、螺旋线总偏差 F_β、径向跳动 F_r 共五项。

2）f_{pt}、F_p、F_α、F_β、F_r、齿距累积偏差 F_{pk} 共六项。

3）径向综合总偏差 F_i''、一齿径向综合偏差 f_i'' 共两项。

4）单个齿距偏差 f_{pt}、径向跳动 F_r（10～12 级）。

5）切向综合总偏差 F_i'、一齿切向综合偏差 f_i'（协议有要求时）。

四、齿坯公差

齿坯精度包括齿轮内孔（或齿轮轴的轴颈）、齿顶圆和端面的尺寸、几何公差及各表面的表面粗糙度要求。为了保证齿轮的传动质量，必须控制齿坯精度。

1. 确定齿轮基准轴线的方法

齿坯的各项精度值，只有在明确其特定的旋转轴线时才有意义。在测量时，若齿轮围绕其旋转的轴线有改变，则这些参数测量值也将改变。因此，在齿轮的图纸上必须把规定轮齿公差的基准轴线明确标注出来。

齿轮的基准轴线是制造者（和检验人员）用来确定轮齿几何形状的轴线，是由基准面中心确定的。设计时应使基准轴线和工作轴线重合。确定齿轮基准轴线的方法有以下三种。

1）用两个"短的"圆柱或圆锥形基准面上设定的两个圆的圆心来确定基准轴线上的两

个点，如图 10-16 所示。

2）用一个"长的"圆柱或圆锥形基准面来同时确定基准轴线的位置和方向，如图 10-17 所示。

3）轴线位置用一个"短的"圆柱面和一个"大的"端面确定基准轴线，如图 10-18 所示。

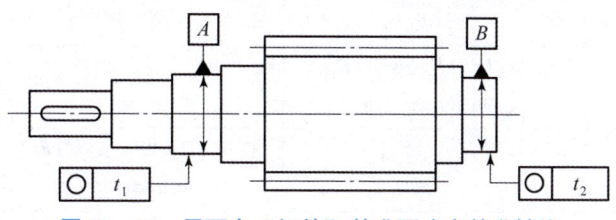

图 10-16　用两个"短的"基准面确定基准轴线

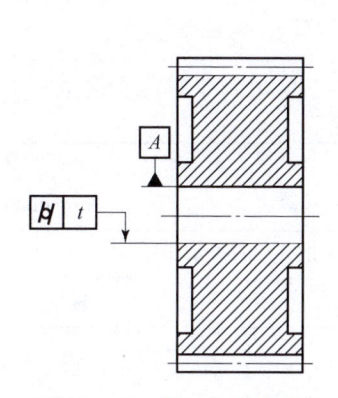

图 10-17　用一个"长的"
基准面确定基准轴线

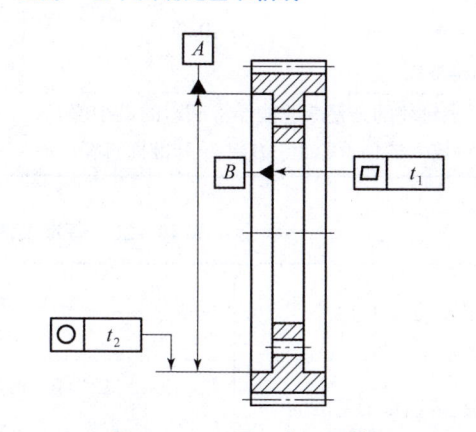

图 10-18　用一个"短的"
圆柱面和一个"大的"端面确定基准轴线

2. 齿坯的尺寸公差规定

设计齿坯时参照表 10-18。

表 10-18　齿坯公差

齿轮精度等级[①]		5	6	7	8	9	10
孔	尺寸公差	IT5	IT6		IT7		IT8
	几何公差						
轴	尺寸公差	IT5		IT6		IT7	
	几何公差						
顶圆直径公差[②]		IT7			IT8		IT9
分度圆直径/mm		基准面径向圆跳动[③]和轴向圆跳动/μm					
≤125		11			18		28
>125~400		14			22		36
>400~800		20			32		50

注：①在三个公差组精度等级不同时，按最高精度等级确定公差值。
②在顶圆不做测量齿厚的基准时，尺寸公差按 IT11 给定，但不大于 0.1。
③在以顶圆做基面时，基准面径向圆跳动就是指顶圆的径向圆跳动。

3. 齿坯几何公差的规定

齿坯的几何公差及基准面的跳动公差可按照表 10-19、表 10-20 选取。

表 10-19 基准面和安装面的形状公差

确定轴线的基准面	公差项目		
	圆度	圆柱度	平面度
两个"短的"圆柱或圆锥形基准面	$0.04(L/b)F_\beta$ 或 $0.1F_P$，取两者中之小值		
一个"长的"圆柱或圆锥形基准面		$0.04(L/b)F_\beta$ 或 $0.1F_P$，取两者中之小值	
一个"短的"圆柱形基准面和一个"大的"端面基准面	$0.06F_P$		$0.06(D_d/b)F_\beta$

注：①齿轮坯的公差减至能经济制造的最小值。
②L——较大的轴承跨距；D_d——基准面直径；b——齿宽。

表 10-20 基准面的跳动公差

确定轴线的基准面	跳动量（总的指示幅度）	
	径向	轴向
仅指圆柱或圆锥形基准面	$0.15(L/b)F_\beta$ 或 $0.3F_P$，取两者之大值	
一个圆柱形基准面和一个端面基准面	$0.3F_P$	$0.2(D_d/b)F_\beta$

注：齿轮坯的公差应减至能经济制造的最小值。

4. 齿面表面粗糙度

齿面表面粗糙度的规定值应优先选择表 10-21 中的 Ra 推荐值作为评定参数，国家标准 GB/T 10095.1—2022 和 GB/T 10095.2—2023 规定的齿轮精度等级与表 10-21 中的表面粗糙度等级之间没有直接关系。

表 10-21 齿轮各表面粗糙度 Ra 的推荐值

齿轮精度等级	5	6	7	8	9	
轮齿齿面/μm	0.4~0.8	0.8~1.6	1.6	3.2	6.3	6.3	12.5
齿面加工方法	磨齿	磨或珩	剃或珩	精滚精插	插或滚齿	滚齿	铣齿
齿轮基准孔/μm	0.4~0.8	1.6	1.6~3.2	6.3		
齿轮轴基准轴颈/μm	0.4	0.8	1.6	6.3		
齿轮基准端面/μm	3.2~6.3	3.2~6.3	3.2~6.3	6.3		
齿轮顶圆/μm	1.6~3.2	6.3			

五、齿轮零件工作图样

齿轮零件工作图样是体现设计要求和质量要求,以及加工制造、检验、安装与生产质量管理的重要技术文件之一。

1. 齿轮零件工作图样上应标注的尺寸数据要求

(1) 齿坯主要尺寸及要求

齿坯主要尺寸及要求包括分度圆直径、齿顶圆直径及公差、齿宽、孔(或轴)的尺寸及公差、基准面及要求、齿轮表面粗糙度要求等。

(2) 齿部要求

1) 齿部要求的基本数据:法向模数、齿数、齿形角、齿顶高系数、螺旋角、旋向、径向变位系数、齿厚公差值及其极限偏差(或公法线平均长度偏差及允许偏差)、精度等级、齿轮副中心距及其允许值、配对齿轮图号及其齿数。

2) 齿部要求的检验项目代号及其允许值:应按国家标准 GB/T 10095.1—2022 和 GB/T 10095.2—2023 推荐的检验组的检验项目标注。

2. 齿轮零件工作图样上的齿轮精度等级的标注

国家标准 GB/T 10095.1—2022 和 GB/T 10095.2—2023 对齿轮精度等级在图样的标注未作明确的规定,但根据新国家标准的内容,国家标准制定工作组关于齿轮精度等级的标注提出了以下建议。

1) 若齿轮检验项目的精度等级相同(如均为 6 级),则标注为

$$6\text{GB/T } 10095.1\text{—}2022 \text{ 或 } 6\text{GB/T } 10095.2\text{—}2023$$

2) 若齿轮检验项目的精度不同,如齿廓总偏差 F_α 为 6 级,齿距累积总偏差 F_p 为 7 级,螺旋线总偏差 F_β 为 7 级,则标注为

$$6(F_\alpha)、7(F_p、F_\beta)\text{GB/T } 10095.1\text{—}2022$$

六、应用举例

例 10-1 某直齿圆柱齿轮减速器,其传递功率为 5 kW,小齿轮轴转速 $n = 700$ r/min,齿轮模数 $m = 3$ mm,齿形角 $\alpha = 20°$,小齿轮齿数 $z_1 = 20$,齿宽 $b = 60$ mm,大齿轮齿数 $z_2 = 79$,轴承跨距 L 为 78 mm。该减速器为小批量生产,试确定小齿轮的精度等级、检验组及各项目与齿厚偏差的允许值。

解:由已知条件得

小齿轮分度圆直径 $\quad d_1 = mz_1 = (3 \times 20)$ mm $= 60$ mm

大齿轮分度圆直径 $\quad d_2 = mz_2 = (3 \times 79)$ mm $= 237$ mm

中心距 $\quad a = m(z_1 + z_2)/2 = \{[3 \times (20 + 79)]/2\}$ mm $= 148.5$ mm

a. 确定齿轮精度等级。

a) 该产品为一般传递动力的齿轮,查表 10-6 得通用减速器齿轮的精度等级为 8~10 级。

b) 计算齿轮分度圆的圆周速度

$$v = \pi bn = (3.14 \times 60 \times 10^{-3} \times 700) \text{r/min} = 131.8 \text{ r/min} = 2.2 \text{ r/s}$$

参照表 10-7,该齿轮精度等级推荐为 8 级。

综合上述情况，因无其他要求和说明，可选齿轮精度等级为 8 级。在图样上标注为
$$8GB/T\ 10095.1—2022$$
中心距偏差可查表 10 -3 得到。

b. 确定齿轮检验组。

选择国家标准 GB/T 10095.1—2022 和 GB/T 10095.2—2023 推荐的齿轮第一检验组：单个齿距偏差 f_{pt}、齿距累积总偏差 F_p、齿廓总偏差 F_α、螺旋线总偏差 F_β、径向跳动 F_r 共五项。

查阅国家标准 GB/T 10095.1—2022 和 GB/T 10095.2—2023 关于齿轮偏差项目及允许值表，得到以下允许值：

$f_{pt1}= \pm 0.017$ mm，$f_{pt2}= \pm 0.018$ mm（表 10 -8）；

$F_{p1}=0.053$ mm，$F_{p2}=0.07$ mm（表 10 -9）；

$F_{\alpha 1}=0.022$ mm，$F_{\alpha 2}=0.025$ mm（表 10 -10）；

$F_{\beta 1}=0.028$ mm，$F_{\beta 2}=0.029$ mm（表 10 -11）；

$F_{r1}=0.043$ mm，$F_{r2}=0.056$ mm（表 10 -17）。

c. 确定最小侧隙及齿厚上偏差。

a）确定最小侧隙。

采用计算法，根据式（10 -9），将各值代入，得

$$j_{bnmin}=2/3\times(0.06+0.0005|a_i|+0.03m_n)=2/3\times(0.06+0.0005\times148.5+0.03\times3)\text{mm}$$
$$\approx 0.1495\ \text{mm}$$

b）计算齿厚上偏差。
$$E_{sns1}+E_{sns2}=-2f_a\tan\alpha_n-(j_{bnmin}+J_n)/\cos\alpha_n$$

其中
$$f_a=\text{IT8}/2=0.063/2\ \text{mm}=0.0315\ \text{mm}\ （见表 10 -3）$$

$$J_n=\sqrt{f_{pb1}^2+f_{pb2}^2+(F_{\beta 1}\cos\alpha_n)^2+(F_{\beta 2}\cos\alpha_n)^2+(f_{\Sigma\delta}\sin\alpha_n)^2+(f_{\Sigma\beta}\sin\alpha_n)^2}$$

其中
$$f_{pb1}=f_{pt1}\cos 20°=0.016\ \text{mm}$$
$$f_{pb2}=f_{pt2}\cos 20°=0.017\ \text{mm}$$

$f_{\Sigma\beta}$ 由式（10 -7）得
$$f_{\Sigma\beta}=0.5(L/b)\times F_\beta=0.018\ \text{mm}$$

$f_{\Sigma\delta}$ 由式（10 -8）得
$$f_{\Sigma\delta}=2f_{\Sigma\beta}=0.036\ \text{mm}$$

将各值代入得
$$J_n=\sqrt{0.016^2+0.017^2+(0.028\times\cos 20°)^2+(0.029\times\cos 20°)^2+(0.036\times\sin 20°)^2+(0.018\times\cos 20°)^2}$$
$$=0.0114\ \text{mm}$$

故
$$E_{sns1}+E_{sns2}=[-2\times 0.0315\times\tan 20°-(0.1495+0.0114)/\cos 20°]\text{mm}$$
$$=-0.194\ \text{mm}$$

采用两齿轮等值分配，$E_{sns1}=E_{sns2}=-0.097$ mm。

c）计算齿厚公差。

根据式（10-11），有

$$T_{sn} = 2\tan\alpha_n \sqrt{F_r^2 + b_r^2}$$

查表 10-5　　　　$b_r = 1.26IT9 = (1.26 \times 0.074)\text{mm} = 0.093\text{ mm}$

因此　　　　　　$T_{sn} = 2\tan\alpha_n \sqrt{F_r^2 + b_r^2} = 0.075\text{ mm}$

则齿厚下偏差为　$E_{sni} = E_{sns} - T_{sn} = (-0.097 - 0.075)\text{mm} = -0.172\text{ mm}$

d. 确定齿厚公称尺寸。

分度圆公称弦齿厚查表 10-1 得 $s_c = 4.161\text{ mm}$。

分度圆公称弦齿高查表 10-1 得 $h_c = 2.243\text{ mm}$。

e. 确定公法线公称长度及极限偏差。

a）计算公法线公称长度。

由式（10-4）得跨齿数 $K = z\alpha/180° + 0.5 = (20 \times 20°/180°) + 0.5 = 2.7$，取跨齿数 $K = 3$。

由式（10-3）得公法线公称长度　　$W_k = m[1.476(2K-1) + 0.014z]$
$$= \{3 \times [1.476 \times (2 \times 3 - 1) + 0.014 \times 20]\}\text{ mm}$$
$$= 23\text{ mm}$$

b）计算公法线长度极限偏差。

由式（10-5）得

$$E_{bns} = E_{sns}\cos\alpha - 0.72F_r\sin\alpha$$
$$= (-0.097 \times \cos20° - 0.72 \times 0.043 \times \sin20°)\text{ mm}$$
$$= -0.102\text{ mm}$$

由式（10-6）得

$$E_{bni} = E_{sni}\cos\alpha + 0.72F_r\sin\alpha$$
$$= (-0.172 \times \cos20° + 0.72 \times 0.043 \times \sin20°)\text{ mm}$$
$$= -0.151\text{ mm}$$

即公法线长度尺寸为 $23_{-0.151}^{-0.102}$ mm。

f. 确定齿坯精度。

两个 $\phi40$ mm 轴颈是本例的加工和安装基准，考虑到安装滚动轴承的需要，参照表10-18，尺寸公差取 j6，有配合需要，采用包容要求；参照表 10-19，轴颈圆度公差为 0.0015 mm；参照表 10-18，由于不测齿厚，故齿顶圆不作测量基准，齿顶圆尺寸公差可取 h11；参照表 10-20，轴向圆跳动取 0.018 mm。

各表面粗糙度可由表 10-21 查出。

g. 绘制齿轮零件工作图。

将选取的齿轮精度等级、检验组项目及公差（偏差）、齿坯公差标注在齿轮零件工作图上。

绘制的齿轮零件工作图如图 10-19 所示。

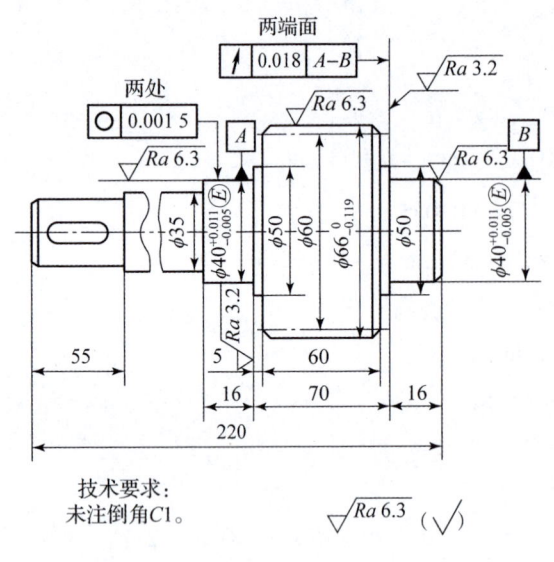

法向模数	m_n	3
齿数	z	20
齿形角	α	20°
螺旋角	β	0°
螺旋线方向		
变位系数	x	0
精度等级		8GB/T 10095.1—2022
中心距及其偏差	$a \pm f_a$	148.5 ± 0.031 5
配对齿轮	图号	
	齿数	79
单个齿距偏差	f_{pt}	± 0.017
齿距累积总偏差	F_p	0.053
齿廓总偏差	F_α	0.022
螺旋线总偏差	F_β	0.028
公法线公称长度	W_k	23
跨齿数	K	3
公法线长度上极限偏差	E_{bns}	−0.102
公法线长度下极限偏差	E_{bni}	−0.151

图 10 – 19　齿轮零件工作图

习题十

1. 齿轮传动的使用要求有哪些？不同用途和不同工作条件的齿轮对这些使用要求的侧重点是否相同？试举例说明。

2. 选择齿轮精度等级时应考虑哪些因素？

3. 为什么单独检测径向跳动 F_r 不能评定齿轮传递运动的准确性？

4. 某通用减速器中有一带孔的直齿圆柱齿轮。已知：模数 $m = 3$ mm，齿数 $z = 32$，另一配对齿轮 $z = 160$，齿形角 $\alpha = 20°$，齿宽 $b = 40$ mm，孔径 $D = 40$ mm，传递功率 $P = 5$ kW，转速 $n = 1\ 280$ r/min，轴承跨距 L 为 80 mm，小批量生产。试确定小齿轮的精度等级、检验组及各项目与齿厚偏差的允许值。